叢書・ウニベルシタス　1044

真理と正当化

哲学論文集

ユルゲン・ハーバーマス
三島憲一／大竹弘二／木前利秋／鈴木 直 訳

法政大学出版局

Jürgen Habermas,
WARHRHEIT UND RECHTFERTIGUNG.
Philosophische Aufsätze. Erweiterte Ausgabe.

This book is published in Japan
by arrangement through The Sakai Agency.

真理と正当化——哲学論文集　目次

序論　語用論的転回後の実在論

第四部　哲学の限界

序論　語用論的転回後の実在論

本書は、一九九六年から九八年にかけて発表した哲学関係の論文を一冊にまとめたものである。そこでは『認識と関心』〔一九六八年〕以来手つかずになっていた系列の主題が再び取り上げられている。最終章を別とすれば、扱われているのはあの当時以来、わたしがなおざりにしてきた理論哲学上の諸問題だ。もちろん七〇年代初めからわたしが取り組んできた語用論といえども、[1]真理と客観性、実在性と指示、妥当性と合理性といった基本概念なしには成り立ちえない。その理論は規範的内実をもつ了解概念を基盤として、言語行為の理解を、それが合理的に受け入れられるための諸条件と関連づけたものだ。そこでは討議によって満たしうる妥当請求と、形式語用論の立場からの世界想定というふたつの道具立てが用いられている。とはいえわたしはこれらのテーマを理論哲学の視点から追いかけてきたわけではない。わたしは形而上学の立場から存在者の存在に関心を向けたわけでもなく、認識論の立場から対象認識あるいは事実認識に関心をもったわけでもない。さらにいえば、意味論の立場から陳述文の形式に興味を惹かれたわけでもない。言語論的転回がわたしにとって重要な意味をもったのは、こうした伝統的な問題との関わりにおいてではなかった。語用論が必要とされたのは、あくまでコミュニケーション的行為と合理性に関する理論構築のためだった。それは批判的社会理論の基礎をなすもので、討議論的な立場から道徳、法、民主主義を解釈する道を開くためのものだった。

こうした経緯から理論戦略上のある種の一面化が生じたことは否めず、本書の諸論文はこの点を修正すべく執筆された。その中心には理論哲学のふたつの根本的な問いが置かれている。第一は自然主義が提起する存在論的な問いだ。われわれは言語能力と行為能力をそなえた主体として「最初から否応なく」言語的に構造化された生活世界のなかに生きており、その生活世界は当事者の視点から見れば避けがたい規範性をそなえている。この規範性は、社会文化的生活の諸形式が経てきた自然史的発展の偶然性とどのように調和しうるのか——これが第一の問いだ。第二は実在論が提起する認識論的な問いだ。一方には、われわれの記述とは無関係に、あらゆる観察者にとって同一の世界が存在するという想定がある。他方には、言語に媒介されない形で「ありのままの」現実を直接捉えることはできないという言語哲学上の洞察がある。いったいこのふたつはどのように両立しうるのだろうか——これが第二の問いだ。これらのテーマを、わたしはもちろんこれまで展開してきた形式語用論的視点から扱うことになる。

第一節　コミュニケーションか、叙述か？

フレーゲはそれまで感覚、表象、判断を分析するための王道であったメンタリズムを退け、それに代わって言語表現の意味論的分析を中心にすえた。ウィトゲンシュタインは、さらにラディカルに言語論的転回を推し進め、ひとつのパラダイム転換をもたらした。(2) こうした転換を経た以上、本来ならばヒュームとカントが立てた認識論上の問いは、以後新たな意味を、つまり語用論的意味をもちえたはずだった。もしそうなっていれば、認識論の問題がコミュニケーション理論や行為論の問題より上位に置かれるといった事態は、生活世界の実践という文脈のなかで当然のことながら突き崩されていったはずだ。ところが現実には言語哲学でさえ、その後も昔ながらの説明順序にこだわり続けた。こうして今なお、実践よりも理論が、コミュニケーションよりも叙述が優先されている。そして意味論の立場からの行為分析は、あいかわらず従来の認識の分析に従属している。

意識哲学は、当時にあってもなおプラトニズムの影響から脱しきれておらず、いまだに外的なものよりも内的なものを、公共的なものよりも私的なものを、討議的媒介よりも主観的体験の直接性を上位に置き、特権化していた。認識の理論が第一哲学としての地位を占める一方で、コミュニケーションと行為には現象の領分があてがわれ、副次的地位しか与えられていなかった。意識哲学から言語哲学への移行が生じた後、こうした説明順位のヒエラルキーが逆転されないまでも、しだいに均《なら》されていったのは当然のなりゆきだった。なぜなら言語は叙述のみならず、コミュニケーションにも用いられるものであり、言語による表明自体が人間相互の関係を創りだす行為の一形態にほかならないからだ。

例えばチャールズ・サンダーズ・パースは当時すでに、意味論に固執しすぎた狭隘化を避け、表象と対象の関係に代えて文と事実の二極関係を導入し、それをさらに三極関係に拡張していた。ひとつの対象を指示し、またひとつの事態を表現する記号は、同時に話し手と聞き手による解釈をも必要としているというのだ。(3) その後、オースティンの流れを汲む言語行為論は、正常な形式の発話行為（〈Mp〉）においては、世界や事象に関与する命題的 propositional な要素と、間主観的な関係に関与する発話内的 illokutionär な要素が、互いに分かちがたくからみあっていることを明らかにした。それによれば、言語行為は話し手と聞き手の間主観的関係を創出することによって、同時に世界への客観的関連の中に立つという。「了解」を言語に内在する目的だと考えるなら、叙述、コミュニケーション、行為の三つはいずれも等しく根源的だということがおのずと浮かび上がってくる。つまり人が了解しあうとは、とりもなおさず他者との間で、世界の何かについて了解しあうということにほかならない。言語的表明は叙述として、そしてコミュニケーション行為として、同時にふたつの方向を指し示している。すなわちひとつは世界を、ひとつは語りかける相手を。

にもかかわらず分析哲学の「メインストリーム」は、言語論的転回の後も、陳述文とその叙述機能を第一に考えるという発想にこだわり続けた。フレーゲに始まる真理条件意味論の伝統、ラッセルとウィーン学団の論理実証主義、クワインからディヴィッドソン、そしてセラーズからブランダムにいたる意味理論はすべて、言語分析は陳述文ないしは主張を範例的ケースとして扱わねばならないというところから出発していた。後期ウィトゲンシュタインと彼の型破りな弟子たち（例えばゲオルク・ヘンリック・フォン・ウリクト）[4]を特筆すべき例外とすれば、分析哲学は別の手段による認識論の継続にとどまった。そしてコミュニケーション理論、行為理論、道徳理論、法理論などはあいかわらず二の次の問題と見なされた。

これに対してマイケル・ダメットは叙述とコミュニケーションの関係を正面から取り上げた。「誰でも思いつくように、言語はふたつの主要な機能を持っている。コミュニケーションの道具としての機能と、思考の手段としての機能だ。だからわれわれは、どちらがいったい第一義的な機能なのかと、どうしても尋ねたくなる。言語はコミュニケーションの道具だからこそ、思考の手段としても役立ちうるのか。それとも逆に、思考の手段だからこそ、それを表現することができ、それゆえひとりの人間が自分の思考を他者に伝えるために使えるのか、と」[5]。ダメットによれば、この二者択一の立て方は間違っている。一方ではもちろん、（a）コミュニケーションという目的を叙述の機能から切り離して自立化させることはできない。なぜなら、そうなるとコミュニケーションについての意図論的な歪曲が生じるからだ。しかし他方では、（b）叙述機能をコミュニケーションという目的から独立したものと捉えることもできない。なぜなら、そうなると文理解のために必要な認識条件が見落とされることになるからだ。

（a）話し手が主張〈Kp〉と結びつけているのは単に（グライスとサールが言う意味での）意図、すなわち彼が〈p〉を真理と見なし、聞き手にそれを知らせたいと思っていることを聞き手に認識させようとする意図だけではない。彼は聞き手に「〈p〉が自分の考えだ」ということよりも、むしろ「〈p〉が事実だ」ということを伝えたがっている。つまり話し手は、聞き手に自分の意見を知らしめるだけでなく、聞き手に自分と同じ見解をもたせ、自分の意見を共有してもらおうとする発話内的目標を追求している。しかしこの目標は、〈p〉のために掲げられた真理請求を主体間で承認しあうことを土台にしてはじめて達成しうる。話し手は、言語行為の認知的機能をも同時に満たすことによってのみ、ということはつまり、聞き手が話し手の主張を妥当なものとして受け入れることによってのみ、自分の発話内的目標に到達できる。したがって成功したコミュニケーションと事実叙述との間にはひとつの内的な関連があるはずだ(6)。

（b）言語のコミュニケーション的目的を意図論的に自立させる考え方のちょうど対極に位置するのが、言語の認知的目的を真理意味論的に特権化するという考え方だ。この見解によれば、われわれがある文を理解するのは、その文が真である時に何が成立しているのかをわれわれが知っている時だということになる。しかし言語を用いる者が、聞き手による解釈を必要としないような真理条件を直接把握することはできない。だからこそダメットは、ある文を真とするための条件が満たされているかどうかを解釈者が認識できるための条件を知る必要があると主張する。この認識上の転回によって、理解のための条件は、唯我論的に把握しうる真理条件から解放された。すなわち理解のための条件は、解釈される文が真だと主張しうるための条件へと、言い換えれば、それが合理的に受け入れ可能なものとして公共的に正当化されるための条件へと移行した(7)。ひとつの文が主張可能となるための条件を知るには、それが真理であると言うためにどんな根拠を提示すればよいのかを話し手が知っていなければならない。ひとつの表現を理解するということは、誰かと何かについて了解しあうために、その表現をどのように使い得るかを知っているということだ。このように、ある文が合理的に受け入れ可能な言表のなかで使用される条件を考慮しないかぎり、そもそもわれわれはその文を理解できないのだとすれば、言語の叙述機能とコミュニケーションの成功条件との間にはひとつの内的な関連が存在しているはずだ。[8]

（a）と（b）から、叙述とコミュニケーションというふたつの機能は互いに相手の前提条件となっていること、すなわち等しく根源的であることがわかる。ダメットはこうした見解をもっていたにもかかわらず、彼ほどの論者にしてなお主流をなす分析哲学の基本傾向には逆らえないでいる。たしかに彼自身の意味理論は、古典的認識論の問いを言語学的パラダイムに翻訳することに大いに貢献した。それでも実践哲学的な問いは、彼の特筆すべき政治的アンガージュマンにもかかわらず、背景に退いている。[9]ただダメットに関しては、こうした力点のおき方もそれなりに理解できる。彼はそれによって、後期ウィトゲンシュタインに見られるような理論への禁欲に対して距離を取ろうとしているのだろう。後期のウィトゲンシュタインは真理意味論から離れて語用論に向かう過程で、そもそも言語分析がシステマティックな要求をもつこと自体を拒否するにいたった。語用論はたしかに生活世界の言語的編成を全体として視野に入れ、さまざまな言語機能を同じように見ていこうとする。しかし、だからといって反理論の立場に立つ必要はない。語用論は（ウィトゲンシュタインの弟子たちのように）言語学的現象学の細分化された作業療法風の手仕事に専念する必要はなく、[10]かといって（ハイデガーの弟子たちのように）プラトニズムによって空疎化した文化の一大克服をめざす必要もない。

理論的な問いを上位に置くというのは正統派の分析哲学の特徴だが、言語哲学の解釈学部門でもこれと同じ傾向が貫かれた。これは考えてみれば驚くべきことだ。というのも、解釈学はもともと教養源泉たる伝統と解釈者との対話を出発点としており、それゆえ叙述機能よりもコミュニケーション機能に本来は関心をもっていたはずだからだ。事実、解釈学はルネサンス以来、修辞学の衣鉢を継いできた。しかしこの陣営でも、ディルタイが精神科学的理解の客観性を方法論的に固めたいと考えて以来、言語の叙述機能への関心が上位に置かれるようになった。その後ハイデガーは、了解行為の基本性格によって他に抜きんでている存在者とは、どのような実存論的在り方をしているのかと問いかけた。この問いによって、言語的分節化を受けた世界の先行了解全体に意味論的関心が向けられるようになる。しかし言語がもつ世界開示的な機能が前面に出ることによって、世界内での言語使用を問題にする観点はかえって後退していく。

言語分析が次第に間口を狭めていったのは、フレーゲとラッセルが陳述の意味論に関心を限定したことに端を発している。解釈学の陣営でもこれと並行して言語的世界像の意味論へと関心が狭まっていった。彼らによれば、解釈者が属している言語共同体の前存在論的世界解釈は、この意味論によって、あらかじめカテゴリー的に規定された軌道に誘導されているという。ガダマーは『真理と方法』のなかで、ディルタイ流の「理解」の精神科学的方法論を、後期ハイデガーの存在史的構想の視点から批判している。ガダマーによれば規範となる伝統の真正なる摂取は、解釈者と解釈対象を背後で結びつけている先行的世界解釈に従属しているはずだということになる。アーペルとわたしは、言語の世界開示的機能をこのように自立化させる行き方に反対して、認識関心の理論を提唱した。それはもう一度解釈学を形而上学に深入りしない役割へと戻そうとするものだった。(11) とはいえ『認識と関心』でも、いまだに認識論的な問題提起が上位に置かれていた。

それゆえ、その後『コミュニケイション的行為の理論』に向かう途上で背景に退いていくことになるテーマが、『認識と関心』では、まだ前面に出ていた。[12] 理論哲学の根本問題に答えるべく『認識と関心』が取った立場は、一種の弱い自然主義であり、また超越論的語用論にもとづく認識実在論だった。しかし、批判的社会理論を語用論によって直接根拠づけるという試みを進めていくうちに、それを認識論の立場から正当化するという宿題は次第に無用なものとなり、以来これらのテーマもまた色あせていく。[13] それ以後わたしは、了解を指向する行為の語用論的諸前提を、認識の超越論的条件から切り離して分析するようになった。

しかしわたしは、あくまでこの言語理論の前提の下で、カント流のプラグマティズムをめぐる未解決な諸問題をもう一度取り上げてみたい。すでに述べたように形式語用論は社会学的行為論の必要性から生まれたものだった。それが説明しようとしているのは、言語行為がもつ社会統合的な結合力だ。この結合力によって話者は批判可能な妥当請求を掲げ、また聞き手に対して合理的動機にもとづく態度決定を促す。形式語用論が叙述機能の分析に比較的こだわらない理由はここにある。しかし他方、フレーゲの真理意味論を出発点とする意味理論と比較すれば、形式語用論はより広い研究上の視野をもっている。その強みは、すべての言語機能を均等に考慮する点にあり、また相互に掲げあう妥当請求に対する立場選択のなかで二人称主語が果たす批判的役割を正当に評価するという点にある。

第二節　内容とテーマ設定

以下の諸論は、言語論的カント主義の流れをくむプラグマティズム的認識実在論の諸問題に、わたしがあらためて関心を寄せていることの表明だ。[14] 第一章では、解釈学から形式語用論にいたる道筋を振り返っている。[15] これに対して第二章は、コミュニケーション的合理性の概念を言語行為論の立場から説明したもので、言語による世界開示と世界内での学習過程の間にはいかなる相互作用があるのかという未解決の問題に関心を向けている。[16] そのような学習過程もまた、世界に実践的に向き合っていくための一種の対処行動に根ざしている。この対処行動が問題解決能力をもちうるのは、行為の目的論的合理性が叙述の認識的合理性と分かちがたく絡みあっているからにほかならない。

続く第三章は、私見によれば分析的語用論の最先端に位置するロバート・ブランダムの理論との論戦だ。[17] ブランダムはウィルフリド・セラーズの推論的意味論を一歩ずつ討議語用論と一体化し、それによって概念的規範の客観性を、主体間で共有される「論拠の交換行為」という視点から説明しようとしている。ところがブランダムは最後のところで、主体間で共有される生活世界と客観的な世界とを隔てる敷居を取りはらう概念実在論に陥ってしまう。彼は、そうした犠牲を払ってしか認識実在論的な直観を説明できない。経験の客観性を、このような形で了解の間主観性に同化しようとする行き方は、よく知られるヘーゲルの論法を彷彿とさせる。いったいなぜヘーゲルは、認識主体の超越性を認めないという路線をとりながら、結局のところ客観的観念論へと移行してしまったのか。これが第四章でわたしの関心を引いた問題だ。[18]

第五章はリチャード・ローティのネオ・プラグマティズムとのメタ批判レベルでの論戦だ。[19] これをきっかけにわたしはそれ以後、主体間で共有される生活世界と、形式語用論によって想定される客観世界との相互補完関係を探求することになる。ローティとわたしはプラグマティズム的認識理論からのアプローチという点では共通しているが、反面わたしは、ローティに見られる強い自然主義を弱め、ローティのコンテクスト主義に対抗して認識面での要求をより重視する。真理への指向といっても、行為のコンテクストに置かれた場合と、ディスクルスのコンテクストに置かれた場合では、異なった役割をになう。その違いに着目しながら、わたしはひとつの陳述が真理であることと、それが（どんなに理想に近い条件下でなされたとしても）合理的な主張可能性にすぎないこととを、これまで以上に明確に区別している。こうして真理概念の認識的理解に、きわめて遅まきながら修正を加えた。今日から振り返ってみると、わたしの従来の議論は、真理に関する討議概念を構築するために、道徳的判断や道徳的規範の妥当性という特殊ケースを、必要以上に一般化してきたきらいがある。たしかに道徳的当為を構築主義的に理解するには、規範的正当性についての認識的理解が必要だ。しかしそれはあくまで理想に近い条件下での合理的な受け入れ可能性という意味であり、このことと陳述の真理性という概念を――実在論的な直観に忠実であろうとするならば――同一視するわけにはいかない。こうした背景から第七章では「真理性」と「正当性」のより厳密な区別だてが試みられている。[20]

カント的プラグマティズムが目指した方向は、第六章で取り上げたヒラリー・パトナムとわたしが共有しているものだ。[21] 言語能力と行為能力をもち、根拠によって動かされる主体は、学習能力を備えている。いやそれどころか長い目で見れば「学習しないではいられない」存在ですらある――この超越論的事実の上にカントのプラグマティズムは築かれている。しかもこれらの主体は世界との交流という認知的次元で学習すると同時に、主体の相互交流という道徳的認識の次元でも学習する。この超越論的な問題設定は、ポスト形而上学的な意識をも表現している。つまりそれは、この学習過程は誤謬をおかしうるものであり、その最良の成果でさえ、生産的な意味で、どこまでもわれわれの洞察にすぎないという意識にほかならない。真なる陳述といえども、認識の種々の可能性を実現しているにすぎず、この可能性は社会文化的な種々の生活形式を通じてはじめてわれわれに開かれる。パトナムに対するわたしの反論からわかるように、非超越論的立場に立つプラグマティズムに依拠したからといって、倫理における義務論的アプローチまで放棄しなければならないわけではない。ただしそれは、カントの道徳理論を社会構築主義的に解釈することを促しており、一般的に言えば、形而上学が去ったあとの哲学的思考の限界をわれわれに教えてくれる。最後の第八章[22]は、ヘーゲル流の歴史哲学と決別することによって、いかに理論と実践の関係が変化するかを論じたものだ。民主主義体制をとる複雑な社会の分業下では、哲学者が正当に行使しうる公共的影響力にも一定の限界が課されている。最後の論文は、哲学者たちにこの境界線を尊重するように説いたものだ。

＊

この種の論文集は、最初からひとまとまりのものとして構想された単著の章立てに比べると、当然ながらより雑然としたものにならざるをえない。そこでこの序論では、本来ならばもう少し体系的に扱うべきであった諸問題について、少なくともひとつのコメントを加えておくことにしたい。一九七三年に『認識と関心』のペーパーバック版が出版された際、わたしはそれに後書きを付し、この著作にそれまで向けられてきた批判に答えた[23]。その時にはすでに、トーマス・クーンによるポスト経験主義的科学理論への転回が開始されていた。しかし、コンテクスト主義を徹底していくと、そこにどのような哲学的含意が生じるものか、当時のわたしにはまだ見通せなかった。その六年後にようやくリチャード・ローティが認識理論のプラグマティズム的転回をもたらし[24]、そこでわたしは、多くの点でローティとは異なるにもかかわらず、わたし自身が意図してきたものを再発見することができた。以上の背景をふまえてわたしはまず、以下の序章第三節で、この転回がカントの超越論的な問題設定をいかに変化させたかを簡単にたどっておきたい。

カントは認識を可能にしている避けがたい諸条件に、まだ叡智的な、すなわち時間を超越した地位を保証することができた。それは観念論的な基本前提があったからだ。しかしこれまで述べてきた転換はまさにこの基本前提を揺るがす。もし超越論的条件がもはや認識の「必然的」条件でないとするならば、そうした条件はわれわれを、人間中心の偶然的で視野の狭い世界観に縛りつけている可能性もある。しかも、その条件が時間のなかに由来をもつとなれば、カントの理論体系の根幹をなす世界と世界内的なるものとの区別も、もはや意味をもたなくなってしまう。序章第四節ではこうした問題を取り上げていく。

古典的プラグマティズムは当時すでにカントとダーウィンを結びつけようとしていた。序章第五節ではその動向を取り上げる。G・H・ミードとジョン・デューイの意見によれば、問題解決行動のための諸条件は超越論的に与えられているわけではなく、自然史のなかで成立したわれわれの社会文化的生活の諸形式それ自体に特有な実践のうちに具現している。しかし、もしそうであれば、超越論的な問題設定は、自らの特性を失うことなく、しかも自然主義の観点と一致できるようなバージョンを手に入れる必要がある。

自然の発生史的優位性を想定する存在論的仮定に立つならば、精神に従属しない客観世界が存在するという認識実在論的な仮定も必要となる。ただし、言語論のパラダイムのなかにあっては、認識についての表象モデルや、命題と事実の一致に根拠をおく古典的形式の実在論はもはや支えきれない。他方で、実在論の立場は、語用論的な転回を経た後でもなお、指示 Referenz という概念を必要としている。序章第六節ではこのことを取り上げる。われわれがさまざまに異なる理論的記述を行なうなかで、いかにして同一の客体（あるいは同一の種類の対象）を指し示すことができるのかを、この概念は明らかにしてくれる。さらに序章第七節では、実在論が非認識的な真理概念を必要としていることを論じる。言語が浸透した世界との交流を前提として、ある陳述が真理であることと、それが理想的条件のもとで正当に主張できることとの差異をいかに保持することができるか。これを非認識的な真理概念が明らかにしてくれる。

しかし道徳理論と法理論においては、これとは逆に、規範的な正当性という認識的概念を堅持しなければならない。もちろん討議倫理学は、カント的伝統が一般にそうであるように周知の批判にさらされている。すなわちこの倫理学は形式主義に走りすぎているというのだ。しかしこれは道徳認識論的連関のなかでは議論のテーマたりえない[25]。ここではむしろ、カントの倫理学から超越論的要素を取りのぞいた場合に尖鋭化する問題に議論の的を絞りたい。すなわち、合理的な判断形成のための条件と、道徳的な行為を要求できるための条件をまずもって目指す実践というのは、いったい何に照らして自分自身の道徳的方向づけをなしうるのか、という問題だ。それゆえ序章第八節では締めくくりにもう一度、道徳的な自己関係的行為がもつ政治的不確かさという観点から、理論と実践の関係を取り上げてみたい。それは、カール＝オットー・アーペルがこの連関で提案している構想に対するメタ批判的な議論を展開する機会をわたしに与えることになるだろう。

第三節　超越論的な問題設定——プラグマティズム以後のゆくえ

超越論哲学は、よく知られた言い方にしたがえば「単に対象を問題にするのではなく、対象の認識がアプリオリに可能なはずだという前提のもとに、対象を認識する仕方を問題にする」〔カント『純粋理性批判』〕。このように超越論哲学は何かが経験や認識の対象となりうるための一般的かつ必然的な条件を再構成しようとする。この超越論的問題設定のもつ意味を一般化するには、それを自己省察といったメンタリズム的な基本概念から解放し、同時に「アプリオリ」と「アポステリオリ」という対概念を本質論的 fundamentalistisch に理解する立場から切り離す必要がある。プラグマティズムがカントの概念をその高みから引きずりおろし、いわゆるデフレ化をなしとげて以来、「超越論的分析」といえば、特定の基礎的な営為や成果を達成するために満たすべき条件――想定としては一般的な、しかし単にデファクトとして避けられないという意味での条件――の探求を意味するようになった。こうした意味で「基礎的」という言葉を使うならば、同種の営為によってしか代替できないがゆえに他に機能的等価物が存在しないような営為はすべて基礎的といえる。

こうなると、空間と時間の彼岸で内的法廷に従って活動する主観性の自己省察的な点検などは背景に退く。代わって登場するのが、実践的性格をもつ知についての説明だ。すなわち言語能力と行為能力をもつ主体を、前述のような意味で他から区別される営為に参加させ、それぞれに応じた成果をあげられるようにするための知だ。そこで扱われるのは、もはや経験判断だけではない。文法的な文章、幾何学的対象、身振り、言語行為、テクスト、計算、論理的に結ばれた陳述、さまざまな行為、社会関係あるいは相互行為、つまり一般的にいえば規則に導かれた行動の諸々の基本類型ということになる。ウィトゲンシュタインは「ある規則に従っている」〔訳註〕という性質を手がかりに、この種の基礎的な営為、あるいは「自己代替的 selbstsubstitutiv 秩序」（ルーマン）を分析した。その際、規則についての明示的知識よりも重要なのは、何をどのようにするのかについて直観的に身についた知識、例えば製造規則の実践的習得や、ある作業についての熟達などだ。この種の「熟練」には、自然に身についた規則に関する知識が含まれており、それはまたひとつの共同体の基礎的な営為と成果からなる網目のような複合物に支えられている。そしてそのなかで共同体の生活形式が形をなしていく。この種の実用知は暗黙のうちに身につくような性質、しかもある程度全体論的な性質をもっているため、フッサールはすでに、この間主観的に共有される生活世界を、とくに主題化されることのないままあらかじめ与えられている「背景」のようなものとして記述している。

〔訳註〕ルーマンによれば、例えば宗教の機能は、別種の宗教によって代替することはできても、宗教以外のものによって代替することはできない。すなわち宗教としての自己変革と自己発展をとげるほかない。そのような秩序をルーマンは自己代替的秩序と呼んだ。

こうなると、あらゆる経験的なものの見方の共通の核をなす底なしの「意識一般」などというものは、もはや超越論的分析の対象ではなくなる。今や研究がめざすのは、生活世界的背景が備えているさまざまな深層構造の方だ。そうした構造は、言語能力と行為能力を備えた主体の営為と成果のなかに具体的な形をとって現れる。超越論的分析は、社会文化的生活形式がもつ歴史的な多様性のなかにくりかえし出現する恒常的特徴の探求へと向かう。それに見合って探求の視野もまた、超越論的問題設定をあくまで堅持しながらも拡大していく。そこでは（a）経験の概念がプラグマティズム的に理解されているため、（b）認識はもろもろの学習過程のひとつの機能と見なされる。そして、（c）この学習過程には生活世界における営為が全面的に寄与する。そこから（d）生活世界と客観世界からなるひとつの構造ができあがり、（e）その構造に、理解と観察という方法論的二元論が対応する。

（a）経験的陳述のなかで表明される経験は、もはや認識主体が自己観察を通じて、主体の「感覚」能力から内省的に導き出すものではなくなる。それは今や、経験に導かれた行為が首尾よく成功したかどうかという脈絡のなかで、ひとりの参加者の視点から分析される。メンタリズムはいまだに「所与という神話」に頼っていた。しかし言語論的転回の後は、そのような形で、内的、あるいは外的現実を言語の媒介を経ずに把握することはできなくなった。感覚印象の直接性と称するものは、もはや無謬の上級審としてはふるまえない。解釈を受けていない感覚素材といったものを引き合いに出せないとなれば、感覚経験は疑問の余地なき権威を失っていく[26]。その代わりに登場するのが、行為する主体にのみ可能な「第二段階の経験」という審理機関だ。

目的を志向する行為の文脈のなかでは、習慣化した営為、あるいは目的をもった介入の試みが失敗した途端に、現実がそれまでとは異なった仕方で意義をもつようになる。すなわちその失敗を通じて、これまで行為の方向づけをしてきた確信の経験内容が間接的に疑問に付される。「成果に照らして検証される行為」（ゲーレン）が認識論上の意味をもつということは、パースがすでに彼の「信念 - 疑念」モデルを用いて強調していた。もちろんそうはいっても、行為遂行過程で現実にぶつかりながら経験される失敗は、それまでとくに気づかれないままに保持されてきた見解を揺さぶるだけで、それに反論までしてくれるわけではない。行為の成果検証は、真理保証の機能に関してまで、感覚の権威を代行することはない。しかし、ある行為が不首尾に終わることで引き起こされる経験的な懐疑は、正しい解釈につながる討議を開始させるきっかけにはなりうる。

（b）これによって、経験の基盤についての見方が変化するだけではない。認識というわかりにくい現象をそもそもどう記述すべきか、ということも、それによって変わってくる。ポッパーがすでに強調していたように、ある経験が客観的であるかどうかは、もはや「精神」内部の発生史を基準にして、すなわち感覚素材からいかにして判断が構成されるのか、ということを基準にして測定するわけにはいかない。むしろ、習慣的な行動が妨げられることによって浮かび上がってくる諸問題を建設的に解決していくなかで、それまでの確信が変化していくと言ったほうがいいだろう。そしてもちろんその確信もまた間違いうるものであり、検証を必要としている。プラグマティズムの立場から見れば、「認識」は行為を遂行するなかで経験される期待はずれを適切に処理することから生まれてくる。科学的認識がもつ「目的から自由な」あり方でさえ、その例外ではない。それもまた試行錯誤からなる学習過程が数多くの前提条件をともなって制度化されたおかげで成立したものだ。科学的学習過程は、決断をせまる日常実践の圧力から切り離されていく度合いに応じて、はじめて自己生産された諸問題のダイナミズムによって推進されうるものになる。

こうなると説明を要する現象はもはや、判断と推論の土台をなすと同時に知覚へと組織化された感覚の基層などではなくなる。認識理論はむしろ、学習という最初から複雑な過程を説明しなければならない。学習過程は、行為を導くさまざまな期待が疑問に付されることによって喚起される。ところが、それをきっかけにして、相互にからみあいながらひとつの生活形式を織りなしている営為の全体が、認識理論的な視点から検討すべきものとなる。一面では生活世界のすべての側面が、こうした疑念の渦のなかに巻き込まれていく可能性もある。そして他面では、ある時にはこれが、ある時にはまた別のものがという具合に、種々の営為が問題解決に貢献することがある。認識的な次元はこのように非認識的な行為領域すべてに浸透している。こうして超越論的な問題設定は、認識の下支えをする生活世界の諸構造全体に広がらざるをえない。

（c）生活世界には、規則に導かれた行為のさまざまな類型が同居している。言説や言語行為は、そこでの言語使用が本質的にコミュニケーションを目的としているのか、それとも叙述を目的にしているのかによって互いに区別される。非言語的な営為もまた言語のもつ命題的構造の影響を宿している。ただしそれは言語的営為のように発話内的目標の達成には役立たない。さらに諸々の行為には、社会的な性質のものと、非社会的な性質のものがある。社会的な行為を構成するのは、コミュニケーション行為をする人々同士の規範に則った相互行為か、そうでなければ競合する戦略的な影響行使の試みだ。道具的行為は、たしかに社会的行為の文脈のなかに埋め込まれてはいるが、本質的には因果律で結ばれた物や事象からなる世界に目標を掲げて介入していくための行為だ。こうしたタイプの規則に導かれた行為 Handeln は、それ自身がまた、規則に導かれた行動 Verhalten のタイプの一部に過ぎない。このタイプに属するものには、例えばさまざまなゲーム類がある。それらはウィトゲンシュタインにとっては、数の世界、幾何学的形態、文法的表現、論理的結合その他の仕組みを研究するためのモデルとして役立った。この種の「操作」は通常、他の行為のなかで並行して行われている。そして、マクロレベルで、ある程度「世界と接触している」行為の下部構造のような役割を果たしている。[27] 規則に導かれた行為のさまざまなタイプは、このような営為に具現している規則のあり方によって、互いに区別される。

　一般的にいえば、ひとつの規範に従う——あるいはそれに違反する——行為者は、少なくとも直観的には、規則の概念を自分の行動の土台にすえざるをえない。行為者は、カントがすでに気づいていたように、自らが行動指針として概念化している格律に照らして自分の意志を縛るほかない。しかし、だからといってすべての規範が最初から概念規範であるとはかぎらない。規範的な束縛が、一律に「義務論的」意味をもっているわけではない。論理学、幾何学、算術の規則、物理学的測定、文法、あるいは語用論の規則などは、シンボルによって構築されたもの——記号、図、数、計算、文章、議論等々[28]——の産出とその統語論的な秩序形成に奉仕している。こうした——より広い意味での概念的な——規則は、それぞれに対応する営為を自分の側から構成していく。したがって、こうした営為が、自分の守備範囲外にあるものといっさい関連を持っていなければ、そこでの規則違反はたんに内在的な帰結しかもたらさない。チェスのルールを知らない人でも、偶然の一致でコマを正しく動かすことはあるかもしれないが、それはチェスをしたことにはならない。この種の実践の「論理」や固有の意味をわれわれがわかっていない場合、われわれは自分の無能力から、いわばルールそれ「自体に」つまずいていることになる。ただしチェスの駒を間違って動かしたとしても、誰かがわれわれを罰することはない。自分自身の良心も、社会も、自然もその失敗をとがめることはない。

　これに対して社会的な行為規範は、その規範が向けられている人々に規則遵守を義務づけるという「義務論的」な意味をもっている。その際、規則違反に対する制裁は規則の種類によって（道徳規範、法規範に違反したのか、習慣や習わしを破ったのか、あるいは社会的役割を逸脱したのかといったことに応じて）変わってくる。こうした規範は、互いにコミュニケーションをし、共通の営為に参加している行為者同士の人間関係を規制している。これらの営為はそのまま、ある生活世界のシンボル的文脈の構成要素をなしている。そしてまた同時に、自然的環境の「ハードウェア」ともリンクしている。例えば同じ計算をわれわれはチョークを使って黒板上で行うこともできれば、キーボードの助けを借りてディスプレイ上で行うこともできる。ただし、もろもろの営為がそれをささえる物質的基盤に対してもっている物的な関係は、話者が発言を通じて客観世界の何かとの間に打ち立てる意味論的な関係とはもちろん種類を異にする。

　（d）言語行為において、われわれは実在するもの Entitäten に対して関係をもとうとする。これと似たことは、実践的行動においても必要になる。例えば行為者が「現実に対処する」ために、技術的な規則に関する知識を適用するといった場合だ。広い意味での「テクノロジー」には、独特の種類の規範性、すなわち認知的な規範性が結びついている。実装 implementieren〔計画やアイデアを具体的に実現すること〕された確信が、はたして経験的な内実をともない、認識として的確かどうかは、この規範性を基準にして判断される。道具的な介入や戦略的な影響行使を律する規則を運用していくとき、われわれは時に「現実の壁」にぶつかって挫折する。それはわれわれがその規則を正しく習得していなかったり、その適用の仕方を誤ったりするからだ。しかし、さらに興味深いのは、テクノロジーそのものが誤って設計されていたり有効性をもたなかったりすることで挫折するケースだ。設計の誤りは最終的には信頼性のある経験的知識が欠落していたことを明るみに出す。そのかぎりで、成果に照らして制御される行動規則がもつ規範性のなかには、客観世界の何かについてわれわれが知っていることの妥当性が反映している。客観世界との関連づけが成功し、言明が真であることが判明すれば、それは成功した「対処法」の規範性を高めるのに役立つ。世界や真理とのこうした関連性を念頭に置いて、パースは次のようなテーゼを立てた。すなわち、一方には道具的行動がもつ一定の形式的特性があり、他方には、われわれが対象を経験するための不可欠な条件がある。その際われわれは行為を通じて介入するという形でこの対象に出会う。そしてその時、この両者――道具的行動の形式的特性と対象経験の不可欠な条件――の間にひとつの超越的な連関が存在するというのが、パースのテーゼだ[29]。

行為者が自ら作用を及ぼしうる対象との間で行為を通じて作りあげるこうした連関は、コミュニケーション参加者が、対象に関して事実を主張する際に作りあげる対象との意味論的連関と互いに絡みあっている。行為者が実践上の困難を乗り越えていくにはプラグマティズム的な前提を立てなければならないが、それは言語使用者がコミュニケーションを行う際に状況把握のために立てる前提と何ら変わりはない。両者は共に、客観的世界が、そもそも扱ったり、判断したりできる対象の総体であると想定している。道具的に行為するにせよ、コミュニケーション的に行為するにせよ、そこに参加している者は、同じ形式的な世界想定を行っている。だからこそ「使用対象としてあるもの Zuhandenes」について行動に確信がもてなくなった場合には、それとの連関をたもちながら、それを「客体としてあるもの Vorhandenes」についての明証的な陳述に作りかえることができる。コミュニケーション的行為から論証実践 Argumentationspraxis へと移った後は、陳述の真理請求は仮説として扱われ、根拠という光にてらして判断しうるようになる。

われわれが行為を通じて現実の抵抗に遭遇したときに、そこから何かを学習することができるかどうかは、そこで暗に疑問に付された確信を主題として取り上げ、他の論証参加者の異議申し立てから学ぼうとするかどうかにかかっている。行為から討議へと「上昇する」ということはすなわち、世界との実践的な交流のなかで生じる問題を認知的水準で処理するために、生活世界の資源を全面的に動員できるということにほかならない。

対象への実践的関与、あるいはまた意味論的関与は、われわれを「世界なるもの」に直面させる。他方、対象に関する陳述についてわれわれが真理請求を掲げるとき、われわれが直面させられるのは「他の人々」からの反論だ。客観的世界に対する縦の視線は、間主観的に共有される生活世界のメンバーとの横の関係と絡みあっている。一方には世界の客観性が、他方には了解の間主観性があり、両者が相互に参照しあう。これによって、いわば超越論的主体が自ら構成した世界の中で客体に対峙しているという構図が変化を遂げる。ここでは自らの営為のなかに巻き込まれているそれぞれの主体が、自分の生活世界の地平から、客観世界の中にある何かに対して関わりをもつ。そしてその世界を各主体は、コミュニケーションにおいてであれ、介入行為においてであれ、自分とは独立に存在し、かつ全員にとって同じ世界であると想定する。慣習化された理解や行動の手順を狂わせると同時に制約する困難な課題や偶然性は、あくまでこの世界の中で生じている事実であることを、この世界想定は表現している。

（e）「生活世界」と「客観世界」というこの構成は、理解と観察という方法的な二元論と手を携えている。この二元論のなかには超越論的認識と経験的認識の区別がある程度反映している。意識哲学は全体としては一人称の視点と三人称の視点――すなわち一方では自分自身の表象を対象とする人間の自己観察と、他方では客観化をめざして対象自体に向かう人間の観察――の方法的差異に支配されていた。この古典的な差異に代わって登場するのが、二人称の視点と三人称の視点――「コミュニケーション参加者の解釈行為」と「観察者の対象知覚」――の間の二元論だ。われわれは観察者としては、世界のなかにある対象にいわば「外から」関与する。それに対して、規則に導かれた生活世界の営為は、行為遂行的態度をとる参加者の解釈学的理解に対してのみ開かれている。どうすればひとつの規則にしたがうことになり、何をすれば規則を破ることになるのかについての直観的な知識は最初から規範的な性格をもっている。しかし、経験論的な合法則性だけを問題にする観察には、こうした規範的性格はない。ちなみに、了解志向的理解をめざす言語使用を参加者の視点から分析する作業は、生活世界の営為全体の網の目に入り込んでいくための鍵の役割をする。なぜなら生活世界のあらゆるシンボル構造は言語というメディアから分化していくからだ。

第四節　結果として生じるふたつの問題――認識の客観性が脅かされ、世界と世界内的なものとの差異が消し去られること

脱超越論化とともに超越論的なるものの概念自体が変化していく。超越論的意識は「彼方」にあって、叡智界に住むものという意味合いを失い、今やコミュニケーション的な日常実践という、崇高さを失った〔デフレ化した〕姿で地上に舞い降りてくる。かつては物自体が占めていた超世界的な位置を、現世的な生活世界が占めることになる。プラグマティズムは、超越論的な問題の立て方を堅持してはいるものの、超越論的なるものと経験的なるものの対立を緩和する。たしかに、コミュニケーション的な言語使用もまた参加者に厳しい理念化を迫る。話者たちは無条件の妥当請求を掲げ、互いに相手には責任能力があると想

定することによって、あらゆる偶然的で局地的なコンテクストを超える目標を追求しようとする。しかし、こうした反事実的な前提といえども、あくまで日常的営為の事実性のうちに本拠地をもっている。なぜなら、言語能力と行為能力をもつ主体は、社会化過程を通じて生活世界を支える営為や当該規則を学んでいくからだ。意思疎通や、生活世界の再生産を担うコミュニケーション的行為は、破綻させるわけにはいかないものである以上、主体は好むと好まざるとにかかわらず理念化の試みを回避できない。しかし、〔生活世界と理念化という〕規範的落差がもつふたつの土台は、社会的事実そのものにぬぐいがたくつきまとう特徴となっていく。

超越論的なものについての根源的理解が、デフレ化された理解へと下降してくると、そこから見過ごしえない帰結が生じてくる。超越論的諸規則がもはや世界の外側に立つ叡智界のようなものでなくなれば、それらは文化的生活形式の表現へと姿を変え、時間のなかに起源をもつものとなる。その結果、（1）超越論的に可能となる経験認識に対して、そのまま「一般性」や「必然性」、つまりは客観性を要求しなくてもよいことになる。そして（2）認識を通じて世界に接するための超越論的条件そのものが、あくまで世界内にある何かとして理解されなければならなくなる。

（1）M・サックス[30]は、カントの観念論を脱超越論化する歩みを、超越論的なもの das Transzendentale に関する古典的概念（T_1）から、この概念のウィトゲンシュタイン的理解（T_2）への移行として描いている。

T_1「何が経験の対象となるに値するかに関しては、精神によって超越論的制約が課されている。それゆえわれわれはこの制約に合致する対象しか知ることができない」(167)。

これは、超越論的なものを強く解釈する視点に立てば、経験可能な対象世界は、われわれの精神の構造を通じてはじめて形を取るということを意味している。他方、より弱く解釈する視点に立てば、われわれが世界のなかの対象についてそもそも何かを知りうるとすれば、それは世界がわれわれの精神の構造に自分を合わせているからにすぎないということになる。後者の仮定にしたがうなら、われわれはもちろん、精神の構造と世界自体の間にどの程度存在論的な対応があるのかを知ることはできない。われわれの精神の構造をつうじてヴェールをはぎ取られる世界は、世界それ自体の一部を抜き出した歪んだ像であるかもしれないからだ。こうした弱い解釈にしたがえば、主観的観念論はクライスト〔一七七七―一八一一。ドイツの劇作家。カント哲学に接し、真理の不可知性に絶望感を抱いた〕流の懐疑への入り口となるだろう。超越論的に可能な認識もしょせん「われわれにとって」客観的であるにすぎない世界の認識であり、それに一般性や必然性を与えてよいかどうかはけっして確信できない。こうした懐疑に対抗するのが――カントのいう「最高原理」と一致する――強い解釈だ。それによれば、経験可能な対象からなる世界の超越論的産出は、自己以外には根源をもたない主観性がもつ世界産出的な自発性 Spontaneität に発している。この主観性が可能な経験知の客観性の保証人となる。

とはいえ、超越論的意識が叡智界の地位を占めるという形而上学的仮定を設定することで、カントの認識論は超越論的観念論の名にふさわしいものとなる。それは、われわれの精神から独立して存在する世界――すなわち経験に依存する判断のみならず、判断主体自身の学習過程をも制約する世界――を実在論的に仮定することと相いれない。こうしたカントの観念論に、サックスはカントのなかにあるひとつのプラグマティズムを対置する。このプラグマティズムを、サックスはウィトゲンシュタインの『哲学研究』のなかから読み取っている。超越論的意識は、世界産出の自発性が複数の言語ゲームおよび生活形式の諸文法へと移行することによって、社会化されると同時に多様化される。

T_2「経験の対象になりうるものはいかなるものであれ、究極的にはわれわれの活動の表現である――ただしここでいう活動は人間の関心、利害、行動、信念を含むものとする」(171)。

これに従うならば、（T_1による）精神が経験可能な対象世界に課していた超越論的「制約」は、時間と空間の中におかれた個別の生活形式がもつ超越論的「性質」へと変化する。すなわちこうした生活形式が、その価値観、利害、行動様式などによって、それぞれに見合った可能な経験の様相を決定する。実際、そこに所属する者からみれば、それぞれの生活形式の超越論的性質は、避けられない認識上の前提としての地位を保持している。この前提があればこそ、そもそも客観世界の何かと彼らは出会うことができる。ただし、このようにして可能となった経験は、もはや一般性や必然性をもつことはない。あらゆる生活形式には、それを補完する形で、内側――つまり自分自身の地平――からは踏み越えられない客観世界が属している。なぜなら、規則に導かれた行動の種々の類型のなかには、あいかわらずひとつの生活形式の超越論的性質が具現しており、こうした類型に代わりうる意味ある対案など、そこに所属している人間には考えられないからだ。「そうした諸類型はわれわれが経験し、記述することのできる世界に相関した前提としての性質を持っており、それがために経験的事実と同じようには作り出すことができない[31]」。

認識の客観性に対する疑念は、当初は超越論的なものを強く観念論的に解釈することで抑えることができたが、いざ世界を産出する諸文法が数多く存在し、それがまた偶然性を備えているとなると、この疑念が再び頭をもたげてくる。もちろん言語ゲームの多元主義を認めたからといって、互いに共約不可能な、他に対して閉ざされた言語宇宙が多数ばらばらに併存しているという結論に必ずしも達するわけではない。社会文化的生活形式のあり方には、その全般を特徴づけているどこででも見られる超越論的性質というものがあるのではないかという期待は十分に成り立ちうる。世界を産出する自発性についての脱超越論的バージョンも、この期待とならば共存できるだろう。例えば生活世界の構造を作り上げている媒体となっているのは、命題に分化された言語と、陳述内容に応じて変化しうる発話内的行為だ。陳述内容は状況に関連している場合もあれば、無関係の場合もある。言語というこの媒体は、経験上どこにでも見られるコミュニケーション形式のひとつであり、これに代わりうるものはいかなる既知の生活形式のなかにも存在しない。[32] また、成果に照らして制御される行為の認識上重要な諸規則なども、言語と同様、どこに行っても見られる。こうした規則は、克服すべき状況に対処していく過程で、操作可能性、利用可能性という観点から判断される対象の総体として世界を開示する。

しかし、シンボル表現や生活実践の諸形式がいたるところで繰り返し観察され、経験的にその普遍性が確認されたとしても、だからといって、あらゆる社会文化的生活形式にとって同じように客観的に見える世界が必然性をもって存在しているということにはならないだろう。本来ならば、そうした必然性が証明されて初めて、それが類特有の経験にもとづく人間中心主義にすぎないのではないかという嫌疑をはらすことができるはずだ。たしかに精神には認識人類学 Erkenntnisanthropologie に深く根ざした諸構造があり、それが言語能力と行為能力をもつすべての主体に対して同じ経験様式を押しつけている、ということはあるかもしれない。しかしそれでもなお、「それ自体 an sich」として存在する世界が、一部「われわれの」経験可能性の地平の外に逃れているかもしれないという疑念はぬぐい去れないだろう。

（2） もうひとつの問題は規則というものが占める特異な地位に関連している。規則は、世界の外にある起源なきものという性格こそ失ったが、それでもなお自発的な世界産出力をもっているはずだ。規則自身は天から降ってきたわけではなく、あくまで世界内的なものとしての地位を占めているはずだが、それでも客観的世界に通じる扉をわれわれに開くことができる。規則のような種類の実在は、明らかに世界と世界内的なものとの超越論的差異を免れている。理解 Verstehen と観察 Beobachten という方法的二元論はあくまで世界内的なものに対応している。プラグマティズム（G・H・ミードとJ・デューイ）、哲学的人間学（H・プレスナー、A・ゲーレン）、発生論的認識論（J・ピアジェ）などが依拠しているのは、自然史の立場からの道具行動、言語使用、コミュニケーション行為の説明だ[33]。それらの試みは、生活世界の中に具現した精神の諸構造への解釈学的アプローチと、そうした諸構造の発生についての生物学的説明とを結びつけようとしている。彼らは一方では、判断し、話し、行為する能力を備えた主体の日常知を分析する。それは「われわれの」生活形式の基本特徴を再構成することから出発して、より複雑性の低い「有機的存在の諸段階」〔プレスナー『有機的存在の諸段階と人間――哲学的人間学入門』一九二八〕における人類特有の環境世界を解明する視点を得るためだ。他方、こうした自然史の「上から」の解釈学に対して、進化理論は人類の生命組織の仕組みやその特異な能力の発生を因果論的に説明することによって、これとは対照的な像を提供している。しかしこのふたつの相互補完的な観察方法は、継ぎ目なく相互翻訳することのできない競合的記述のなかへと合流していく。

認識にとって重要な意味をもつ規則体系が記述できるのは直観的に習得される習慣行動を参加者の視点から概念的に解明できるからだ。科学の対象領域が構成 konstituieren される以前に[34]、これらの（弱い意味での）超越論的規則は、経験が世界内の事物や事象との実践的な交流の中でそもそもどのようにして可能になるのかをあらかじめ決めている。それだけにいっそう、経験を可能にする間主観的条件自体を経験的に説明するという課題は逆説に満ちたものになる。そこでは超越論的条件の発生を説明する側の項 Explanans が、説明される側の項 Explanadum のなかで挙げられている条件にあらかじめ服していなければならないだろう。客観的世界のなかにある何かについての認識を可能にしている生活世界の諸構造を、それ自身、世界のなかで生まれてくる何かとしてとらえようとする人は、有名な「物自体」のアポリアに巻き込まれていく。いずれにしてもマルクスが社会的労働の認識論的役割について考察したさいに土台にすえた「自然自体 Natur an sich」の構築 Konstruktion は「物自体 Ding an sich」の構築にまさるとも劣らず逆説的だ（カントは、物自体がわれわれの感性を「触発する affizieren」という言い方で、物自体を世界内にある何かであるかのように扱っている）[35]。

第一段階として、マルクスは認識の超越論的概念に唯物論的表現を与える[36]。社会的労働においては社会とその物質的基盤の間で物質的な「新陳代謝」が行なわれる。ここでは人間を取り巻く自然界が、この社会的労働と同じ形式で「われわれにとって」客観的な自然として構築される。第二段階では、認識と労働のこの唯物論的連関[37]が自然主義的に解釈される。自然進化は社会文化的発展段階を経ながら「主体の本性 sujektive Natur」、すなわちホモ・サピエンスが生物として備えている能力を産みだすと同時に、彼にとっての「客体としての自然 objektive Natur」への認知的アプローチを可能にする条件をも産みだすとされている。簡単に言えば「自然自体 Natur an sich」は、「主体の本性」を利用して「客体としての自然」が出現してくる条件を作り出す。しかし、主体が自然に働きかけることのできる諸形式が主体の本性によって固定されており、客体としての自然がその諸形式との間に硬直した、つまりは回避しがたい相関関係を持っているとするならば、「自然自体」の構築は、人間精神の舞台装置の背後をのぞきこむ形而上学的な――自然に与えられた認知的限界を超える――視点に頼るほかないことになる。

超越論的な問題設定を、世界の背後に根拠を求めようとする超越論的＝観念論的な想定から切り離そうとすると、つねにしっぺがえしを受ける。そのことを、脱超越論化の過程でわれわれの行く手を阻むさまざまなアポリアは示しているように見える。しかし、実際には、さまざまな逆説的帰結は超越論的アプローチのプラグマティズム的変形から生じているのではなく、むしろカント自身もまだ捉われていた認識についての表象モデルから生じている。認識実在論的見解は、言語論的転回の後にとらざるをえなかった非古典的な形態においては、「弱い」自然主義と十分結びつきうるのであり、しかもその際、超越論的＝プラグマティズム的問題設定を放棄する必要などない。

第五節　弱い自然主義——カントとダーウィン以後

今日、クワインの強い自然主義とハイデガーの存在史的観念論の間の対立は、多くのヴァリエーションをまとって登場してきている。大勢を占めるこれらの理論戦略との論戦のなかで、わたしは双方によって無視されてきた弱い自然主義という対案を提唱したい。

（1）脱超越論化の過程で浮上してくるふたつの問題〔(1)認識の客観性が脅かされること、(2)世界と世界内的なものの差異が消し去られること〕は、ヒュームの後継者によりも、むしろカントの後継者に突きつけられている。はたして認識に客観性はあるか、世界と世界内的なものに差異はあるかという疑問は、カントの後継者にとっては心穏やかなものではない。しかし、最初から超越論的問題設定を度外視しているならば、そのような疑問はそもそも生じ得ない。今日、クワインに代表される強い自然主義は、われわれの認識可能性を科学主義的に理解する立場と結びついている。そこではすべての認識が最終的には経験科学的な手続きに帰すべきものとされる。こうした超越論的骨組みの解体と時を同じくして消滅していくのは、概念的分析を要求する世界構成[38]（あるいは世界開示）の諸条件と、因果論的に説明しうる世界内に出現する状態やできごとの間の差異だ。世界と世界内的なものとの超越論的な差異を撤回してしまえば、「現象する世界」を疑うための諸条件もまた失われる。しかし現象する世界とは、「それ自体として存在する」世界から選択的に切り取ってきた断片、あるいはそれを遠近法によって歪曲した見解にすぎないかもしれない。一方では、理解を通じたわれわれの生活世界の再構築、他方では客観世界のできごとの説明、この両者の間の方法論的二元論が撤廃されれば、超越論的に理解された生活世界での習慣行動の「内観 Innenansicht」と、因果論的に説明されるその発生の「外観 Außenansicht」とを統合しようとする逆説的な課題そのものも、また消滅してしまう。

しかし経験主義の伝統を自然主義によって継承しようとすると、そこには代償がともなう。すなわち、われわれの規範的営為を、世界内で観察可能なできごとと客観主義的に同一視してしまうという代償だ。概念的分析という手段のみを使用する哲学がこうした進路を取るならば、そこにひとつの課題が生じてくる。すなわち、言語能力と行為能力をもつ主体の直観的な知を、法則定立的な経験科学が用いる理論言語に接続しうる言語に翻訳しなければならないという課題だ。この課題を解決したことこそ、W・v・クワインが世界的名声を得た理由といえる。ウィーン学団の論理実証主義者たちはアプリオリな総合判断というカントの仮定を当時すでに退けていた。その後クワインはもう一歩踏み込んで、カルナップがまだ保持していた分析命題と総合命題の区別さえも取り払った。ここで踏み出された一歩は、翻訳の不確定性についてのテーゼと結びつきながら認識論的全体論へとつき進んでいく。この全体論はフレーゲが主張した「意味のプラトニズム」の残滓を克服しただけでなく、意味概念そのものをつき崩した。クワインは単に「思考内容」のプラトン的な対象化を批判しただけではない。それだけならすでにウィトゲンシュタインが他の方法で批判していた。むしろクワインは言語的意味の解釈学的概念を、行動主義的に理解された刺激意味概念によって置き換えることによって、言語と言語理解の概念のなかからあらゆる規範的な含蓄をぬぐい去った。

能力ある話者の規範的自己理解は、ウィトゲンシュタインが規則順守という構想の助けを借りて再構成したものだった。しかしこの自己理解がクワインによって今やひとつの理論言語に受け渡される。この理論言語は例えば「根底的」翻訳〔まったく未知の言語を手探りで翻訳するという思考実験上の翻訳〕を、客観化を志向して企てられる仮説生成的な感覚刺激の加工として捉える。この理論戦略の要点は、参加者の視点自体から出発して、彼自身の言語行動を厳格に自然主義的に理解する立場へとスムーズに移行しようとするところにある。しかし直観的な知を科学主義的に異化するという、この戦略の成功の秘密は、また同時に厳格な自然主義のアキレス腱をも明らかにしている。コミュニケーション行為に組み込まれている言語能力と行為能力をもつ主体は、思考し、行為するにあたって、もろもろの規範に依拠したり、さまざまな根拠によって影響を受けたりするのを避けるわけにはいかない。そうした主体にとっては、客観化を志向するクワインの記述など、自分のこととはとても思えないだろう。一方では能力ある話者の十分に検証可能な自己理解があり、他方では反直観的で、容赦なく自分を書き換えていく自己記述がある。しかしこの両者の間には認知的不協和があり、厳格な自然主義はこの不協和のゆえに挫折する。というのも、この種の自己記述は、話者の直観による言語分析から、唯一信頼できる自明の基盤を奪いとってしまうからだ。

（2）参加者の規範的な自己理解をそれにふさわしい形で位置づけ、脱超越化を逆戻りさせることなしに、かつ超越論的な問題設定を保持しようと思えば、このクワイン的な行き方にともなうアポリア的な帰結は避けられないように思える。いずれにせよハイデガーの存在史の構想は、世界自身のなかに世界産出的自発性を求めるというパラドクスを解決するひとつの試みとして理解できる。

ハイデガーは、可能な経験の対象からなる世界を生み出す超越論的な自発性を、言語がもつ世界開示的エネルギーへと翻訳することによって言語論的転回をなしとげた。[39] あらゆる自然言語はカテゴリーを構成するひとつの意味地平を作りだす。そしてその地平の中で、ひとつの歴史的言語共同体のために、ひとつの文化形態と、全体としての世界の前了解が分節化されるという。しかる後にハイデガーは世界と世界内的なものとの超越論的差異を存在と存在者の間に横たわる存在論的差異としてとらえ、各共同体に行きわたっている存在了解を言語的世界開示の意味アプリオリに従属させる。これによって超越論的主体の変わらざる意識と見なされていたものが、複数の「存在論」の歴史的変遷のなかに溶解する。そしてそれぞれの存在論は、各共同体で通用している諸言語に文法的に書き込まれているというわけだ。この存在史の構想は、言語能力と行為能力をもつ主体が巻き込まれている偶然的できごとの特徴を、世界内的歴史のモデルから奪い取ってしまう。それは、時代を画するもろもろの世界解釈の「できごと」を、同時代人には逃れることのできないアプリオリな意味創出の平面に移してしまう。こうして言語能力と行為能力をもつ主体は、なすすべもなく宿命的に存在史の手に委ねられる。

この構想によってハイデガーは世界を産出する自発性の脱超越論化を、意味の先験性の歴史化という形で解決する。こうすればアポリア的な帰結を引き受ける必要はなくなる。一方でハイデガーは、世界と世界内的なものを超越論的に区別するとともに、存在を探求することと ontologische Untersuchungen と存在者を探求すること ontische Untersuchungen との方法論的区別をも堅持する。メタ歴史的運命の運動は、世界内的偶然事の流れとは同じ目の高さでは扱えないというわけだ。他方でハイデガーは認識の客観性に対しても議論を用意している。メタ歴史的に自らを送り出すのは存在それ自体だとされる。それゆえ存在の光の中で各主体にそのつど啓示されるものが、全体としての存在者から単に主観的に切り取られたものではないか、などという疑念は生じえない。世界を開示する存在が存在者のもとで隠蔽したり提示したりしているものこそが、それ自体として存在する存在者なのだ。

他方、この存在宿命論に対してイエス、ノーを言うことしかできない主体が支払わなければならない代償は、はっきりしている。根拠づけのための語りやディスクルス的思考であれば、正当化の義務を課されている。しかし、「太古の彼方にあって思考が及びえない unvordenklich」宿命を前に、こうした義務を免れた秘教的な「追想 Andenken」が持ち出してくるのは、真理への特権化されたアプローチだ。根拠を示されてはじめて合理的に動機づけられた立場決定へと動かされる自律的存在の自己理解にとって、このような要求はあまりに重すぎる代償であり、われわれの規範的な自己理解を自然主義的に平板化してしまうさいの代償に優るとも劣らない。

　自然主義を科学主義との結びつきから解き放ってやれば、プラグマティズム的な意図から行われる脱超越論化にともなう問題は、まったく別の仕方で解決することができる。しかしその場合には、認識の表象モデルとの決別から正しい結論を引き出してくる必要がある。

（3）プラグマティズムの観点から見れば認識過程とは、問題を解決し、学習過程を可能にし、誤りを訂正し、反対意見を無力化していく機敏な行動と見なしうる。言語の叙述機能は時として、「思考とは対象を思い浮かべたり事実を表象したりすることだ」という誤解を招くイメージをわれわれに抱かせる。しかしそれはひとえに言語の叙述機能を、こうしたコンテクスト、すなわち行為に関連する経験や、討議による正当化というコンテクストから切り離してしまうからにすぎない。「自然の鏡」〔ローティ『哲学と自然の鏡』、野家啓一監訳、産業図書、一九九三年〕――現実の表象――というのは認識行為についての誤ったモデルだ。[40] なぜなら模写するものと模写されるものとの二極関係――そして陳述と事象の静的な関係――は問題解決と正当化による知の拡大という動的過程を見えなくしてしまうからだ。

　認識は、空間的次元では、危険な環境世界との機敏な交流の中でさまざまな期待外れを処理していくことから生まれる。また社会的次元では、他の論証参加者たちの反対意見に向き合って問題解決を正当化していくことから生まれる。そして時間的次元では自らの誤りを修正していくことを糧とした学習過程から生まれる。認識をこうした複雑な連関の機能として観察するならば、実際の場面での失敗や成功の経験という受動的契機がいかに企画、解釈、正当化といった能動的契機と緊密にからみあっているかがわかる。経験判断は学習過程のなかで形成され、問題解決のなかから生まれる。だからこそ、判断の妥当性という理念を、存在と仮象の差異、「それ自身として」与えられているものと「われわれにとって」与えられているものとの差異に照らして考えようとするのは無意味なのだ。それはあたかも、直接的なものと称するもの das vermeintlich Unvermittelbare の認識を、主観による付加物や間主観的媒介から浄化しなければならないかのように考えてしまう間違いだといえる。認識はむしろ、こうした付加物と媒介がもつ認知的機能によって支えられている。プラグマティズムの観点から見ると、現実は写し取られなければならないような何かではない。認識は、ひとえにわれわれの問題解決と学習過程に課されているもろもろの制限のなかで行為遂行的に――すでに処理された、そしてまた今後予期されるもろもろの抵抗の総体として――姿を現す。

認識についての表象モデルにしたがえば、対象の表象、ないしは事実の模写としての「叙述」、あるいは表象と対象の一致、ないしは文と事実の一致としての「真理」といった見方も理解できないわけではない。しかしこの表象モデルには、問題の「克服」や学習過程の「成功」がもつ認知的＝介入的意味が欠落している。根拠づけられた解釈には、われわれが現実との能動的な交流の中で現実から学習したこと、あるいは討議によって反対意見を交換しあうなかで反対意見から学習したことが沈殿している。たしかに現実的なるものは生じていることの総体であり、真なる陳述において叙述しうるすべてのものだ。しかし、われわれが日々行なっている、あるいは試みている交流のなかで軋轢を生みだすもろもろの制限が事実性 Faktizität として存在していることのなかに、客体の側からの抵抗が姿を現している。われわれがその客体を事実 Tatsache であると主張するとき、われわれが相手にしているのは、まさにこうした客体に他ならい。だからこそわれわれは客観的世界が、指示 Referenz を可能にしているシステムであり、事実 Tatsache の総体ではなく、対象 Gegenstand の総体であると仮定する。

認識についてのこのようなプラグマティズム的概念を基礎にすえるならば、世界と世界内的なものの間の超越論的差異を——脱超越論化にもかかわらず——そのまま残すような形での自然主義が浮かび上がってくる。この考え方が土台にしている唯一のメタ理論的仮定は、「われわれの」——社会文化的生活形式の枠内で可能な——学習過程は、それに先行する「進化の学習過程」を一定の様式で継続しているにすぎないということだ。しかもこの進化の学習過程はわれわれの生活形式の構造を作りあげてきた当のものでもある。こうして、われわれの種の学習過程を超越論的に可能にしている諸構造は、それ自身がより複雑性の小さな自然史における学習過程の成果として位置づけられることになり、それによって自ら認知的な内実を獲得する。ただし、より高い段階での学習過程の「継続」は「弱い」自然主義の意味で理解されなければならない。この弱い自然主義には還元主義的な要求は含まれていない。「厳格な」自然主義による説明戦略であれば、生活世界の習慣行動を概念的に分析する代わりに、人間の脳の活動を自然科学的に、例えば神経科学的にあるいは生体発生学的に説明しようとするだろう。これに対して弱い自然主義は、ホモ・サピエンスの生物としての装備や文化的生活様式は「自然」のなかに起源をもっており、原則的には進化論的説明によって接近できるといった背景に関する原則的仮定で満足する。

いわば文化を貫通する自然史的連続性についてのこうした一般的前提は、身体と精神の関係に関するいっさいの哲学的仮定（例えば捨象的ないしは還元的唯物論）には踏み込まない。こうした前提は、むしろ逆に、もともと存在論的に中立な方法的立場の差異にすぎないものを実体化する危険からわれわれを守ってくれる。一方でわれわれは参加者の視点から、生活世界の諸構造を解釈学的アプローチによって合理的に再構築する。他方でまたこの諸構造の自然史的発生を観察によって因果論的に分析する。超越論的問題設定を保持する限り、われわれは解釈学的再構築を因果論的分析から厳格に切り離さなければならない。方法の違いにすぎないものを精神と身体（あるいは存在と存在者）の存在論的差異と見なすという誤った観念論的推論をするからこそ、客観的経験の超越論的条件を超世界的な叡智界――あるいは存在史――の領域に移すという間違いも生じる。しかし他方ではまた超越論的な条件を手っとりばやく、つまり自己言及性のアポリアなどに顧慮することなく、経験的条件と同化させ、経験科学的に客観化された領域に投影してしまうという誤った自然主義的推論もありうる。この両面は同じコインの表裏にすぎない。

弱い自然主義は、生活世界の「内的視点」を客観世界の「外観」に組みいれたり、従属させたりすることを避ける。弱い自然主義はあくまでふたつの理論的視点を分離したまま保持し、自然と文化の連続性を想定することによって両者をむしろメタ理論的なレベルで結びあわせる。この基本想定は詳しく言うと次のようになる。すなわち種の自然進化は――社会文化的発展段階で可能になったわれわれ自身の学習過程との類比から――「問題解決」の連鎖として理解することができ、それが種を、より高い学習水準をそなえた、より複雑な発展段階へと導いたということである。この「類比」をどのように理解すべきか、そして「進化を通じての学習」という、とりあえずは隠喩的な語り方をどれくらい保ちうるか。これは――この類比によってはじめて互いに関係づけられた――理論のうちの一方あるいは他方の枠組みの内部だけで決定できる問題ではない。学習という語彙は、とりあえずは参加者である「われわれの」視点に立ってはじめて正確な意味をもち得る（そして例えば発達心理学の学習コンセプトの基礎になる）。しかし、この語彙を安易にネオ・ダーウィニズム的な概念で再解釈することは許されない。それを許せば弱い自然主義はそのエッセンスを失ってしまう。なぜわれわれは、世界と世界内的なものの超越論的差異を保持しながら、なおそこで「われわれにとって必然的なもの」の偶然性を経験的事象の此岸から存在史的出来事の彼岸へと投影する必要に迫られないのか。これは、さまざまな水準をもつ学習過程の「階梯」を進化過程に内挿することによってのみ説明できる。なぜなら自然進化を学習に類比されるできごととして理解することによって、自然のなかで成立し、かつわれわれの学習過程を可能にしている諸構造が、それ自身として認知的内実をもっているということが保証されるからだ。このことはまた、なぜ「われわれ」の視野からみた客観的世界の一般性と必然性が、その視野の発生に関わった偶然的事情によって必ずしも損なわれないのかということの説明にもなっている[41]。

自然進化を問題解決能力の向上という観点から観察するならば、それぞれの段階での創発的諸特性 emergente Eigenschaften〔創発とは下位レベルの機械論的な加算以上のものが上位レベルで出現すること〕は、「われわれ」の目には「知識の増大」と見えるような認知的価値を獲得していることがわかる。これはまた社会文化的生活形式自身の特徴である創発的特性についてもあてはまる。そうなれば――われわれにとっての――客観的世界のなかにある何かとの交流経験、あるいはその何かについての発言を超越論的に可能にしている諸構造もまた認知的に重要な形成過程 Bildungsprozeß の結果として理解することができる。われわれの認識が置かれている状況のなかで、いかなる反論や修正の試みも無意味に見えるほど代替不能な前提とわかるものは、どんなものであれ、われわれは自然主義的な基本想定に従って偶然的状況の下で成立したものと見なす。しかし、こうした（弱い意味での）超越論的条件が、もし認識にとって重要な意味をもつ適応、構築、選別の過程から生じてきた（あるいは生じてきたと考えることが許される）のだとするならば、「われわれにとって」必然的な、あるいは少なくとも乗り越え不可能な認識の地平がもつ偶然性は、認知的に中立な偶然過程という様相ではもはや捉えられない。われわれは、突然変異、選別、安定化によって制御されてきた発展にも学習との類比を当てはめている。こうした類比に立てば、人間精神が備えている能力は、現実が課すさまざまな制約にもかかわらず発見された知能的な問題解決として評価される。この観点から見れば、それが種ごとに異なるひとつの相対的な世界像にすぎないという考えは根拠を失う。

第六節　鏡像論をともなわない実在論

（1）意識哲学から言語哲学への転回は、認識理論上、容易ならざる帰結をもたらす。カント的なプラグマティズムは、その帰結への回答だ。メンタリズムの想定によれば、われわれの認識能力は、言語能力や行為能力とは独立に分析できる。しかし、こうした想定はもはや成り立ちえない。なぜならわれわれは、認識主体としても否応なしに生活世界の習慣行動の地平のなかにいるからだ。言語と現実はわれわれには分かち難い仕方で相互に浸透しあっている。あらゆる経験には言語がしみこんでおり、言語のフィルターを通さずに現実をとらえることなど不可能だ。この認識が、言語による解釈や了解を成り立たせている間主観的条件に超越論的役割を認めようとする強い動機となっている。かつてカントはこの超越論的役割を、客観的経験に必要不可欠な主観の側の条件に割り当てていた。しかし今や、意識の超越論的主観性に代わって、生活世界の脱超越論化された間主観性がその役割を引き継ぐ。

しかしそれだけであれば、自らの活動への反省から出発するという超越論哲学的な説明順序が、言語論的な転回によって修正されることはない。ウィトゲンシュタインの言語ゲームの複数主義は、むしろ超越論的＝観念論的な解釈を誘うものでさえある。(42) しかし超越論的プラグマティズムがひとたび弱い自然主義と結びつくと、そこでは文化よりも自然の方に発生上の先行性を認めるため、それだけでも認識実在論的な考え方をとらざるをえなくなる。一方には、言語的に分節化され、われわれが越えることのできない生活世界の地平がもつ認識上の優位性があり、他方には、言語とは無関係に存在し、われわれの行動に制限を課している現実の存在論的な優位性がある。このふたつを互いに調和させることができるのは、間主観的に接近可能な客観的世界という認識実在論的な前提だけだ。とはいえ、人類よりも「古くから」存在している「精神に依存しない」世界というこの前提には、さまざまな解釈がありうる。

中世中期の普遍論争[43]は、パースにとってはまだきわめてアクチュアルな問題だった。言語論的転回の後、この普遍論争は、世界概念についての正反対の見解のなかに、それぞれ受け継がれた。形式語用論の想定する「世界」とは成立していることの総体であると仮定するならば、言い換えれば、世界が物 Dinge の総体ではなく、事実 Tatsachen の総体[44]であるとするならば、われわれは陳述内容や命題といった抽象的な存在物を「世界のなかの何か」と見なしていることになる。この概念実在論的な想定は、世界「それ自体」が命題的に構造化されていると見る。これに対抗するのは唯名論だ。唯名論は世界を時空のなかに個別化された「対象 Gegenstände」の総体としてとらえ、この対象についてわれわれは事実 Tatsachen を語ることができると考える。文法が示しているように、事実 Tatsache は、物 Dinge やできごと Ereignisse とは違って、世界のなかに存在するものとは見なしえない。このことは、一見すると唯名論に味方しているようにみえる。[45] 例えばカエサルの暗殺は日付を特定できる世界のなかでのできごと Ereignisse だ。ではカエサルが暗殺されたという陳述 Aussage はどうだろうか。たしかにこの陳述を対応する日付によって補強することはできるだろう。しかし、そのように叙述された状況は、この陳述が真であるときにひとつの事実となるのであって、その事実自体が世界のなかに生じるわけではない。はたして世界は対象からなっていると考えるべきか、それとも命題からなっていると考えるべきか。この根本概念に関わる決定は、存在論、認識論、そしてそれぞれに対応する真理概念、指示概念に重大な帰結をもたらす。とりあえずここでは、ふたつのコメントを記すにとどめよう。

（a）存在論的観点からみれば、唯名論的な見方の方が、概念実在論よりも形而上学的な疑わしさは少ない。単称名辞 singuläre Termini（と存在量化子 Existenzquantor）を使用すれば、十分な抽象性をそなえた対象概念のみならず、対象が言語外に存在していることの意味も明らかにできる。しかし他方、事態 Sachverhalt が「存立していること Bestehen」の意味を説明できるためには、われわれはどうしても陳述文の確言的 assertorisch な様相、つまり、文の真理妥当性を手がかりにするほかない。そして、この真理妥当性は、いわば言語内在的に、他の文によって証明され、反駁されねばならない。たしかに事実の「存立 Bestehen von Tatsachen」は、対象 Gegenstände を指示している以上、事実陳述の言語を超える何かを含んでいる。しかし、もし事実については「真偽に関して「～である」veritatives Sein」ということしか言えず、しかもその「～である」が、対象の「実在 Existenz」とは区別しうるものだとなれば[46]、そのような事実のうちには、対応する陳述言語から独立した要素はいっさい含まれていないことになる。だからこそ、世界自身が命題的に分節化されていると見る概念実在論的想定は、言語分析的に捕捉可能なものの境界をふみ越えているのではないか、という疑念が、形而上学批判の立場から寄せられることになる。

とはいえ、われわれは「否応なく」規則に導かれた行動を会得している。そのような行動の実践をみれば、もともと規則によって規範的に構造化された生活世界には「現に実在する一般性 existierende Allgemeinheit」があり、われわれがそれに精通していることがおのずとわかる。したがってこうした習慣行動への参加から、概念実在論的な見方が生じてくるのはごく自然なことだ。ただし、こうした概念実在論が言語的に構造化された生活世界の地平を超えて、客観的世界自身の成り立ちへと投影されると、そこではじめて、概念実在論はプラトニズムの形をとることになる。

（b）文法的な概念実在論を世界それ自身にまで拡大すると——メンタリズム後のフレーゲの行き方に見られるように——プラグマティズムが十分な根拠をもって克服してきたはずの認識の鏡像モデルもまた舞い戻ってくる。認識論的観点から見ると、世界が言語の陳述構造と相同的に構成されているという想定は、経験の概念や機能にさまざまな帰結をもたらす。つまり、そうなると経験は、実在する事態をそれに対応する陳述内容へと変換する浸透膜のような媒体として機能することになるからだ。こうして概念実在論は、事実を感覚的に現前化して受容する——あるいは知的に直観する——機能を、経験に背負わせることになる。[47] しかし、このような観照的な経験概念を立ててしまうと、社会化された主体が生活世界から一歩踏み出し、危険に満ち、思い通りにはいかない現実と機略に富んだ交流を通じて巧みに問題を解決し、順調な学習過程を重ねていくという構築的な貢献の余地が失われる。もし経験が、実在する事態の模写のための媒体にすぎないならば、認識の客観性はあらゆる構築的な付加物を残らず除去することを要求するだろう。そうではなく、構築と経験が互いに絡みあうことではじめて、われわれが誤りを犯しうる存在であることが理解できるようになる。知識を得るためのわれわれのオペレーションが構成上不可欠な貢献を果たすことではじめて、知識の拡大がなぜ既存の知識の絶え間ない修正という関門を通過しなければならないか、またなぜ十分な論拠に支えられた知も誤りとなる可能性があるのかが、説明できる。世界内の対象との感覚的接触は、あくまで行為と結びついた期待を背景にして、事実の内挿のための触発的な手掛かりを提供する。世界内の何かと接することによってわれわれが得る、言語形式をとった情報を、情報源そのものと、すなわちわれわれが経験的接触をする当のものと混同してはならない。

（a）と（b）で提示したふたつの議論は「存在論的な分業」を擁護するものだ。実在論と唯名論という基本概念には、次のふたつの立場の方法論的違いが映し出されている。ひとつは、主体間で共有された生活世界へと向かう参加者の解釈学的アプローチであり、もうひとつは、世界のなかで出会うものとの相互作用のなかで仮説を検証し、客観化を求める観察者の立場だ。文法的な概念実在論は生活世界に合わせてできており、その生活世界のなかでわれわれは習慣的行動に参加し、その地平から外に出ることはできない。他方、客観世界についての唯名論的な理解は、世界内にある何かを叙述するための陳述構造を、存在者自身の構造へと実体化してはならないという認識に立つ。それと同時に、世界を「事実 Tatsachen の総体ではなく、物 Dinge の総体」と見なす構想は、言語が世界とどのように接触するにいたるのかを説明することになる。一方には、唯名論的に把握された客観世界の存在論的優位があり、他方には、言語的に分節化された生活世界の認識上の優位がある。この両者をどのように調和させうるかを、「指示」という概念を用いて説明しなければならない。というのも、われわれが学習という超越論的事実を、実在論的な意味で理解しようとすれば、認識論上の優位が存在論的優位を掘り崩すようなことは、あってはならないからだ。

(2) 一面では、言語活動はそれ自身、言語から独立している陳述対象への関与を可能にするものでなければならない。しかし他面では、語用論の立場からの客観世界の想定は、形式的な先取りであれば十分だ。というのも、それは、言語とは独立に存在し、時空のなかで特定できる対象に関与する共通のシステムを——その時々に時代と言語を共にする特定の集団に対してだけでなく——任意の主体に対して保証すべきものだからだ。ヒラリー・パトナムは、異なる時代、異なる生活形式の間の言語的敷居を飛び越えて、いかに学習過程が可能になるのかという問題を、特に対象への恒常的な関与という観点から追究している。この恒常的な関与は研究活動でも日常生活におとらず重要だ。(48) ある認識条件のもとでは合理的に受け入れ可能であったひとつの解釈が、他の認識状況のもとで誤りであると認識されうる場合であっても、説明を要する現象自体は、ひとつの解釈から他の解釈への移行にともなって変わってはならない。同一の対象への関与はたとえ異なる叙述のもとでもなお堅持されうるものでなければならないという。

日常的コミュニケーションでも、素人と専門家が、理論的バックグラウンドは大きく違っていても、同一の対象について何の問題もなく理解しあえるのが普通だ。素人と専門家の間で知識が不平等に分配されているような多様なメンバーからなる共同体の内部では、ある種の「言語的分業」が機能し、これが、多かれ少なかれ焦点深度の異なる背景理解が互いに通じなくなるのを防いでいる[49]。研究活動のレベルでは、指示の問題はつきつめれば、いかにして認識上の進歩が理論的枠組みの組み換えを超えてなお可能になるかという問題に行き着く。なぜならその場合、ひとつの理論の基本概念は、対象への関与を保持したまま、他の理論の枠組みの中で新しく、そしていくぶんは深められて解釈され得なければならないからだ。パトナムは「語用論的実在論 pragmatic realism」の線でひとつの解決策を生み出したが、これはわたしの考察のコンテクストにもうまく組み込みうるものだ[50]。

つまりパトナムもまた、異なるパラダイム、あるいは理論枠の間の隔たりは、共同でなされる語用論的想定によって架橋しうるというところから出発する。記述とは無関係に存在し、法則の形で互いに結びあわされた対象からなる世界、という前提は、帰納的な研究活動、そしてあらゆる経験科学的な理論形成にとって、一種の綜合的アプリオリの役割を果たしている。この前提のもとではじめて循環的な、ただし知の拡大に向かう相互行為が生じうる。すなわち一方では世界を理論的に解釈するための基本概念と、他方ではそのように先行的に解釈された世界の内部での学習過程との相互行為だ。理論的枠組みがあってはじめて、ある特定の方向に向かう学習過程が可能になる。その意味で理論的枠組みは超越論的機能をもっている。しかし他方、学習過程は自らの修正力によって遡行的に基本概念の再解釈を迫ることができる。この点では、理論的枠組みは原理的には可謬的なものであり続ける。こうしたことがどのように可能かということを、パトナムは「金《ゴールド》」、「水」、「温かさ」といった自然種名に与えられた一般概念を手がかりに説明している。これらの一般概念は、日常生活の中ですでに自然科学的な概念形成のための先駆的役割を果たしているという。

こうした表現にはいくつかの含意、あるいは意味のステレオタイプが含まれている。そしてそれらが、時々の状況のなかで選択的に、しかしいずれも完全とはいえない形で、目の前に存在する金や水や温かさを同定するのに役立つ。しかし、どの時点での関連づけにもつねに留保がついている。すなわち、認識状況が変化すれば、この同じ分類が別のステレオタイプに導かれ、別の手法の助けを借りて行われる可能性もあるという留保だ。可能な対案が存在するということは、実在論的直観のひとつの表現だ。すなわち、われわれは言語から独立していると想定される概念の外延に暫定的に関与しているにすぎないという直観だ。[51] もし、さまざまな関連のなかで一定に保持されてきた種概念が、経験に基づいて再解釈可能だとすれば、不変のものと想定されている関連づけのための概念の外延もまた、試金石として使用できる意味には永遠になりきれない。そうした再解釈がいかに可能かということを、パトナムはインデクス〔指標〕となる意味要素が果たしている叙述＝指示の二重的役割から説明する。つまり同じステレオタイプが、最初は識別のために用いられていたにもかかわらず、認識状況が変わると、同じ対象の、ただしこれまでとは違ったふうに同定された対象の叙述のために、述語的に用いられることがある、というのだ。そしてそれによって概念規定の適切性が検証され、場合によっては修正される。

ただし、この文法的な役割交換が、堂々めぐりに陥ることなく、知の拡大につながるためにはひとつの条件がある。それは、識別をインデクスとして使用する際に、その使用法が、対応する叙述の意味によって前もって完全に決定されつくしていないということだ。むしろ必要なことは、同一の対象に対して、異なる観点、異なる手法からなされる対案的な関与が、共通の実践的な根をもっていることだ。ところで、われわれがすでに見てきたように、言語コミュニケーションと目的志向的行為とは同じ形式的な世界想定を通じて互いに緊密にからみあっている。というのも、発話者と行為者にとっては、自分たちがそれについて理解し、またそのなかに介入していく世界は、まったく同一の世界だからだ。発話者は同時に行為者として、否応なく実践的交流の対象と接触している。コミュニケーション参加者がその陳述によって明示する意味論的連関は実践に根をもっている。これまで機能してきた識別の意味論的内容が疑わしくなってきた場合でも、その連関は行為遂行的に保証されている。意味論的連関が行為遂行的に保証されているという優位性は、日常実践のなかから次々に高度で特殊な測定手法や分類規則が発達してきたとしても、なお変わることはない。

パトナムの指示理論は、恒常的な関与を維持しつつも、なおわれわれが対象の概念規定をいかに改善しうるかを説明している。われわれは、言語の知識があってはじめて世界を一定の仕方で見ることができる。しかしこの言語知識もまた、世界についての知識が拡大すると、それに依存して変化をとげる。これが可能だとすれば、それはひとえに、われわれがさまざまな理論的叙述をしながらも、同一の対象に関与できるからだ。とはいえ、競合しあう陳述の関与が諸理論を横断しても変わらないからといって、この陳述のいずれが真であるかということまで明らかにされるわけではない。叙述的陳述の真理性は他の陳述の光に照らして、また経験的意見の真理性は他の意見の助けを借りて、はじめて基礎づけることができる。経験的命題が真理条件を「満たす」ということは、成功した指示がそのための条件を「満たす」ということに尽きるものではない。したがって、指示が変わらずに保たれるという問題とは別に、われわれはさらに次の問題に直面することになる。すなわち、命題の真理条件には根拠を媒介にした認識的なアプローチしかありえないのに、どのようにして真理概念に、非認識的な nicht-epistemisch 意味が確保できるのか、という問題だ。

第七節　真理と正当化

われわれが自分たちの命題をつき合わせてみる現実は、けっして「裸の」現実ではなく、それ自体に言語が浸透している。われわれが自分の想定を検証するための手掛かりにする経験は、それ自体、言語の形で構造化されており、また行為のコンテクストのなかに埋め込まれている。われわれは、素朴な確信が崩れていくことについて反省しはじめるや否や、「それ自身のうちから」正当化できるような部類の基本陳述、すなわち言語の彼方にひそむ疑問の余地なき「発端」とか、論拠の手前にある自明の経験とか、といったものを見つけられなくなる。そこでは意味論的＝演繹的な根拠づけ概念だけでは十分ではない。というのも根拠づけの鎖の先を辿っていくと、もともとの出発点であったコンテクストへと舞い戻ってしまうからだ。そうなると、ひとつの陳述の真理性は、すでに受け入れられている他の陳述との整合性 Kohärenz によってしか保証できないように思えてくる。しかし、厳格なコンテクスト主義(52)の立場をとればとったで、今度は認識実在論的な前提と両立しなくなる。学習過程は、自らを可能ならしめているコンテクストを内側から変化させることができるが、厳格なコンテクスト主義は、こうした学習過程の修正力とも、またコンテクストを超越する真理請求の普遍主義的意義とも調和しえない。

このジレンマを回避するために、指示対象を言語超越的に理解することと、真理を言語内在的に、すなわち理想的な主張可能性として理解することとを結びあわせる試みがなされてきた。このアイデアに従えば、ある陳述は、合理的ディスクルスという高い要求をもつ語用論的前提のもとで、あらゆる反論の試みに耐え抜いたとき、すなわち理想的な認識状況のもとで正当化され得たとき、厳密にその時にのみ真とされる。Ch・S・パースの有名な提案[53]を引き継ぎながら、K‐O・アーペル[54]、H・パトナム[55]、そしてわたし[56]はこうした真理のディスクルス概念を、一時期、あれこれのバージョンで提唱してきた。

わたし自身は、真理の意味を当初は手続き的なものとして規定した。すなわち論証実践が規範的に高い要求を満たしていることを条件として、その議論に耐えたものを真理と見なすという考え方だ。この論証行為の基礎になっているのは、以下のような理想化のための諸前提だ。すなわち(a)公開性、およびすべての関係者が議論に迎え入れられていること、(b)コミュニケーション権が均等に配分されていること、(c)強制されることなく、かつ、より良い議論が通らざるを得ないような状況 der zwanglose Zwang des besseren Arguments の非暴力性が保証されていること、(d)すべての参加者の意見表明が誠実であること、の四つだ。真理のディスクルス概念が一方で考慮しなければならないのは、いかなる解釈も受けていない真理条件に直接到達するなどということが不可能である以上、ある陳述の真理性は「一目瞭然の事実」に照らしてではなく——たとえ決定的に「有無を言わさぬ」ものにはなりえないとしても——正当化のための根拠に照らしてのみ測りうるということだ[57]。しかし他方では、論証実践の特定の形式特性や過程特性を理想化することによって、ひとつの手続がもつ特性が浮かびあがってくるはずだ。それはすなわち、あらゆる重要な意見、テーマ、論考を理性的に顧慮することによって、話者がある陳述に要求する真理性がコンテクスト超越性をもつことを示唆しうるような手続きだ。

真理概念の認識的バージョンでは、陳述〈p〉の（二項的な）有効性 Gültigkeit が、「われわれにとって」の（三項的な）妥当性 Geltung に転換される。ただし、その際の「われわれ」とはあくまで理想的公衆（ペレルマン）を指し、この公衆は〈p〉に対して掲げられた真理請求が、実際に正当なものであれば、いつでもそれを正当化できなければならない。一人称複数形への関連づけには局地主義が内在しており、これに対抗しようとすれば陳述の受け手の圏域を理想的な状態にまで拡大する以外にない。ただしそこで重要なのは、論証に参加しうる公衆の範囲を単に社会的次元で拡大することだけではない。事柄に関しても、また時間に関しても、公衆の能力を理想化する必要がある。なぜなら〈p〉自体の有効性 Gültigkeit と、立証され、認識されたその有効性（すなわち「われわれにとっての妥当性 Geltung」）との間のコンセプト上の関連は、「われわれ」が理想的な正当化過程への潜在的参加者としての役割を負っていることを示唆しているからだ。(58)

とはいえ、ディスクルスを通じて真理請求を満たしていくという手続き的な真理バージョンはわれわれの直観にはそぐわない。というのも真理は明らかに、何かを首尾よく成し遂げるといった「成功概念」ではないからだ。たしかにわれわれがディスクルスの平面で動いているかぎり、われわれにとっては、真理と正当化の間に無視しがたい認識論上の関連がある。しかし、だからといってそこから真理と、理想的条件下での合理的主張可能性との間に、コンセプト上の関連が生まれることはない、ということを、近年わたしは（なかでもアルブレヒト・ヴェルマーやクリスティーナ・ラフォンとの議論を通じて）納得させられた。そのような関連が生まれるのであれば、真理を陳述の「失われることなき特性」として理解してはならないということになるだろう。今この場所で〈p〉の真理性をわれわれに抗しがたく確信させる議論であったとしても、別の認識状況では間違いだと判明することはありうる。たとえ語用論的には「抗しがたい」根拠であっても、だからといって最終的な有効性 Gültigkeit という論理学的意味で「有無を言わさぬ」根拠であるわけではない。どんなに〈p〉が十分に正当化されていたとしても、なおそれが間違いだと分かる可能性は残されている――真理属性のこうした警告的な使用は、いわば可謬性の文法表現として理解できる。われわれはこうした可謬性を、多くの論証の過程のなかでわれわれ自身を例として経験し、また過去の論証過程を歴史的に振り返るなかで他者のうちにも観察する。

　たとえば合理的ディスクルスの語用論的前提がまだ十分に規範的な内実を備えていないために、理想に近い条件のもとでディスクルスによって得られたコンセンサスであっても、その可謬性が排除しきれない場合がある。あるいは合理的な主張可能性の理想条件が可謬性を排除するに十分なものであったとしても、――われわれの知っている――言語能力と行為能力をもつ主体がその理想条件を近似的にすら満たしていないために、その理想条件が統制的理念にふさわしい、行為の方向づけの力をもちえない場合もある[59]。こうした難点が、その後のわたしの修正案の動機となった。それは合理的な受け入れ可能性というディスクルス概念をあくまで保持しながら、同時にそれを語用論的に理解された非認識的な真理概念に関係づけ、しかもそれによって「真理性」を「理想的主張可能性」に同化してしまわない、という趣旨の修正案だ。

　こうした修正をほどこした後も、合理的ディスクルスという概念は、参加者に認識の視野をたえず脱中心化していくように促すひとつの卓越したコミュニケーション形式としての価値を保ち続ける。論証行為のコミュニケーション的前提、すなわち規範的に高い要求を掲げると同時に、避けて通り得ないその前提は、引き続き非党派的な判断形成を促す構造的強制としての意義をもっている。つまり論証は真理を確定するために使用しうる唯一のメディアだということだ。というのも、いったん疑問に付された真理請求はそれ以外の方法では検証できないからだ。経験的確信の真理条件に到達するための直接的な、すなわちディスクルスのフィルターを介さないようなアプローチなどは存在しない。そもそも、ある見解の真理性がテーマとして浮上するのは、その見解が揺らいだとき、すなわち行為確信が問題なく機能している状態が失われた時に限られる。たしかにわれわれは真理と正当化の関連を解明しつくすことはできないが、だからといって認識上回避不能なこの連関を――認識的な真理概念の意味で――コンセプトの上で分離不能な連関であるかのように言い立てることは許されない。

生活世界での習慣行動は、現実には in actu、真理性に留保をつけない不可疑論的 certistisch な意識に支えられている。安定した期待を背景に、言い換えれば、素朴に真理だと見なされている大量の見解のコンテクストのなかで、時に期待外れが生じても、問題解決行動がそれを処理していく。客観世界が同一で独立のものだと想定して、それと実践的に関わっていくアクターたちが頼りにしているのは、自らの行為についての確信だ。そしてその確信にはまた、行為の指針となっている見解を真理であると絶対的に思い込む傾向が含まれている。われわれは構造上の安定性が疑われるような橋を渡りはしない。日常実践の実在論に対応するのは無条件の――ただし遂行的に行為に随伴する――真理性の概念であり、それは認識上の指標をもたない。種々の期待は、主観的には期待外れに対しても備えができており、信頼に足るものだ。それゆえその信頼性は、一般的には行為の過程で意識される可謬主義的な留保とは相容れない。しかし行為実践が挫折し、矛盾が表面化してくると、それまで通用していた自明性が単に「要請された真理」にすぎなかったこと、つまりは、つきつめれば疑わしい真理請求にすぎなかったことが意識されるようになる。生活世界における習慣行動の視点からみると、この時点で初めて、陳述の真理性それ自体が主題化されるようになる。ひとりの問題提起者が、有効性を仮説的に提起した自らの陳述を正当化できるかどうかについて、いわば論敵相手に賭けを挑む。その時、真理請求はそれ自体として主題化されることになる。このように行為からディスクルスへと移行することによって、参加者たちははじめて反省的な姿勢を取り、異論の余地ある陳述の真理性を主題化し、賛否両論の立場から持ち出される論拠の光のもとでそれについて論争する。

生活世界が行為とディスクルスに階層化されると、このふたつの領域で真理のコンセプトが果たしている役割の違いも明らかになる。成果を基準に制御される行為のなかで暗黙のうちに真と見なされている意見と、コミュニケーション行為のなかで暗黙のうちに掲げられている真理請求のふたつは、対処され、判断される諸対象からなるひとつの客観的世界を想定することと照応している。われわれが事実を主張するのは対象自体についてだ。こうした非認識的な真理概念は、行為のなかでは単に操作的に、すなわちそれ自身主題化されることなく通用している。しかしこの非認識的な真理概念は、ディスクルスを通じて主題化される真理請求に対して、正当化を超越した準拠点を提供する。あらゆる正当化を超えて成り立つ真理を発見することこそが、正当化の目指す目標だ。超越性を付与するこうした連関はたしかに真理と合理的受け入れ可能性との違いを保証しているが、それでもディスクルス参加者をひとつのパラドックスに陥らせる。すなわち一方でディスクルス参加者たちは、真理条件への直接的な通路はもたないままに、良い理由づけがもつ説得力だけを頼りにして、異論の余地ある真理請求を満たしていくことができる。しかし他方で、最良の理由づけといえども可謬性が留保されていることに変わりはなく、したがって陳述の真偽だけが主題化される所では、合理的受け入れ可能性と真理との間の裂け目を橋渡しすることができない。

だがそうであるなら、ここで次のような疑問がわいてくる。ディスクルスを通じて得られた合意はそもそもなぜ、論証参加者に対して、〈p〉の真理性の代わりに、説得力をもって正当化された〈p〉という真理請求の受け入れを許可することができるのだろうか。わたしはリチャード・ローティを取り上げた章のなかで〔第五章〕、その疑問に対する語用論的回答を展開している。その際わたしが前提としているのは、ディスクルスには部分的に損なわれた背景的合意を再建する機能があり、それゆえディスクルスは生活世界における習慣行動の連関のなかに変わることなく埋め込まれ続けているということだ。頓挫した習慣行動や動揺した行為確信の視点からみれば、論証は一種の有害物除去機能を担っている。すべての異論が尽きた後に、ひとつの真理請求の正当性について確信をもつにいたった論証参加者たちは、アクターの立場としては、それまで暫定的にとっていた反省的態度をそれ以上保ち続ける合理的理由をもたなくなる。彼らはむしろ、真理問題への疑念がうまく晴れたことを、世界との素朴な交流へと戻っていくための許可証として理解するだろう。こうしたことはなぜ生じるのか、というのが、そこでわたしの説明したかったことだ。

ただし、これはあくまでひとつの機能的説明であり、本来説明されねばならぬこと、すなわちディスクルスから行為への視点転換には合理的理由があることをすでに前提としてしまっている。〈p〉についての上手な正当化が、〈p〉を真なるものとして受け入れてよい水準にまで達しているとされるならば――とはいえ「真理」は「合理的な受け入れ可能性」と混同されてはならないのだが――、ディスクルスから行為への移行を認可する根拠の様式は、論証参加者たち自身にも納得できるものでなければならない。アクターたちは、いつでも必ず行為への圧力にさらされているがゆえに、行為に戻ろうとする潜在的動機を隠し持っている。行為への移行を許可する根拠の様式は、単にそうした潜在的動機を顕在化させるだけのものであってはならない。論証に参加している人びと、すなわちすでにディスクルスの枠内にいる人びとは、生活世界の習慣行動を支える不可謬性の意識を再取得できるというわけではない。しかし、受け入れ可能な見解をもつことと、こうした見解を合理的に獲得することとの間の内的連関が根拠によって明確になればなるほど、経験的見解の真理性について論証参加者は、より確信を深めることができる。こうした考え方を、L・ヴィンゲルトは、E・ゲッティアの知識分析に依拠しながら展開している[60]。

Sが〈p〉についての知識をもっていると言えるためには、周知のように三つの条件が満たされていなければならない。すなわち〈p〉が真であること、〈pである〉ことをSが確信していること、そしてSが〈pである〉という自分の確信を正当化できること、の三つだ。しかしこれはあくまで必要条件であり、十分条件ではない。Sがなぜ〈p〉について確信しているのかを、その場しのぎの理由で説明できたとしても、それだけでは、前提に従えば真なる確信であっても、それを知識と認定するにはまだ十分ではない。Sに〈pである〉ことを教えこんだ根拠だけが、Sのもつ知識と、この知識の合理的獲得との間に、それとわかる発生論的連関を打ち立てる。Sが〈pである〉ことを認識する源泉となった根拠だけが、Sが世界から学習したということの証左なのだ。根拠がひとつの——これまた例によって可謬的な——学習過程の成果であり、それによって知識としての資格を満たしているということが立証できるような仕方で、正当化が根拠を扱えている時、ヴィンゲルトはそれを「建設的」な正当化と呼ぶ。Sが〈pである〉ことを知っていると主張できるための根拠が同時に、学習する主体を「世界自身のなかに」巻き込んだ根拠と見なしうる時、その根拠は特別な仕方で権威づけの力を手にする。

このヴィンゲルトの議論によって、真理と正当化の間の亀裂が正当化過程自身の視点から説得力のある形で——埋められるとまでは言わなくとも——橋渡しされることになった。それは以下のような理由からだ。学習概念は、たしかに論証参加者にとっては、知識と合理的な知識獲得の間に、正当化のための関連を作りだす。しかし同じ学習概念が、ディスクルスを通じて正当化される論証参加者の信念に、行為確信の不可謬性を与えてくれることはない。学習過程は、旧来の誤謬を克服するが、新たな誤謬に対してまで守られているわけではない。知識がそのような学習過程によって正当化される以上、現時点のいかなる知識水準といえども、その時々の最善の認識状況との相対的関係に立っている。「建設的な」正当化によって達成され、いったんはディスクルスを説得的に決着させた合意であっても、その結果としてたどり着いた知識について、参加者が論証参加者という役割のなかで知ることができるのは、それが可謬的かつ改善可能なものであるということにすぎない。世界とうまく折り合いをつけているアクターたちは彼らの行為確信を消費しているが、しかしディスクルスの枠内で自らの知識を反省的に確認する主体にとっては、陳述が真理であることと、その可謬性とは同じメダルの両面にすぎない。

第八節　合法性における進歩

真理概念の認識的バージョンは記述的陳述の有効性を、文と事実の照応 Korrespondenz という考え方から切り離した。これは認知主義的な道徳理解にとっては有利なことだった。なぜなら「道徳的真理」を問題にするときに、それに対応する道徳的事実の提示責任を背負う必要がなくなったからだ。陳述の肯定に含まれる発話内的意味が、もはや事実の存在という存在論的意味と結びつかないのであれば、道徳的な認知主義もまた——心惹かれる価値や守るべき規範を認識可能な事実にしたてあげる——道徳的実在論のような直観に反する犠牲を払う必要はなくなる。しかしここで疑問が生じてくる。先に見てきたような認識的真理概念の放棄を余儀なくさせる根拠は、規範的な正しさ Richtigkeit の概念にも当然の帰結をもたらすのではないだろうか。

この連関では、ディスクルス倫理の根拠づけ問題にまで立ち入る必要はない。ここでの関心事はただひとつ、認知主義的な、ただし非実在論的な道徳理解は、照応理論から解放された後もあいかわらず「道徳的真理」、あるいは正しさといった認識的概念を要求するということだ。ある規範の妥当性は、それが承認に値することがディスクルスによって実証できることの中に存する。有効な規範は、（近似的に）理想的な正当化条件の下でもなお受け入れられるからこそ、つまり有効と認められるからこそ、またその限りで、承認に値する。同等の権利を持つ者同士が行う公開的、包摂的、非暴力的、脱中心的な論証形態がもつ合理化の力は、真理概念が修正された後でも、たしかに損なわれることなく残る。しかし修正された真理概念は、成功した正当化の結果を、あくまで客観世界に存在する何かと関係づける。ところが道徳的な判断や規範の正しさの概念には、このような意味で正当化を超越する準拠点は存在しない。「規範的正しさ」という概念は、理想的条件下での合理的な主張可能性に尽きる。われわれが事実 Tatsache を主張するのはもろもろの対象 Gegenstände についてだ。しかし「規範的正しさ」には、対象との関連という存在論的含意が欠落している。

　生活世界では、われわれが苦労して対処する対象が抵抗力を発揮する。しかし規範問題でわれわれの前に立ちはだかるのは、われわれと価値指向の点で対立する社会的相手だ。異質な精神がもつこの客観性は、われわれの意表を突く世界がもつ客観性よりも、いわば柔らかな素材でできている。それでもなお、道徳的な妥当請求が人に義務を負わせる力をもちうるのは、ひとえにそれが真理に類似した無条件性を備えているおかげだとするならば、できるだけ広く異質な要求と異質な人間をディスクルスに招き入れることを目指すことで、欠如している客観的世界への連関を補うことができなければならない。われわれは道徳的視点の下で、正当に規制された人間関係からなる理想的に拡大された社会的世界を構想する。実際この道徳的視点は、思い通りにはならない世界の想定に対応するひとつの等価物となり得る。なぜならその道徳的視点は、同じように思い通りにはならない論証実践の語用論的前提に根差しているからだ(61)。

このように非認識的な真理概念を下敷きにしてはじめて、認識的な正当性概念はディスクルス倫理の構築主義的性格を浮かび上がらせることができる。言語能力と行為能力を備えた主体は、重要な行為や紛争の是非を判断するさいに、自分自身が構想するひとつの宇宙を、すなわち、秩序だった人間関係からなる、実現すべきひとつの宇宙を参照する。ただし、そうはいっても彼らの論証が拠ってたつ道徳的視点は、論証参加者である彼らの思い通りになるわけではなく、その意味で彼らの正当化実践を制約している。彼らがどのように「目的の王国」を構築するかは、彼らの好き勝手に任されているわけではない。しかしそれでも彼らは、それをまずは自分自身が実現すべきひとつの宇宙として構想する。規範的正しさがもつ意味には存在論的含意はない。なぜなら、道徳的判断は——自由に選び取られたとまではいえないまでも——理想的に構想されたひとつの社会的世界を指向しており、この社会的世界は、道徳的に行為する主体自身の関与なしには現実と化すことはないからだ。

この構築主義と結びついているのが——少なくとも叡智的存在の自由意志が脱中心化された後では——かの自己関係的道徳的行為がはらむ問題だ。この問題をヘーゲルは『精神現象学』のなかでフランス革命を例にとって論じている。理性の実現を絶対精神の手にゆだねるヘーゲルは、道徳的意図のもとに行為するロベスピエールのような革命家たちが陥るアポリアを追求している(62)。この問題については、後にあらためて取り上げることにしたい。というのも、この問題を解決しない限り、最後の論文で展開する理論＝実践関係のデフレ化バージョンが理解されないままに終わるからだ(63)。

義務論的倫理学は、感情倫理学、善倫理学、目的論倫理学などの説明視座を逆転させる。義務論的倫理学が依拠するのは行為者の主観的視点ではない——共感や同情の衝動でもなければ、善についての自分独自の考え方でもなければ、期待される効用や損失の計算でもない。義務論的倫理学はむしろ義務を課す規範という客観的視点から道徳的行為を説明する。この規範は、もっともな根拠を通じて自由な主体の理性的意志に働きかけ、その意志を説得力のある仕方で拘束する。カントは、万人にとって等しく善であることについての道徳的洞察と、自己立法による法にのみ服従することのなかに表現された自由の理念とを結びつけた。自律性 Autonomie をこのふたつの結合と見たところにカントの思索の深さがある。ただしそれはまだ、永遠に有効な道徳法則を、時間のなかのプロセスと見なしうる立法行為の結果とするまでには至っていない。むしろ無時間的に叡智的な「目的の王国」において、現存する法秩序が立法という理性的行為と一体化する。経験的自己は、自らが叡智的自己としてどのような法を自らに与えたかを思い出しさえすればよい。

「立法」という隠喩が、立法過程——すなわち時間のなかで実現されていく法秩序の構築——という本来の政治的意味合いをいくぶん取り戻すようになるのは、ようやく脱超越論化の過程が進行してからのことだ。その段階に至ると、道徳的視点自体は変化しなくとも、新たに登場する事例のために新たな規範形成が必要となり、その規範が新たな歴史的課題の光のなかで正当化される必要が生じる。こうしたことは今日では例えば生命倫理の分野でよく見られる。この種の可変性は、一部は根拠問題と適用問題を切り離すことによって処理されるが[64]、しかし別の一部は、際限なく生じる適用問題が根拠に関するディスクルスの再開を余儀なくさせる形で処理される。それでもなお、義務論的な説明視座がそれによって動揺するわけではない。というのも義務論的視座に立てば、道徳的行為はあくまで客観的に有効な規範にもとづいて正当化されるのであり、主観的な行為方針によって正当化されるわけではないからだ。構築主義の登場を待ってはじめて、義務論的道徳論と必ずしも相性のよくない目的論が一定の役割をはたすようになる。構築主義は、孤独な主体の思索から脱し、間主観的に遂行される論証行為に参加するディスクルス倫理的な転換から生まれてくるからだ。

道徳的に判断し、行為する人間が自らを叡智的存在の透明な王国の一員と見なしているかぎり、その人間は周りを気にして右顧左眄する必要はない。しかし超越論的な強制が生活世界のコミュニケーション的下部構造へと移住してくると、われわれが相手にするのは、もはや叡智的存在ではなく、相互行為を営む生身の人間となる。自由意志がその叡智的性格を払い落としてしまえば、その途端に、社会化された諸個人が社会的空間のなかで、歴史的時間のなかで、互いに遭遇することになる。彼らは、自分たちが道徳的にどのような義務を負っているのかについて互いに了解しなければならなくなり、間主観的に承認された規範については、それを共に遵守することも求められる。ところが実在世界の不完全な状況の中では第一に、（a）相互了解に必要不可欠な合理的ディスクルスの語用論的前提がつねに満たされていることをあてにするわけにはいかない。また第二に、（b）すべての参加者自身が仮に同意に達したとしても、そこで有効と認められた規範を実際に遵守するということをあてにするわけにもいかない。

（a）第一に問われるのは、ディスクルスがどこまで開かれたものであるかということだ。不都合な状況や、動機の欠落、能力不足などは、まさに非暴力的解決が切実に必要とされる紛争において、実践的ディスクルスの名に値するディスクルスへの参加を妨げる。たしかに、道徳的命令の核心領域で深刻な意見の相違が表面化してくることはまれだ。しかし社会が複雑になればなるほど、想定外の事例や見通しのつかない状況がより頻繁に登場するようになり、それらが新しい規制を要求したり、あるいは難しい適用問題を投げかけたりするようになる。道徳についての分業が成立している社会では、具体的な義務がどのように（どの程度、誰に対して）分配されるのかは決して自明のことではない。しかし、道徳的な問題処理の必要性がディスクルスを通じて満たされるようにするための審議が包摂的で、強制のない、合理的な形態をとることは、現代社会にあってもほとんど期待できない。

（b）第二に問われるのは、道徳的要求がどこまで要求可能なものであるかということだ。合理的判断形成はやがて幅広い認知的な同意へとつながっていくということを前提としたとしても、はたして文化的伝承、社会化過程、習慣、制度といったもの、すなわち「種々のしきたり die Sitten」がそれに必要な動機を供給してくれるかどうかまではわからない。妥当な規範が一般的実践となることがなければ、規範を道徳的拘束力のあるものとして正当化してきた重要な条件が満たされないままになる。たしかにそれによって規範の妥当性自体が傷つくわけではないが、その規範に従わないことを免罪する規範的根拠が存在することになってしまう。

目的の王国の脱超越論化にともなうこのふたつの難問を解決するのは、強制法による道徳の補完だ。機能的に重要な領域では、根拠づけと適用のためのディスクルスのみならず、正当化された規範自体の遵守もまた拘束力をもつ形で制度化される必要がある。そのために現代社会では実定法が適切な媒体として提供されており、それゆえに今日では、民主主義的立憲国家が、制度化を必要とし、かつ制度化可能な理性道徳の中核のための法的＝政治的枠組みとなる。カール＝オットー・アーペルもまた以下のように述べている。「戦略的な暴力行為を排除したうえで、道徳が関わるあらゆる利害対立を妥当請求についての実践的ディスクルスによって解決しようとする要求は、唯一、以下の条件が満たされた時にのみ近似的に実現しうる。その条件とはすなわち、暴力独占を認められた法治国家が樹立されることによって、この国家に服属する市民が自らの正当な利害を自力で守り抜かねばならないという負担から効果的に解放され得るという条件である(65)」。

しかしこの一歩を踏み出すと、われわれは道徳的に自己関係的な行為がはらむ容易ならざる問題に直面することになる。これは義務論的アプローチそのものに関わる問題点だ。無理なく要求できる道徳的行為の前提を、まずは法的に制度化する必要があるとすれば、その制度化を目指す実践は、どのような道徳的規準を参照すべきなのか。道徳的判断形成と道徳的行為に不可欠な制度的条件の実現をめざす行為にとって、何かメタ道徳といえるようなものが存在するだろうか。カール＝オットー・アーペルが提唱するのは、ディスクルス原則を「責任倫理」的に拡張することだ。ただしここでいう責任倫理とは、義務論的に疑義のない形で行為帰結を配慮する責任といった意味ではない。そうした配慮は、わたしの提案では、普遍化原則の定式化そのものにすでに組み込まれており[66]、規範の適用を大きく規定している[67]。ここでいう責任倫理とはむしろ実践的ディスクルスへの参入を可能にし、道徳的行為を要求可能なものにするような状況を作りだしていくプロセスについての責任だ。アーペルは、政治的に行為する人間すべてに対してひとつの義務を課す共同責任という根本規範を導入する。その義務とはすなわち、個々人の正当な自己主張権を認めた上でなお個々人から要求しうるものを考慮し、それぞれが「理性道徳の非暴力的実践」の制度化を促すように行為するという義務だ[68]。

アーペル自身、「法と道徳の制度化」をめざす道徳的責任は、ある一定の目標を表現したものに過ぎず、それ自身が普遍的規範として——あるいはすでに妥当なものと認められた規範に照らして——正当化できるものではないことはわかっている。アーペルが提案した普遍化原則の「補完」は目的論的性格をもっており、義務論的な説明視座を超えていく。つまり、ある状況が成立して初めて、道徳的に正当化される行為が普遍的に可能となり、また無理なく要求しうるものになるという場合、そうした状況の実現を目標にする行為自体が、当の道徳の基準に完全に従属するというわけにはいかない。そのような行為のための基準が存在するとすれば、それは義務論的に捉えられた道徳に先行するものでなければならない。なぜならその基準は道徳的目標と戦略的手段選択との賢明な妥協を正当化するものでなければならないからだ。しかし、こうした基準はせいぜいのところ、行為の帰結責任を政治的アクターから世界史へと転嫁する歴史哲学的思考パターンの助けを借りることによってしか正当化できないだろう。この種の免責戦術はアーペルもまた拒否している。

　歴史哲学による気休めがあろうがなかろうが、道徳的に自己関係的な行為はいかなるものであれ参加者をアポリアに陥れる。ある場合には道徳的目的が道徳的に疑問のある手段を神聖化することになりかねない。また別の場合には、道徳的要求と戦略的計算を秤にかけるという正当な考慮にとって、道徳的例外を根拠づけうる超道徳的基準というものが存在しえなくなる。このジレンマからヘーゲルは、抽象的道徳が最終権限をもつことは許されないという結論を引き出した(69)。とはいえ絶対精神の歩みを信頼することなしには、現存する制度や既存の伝統の具体的倫理性 konkrete Sittlichkeit にもまた信頼をおくことはできない。

　構築主義は、永遠に有効な法がもつ自然法的安定性を排し、それに代わって賢明な、そして同時に道徳的洞察に基づいた立法のダイナミズムを中心に据えた。このことを考慮すれば、先のアポリアを少なくとも緩和するもうひとつの見方が浮かび上がってくる。民主的法治国家の枠内での政治行為にとっても、根拠ある道徳規範を状況に合わせて適用遵守するというのは誤ったモデルだ。こうした政治行為はたとえ既存の制度の中でなされていてもなお、継続性を見据えた憲法制定過程の要素として理解されうる。というのも法は道徳とは異なり、規範と現実の落差を規範的に、すなわち法制定の道を通って架橋していかねばならないからだ。それは妥当する規範の法的実現についてのみならず、規範生成自体の経路依存性についても言える。民主的法治国家における法の平等主義的普遍主義のなかから「法的平等と事実的平等の間の弁証法」が発生してくる（ロバート・アレクシィ）。この弁証法は法システムをけっしてひとつの状態に安住させることはなく、いかなる静態的な装いをも破壊していく。(70)

権利を形式的に平等に分配したとしても、それだけではまだ、すべての市民に平等の私的、公的自律性を保証したことにはなりえない。実質的に理解された「権利の平等性」——すなわち権利の中身の平等性——は、平等に分配された権利を現実に使用する平等な機会を万人に与えるよう要求する。自らの功罪とは無関係に、極端に異なる生活条件の下に置かれている法的人格にとって、平等な権利は「平等な価値をもつものでなければならない。だからこそこの連関で、ジョン・ロールズは「平等な権利の公正な価値 *fair value* of equal rights」という言い方をする。しかし生活条件と人生のチャンスの分配は（ひとつの国民の内部でも、またそのなかの世代間でも）、ほとんどの場合、個人の責任に帰すことはできない社会の構造変化の結果として変動していく。この理由だけからしても、民主政体をとる社会の市民は自らの憲法を、持続的な現実化を命綱とする憲法プロジェクトとして理解しなければならない。法的平等と現実的平等の弁証法によって、なぜ「汲み尽くし原則」が必要とされるかもわかる。すなわちこの原則によれば、民主的法治国家の既存の憲法には、変化する歴史状況に応じて、自らが依拠する原則の規範的内実をたえず「汲み尽くす」ようにとの命法が同時に含まれているのだ。

この憲法政治的な目標設定は憲法の根本規範自身から正当化される。それゆえ、そのように持続的に目指される改良主義的実践でも、法と憲法の義務論的理解に無理なく組み込みうる。諸権利の体系を政治的に実現することは、既に存在している諸権利の体系の基準に従って、あるいはその軌道の上で遂行されるひとつの実践だ。変転する状況に照らして、憲法規範をいかに「具体化」するかという手続きについては、憲法規範自身が定めている。憲法をこのように手続き的に理解するならば、規範の「実現」という問題の多い作業も単なる「具体化」として捉えることができる。憲法によって制度化された憲法制定過程のダイナミズムにつなぎとめられることで、「理性の現実化」をめざす実践の目的はもはや——革命行動の目的のように——道徳的＝法的な真空状態のなかで放浪することはなくなる。改革主義的に馴致された形式の中で、現実化をめざす目的論は憲法国家自身の内に取り込まれ、それによって憲法の規範性に従属させられる。

　もちろんこれによって道徳的に自己関係的な行為の問題が完全に解決するわけではない。その問題は、民主的憲法状態が多かれ少なかれ紙の上でしか実現していない国内的、国際的秩序のグレーゾーンへと移っていく。疑念の余地ない民主主義国家でさえ憲法原則の実現を目指す絶えざるプロセスのなかにあるということが言えるのであれば、人権に対して明らかに口先の敬意しか表していない政治体制には、いまだ正当性が付与されることはない。こうした状況のもとで、宣言された憲法規範と隠された憲法現実の間の亀裂を、適切な政治によって、誰の目にも明らかな仕方で埋めることを目指している政治体制だけが、市民に対して忠誠を要求できる。国際的次元では、第二次世界大戦終結以来、われわれは世界市民的秩序の慢性的な制度化不足状態に置かれている。古典的国際法から世界市民法の確立へと向かう移行過程は、専門的法律家ですら困惑させられる正当性のグレーゾーンをなす。ちなみに、疑問の余地ある人道的介入の実行というケースだけでなく、人道的介入の不履行というケースもまた同じように問題を抱えている。

　ヘーゲルが提起した問題は、政治的な行為者が「既存の」規範の実現のサイクルに、あるいは「普遍的に承認された」プロジェクトの追求のサイクルに入って活動する度合いに応じて緩和されていく。しかし個別事例について、どんな時にそのサイクルに入っているといえるのか、またどんな時に——やむなく——自然発生的な自己主張に決定権を委ねているのかは、容易に決められない。ただ、こうした問題がもはや専門家と称する人々に一任されるのではなく、正当性に関する世界的論争に受け渡されている以上、最初の一歩はすでに踏み出されたといえるだろう。さらに議論参加者は、こうした種類の公共的論争については、歴史哲学や世界観の領域に踏み込むことなく、公共的に受け入れ可能な根拠の光に照らしてなされねばならないことを、知ることができる。

原註

（1） J. Habermas, Vorstudien und Ergänzungen zur Theorie des kommunikativen Handelns, Frankfurt am Main 1984〔『意識論から言語論へ——社会学の言語的基礎に関する講義（一九七〇／一九七一）』森元孝／干川剛史訳、マルジュ社、一九九〇年〕; ders., Nachmetaphysisches Denken, Frankfurt am Main 1988, Teil II, 63–149〔『ポスト形而上学の思想』藤澤賢一郎／忽那敬三訳、未來社、一九九〇年〕; 以下の著作も参照のこと。J. Habermas, On the Pragmatics of Communication, Cambridge, Mass. 1998 および M. Cooke, Language and Reason, Cambridge, Mass. 1994.

（2） M. Dummett, Ursprünge der analytischen Philosophie, Frankfurt am Main 1988.〔『分析哲学の起源』野本和幸訳、勁草書房、一九九八年〕

（3） K.-O. Apel, Die Logosauszeichnung der menschlichen Sprache, in: H. G. Bosshardt (Hg.), Perspektiven auf Sprache, Berlin, N. Y. 1986, 45–87.

（4） G. H. v. Wright, The Tree of Knowledge, Leiden 1993.

（5） M. Dummett, Language and Communication, in: ders., The Seas of Language, Oxford 1993, 166–187, hier p.166.

（6） J・サールの意図論的な考え方に対するK－O・アーペルとわたしの批判については以下を参照。E. Lepore, R. v. Gulick (Eds.), John Searle and his Critics, Oxford 1991, 17–56.

（7） M. Dummett, Truth and Meaning, in: Dummett (1993), 147–165.

（8） J. Habermas, Zur Kritik der Bedeutungstheorie, in: ders. (1988), 105–135.

(9) A. Matar, From Dummett's Philosophical Perspektive, Berlin, N.Y. 1977.

(10) E. v. Savigny, Die Philosophie der normalen Sprache, Frankfurt am Main 1969.

(11) Habermas, Erkenntnis und Interesse (1965), in: ders., Technik und Wissenschaft als ›Ideologie‹, Frankfurt am Main 1968, 146–168.〔『イデオロギーとしての技術と科学』長谷川宏訳、平凡社ライブラリー、二〇〇〇年〕K.-O. Apel, Szientistik, Hermeneutik, Ideologiekritik (1966), in: ders., Transformation der Philosophie, Frankfurt am Main 1973, Bd.II, 96–127.

(12) K-O・アーペルはこの関心をわたしより一貫して追い続けた。というのも、『哲学の変貌』という彼のプログラムは、今日にいたるまでカントの超越論的哲学の組み立て方に範を取っているからである。アーペルは超越論的語用論の手法を検証した次の著作でわたしとの違いを述べている。K.-O. Apel, Auseinandersetzung in Erprobung des transzendentalpragmatischen Ansatzes, Frankfurt am Main 1998, Kap. 11–13. わたしから見ると、この違いが生じる根本的な理由は、わたしが「弱い」自然主義を選択していることにある。アーペルが詳細に展開している異論に答えることは、この序論の枠組みのなかではできないだろう。

(13) 「方法論と認識論が、社会理論の土台を分析するための王道として推奨されるという前提」に対してわたしは疑念を持っている。これについては以下の著作の新版序文を参照。J. Habermas, Zur Logik der Sozialwissenschaften, Frankfurt am Main 1982, 9ff.〔『社会科学の論理によせて』清水多吉/木前利秋/波平恒男/西阪仰訳、国文社、一九九一年〕

(14) 「言語論的カント主義」という表現は、「反実在論的」と評されるマイケル・ダメットの構築主義を特徴づけるためにA・マタールが用いたものである。ダメットの「反実在論」は主として「形而上学的実在論」を拒否するという動機から発したものであり、パトナムによって展開された「内在的実在論」の立場と一致する。Matar (1997), 53–57. 参照。

(15) 本邦訳書第一章参照。

(16) 同第二章参照。初出は Zeitschrift für philosophische Forschung, Bd. 50, 1996, 65–91.

(17) 同第三章参照。

(18) 同第四章参照。

(19) 同第五章参照。ローティの語用論への転換を論じた拙論 (in: Deutsche Zeitschrift für Philosophie, 44, 1996, 715–741) は、R・ローティの以下の論文への回答として書かれたものである。R. Rorty, Sind Aussagen universelle

Geltungsansprüche?, in: Deutsche Zeitschrift für Philosophie, Bd. 42, 1994.

（20） 同第七章以下参照。この論文の初出はDeutsche Zeitschrift für Philosophie, Bd. 46, 1998, 179–208.

（21） H. Putnam, The Many Faces of Realism, LaSalle, Ill. 1987; ders., Pragmatism, Oxford 1995. パトナムについては本邦訳書第六章参照。この論文の初出はDeutsche Zeitschrift für Philosophie, Bd.48, 2000, 547–564.

（22） 同八章参照。これについては以下も参照のこと。J. Habermas, Ancora sulla Relazione fra Teoria e Prassi, in: Paradigmi, xv, 1997, 434–442.

（23） J. Habermas, Erkenntnis und Interesse, Frankfurt am Main 1973, 367–417.〔『認識と関心』奥山次良／渡辺祐邦／八木橋貢訳、未來社、一九八一年〕

（24） R. Rorty, Philosophy and the Mirror of Nature, Princeton, N.J., 1979.〔『哲学と自然の鏡』野矢啓一監訳、産業図書、一九九三年〕

（25） これについては以下を参照。J. Habermas, Treffen Hegels Einwände gegen Kant auch auf die Diskursethik zu? in: ders., Erläuterungen zur Diskursethik, Frankfurt am Main 1991, 9–30.〔『討議倫理』清水多吉／朝倉輝一訳、二〇〇五年〕

（26） W. Sellars, Empiricism and the Philosophy of Mind, Cambridge, Mass., 1997.〔『経験論と心の哲学』浜野研三訳、岩波書店、二〇〇六年〕

（27） 行動の地層については以下を参照のこと。J. Habermas, Handlungen, Operationen, körperliche Bewegungen, in: ders. (1984), 273–306.

（28） こうした規則の分析については以下を参照。P. Lorenzen, Lehrbuch der konstruktiven Wissenschaftstheorie, Mannheim 1987.

（29） K.-O. Apel, Der Denkweg von Charles S. Peirce, Frankfurt am Main 1975, 106ff.

（30） M. Sacks, Transcendental Constraints and Transcendental Features, Int. Journ. of Philos. Stud., Vol. 5, 1997, 164–186.

（31） Sacks (1997), p.179.

（32） J. Searle, Speech Acts, Cambridge 1969〔『言語行為―言語哲学への試論』坂本百大／土屋俊訳、勁草書房、一九八六年〕; J. Habermas, Was heißt Universalpragmatik? (1976), in: ders. (1984), 353–440.

（33） A. Gehlen, Der Mensch, Bonn 1950; vgl. A. Honneth, H. Joas, Soziales Handeln und menschliche Natur, Frankfurt am Main

1980.

(34) 生活実践と研究実践の間に存在するこの差異は『認識と関心』では十分に考察されていなかった。これについては Habermas (1973), 397ff. のあとがき参照。

(35)「自然自体」の構成については Habermas (1973), 36ff. 参照。アポリア的帰結に関しては Th. A. McCarthy, Kritik der Verständigungsverhältnisse, Frankfurt am Man 1989, 113ff. を、それに対するわたしの回答については J. Habermas (1984), 509ff. を参照。

(36) A. Schmidt, Der Begriff der Natur in der Lehre von Marx, Frankfurt am Main 1962.

(37) 前提は異なるものの M. Scheler, Die Wissensformen und die Gesellschaft(1925), Bern 1960 のなかにも、これと似たような関連が提起されている。

(38) この両者の差異を実証主義の立場から解消しようとするこの動向が、それまで埋もれていた、研究プロセスのプラグマティズム的次元を掘りおこすという試みへとわたしを駆り立てるきっかけとなった。これについては J. Habermas (1973) の序文のほか、以下も参照のこと。A. Wellmer, Methodologie als Erkenntnistheorie, Frankfurt am Main 1967.

(39) C. Lafont, Sprache und Welterschließung, Frankfurt am Main 1994.

(40) Rorty (1979).

(41) これが、一見奇異に感じられる結びつきの緊密さを説明している。この結びつきについてはＰ・デューズ（未発表草稿『ハーバーマスの哲学における自然主義と反自然主義』、一九九九年）が次のように正しくその性格を記している。「ハーバーマスの著作を卓越したものにしているのは、反・科学主義と同居する反・観念論と、自然主義への傾向との結びつきである。このことは、彼がもともと一八三〇年代から一八四〇年代にかけてのヘーゲル左派に由来する派生的伝統に属していることを明らかにしている」。

(42) P. Winch, The Idea of a social Science, London 1958.

(43) 言語論理的に修正されたCh・S・パースの普遍実在論に対するわたしの批判については以下を参照。J. Habermas (1973), 116–142.

(44) L. Wittgenstein, Logisch-philosophische Abhandlung 1.1.〔『論理哲学論考』藤本隆志／坂井秀寿訳、法政大学出版局、一九六八年〕

(45) P. F. Strawson, Truth, in: G. Pitcher (Hg.), Truth, Engelwood Cliffs 1964, 32–53.

(46) E. Tugendhat, Vorlesung zur Einführung in die sprachanalytische Philosophie, Frankfurt am Main 1976, 60–65; ders., Die Seinsfrage und ihre sprachliche Grundlage, in: ders., Philosophische Aufsätze, Frankfurt a. M. 1992, 90–107.

(47) J. McDowell, Mind and World, Cambridge, Mass. 1994.〔『心と世界』神崎繁／河田健太郎／荒畑靖宏／村井忠康訳、勁草書房、二〇一二年〕

(48) 以下の議論については次の文献を参照。A. Mueller, Referenz und Fallibilismus, Diss. Frankfurt am Main 1999.

(49) H. Putnam, The Meaning of Meaning, in: ders., Mind, Language and Reality, Cambridge, Mass. 1978.

(50) H. Putnam, Representation and Reality, Cambridge, Mass. 1988, 108〔『表象と実在』林泰成／宮崎宏志訳、晃洋書房、一九九七年〕; vgl. ders., Reference and Truth, in: ders., Realism and Reason, Cambridge, Mass. 1983, 69–86.〔『実在論と理性』飯田隆／佐藤労／山下弘一郎／金田千秋／関口浩喜訳、勁草書房、一九九二年〕

(51) Putnam (1978), 270.「外延を提示するためには外延の記述が必要ではあるが、問題となる要素はあくまで外延（集合）であって、外延の記述ではないとわれわれは考える」。

(52) ローティが以前に展開した「概念相対主義」との論争を参照。The World Well Lost, The Journal of Philosophy, Vol. LXIX, 19, 1972, 649–665.

(53) Ch. S. Peirce, Collected Paper v, 408.

(54) K.-O. Apel, Das Apriori der Kommunikationsgemeinschaft und die Grundlagen der Ethik (1967), in: ders. (1973), Bd.2, 358–436; ders., Fallibilismus, Konsenstheorie der Wahrheit und Letztbegründung (1987), in: ders. (1998), 81–194.

(55) H. Putnam, Reason, Truth and History, Cambridge, Mass. 1981; ders., Realism and Reason, Cambridge, Mass. 1983.〔『理性・真理・歴史――内在的実在論の展開』野本和幸／中川大／三上勝生／金子洋之訳、法政大学出版局、一九九四年〕

(56) J. Habermas, Wahrheitstheorien (1972), in: ders. (1984), 127–186; ders., Faktizität und Geltung, Frankfurt am Main 1992, 28ff.〔『事実性と妥当性――法と民主的法治国家の討議理論にかんする研究』上下、河上倫逸／耳野健二訳、未來社、二〇〇二―二〇〇三年〕

(57) これについてはS. Knell, Dreifache Kontexttranszendenz, Dtsch. Z. Philos., Bd.46, 1998, 563–581. を参照。クネルは認識論的な真理概念を導入する動機を見誤っている。というのも彼は、主張を通じて掲げられる真理請求と「従わざるを得ない」根拠との間の理念的連関を、知識概念の「文法」から、早々と読み取ってくるからだ。しかし、主張される知に対して、従わざるを得ない根拠を持ち出せるという「文法的想定」は、熟練した習慣行動の遂行という様式のもとでの、すなわち生活世界の地平のなかでの行為確信を性格づけているにすぎない。その地平のなかにはまだ哲学的に有効な「真理問題」は立てられていない。こうした習慣行動が妨害され、行為遂行を通じて蓄積されてきた確信が疑問に付された時にはじめて、それまで持ち出せると思っていた「従わざるを得ない」根拠が実は幻想であったことが判明する。原理的に誤謬を犯しうる正当化過程は、行為から討議への移行によって開始されるのであり、この過程のなかでわれわれが探しうるのはあくまで「より良い」根拠にすぎず、否定され得ない根拠ではない。

(58) 真理の手続き主義的理解からすれば、普遍的な同意を得る条件は、正当な真理請求が（いつでも再開しうる）議論のなかで反論に耐えうることが立証されることによって満たされる。これに対する異論についてはクネルを参照（註57）。

(59) この、とくにディヴィッドソンによって提起された議論は、いわゆる「ファイナル・オピニオン」という、統制的に無力な概念についても当てはまる。これは（パースによれば）時間的空間的な制約を一切免れた研究者のコミュニケーション共同体のなかで、いわば「最後の日に」形成されることになるであろう意見だ。

(60) 以下の記述については L. Wingert, Mit realistischem Sinn. Ein Beitrag zur Erklärung empirischer Rechtfertigung, Habilitationsschrift Universität Frankfurt/M. 1999. を参照。

(61) 本邦訳書三五九頁以下参照。

(62) 同二六八頁以下参照。

(63) 同三八五頁以下参照。

(64) K. Günther, Der Sinn für Angemessenheit, Frankfurt am Main 1988.

(65) K.-O. Apel, Auflösung der Diskursethik? Zur Architektonik der Diskursdifferenzierung in Habermas Faktizität und Geltung, in: Apel (1988), 727–838, hier S. 754.

(66) J. Habermas, Moralbewußtsein und kommunikatives Handeln, Frankfurt am Main 1983, 75f. und 103.〔『道徳意識とコミュニケーション行為』三島憲一／中野敏男／木前利秋訳、岩波書店、一九九一年〕

(67) これについてはクラウス・ギュンターのテーゼについてのわたしの議論を参照のこと。Habermas (1991), 137ff.

(68) K.-O. Apel, Diskurs und Verantwortung, Frankfurt am Main 1988, 154ff.
(69) 本邦訳書二六八頁以下参照。
(70) J. Habermas, Faktizität und Geltung, Frankfurt am Main 1992, 484 ff.

第一部　解釈学から形式語用論へ

第一章　解釈学的哲学と分析哲学

——言語論的転回のふたつの相互補完的バージョンについて

「カント以後」というタイトルで、ドイツ哲学についての連続講演会を行うとなると、それぞれの立場からカントを批判的に継承したフィヒテ、シェリング、そしてヘーゲルを抜かすわけにはいかない(1)。しかしまた、ウィルヘルム・フォン・フンボルトも抜かすわけにはいかない。哲学する言語学者としてフンボルト Humbolt こそは、ヘルダー Herder、ハーマン Haman とともにロマン主義の精神からなされるカント批判の3Hと称せられる代表者である(2)。超越論哲学のこのような言語哲学的な継承は、哲学の分野ではかなり時間が経ってから行われるようになった。とはいえ、きわめて重大な反響を引き起こすことになった。この点は、長いこと観念論的な思弁が大きな影響を与えていたのとは、まったく正反対である。つまり、ハイデガーにいたってようやく、フンボルトを振り返り、内容重視の言語学というフンボルトの伝統に学ぶことで(3)、ドロイゼンとディルタイによって継承された解釈学にそなわるパラダイム形成的な性格が認識されたのである。ほぼ同時期に、ウィトゲンシュタインは、ゴットリープ・フレーゲの論理学的意味論こそ、新たな哲学的パラダイムであることを同じく発見した。

つまり、後に「言語論的転回」と呼ばれることになるものは、解釈学および分析哲学というそれぞれ別のバージョンでなされたことになる。このふたつのバージョンがどのような関係にあるかが本論でのわたしの関心事である。ただしここでは、この問題を、わたしの世代の自伝的な観点から論じてみたい。六〇年代はじめにポッパー＝アドルノの論争のなかでにわかに表面化した、批判的合理主義と批判理論のあいだの緊張関係は、政治的含みと同時に哲学的問題をも内包したもうひとつ別の対立関係を見えなくしてしまった。つまり、ナチ時代にも途切れることなく連綿と続いてきた解釈学が、第二次大戦後、亡命先から戻ってきた分析的な科学理論および批判的社会理論と遭遇した際に生じた対立関係である。この緊張関係こそ、戦後大学に入り、依然として続いていたディルタイ、フッサール、ハイデガーの影響下に勉学を始め、こうした伝統がその後なおも強力に継続されているのを目の当たりにした世代の頭のなかでうごめいていたものである。いずれにせよ、ガダマー、アドルノ、そしてポッパーによってかたち作られていた構図を見ると、解釈学に対する内在的な批判のふたつの方向性が明らかになる。ここではそれを、カール＝オットー・アーペルの仕事を参照しながら、スケッチしてみたい。しかし、解釈学的アプローチを批判的に形式語用論にまで高めるというアーペルが行った仕事は、分析哲学からの刺激を受けることなしには、またその知見を吸収することなしには、当然のことながらあり得なかった。わたしの見方からすれば、解釈学的哲学と分析哲学は競合しあうというよりは、相互補完的なふたつの伝統なのである。

本論においてはまずは、（I）フンボルトの言語理論の哲学的意義について論じたい。フンボルトを背景にすれば、ウィトゲンシュタインとハイデガーという言語論的転回のふたつのバージョンがどの点で一致しているかが明らかとなろう。つまり、（II）意識哲学から言語哲学へというパラダイム・チェンジは、このようにふたつのまったく異なった経路で行われたとはいえ、驚くべきことに、両者ともに、事実確認よりも意味のアプリオリ Sinnapriori を優先させる立場に行きついているのである。（III）言語がもつ認識の次元をこのように低く見る方向に対して、フンボルトの言語哲学の普遍主義的な傾向を再び重視しようとする試みが出てきた(4)。言語ゲームというウィトゲンシュタイン的なコンテクスチュアリズムおよび、言語による世界開示というハイデガー的な観念論、さらには、ガダマーによる先入見の復権のいずれにも対抗して、アーペルはフンボルトによるカント批判を土台にして、同じく語用論的観点から変容させたカントを強く打ち出したのである(5)。

第一節

フンボルトは言語の三つの機能を区別している。第一は、考えをまとめ、事実を描き出すという認識上の機能である。第二は、感情を表現し、情感を引き起こすという表現的機能である。第三は、何かを伝達し、反論を行い、合意を生み出すというコミュニケーション的機能である。そして、こうした三つの機能の連繋は、対話の参加者のあいだの了解という語用論的な観点から見た場合は、言語的な内容が組織化されている事態を問う意味論的な観点から見るのと、異なって見えてくる。意味論的分析は言語的世界像 *sprachliche Weltbilder* を中心にするが、語用論的分析にとっては、対話が主たる関心の対象となる。フンボルトは意味論的分析にあたって、言語の認識上の機能を、ある民族の思考様式や生活形式という表現的な特性と関連させて論じる。しかし、語用論的分析をする場合には、この同じ認識上の機能を、相互に返答と反論を交わしうる参加者たちのディスクルスと関連させて問題にする。言語的な世界開示を重視する局地主義〔文化論的閉塞〕と、事柄に即した意思疎通という普遍主義との緊張関係は、解釈学の伝統に一貫して見られる。ハイデガーとガダマーはこの緊張関係を局地主義の方向に一面的に解消させてしまった。それゆえに、次の世代にとってこの緊張関係そのものがひとつの挑発となったのである。とはいえまずは、フンボルトの超越論的言語観を見ていこう。

（1）フンボルトにあっては、民族というロマン主義的な概念が、言語のもつ世界形成的性格の準拠点となっている。「人間が考え、感じ、生きているのは言語においてのみであり、人間はまずは言語によって形成されなければならない[6]」。フンボルトは言語を「諸民族の独自の思考様式、感覚様式の器官」として理解する[7]。ある言語の語彙と文章構造こそが、基礎概念と把握様式の全体を構造化していて、そうしたいっさいこそが、そのなかで、当該の言語共同体に属する者たちがおよそ出会いうるすべてのものについての先行了解を作り上げる。どの言語もその言語の刻印を受けた民族にとって世界全体についてのある特定の「見方」を分節化している、というのだ。

言語の「構造 Bau」や「内的形式」と、世界についての特定の「像」とのあいだにフンボルトは「切り離しがたい関連」を見る。ある言語によってあらかじめ構築されている意味地平は「世界と同じ広がりを持っている」。「どの言語も、それが属している民族の圏域となっている。その言語圏から脱出することは、脱出と同時に他の言語圏に足を踏み入れるという形でしか実現し得ない[8]」。「思考形成の器官としての」言語というフンボルトの定式は、したがって、内発的な世界構成という超越論的な意味で理解しなければならない。同時にひとつの言語は、世界像の意味論を通じて、当該の言語共同体の生活形式を構造化する、とされる。いずれにせよ、言語と生活形式は相互に照らし合っていることになる。こうした――認識も文化も同様に包み込んだ――超越論的な言語観は、プラトンからロックおよびコンディアックにいたるまでずっと支配的だった言語哲学の四つの基本的想定と訣別するものである。

まず第一に、これまでの理論からすれば、複雑な文章の意味は、その成分である一語一語、もしくは基本文のひとつひとつの意味から組み立てられていることになっていたが、このような考え方と、フンボルト的な全体論的な言語観は、相容れない。フンボルトの見解では、ひとつひとつの単語は、そうした単語から組み立てられている文章のコンテクストから意味を受け取っている。そして個々の文章は、そうした文章から出来上がっているテクストの連関から、またテクストの種類は当該言語の分節化された語彙全体から意味を受け取っていることになる。第二に、言語的に分節化された世界像が、当該の共同体の生活形式を構造化しているという考えは、言語における認識の機能を重視する伝統的な行き方とは相容れない。フンボルトにあって言語は、第一義的には対象もしくは事実を提示・表象する手段ではもはやない。そうではなく、言語は民族精神のメディアとされている。第三に、このような超越論的言語概念は、言語やコミュニケーションを手段と見るこれまでの理解と相容れない。これまでの理解では、言語以前に表象や、概念や判断が形成され、そうしてできた表象や概念や判断に記号がいわば貼り付けられ、思考操作が容易にされ、また他人に意見や計画が伝達されると考えられていた。第四に、このようにフンボルトにおいては、これまでと異なって話し手の意図より言語が優先する。それに相応して個々の話し手の個人的な言語上の習性より、言語のもつ社会的性格が優先している。言語はもはやひとりの私的所有物ではなく、間主観的に共有された意味連関を、つまり、文化的発言や社会的習慣の中に具現している意味連関を生み出すものとなる。「どんな言語も現象のなかで社会的にのみ発展する。そして人間は、自分の言葉が理解されるかどうかを他者にあたって試み、調べることによってのみ、自己自身を理解するのである」[9]。

(2) フンボルトにおいて言語は客観精神の容器として、主観精神を越えたもの、主観精神に対して、独自の自律性を享受するものとなる。こうした客観性は言語表現だけのものでなく、すべての象徴表現に備わるものであるが、フンボルトはこの客観性を、われわれがひとつの言語を学ぶときに感じる自己形成のプロセスがもつ規定力を例として説明している。「さまざまな時代の全体と諸民族を媒介にして大量に伝えられてきたもの」、要するに伝統の力は、後から来る世代に客観的な影響力をもっている。[10] 他方でフンボルトは、言語使用の表現的モデル expressivistisches Modell を展開している。言語の規則体系の客観性と、言語運用の中で表現される話し手の主観性とのあいだには、相互作用が働いている。「言語は、まさにそれが主観的に作用し、かつ主観に依存していることによって、客観的に働きかけかつ自立しているのである。というのも、言語はいかなるところにも、たとえ文書の形態においてすらも、永続的な場をもっていないからである。そのいわば死んだ部分は、思考においてそのつど新たに生み出されねばならない。談話もしくは理解において生命を与えられなければならない[11]」。言語はエルゴンであると同時にエネルゲイアであり、両者の間のこうした循環過程のうちに「言語に対する人間の力が、またすでに描いたように、人間に対する言語の支配力が現れている[12]」。だがその際に、もろもろの主体の感情や心境が表に出て来るだけではない。さらにはこうしたもろもろの主体が世界のなかでする経験も、すなわち現実との関わりのなかでする経験も表現される。とは言いながら、「精神に否定しようもなく一定の方向性を付与し、ある種の強制を課す」言語形式の「客観性」なるものと、世界の客観性は、そのありようが異なる。[13] さまざまな言語は、それぞれに見合ったさまざまな世界の見方 Weltansichten を作り出しているが、すべての話し手にとって世界は同じひとつの世界として現れているからである。

しかし、「客観的世界」がさまざまに異なった複数の言語共同体のメンバーたちに同一の世界として「現象する」という考えは、多少の難点を含んでいる。言語「なるもの」は「客観的思考を産出」するようにできていて、事実の記述という認識上の機能を果たすのだが、それにもかかわらず、もろもろの事実は、そのつどの言語的な世界観 Weltansicht の地平のなかでのみ記述可能となる。というのも、もろもろの対象の、文法的に確定された「名づけ方」のうちには、「多様な側面をもつ」対象についてのある特定の「見方」が表現されており、それゆえ、ある程度まで主観的な要素が、まさに当該言語共同体の心情や特殊な性格が現れているというのだから。言語は、その認識上の機能を表現的なそれと一緒に果たすしかないのである。[14] しかし、それならば、さまざまな言語共同体のメンバーが、集団としてそれぞれ共有している言語的パースペクティヴが異なるにもかかわらず、ともかく彼らに客観的に現象しているこの同じひとつの世界を見ている、ということはどうして可能なのだろうか？ 言語的世界像の共約可能性というこの問いは、すでに一九世紀初頭に議論されていた。

自然言語の世界形成的性格 weltbildender Charakter を厳密に超越論的に、つまり、可能な経験の対象から成る世界の構成 Konsitution という意味で理解するなら、さまざまな言語に書き込まれている世界観 Weltansichten は、それぞれの言語共同体にとってアプリオリに必然的な妥当性を要求することにならざるを得ない。[15] ところがこうした前提の下では、すでにハーマンがカントの『純粋理性批判』の純粋主義に対する『メタ批判』〔Metakritik über den Purismus der reinen Vernunft〕で述べているように、言語的な世界像の意味のアプリオリ Sinnapriori は、複数で現れることになり、超越論的アプリオリに備わる普遍的妥当性は失われざるを得ない。ハーマンによれば、個々の言語によって構造化された世界全体の先行的理解はむしろ「アプリオリには恣意的かつ任意であり、アポステオリには必然的かつ不可欠となる」[16]。こうした帰結にならざるを得ないが、フンボルトはこうした明白な帰結を避けようとしたようだ。誤解を呼びやすい表現が多いが[17]、彼自身は、言語的世界像を意味論的に閉じた宇宙として、つまり、話し手は、そこから脱出したければ、他の宇宙に宗旨替えする以外にないような閉じた宇宙として理解することはしなかった。

（3）この点でフンボルトは、個々の民族に固有の言語によって世界が開示されているといった局地主義 Partikularismus に悩まされてはいない。同じく、そのつどのネーションの生活形式が固有の性格を持っているという考えに揺さぶられることもない。というのも彼は、言語の認識上の機能を探求するにあたって、意味論的な観点だけから考えるようなことをしなかったからである。彼は、言語的な世界像という意味論と、対話の際の形式語用論とのあいだの分業体制に依拠している。対話とは「考えと感情を真に交換しあう相互対話」なのである。語用論の役割は、了解過程に備わる普遍主義的な側面を明らかにすることである。たしかに意味論は、思考形成の器官《オルガノン》としての言語を発見したにはちがいない。つまり、言語と現実はきわめて深く絡まり合っているので、解釈の加わっていない現実なるものに直接手が届くということは、いかなる認識主体にも能わざるところである。現実——つまり、記述可能な対象の総体——は、始めからある特定の意味の地平に「取り込まれて」おり、フンボルト自身が言うように、自己の言語に「合わせて変容されている」。とはいいながら、「言説の生きた使用」という語用論的な観点からすれば、意味論的局地主義と反対の方向が見えてくる。「言語のいわば中心[18]」である対話においては、参加者は相互に理解しあおう sich verstehen とするが、その際同時に何かについて了解しあおう sich verständigen ともするのである。つまり、できることなら合意 Einverständnis を得ようとするのである。そしてこのことは、さまざまに異なる言語共同体の境界を越えた了解に関してもあてはまるのである。

フンボルトは翻訳をひとつの境界例として見ている。つまり解釈という通常のケースのあり方をよりはっきりさせる境界例として、この翻訳について論じている。その際、ひとつの言語における表現を別の言語に翻訳するにあたって言語の違いがもたらす抵抗を強調するが、また、この抵抗といえども克服可能であるという事実も、同じ程度に強調している。「非常に異なった言語からの翻訳に際しての経験が［…］教えてくれることは、できばえには大きな差があるには違いないとしても、どんな言語においてもどんな思考系列も表現可能であるということである[19]」。実際問題として、ある言語における表現はそれ以外のすべての言語に翻訳可能であるということを、解釈学の伝統は一度として原則的に疑ったことはない。ただ問題は、どんな意味論的な距離であろうと架橋が可能であるという、このいわば超越論的な事実はどのようにしたら説明可能なのか、ということである。「違いがあるという喜ばしい認識は、第三項を必要としている。つまり、自己の言語形式と異質な言語形式を揺るぎなく同時的に意識することを」。

フンボルトは、解釈者が「異質なものを自己に同化し、自己を異質なものに同化させる」ためには「より高次の立脚点」が必要であるとする。[20] つまり、お互いに異質な者同士が、言語の違いを乗り越えて理解することを学ぶ場合には、始めからこのような「第三の」立脚点を形式的に先取りするかたちで向き合っているのである。この第三の立脚点を彼らが取るのは、当然のことながら相互に了解をめざす同一の事柄に関してでなければならない。[21] コミュニケーション的な言語使用と言語の認識上の機能とは緊密に絡みあっている。それは、対話をする両者が、ひとつの客観的世界なるものを共通して前提しており、異質な言語を理解可能にするためには、それぞれのパースペクティヴから、そうした客観的世界という収斂点と関わらねばならないからである。異質な者同士が共通の言語を見いだし、学び、そして相互に理解しあうのは、彼らがお互いに同じ事態について論争しあうことができ、場合によっては、相互に意見の相違が続くのがなぜ当然のこととして見込まれるのかを説明できるようになるにつれてのことである。個々の表現がどのような状況で世界のなかのある特定のことがらについての相互了解に役立ちうるかを知ったときに、はじめて当該の言語表現の理解が可能となる。異なった言語がもつさまざまな「世界の見方」のあいだにあって「その中間に存在する領野」としての現実への視線を共有していることが、意味のある対話の必然的前提なのである。対話のパートナーたちにとっては、現実という概念は、「いっさいの認識可能なものの総体」という統制的理念 regulative Idee と結びついているのである。

言語理解と世界内のなにごとかについての相互了解の可能性とのあいだに内的連関があることを見ると、なぜフンボルトが、言語のコミュニケーション的機能に認識上の約束を結びつけたかもわかろうというものである。〔言語によって開示された〕世界に対するある特定の見方がディスクルスにおいて他の人々の反論とさまざまにきしみあい、それとともにそのつどの自己のパースペクティヴが脱中心化されるにつれて、対話に加わるすべての人々の意味地平が拡大し、そして次第に重なり合うようになっていく。とはいえ、この意味地平の拡大の可能なことが根拠づけられるためには、対話形式のうちに、そして対話の語用論的な前提のうちに、批判的ポテンシャルがあって、それが言語によって開かれた世界の地平そのものに作用し、この地平をずらして行けることが明らかにされねばならない。

フンボルトはすべての言語に現れる人称代名詞のシステムを分析することで、このことを明らかにしようとする。彼は観察者の取る「わたしとそれの関係」と人格間の「わたしとあなたの関係」を区別する。後者は、言語行為を行う際の話し手の態度にとって不可欠である。なるほど、自分の体験や想念を表現する第一人称の表現的態度を取るか、あるいは、第三人称の客観化の態度、つまり環境世界を知覚し記述する第三人称の態度を取るか、それは誰もが自分で決めることができる。ところが、第二人称の人格に対して話し手が発言を向けるときの態度は、当該の他者がそれに応じた態度を取るという強制不可能な事態がなければ成り立たない。話しかけられた相手は、話しかけて来る第一人称の人格に、語りかける立場という役割を認めることで、第二人称として話しかけられることになる。対話において両者がこの関係を結ぶのは、もっぱら相互性にもとづいてなのである。片方はもう片方に話し手という遂行的な performativ 役割を果たすことを認めるのだが、それは、お互いに役割をいつでも交代しうる可能性を確保していることによってなのである。役割交代こそは、反論というコミュニケーション的な自由を両者に保障するのである。

人称代名詞の使い方にフンボルトは、語りあう状況そのものに根拠をもつ「変更不可能な二元性」を読み取っている。「すべての語りはどんな場合でも、語りかけと応答から成り立っている[22]」。語り die Rede のもつこうした弁証法的構造から公共の空間が生まれる。この公共空間こそが、間主観的に共有される生活世界を現実の「社会的あり方」へと作り上げるのだ。そして語りとそれへの応答のなかで生み出される相互了解の間主観性はまた同時に、思考の客観性にとっての必然的条件なのである。「考えるということにしてからが、社会的存在への傾向を本質的にともなっている。人間は［…］ただ考えるということのためだけにも、自分に対応してくれる相手を求めているのだ。概念というものは、異質な他者の思考様式から逆照射されることによってはじめて、明確かつ確実なものとなる」。自己の判断は、「考えを思い浮かべる本人がその思考を自己の外部に置いて見てはじめて」客観性を得る。「自己の思考を外部に置いて見るのは、自分と同じように思い浮かべ、考える別の存在を通じてのみ可能となるのだ。だがふたりの思考能力の間をつなぐのは言語以外にない[23]」。話し手の発言に二人称の相手が返答することのうちには、賛意の答えがもつ社会統合の力が潜んでいるが、それだけではない。そこにはまた、反論というものがもつ批判的実証の力が含まれている。われわれはお互いに相手から学ぶことによって、世界について学ぶのである。

言語のもつ認識機能とコミュニケーション機能のこうした語用論的絡みあいを、フンボルトは、真理請求に関するディスクルスを手がかりとした論証の理論 Argumentationstheorie によって探求したわけでは、もちろんない。その代わりに彼は、解釈学を、つまり、「異質な言説の相互理解」を導きの糸にしている。そうした解釈学的手がかりによって、競合し合う複数の世界像や文化のあいだの交流がもつ道徳的意味合いを考えている。自分の世界理解の地平が拡大するにつれて、自らの価値志向も相対化されてくる。「歴史の全体を通じてますますその通りであることが明らかになる理念があるとするなら、［…］それは、人間性という理念である。すなわち、ありとあらゆる先入見や偏った見解が人間のあいだに設定する敵対的な境界を取り払おうとする努力、宗教、民族、肌の色にかかわりなく全人類をたったひとつの壮大な、お互いに近い兄弟関係にある種族としてみようとする努力のことである[24]」。

フンボルトは理解と意思疎通のあいだに内的な連関を見たが、それだけではない。それ以上に彼は、この相互の意思疎通の実践のうちに認識の力学が働いているのを見ている。この認識の力学は、たとえ純粋に記述的な問題に関してですら、言語的世界像の脱中心化に役立ち、また、間接的には地平の拡大を通じて、道徳の問題に関しても普遍主義的なパースペクティヴへと促すのである。ここには、解釈学的なオープンな態度と道徳的な平等が結びついたフマニスムスがある。だが、解釈学と平等主義のこうした結合は、ディルタイの世界観の歴史主義とハイデガーの存在史的な歴史主義のなかで失われて行った。この結びつきがふたたび復活するのは、われわれの世紀における哲学的解釈学との批判的な対決を経てのことであった。

第二節

今日でもカント哲学の語用論的な組み替えを行なおうとすると、その基本となる言語哲学の建築術のおおよその輪郭が、フンボルトにおいて浮かび上がっているのがわかる。

まずは意味論的な観点からフンボルトは、言語の「世界形成的な weltbildend」内発性 Spontaneität をふたつのポイントに分けてみる。言語はその構成的能力 konstitutive Leistungen を、文化的な解釈パターンの次元においてだけではなく、社会的実践の次元においても発揮するということである。第一に認識にとって重要な観点で見れば、言語は、言語共同体において間主観的に共有されている世界についての先行的理解を全体として分節化してくれている。こうした世界についての見方は、共通の解釈パターンの資源となっている。それは、気がつかないうちに視線を重要な方向に向けさせ、さまざまなとらわれた見方をつくりあげ、またこうすることで、世界のうちで起きるさまざまなことを解釈するための、問われる必要のない自明の背景もしくは枠組みを作り上げている。同時に言語は、第二に〔社会的〕実践にとって重要な観点から見れば、ある民族の性格や生活形式をかたどる。言語的に構造化されたこの生活世界は、コミュニケーション的な日常実践の背景となっている。そしてここにこそ、言語理論に社会理論が接続しうるつなぎ目が見えるのである。[25] 言語が思考を生み出すオルガーンとして果たす能力を、のちにハイデガーは言語による「世界開示」として分析する。しかし、行為状況及び意思疎通プロセスにとって生活世界的なコンテクストが不可欠な基礎になっているという意味での「構成 Konstituierung」のことは、こうしたハイデガー的な世界開示と区別して考えなければならない。

次に語用論的観点からフンボルトは、語り Rede の普遍的構造を分析しようとした。対話というかたちに眼を向けてはじめて、対話参加者の役割、態度、そして間人格的な関係が分析の視野に入ってくる。対話の参加者たちは、二人称の相手に向けて発言し、またこの相手から理解や反応を期待する。さらにフンボルトは対話を、事柄との関連で分類している。つまり、対話の参加者が、客観的世界の事象について話し合っているか、あるいは、社会生活や文化における規範的要求や価値志向について話しあっているかによって分けている。意見や理由を相互に交わし合う合理的なディスクルスには、局地的な世界像の限界を超えて行く力があるとフンボルトは考えていたようだ。しかし、どうしてそういう力があるかに関しては、フンボルトは、インターカルチュラルな意思疎通の方向でのみ解釈することになってしまった。他の文化や生活形式を相互に理解しようという解釈学的な態度、そして異質な他者との相互学習は、思い込みの修正に役立つ。それぞれの意味地平のこうした脱中心化は一般的に、普遍主義的な価値志向を生み出すことになると、フンボルトは考えていた。これは、さまざまな解釈パースペクティヴの、言ってみれば水平的な接近である。しかし、これだけでは、客観的世界との関係という垂直的な次元においてわれわれが事実をとらえ、事実に関するさまざまな主張が競合しあうなかからそれでも認識を得られるのは、どうしてなのか、ということの説明はできていない。陳述 Aussage の指示対象 Referenz と真理性の条件、すなわち言語の叙述機能を納得いく形で分析することを怠った欠陥は、解釈学の伝統全体のアキレス腱となった。

この欠陥は、ルネサンスの人文主義この方、論理学からレトリックと文法が乖離してしまった事態を反映している。しかしフンボルトを動かしていたいまひとつの動機は、論理学のなかで陳述にのみ焦点が合わせられ、言表行為や語りのコンテクストが無視されて来たことに対するそれなりに正当な不信感である。「思考を論理的に分析するだけで、語りを文法的に分析しないかぎりは、第二人称の必要はまったくなくなる。[…]そうすると叙述する主体と叙述された内容を切り離すだけでいいことになり、叙述する主体と、叙述を聞き取り、反応する者を分ける必要はなくなってしまう」(26)。

まさにこうしたかたちでゴットローブ・フレーゲ——数学者であり、また論理学者であるフレーゲは、フンボルト、シュライアーマッハー、ドロイゼン、ディルタイの伝統とはなんの関わりもなかった——は、言語の叙述機能にのみ関心を集中させることになった。たしかにフレーゲは、主張という行為が陳述に与える断定の力について面白いことを述べているが、それにもかかわらず基本的には、単純な命題文の論理分析に傾注していた。形式意味論は、フンボルトが意思疎通における合理性の場と見ていた言語のコミュニケーション機能を論理分析から外して、単なる経験的な観察にゆだねてしまった。もっともハイデガーも、フレーゲと同様に、形式語用論に向けてのフンボルトのもくろみを取り上げることはなかった。ハイデガーが継承したのはただ、フンボルトの言語哲学における意味論の線だけである。ハイデガーは、フレーゲと異なり、言語の叙述機能を出発点にせず、言語の世界開示機能から出発して、言語形式に内属する基本概念的構造や意味連関を意味論的に分析することに終始した。

こうして分析哲学と解釈学的哲学はまったく正反対の地点から出発しながら、言語の意味論的側面にのみそれぞれ限定した考察を行うことになる。分析哲学は命題と事実の関係にのみ焦点を合わせ、解釈学的哲学は自然言語に全体として書き込まれている基本概念によって世界が分節化されているそのされ方に集中することになる。それぞれ使う手段は異なっていた。分析哲学は論理学という手段を、解釈学的哲学は、内容を重視した言語学という手段を用いた。しかし、全体論的な議論をする内容的意味論も、要素主義的に論じる陳述意味論も、同じような抽象化に陥っていたのである。ともに語りの語用面を派生的なものとして扱っていた。ディスクルス的語りに内在する構造的特質は意思疎通の合理性の解明に独自の寄与をしうるのに、そうしたことは念頭になかった。

それに対してフンボルトが構想した枠組みは、三つの分析次元を想定している。第一の次元では言語の世界形成的性格が、第二の次元では、語りと意思疎通という語用論的構造が、第三の次元では、事実の表象 Repräsentation がそれぞれ問題となる。解釈学のアプローチと分析哲学のアプローチはそれぞれ、第一および第三の次元で動いており、別々の考え方を通じてともに、語用論よりは意味論が重要だという信念に立っている。それゆえ両者ともに同じ問題に直面することになった。つまり、最初になされた問題無視を、どうやったら訂正できるか、それも間違った縮減をともなわずに訂正できるかという問題である。フンボルトと比較することによって、フレーゲとハイデガーに関してそれぞれプラスとマイナスの決算表を作るとすれば、次のようになるであろう。

（1）フンボルトには次のことがわかっていた。つまり、ある言語表現に関して、それを世界のなかの何かについての意思疎通を目的として用いうるのは、どのような事態においてなのかがわかっているときに、その人は当該の言語表現を理解している――このことをフンボルトは察知していたのである。しかし、意味と妥当性のあいだにあるこうした内的な連関が、単純な主張文の次元で説明されたのは、フレーゲにいたってである。フレーゲは、それが真であるか偽であるかを言いうるような最小の言語的単位であるような命題を分析の出発点とした。このようにして「真理」が、言語表現の意味を解術する意味論上の基本概念として用いられた。ある命題の意味を規定するのは、この命題が真理であるための（あるいはこの命題を「真とする」）条件そのものなのである。フレーゲと同じにルートウィヒ・ウィトゲンシュタインも命題とはその真理条件の表現であると捉えていた。「ある命題を理解するとは、その命題が真であるときに、どのような事態となっているかを知っていることである[27]」。この最初の一手にともなって一連の興味深い展開が生じた。

ある事態やまとまった考えはこうした命題文においてのみ表現されるのだから、命題文だけが、内容のよく定まった意味をもつということであろう。とするならば、個々の単語の意味は、それぞれの単語が真なる命題文を作るにあたって果たしている貢献によって定められることになる。ところが、同じ単語が、まったく違ったさまざまな文章を作る素材として使われうる。そうである以上、こうした「コンテクスト原則」からして、ひとつの言語がもついっさいの表現は、意味論的な無数の糸が織りなす複雑な網によって相互に結ばれていることになる。ところが言語というものをこのように全体論的に理解するならば、個々の命題文が意味論的に定義されているという事態は疑わしいものとなる。それゆえフレーゲは「コンテクスト原則」と並んで同時に「コンポジション原則」〔「組み合わせ原則」〕を擁護する。つまり、ある複雑な表現の意味は、その構成要素の意味の組み合わせから成っているとするのである。『論理哲学論考』におけるウィトゲンシュタインの考えもそれに応じて、事実の叙述という機能だけをもっぱら果たすような、論理的に透明な言語は、原子のような個々の命題文を真理関数に即して組み合わせたものであらねばならないとするのである。

単語に対する文の優位（あるいは概念に対する判断の優位）という原則のもたらすいまひとつの帰結は、言語的シンボルは本質的に対象を言い表す名称であるとする伝統的な見解からの訣別である。フレーゲは、単純な命題文をそのつど数値を代入しうる数学的な関数を範として分析した。このようにして彼は、特質の述定 Prädikation von Eigenschaften と、こうした特質が補語として述定される対象への指示関連 Bezugnahme auf Objekte というふたつの行為が相互に絡みあうさまを明らかにすることができた。述定と対象指示とは同じことと見てはならない。同様に、述定もしくは概念は名称と同じものと見てはならない。「意味」は「指示対象」と混同してはならないし、ある陳述の内容と、そうした陳述がなされる対象への関連づけとは混同してはならない。というのも、このように混同しないことを前提にしてのみ、われわれは、同じ対象についてさまざまな、時には矛盾しあう陳述をすることができるし、またそのようなものとして陳述を相互に比較しあうことが可能なのである。さまざまに記述される対象を同じひとつの対象として再認することがもしわれわれにできないとしたら、そもそも認識を得ることもできなければ、言語を修正することも、また言語によって意味論的に「開示された複数の世界」の修正をすることも不可能となるであろう。

「意味」「指示」「真理」といったフレーゲのいくつかの基礎概念は、言語の叙述機能および言語と世界の関係をめぐる今日までも続く多岐にわたる議論のスペクトルを規定している。とは言いながら、後期のフレーゲは、三領野についてのきわめて問題の多い概念構成が示しているように、事実、思考内容、そして判断遂行という座標軸のなかにどのように言語の場を規定すべきかという困難に直面することになる。たしかにフレーゲは、フッサールと同時期に、彼らの時代の心理学主義に対する説得力のある批判を展開した。しかし、言語の超越論的な理解に向けてのウィトゲンシュタインの転回があってはじめて、「意識から追放された思想内容」のシンボル的具体化が言語という媒体においてなされていることが正面から受けとめられるようになったのである(28)。ウィトゲンシュタインは、事実を写し出す論理的に透明な普遍的言語に、世界形成的な力があるとしている。言語の限界とは「わたしの世界の限界」を意味している。論理的意味論に沿った命題はわれわれに「世界の骨組み」を見せてくれる。カントで、可能な経験の対象を構築してくれる konstituieren のは、悟性のカテゴリーであった。ウィトゲンシュタインではそれに代わるものが、要素命題の論理形式となる。「命題の本質を言うことは、いっさいの記述の本質を言うこと、つまりは世界の本質を言うことである」(29)。この一歩によってはじめてウィトゲンシュタインは、フレーゲの始めた転回を後戻り不可能なものとしたのである。

　というのも、言語の論理分析が哲学的な射程を獲得したのは、意識のパラダイムに代わって言語のパラダイムが登場し、哲学のメンタリズム的基盤に革命的転回が生じたためだからである。ラッセルやカルナップはまだ、言語形式の論理分析を通じて思考の形式を説明するという方法を、既存の経験主義的な認識論とあいかわらず結びつけていた(30)。これはまだ言語分析の理解としては方法論的に狭隘であり、メンタリズム的なパラダイムはまったく疑問に附されていない。ウィトゲンシュタインにいたってはじめて、陳述文の構造は可能な事実の構造を規定しているという彼のテーゼを通じて、意識哲学のもろもろの前提が崩されて行った。なるほど彼は後に、事実を写し取る普遍言語という考えを正当な理由から放棄することになる。それとともに言語の超越論的な内発性 transzendentale Spontaneität を叙述の次元から行為の次元に移行させたわけだが、その場合でもしかし、言語の世界形成的な性格という考えは変えることがなかった。

ウィトゲンシュタインがメンタリズムへの批判を細部にわたって行なったのは、もちろん後のことである。つまり『論考』において論じられた無反省的な悟性的思考の言語形式の代わりに、言語ゲームのさまざまな文法、つまり言語ゲームの数だけある生活形式にとって構成的な konstitutiv 言語ゲームの文法を探求するようになってからである。これによってウィトゲンシュタインは、フレーゲが直観的に行なっていた「思考内容」と「表象」の区別を誤解の余地のない解釈によって確定したのである。つまり、われわれはある文章の意味を「体験する」ことはできない。なぜなら理解というのは、心的なプロセスではなく、規則に従っているかどうかによっているのだから、というわけである。「「あなたの痛みはいつ和らぎましたか?」という文章と「その単語を理解するのをあなたはいつやめましたか」という文章とを比べてみること」[31]。ある基準をどのように適用したらいいのかという知は、実践的能力である。つまり、「将棋の指し方」を「わかっている」ということと同じ実践的能力であって、メンタルな状態でもなければ、心的特性でもないのである。

(2) ハイデガーは別の道を辿って、意識哲学に対する似たような批判に到達している。彼は言語哲学にはいっさい眼を向けずに、当初は人間の現存在の実存論的分析を詳述してみた。その際に彼は、一方ではディルタイから、また他方ではフッサールから受けた影響を独特のやり方で結びつけた。この両者からの影響を見ると、ハイデガーの研究がまったく違った組み立てを持ちながらも、最終的には「言語があるところにのみ世界がある」とするフンボルトの見解と触れあう理由が明らかとなる。

ディルタイの考えによれば、一九世紀に成立した歴史的精神科学が古典的な自然科学と違うところは、伝統的なテクスト解釈の術を意味了解の方法にまで作り上げたところにある。歴史的精神科学の目標は、経験的事象の法則論的な説明ではなく、シンボル的表現、文化的伝統、そして社会的制度のうちに体現している意味を理解することなのである。その本来の目論見から言えば学問的なものであった、この理解というオペレーションをハイデガーは、方法論的な連関から解き放ち、ラジカルに捉えて、人間の現存在の基本的特性であるとした。人間はいわばその生まれからして、自己の世界とそうした世界の中での自己を理解する課題を負わされている、というのだ。「世界のいかなる理解においても、(自身の)実存がともに理解されている」[32]。『存在と時間』は、この先行的自己了解と存在了解を概念にもたらすことが目標であった。

この企てにあたってハイデガーは、知覚の記述という現象学のモデルに代えて、テクストの解釈という解釈学のモデルを採用し、その上でフッサールの超越論的現象学の基礎的枠組みを取り入れている。「[…]現象学的記述の方法的意味とは解釈ということなのである」[33]。ハイデガーにあっては、もろもろの対象を知覚するにあたっての観察者のパースペクティヴに代わって、解釈者のパースペクティヴが重要となる。つまり、解釈者は、発言の意味や人格のおかれている生のコンテクストを自らに対して理解可能とするのである。解釈学的転回を経た現象学のまなざしが第一義的に向けられるのはしかし、発言の明確な意味に対してではなく、発言の遂行にともなっているコンテクストのありかたに対してである。すでにそれ以前にフッサールは、もろもろの対象の知覚にあたって、そうした対象とともに与えられているテーマ化されていない地平という前述語的な層を分析し、それを「受動的な前所与から成る関連的に構造化された場」と名づけていた。そして体験された世界を「経験の普遍的な信念基盤」と形容していた。[34] こうした現象学的記述の緻密な区別の成果をハイデガーは、よくなじんでいる環境のなかで人間たちが事物やできごとと実践的に関わるにあたって、彼らの前に開かれてくる指示連関 Verweisungszusammenhänge の分析に用いたのである。先行的になされている世界了解の言語的分節をハイデガーは、日常的なもくろみ Vorhaben、期待 Erwartungen、そして予期把持 Vorgriffe〔予期行動〕に照らして論じて行く。こうした日常のもくろみや期待や予期把持の地平において、あるものはあるものとしてわれわれに理解可能となるからである。「理解の前−構造」というこの現象によってハイデガーは、フンボルトの超越論的な言語観へと立ち戻ることになる。[35] だが同時に彼は、言語的世界像の意味のアプリオリという考えから、重大な哲学的射程を持った帰結を引き出してしまった。

例えば、待っているお客さんがようやく到着するにあたって、彼らが乗っているはずの車に「青」という特性を述定するとする。それによってわれわれはその乗り物を「青い車」として als 規定することになる。こうした「述定的な〈として als〉」に対してハイデガーは「解釈学的な〈として als〉」を区別する。世界を全体として暗黙のうちに先行的に理解するに際しての「として」のことである。つまり、われわれの世界は、いくつかの特定の実践的な観点から見れば文法的に、さまざまな事象や対象に分節化されている。例えば、生命をもった対象や生命をもたぬ対象といった具合である。あるいは、目の前にあって見出せばいいだけの対象や作られた対象といった区別である。また動く物体、動かすことのできる物体、われわれがぶつかる物体。昼と夜で色が異なって見える物体などなどである。そしてここでハイデガーはその後の彼の哲学を予示する戦略的な手を打っている。それは、「述定的な〈として〉」〔青い車として〕は「解釈学的な〈として〉」〔生き物として、人間としてなど〕より下位にあるとする考えである。「解釈学的な『として』」こそは、存在者の全体を基礎概念によって分節化することに発している、というわけだ。こうした考えによれば、われわれが特定の対象に特定の特性〔青い〕を述定したり、あるいはそれを否定したりできるのは、そうした対象がすでに言語的に開示された世界の基礎概念的な座標軸の枠に収まり、手の届くものとなっているからである。つまり、暗黙のうちにすでに解釈された対象として、あるいは、重要な観点に関してすでにカテゴリー化された対象として「与えられている」からなのである。言語はこのように存在様式をアプリオリに整序していることによって、今目の前のどの存在者にどのような特性を述定するかという問題は個別的な問題となり、そうした個別的問題のいっさいに言語は先行するものとなる。言語の話し手は、このように意味論的にすでに定められている路線の枠内でのみ、言語的にあらかじめ描き出されている entworfen 真理の可能性のどれが現下の事態において実現しているかを「発見」するのがせいぜいできることとなる。

ハイデガーにとっては、ある対象に述語が適切に付与されているかどうかということ、さらにはそれに相応した述語命題の真理性は、二次的な問題でしかない。それは、先行的な世界開示という意味での「真理創出 Wahrheitsermöglichung」に依拠した二次的なことでしかない。この「真理創出」こそは言語による「真理の生起」なのである。しかし、これによって真理の普遍主義的な意味は放棄されてしまう。世界開示の様態とともに変化する存在論的な「真理」なるものは、「ひとつの分割不可能な」単数の真理ではもはやなくなってしまう。ある特定の対象が「開示」されるかどうかについて決定するのはむしろ、言語的な世界開示という超越論的な事実なのである。しかしこうした超越論的事実はもはや真でも偽でもなく、ただ「できごと」だけでしかなくなる。

「述定的な〈として〉」に対する「解釈学的な〈として〉」の優位こそは、〔フレーゲのような〕真理意味論的な見方との決定的な相違の理由なのである。もちろん、真理意味論から見ても、言語表現の意味は、その助けを借りて作られた命題文が真理となる可能性を規定しているにはちがいない。しかしだからといって、どのようなカテゴリーの対象にどのような特性が継続的に述定されることになるかが、変更不可能な形であらかじめ決められているという主張にはならない。特性の述定 Prädikation von Eigenschaften と対象への指示 Referenz auf Gegenstände を区別しうるかぎりは、そして、われわれが同じ対象をそのさまざまな記述に直面しても同じものとしてくりかえし認識できるかぎりは、世界についてのわれわれの知識を拡大し、それによってわれわれの言語的知を修正する可能性が存在しているはずである。

ハイデガーの哲学的解釈学は、言語の認識機能がもつ独自の権利を、そして、陳述文の命題構造が強固な独自の力を持つことを見あやまっている。それゆえにハイデガーは、言語的知と世界についての知識とのあいだに相互作用が存在するとは認めないのである。彼は、意思疎通のプロセスに関する語用論よりも、言語的世界像という意味論にいっさいの限定のない優位性を認める。それゆえに、言語の意味アプリオリと世界内における学習プロセスの成果とのあいだに相互作用が起きる可能性はまったく念頭にない。フンボルトと異なってハイデガーは、「コントロールの場」をディスクルス参加者の仕事 Leistungen から言語的世界開示というできごと Ereignisse に移行させた。語り手は言語の家のなかに捉えられたままであり、言語が彼の口を通じて語りだすのである。[36] 本来的な語りはただひとつ存在のお告げだけである。それゆえ、語るより聴くことが優先する。「語るということは、その成り立ちからして聴くことなのである。語るということは、われわれが話す言葉を聴くことなのである。[…] われわれが言葉を語るだけでは済まないのだ。われわれは言葉の中から語りだしているのだ」。[37]

ところがウィトゲンシュタインも、ハイデガーにくらべれば神秘化に走る度合いは少ないとはいえ、似たような結論に達している。真理の意味論から理解の使用についての理論へというウィトゲンシュタインの語用論的転回――つまり、事実を写し取る唯一の普遍言語なるものから、多数存在する言語ゲームの文法へという転回――は、言語の脱超越論化ではあるが、そうした歓迎すべき側面とは別の面もある。事実として習慣化している言語使用に記述的なアプローチをすることで、ウィトゲンシュタインは同時に、認識に関わる言語の次元を慣習的な側面と同じものとして平板化してしまった。主張文を正しく使用しうるために知らなければならない真理条件が、ただ習慣化しているだけの言語実践からしか読み取れないとするならば、妥当性と社会的通用との差異はたちどころに消滅してしまう。つまり、それを言うべき正当性がわれわれにあるものが、単に慣れ親しんでいるだけのものと変わらないとされてしまったのである。言語の世界形成的な内発性 Spontaneität を、多様な歴史的言語ゲームや生活形式に適用してしまうことで、ウィトゲンシュタインはたちまちのうちに、事実確認に対する意味アプリオリの優越を最終的に確定してしまうのである。「ある想定の検討も確認も、あるいは無化も、必ずやある体系のなかで起きる。しかもこの体系とは、われわれのいっさいの立論の多かれ少なかれ恣意的かつ疑わしい出発点なのではない。この体系そのものが、われわれが立論と呼んでいるものの本質に属しているのだ[38]」。ウィトゲンシュタインもハイデガーと同じに、背景に世界理解というものがあり、この世界理解は、それ自身は真でも偽でもありえないながら、真なる陳述と偽りの陳述を分ける基準をあらかじめ確定しているのだと考えている。

第三節

非常に単純化して言えば、われわれの二〇世紀後半における理論哲学の歴史には、ふたつの大きな流れが特徴として見られる。ひとつの流れは、ウィトゲンシュタインおよびハイデガーというふたりの英雄から抽出された共通点に発するものである。言語ゲームおよび、時代を作る世界開示という、両者に共通のより高次元の歴史主義こそは、ポスト経験主義的な科学論、ネオ・プラグマティズムに立つ言語哲学、そしてポスト構造主義における理性批判のどれにも共通する知的刺激の源泉となった。[39] もうひとつの流れは、ラッセルとカルナップにはじまる経験主義的な言語分析の継続である。この経験主義的言語分析はいぜんとして、言語論的転回をただ方法論的に理解するだけなのが特徴であるが、クワインとディヴィッドソンによって国際的名声を得ることになる。ディヴィッドソンは、対話の参加者の理解行為をそもそものはじめから、観察者の理論的解釈の次元と同じものと見てしまい、[40] それによって言語についての唯名論的な考え方に行きついてしまった。つまり、言語として具体化された、間主観的に共有されている意味からなる社会的宇宙よりも、個々の話し手の個人的言語の方が重要であると認めるような考え方である。[41] フンボルトは客観精神という概念を使って、社会的事実という位置づけを言語に与えていたが、ディヴィッドソンのような考え方をすると、そうした位置づけが失われることになる。

しかし、本論の連関でわたしの興味を引くのは、第三の流れである。つまり、パトナム、ダメット、あるいはアーペルといった、実際には相当に異なるさまざまな立場に通じる流れである。彼らに共通しているのは、言語論的転回をパラダイム・チェンジの意味で真剣に受け止めつつ、しかも、真理であることdas Wahrsein と、ただ単に真理と見なすこと bloßes Fürwahrhalten との違いを文化論的に無視して、このふたつが同じことと考えてしまうような代償を払わないで済む点である。彼らの特徴は、中途半端な言語分析と反啓蒙的な意味論的局地主義の両方に対抗するところにある。すなわち前者の言語分析については、カントとヒュームの昔からの問題をただ新しい手段で解決しようと望むにすぎないとし、[42] 後者の局地主義については、理性的存在として言語能力および行為能力を有しているもろもろの主体の合理的な自己理解を無視しているとして、ともに批判するのである。(43)

この二重戦略はすでに五〇年代末に書かれたカール・オットー・アーペルの教授資格請求論文に見られる。この著作でアーペルは、一方では言語的意味の志向主義的 intentionalistisch 理解、および言語コミュニケーションの道具主義的な受け止め方に反対して、フンボルトの認識、つまり「すべての世界理解は、総合的な意味アプリオリも(「も」を!で強調したい)前提としている(できあがった命題のかたちこそ取ってはいないが、命題構成の計画、カテゴリー、概念のかたちでの、いや単語の意味のかたちでの総合的な意味アプリオリのことである)[…]」とするフンボルトの認識を引いている。(44) 他方で、言語的世界開示の機能を重視するあまりに、事実記述という言語の認識機能を無視してまでこの機能を自立させることにアーペルは、警告を発している。そのふたつの行き方にともに反対する彼はむしろ、局地的な「意味構築」と「無条件的に普遍妥当的な思考をめざすこと」とが、「相互に前提しあう関係」を、そして「相互に浸透しあう関係」を要請している。その際に彼がしたがうのは、理性と悟性というカントの建築術である。世界形成的な理念の能力としてのカント的理性に相応するのが、言語的世界像という意味論的アプリオリである。しかしこの意味論的アプリオリも、悟性によって、つまり、合理的行為が成功しているかいないかというコントロールによってはじめて、社会のなかで通用する。「ポイエーシス的に」あらかじめ投入された意味が特定のものの見方を規定する一方で、逆にこの投入もまた成功した「実践」での裏付けを頼りにしている。(45) こうして意味と実践の「媒介」の問題が明確にされている。とはいえ、このような媒介がどのように機能するかまで、アーペルがはっきりさせているわけではない。

まったく別の背景に立つマイケル・ダメットにとっても――彼はフンボルトの伝統に言及することはな

いが——、同じ問題が生じて来る。言語ゲームが間主観的に共有された意味地平を構築し、文化的生活形式を規定することを認める点では、ダメットはウィトゲンシュタインと一緒である。言語は公的な制度である以上、特定の言語共同体において実際になされている言語的慣習と密接に絡みあっている。しかし、意味は使用のなかで生まれるとするウィトゲンシュタインの意味使用論は、真理条件からその批判的棘を抜き去ってしまい、それとともに言語の認識的次元の独自性を認めないことになってしまう。それに対抗してダメットは、認識に向けて転換された真理意味論へと認識論的転換を行う。もしも命題がその命題の真理条件の表現であるなら、その命題を理解するためにわれわれは、その命題が真であるための条件を認識できなければならない。当該の命題を正しいと思うために必要な、話し手の習慣を表わす観察可能な事情を知っているだけでは、充分でない。真理条件を知っていると言えるためには、なぜその真理条件が当該ケースにおいて満たされているといえるのかという根拠を知っていなければならない。ある陳述の真理条件と、それに相応した真理請求を正当化しうる根拠とのあいだには内的な関係が存在している。それゆえに、正当化の実践、つまり立論を交わしあうゲームは、ダメットにとっても特別な価値をもっている。

主張しあうという言語ゲームには、単に命題を立てたり、命題の正しさを否定したりすることだけが含まれるのではない。それ以上に、主張の理由を言うことが、またその主張に反駁することが含まれている。「他者の意見を受け入れる。あるいは拒否する。その意見が正しい裏づけをもっていたかをチェックする。また、その場で、あるいはその後になされた主張がさまざまな事情によって裏付けられているかどうかを評価する——こういった行為のいっさいは、言語使用の実践を十全に説明しようとする時には必ず記述しなければならないことどもである。これらはすべてこの実践の構成要素なのである。他方では、発言が真であるために満たすべき条件だからといって、それ自体としてその発言の使用の唯一の形態ではないこともたしかである。ここでの問題は、それにもかかわらず、言語的実践を性格づけるにあたって真であるための条件に訴える必要があるかどうかということである」[46]。参加者が根拠を挙げ、またお互いに根拠を要求しあうという言語ゲームの形式語用論は、ダメットにとっても意味論 Bedeutungstheorie の基礎となっている。彼は、記述的手続きにのみ終始する言語学的現象学がもつアド・ホックな性格に対抗するべく、この意味論を持ち出すのである。超越論的語用論というカール＝オットー・アーペルの考え方も、この言語学的現象学に対抗するという同じ意図に発している。

（1）ドイツの場合、第二次世界大戦後の議論の状況には特殊なところがあった[47]。というのも、断絶していた分析哲学の伝統をまずもういちど学ばねばならなかったからである。この仕事との関連でアーペルは当時、解釈学のなかで育った本人の観点から、ハイデガーとウィトゲンシュタインの立場が収斂しあうことを最初に発見した一人であった[48]。もちろんのこと、ハイデガーの理性批判に対するメタ批判的なすべての反論は、ハンス＝ゲオルク・ガダマーの当時出たばかりの『真理と方法』（一九六〇年）における哲学的解釈学の現代版とも、いや、この現代版とこそ第一に対決しなければならなかった。

つまり、意味了解の分析をガダマーは、ハイデガーのように、意味論的に言語的世界開示につなげようとはしなかったからである。そうではなく、語用論的に著者と解釈者の間の意思疎通のあり方とつなげたのである。彼は古典として伝承されてきたテクスト kanonische Texte の解釈の実践をコリングウッドと似たかたちで問いと答えという会話の論理を手がかりに探求した。対話《ディアローク》は、何かについて意思疎通を行う会話参加者のあいだの理解のモデルケースとされている。対話においては、共有された生活世界の間主観性――この生活世界は、第一人称と第二人称の、相互に関連しあうと同時に相互に交換可能なパースペクティヴに根づいている――と客観世界のなかの目下まさに話題になっていることがらへの指示関係とが絡み合っている。対話には、すでにフンボルトが見ていたように、事柄との関連が内在しているのだ。そしてこの事柄との関係こそが、発言の意味と、その発言が場合によれば真理であることとの内的関連を生み出している。もしそうでなければ、フンボルトは、相互理解 *Verstehen* による地平の解釈学的拡大を、普遍的意思疎通 *Verständigung* への希望と結びつけえなかったであろう。

このように最初の印象で言えば、ガダマーも、言語のコミュニケーション的次元を論じることで、理性の普遍主義的約束を復権させているように見える。たしかに彼の見解からしても、お互いに理解しようとする試みは、最初は別々であったそれぞれの了解の地平の拡大に、そして最終的には地平の「融合」に向かうはずである。そしてこの相互理解のダイナミズムは、ガダマー自身が十分にわかっているとおり、事柄そのものについての意思疎通が進展するという論理の軌道に沿って展開していくのである。ところがガダマーは、フンボルトとはまったく違った結論に到達する。対話において意思疎通のプロセスを動かしている事柄とのつながりを、ガダマーは、ハイデガーと同じに、共通の伝統によって創出された先行的コンセンサスの基盤のうえでのみ成立するものとしてしまう。もともとは語用論の観点から議論を始めているはずなのに、こうした解釈学ですら「存在論的転回」[49]を遂げることになってしまったのはなぜなのだろうか。ガダマーのもくろみ全体の動機を確認すると、その理由がわかってくる。

ガダマーは、彼の同時代の人々がニーチェの「生に対する歴史の利害」以来「歴史主義の問題」として悩んできたことへの解答として、自分の解釈学を展開したが、そこに理由があるのだ。精神科学における客観主義こそガダマーが対抗しようとしたものである。ガダマーの目から見れば、精神科学は偉大な歴史的伝統をコンテクストから切り離し、博物館に閉じ込め、伝統に内在する刺激的な力を骨抜きにし、「お教養の力」へと中和してしまう。それゆえガダマーは、古典的作品の解釈学的摂取を例として議論することになる。つまり、文学、芸術、そして宗教の作品、およそドグマ的な伝統のすべて、例えば法解釈のテクストなどである。実際に古典的作品群に接する場合、解釈者は自己の解釈学的な初期状況を反省することで、ガダマーが重視する洞察を明るみに出すことが可能であろう。すなわち、解釈する必要のあるテクストに解釈者が向かう際に持ち込んで来る先行的了解は、当の解釈者が望むと望まざるとにかかわらず、当該テクスト自身の作用影響史によってあらかじめかたち作られ、それがしみ込んでいるのだ、という洞察である。

こうした事情から第一に明らかになることは、解釈 Auslegung のプロセス――つまり先行的理解をテクストに即して修正し、著者とのヴァーチャルな対話を通じてこの理解のさらなる精密化をめざす作業――は、著者と解釈者の両者を包む共通の伝統のコンテクストの地盤においてのみ可能となる、ということである。第二は、このようにして解釈者は、伝統という歴史的出来事のなかに入り込むわけであるから、模範的なテクストの解釈 Auslegung とは、かつての卓越した知を現在の状況へ適用することとされる。解釈学の仕事はこのようにして、伝統をさらに作って行くことができる。しかもそのような反省的摂取を通じて〔精神科学の客観主義と異なって〕、伝統を冷凍化したり、その力を破壊したりしないで済むのだ。ガダマーによれば、第三に明らかになるのは、解釈学というのは、共通の出自を持つ共同体の文化的 sittlich 自己理解という、本質的に保守的な課題を果たす以上、精神科学に方法があるとする考え、およそ解釈を科学の命題と同じものと見ようとする試みは、誤解にもとづいている、ということである。ひとつの伝統の生きた核を解釈によって確認する作業は、自明のものとしてあらかじめ与えられている共通の理解、その意味では「基盤になる合意」をたよりにしている。しかも、この基盤には、自己の言語共同体において先行的に存在している自己了解および世界了解が分節化されて表現されている。それゆえ「真理」と「方法」は対立するものとなる。伝統という歴史的出来事がもたらす「啓示的な」真理は、陳述の真理性を保証する方法的やり方によっては歪められるだけである、というのだ。

「著者を著者自身よりよく理解する」という昔からの解釈学の原則をガダマーは、「そのつど著者とは違って理解する」というように縮減してしまった。それに対してアーペルは、学問的な規範を持った分野としての解釈学は、「よりよく理解する」という目標と基準を放棄してはならないと強く主張する。可能な理解の条件を明示的にするためには、「理解の妥当性についての方法論的に重要な問い」を同時に投げかけないわけにはいかないのだ。実際に時代ごとに新たに生じる世界開示なるものを優先するあまり、真理の規範的な概念を撤回するようなことがあってはならないのであり、そのためには、「いっさいの理解において妥当性に関する反省が救い出されねばならない」とアーペルは論じる。(50)

さまざまな言語的世界像のあいだに共約可能性があるということをアーペルは、語用論的なもろもろの普遍的範疇の助けを借りて説明しようとする。その際に彼が手がかりとする考えは、言語知識は世界との認識的な関わりと協力しあってさまざまな実践を可能にしているのだが、この実践を試金石にして、先行的な言語知識の方もまた、間接的に自分の有効性を証していかねばならないというものである。「主観的な意味了解による先行規定というものが存在する可能性はたしかにある。しかし、そのことは、逆の可能性をも含んでいるのだ。つまり、意味の疎通が言語使用の次元で語用論的に成功することによって、「生きた」言語の意味論的な諸要素が、組み替えられる可能性である(51)」。

(2) 当時の知的配置では、言語の持つ認識上の次元を、科学的認識および啓蒙という二重の観点からテーマ化するのがごく当然に思えた。啓蒙が科学と異なるのは、認識主体そのものに反省的に関わろうとする点である。啓蒙は「第一義的には知の進歩ではない。それは素朴さの喪失なのである(52)」。ガダマーの反科学主義に対しては、ポッパーとともに、経験科学による学習過程が実際に起きているという証拠を突きつけて、「なんといっても知の増大による蓄積があったではないか」と反論することが可能だった。またガダマーの伝統主義に対しては、アドルノとともに、イデオロギー批判的な議論を投げかけて、「「基盤になる合意」が支配するという作用史的な考えは、そうした合意なるもののなかにまさに強制なきコミュニケーションの条件を破壊する勝者の事実的な暴力が、実は貫徹していることを意味するのではなかろうか？」といった趣旨の反論をすることが可能だった。そして、ガダマー自身が、精神科学の方法的理想とわたりあうなかから彼の考えを展開してきた以上、『真理と方法』への批判を、「説明と理解」についての論争として行うのがごく当然に思えた[53]。イデオロギー批判と科学批判というこのふたつの議論は、その後は認識関心をめぐる理論へと合流した。しかし、当然のことながら、専門的議論はやがてそうした理論の遥か先へと進んで行った[54]。

本章のコンテクストのなかで、こうした試みが興味を引くのは、こうした議論のなかから超越論的解釈学ないしは形式語用論の輪郭が浮かび上がってくるからである[55]。世界の見方 Weltansicht が相互に非共約的であるとする多元主義に対抗してアーペルは、ふたつの理論戦略上の区別を行う。たしかに、言語的世界像は複数でのみしかありえない。とはいえ彼は、第一に、そうした世界像の意味論的なアプリオリと区別されるべきものとして、語用論的アプリオリを挙げる。つまり、自然科学および精神科学の対象分野のありようを論じる。こうした対象は、目的合理的行為および相互行為の普遍的構造と絡みあって構成 Konstitution されているのだ。この語用論的アプリオリは、可能な経験の対象を規定し、同時に陳述の範疇上の意味を規定している。つまり、一方では、物事や事件についての陳述という範疇であり、他方では、人物や彼らの発言およびそのコンテクストについての陳述という範疇である。これらは経験のアプリオリ

Erfahrungsapriori と呼ばれるが、これと区別してアーペルは第二に、立論のアプリオリ Argumentationsapriori を論じる。それは、合理的なディスクルス、つまり真理請求を検証するディスクルスの普遍的な語用論的前提であるという言い方がされている。ようするにアーペルはカントと異なって、対称構成 *Gegenstandskonstitution* と妥当性についての反省 *Geltungsreflexion* とを区別するわけである。可能な経験の客観性のための語用論的条件と、真理請求がディスクルスによって満たされるためのコミュニケーション条件を分けて考えるのである(56)。

　妥当性についての反省を語用論の立場から解釈することによってアーペルは、共同の真理探究 kooperative Wahrheitssuche のためのコミュニケーション的条件という考え方に立ち至る。その際にヒントになっているのが、チャールズ・S・パースの考え方である。すなわち、いかなる限定もないコミュニケーション共同体という彼のモデルである。このモデルにしたがえば、研究者たちは、自分たちのひょっとして誤っているかもしれない主張をお互いの前で、(たえず可能な)反論をディスクルスによって論破することで、(基本的に修正可能な)合意を得る目的で正当化しあう。この着想は、ディスクルス的な真理概念に向かう一歩であっただけではない(57)。さらには、ディスクルス倫理の端緒をも意味するものであった。このディスクルス倫理は、かつての定言命法なるものを間主観主義の観点から解釈し直す提案とも言える。ガダマーは解釈学的理解というものを基本的にアリストテレス的に捉えている、つまり、共通の伝統によって創出された共同体の倫理的自己理解をめぐる意思疎通として考えている。それに対してアーペルは、道徳についてのカントの理解を押し進める。すなわち、正義の問題に焦点を合わせた道徳理解を主張する。今やアーペルにとって言語は、カントにおける「意識一般」——語用論的に変形された意識一般であるが——が占めていた体系的な場を占めるようになる。そして言語こそは、「意思疎通の、また自己了解の可能性と妥当性の」必然的条件となる。それとともに、また「概念的な思考の、また対象認識と有意味な行為の可能性と妥当性の」必然的条件となる。(58)

(3) この包括的なプログラムが、解釈学的な言語概念を色濃くもっていることはまちがいない。しかし、解釈学的背景のゆえに、パースにつながる記号論の部分を除けば、アーペルのプログラムには、言語理論に不可欠の核とも言える「意味理論 Bedeutungstheorie」が抜けてしまうことになった。分析哲学の伝統の意味での「意味理論」である。理解というオペレーションの役割とその射程に関する方法論的論争からアーペルは出発している。彼がまずは認識論的な概念を使って自分のプログラムを展開し、やがて道徳理論の方へと進んで行った理由も、この出発の仕方にある。(59) 社会理論のコンテクストにおいて見ると、狭い意味での言語理論の欠陥がはじめてはっきりしてくる。つまり、コミュニケーション的行為と生活世界を相互補完的なものと見て、このふたつの基礎概念にもとづいた社会理論というコンテクストに立つと、(60) 狭義の言語理論の欠陥が見逃し得ないものとなった。とはいえ、こうした意味理論を可能とするふたつの重要な決定は、本当のところアーペルの理論のなかでもなされていたはずなのだ。その第一は、了解についての形式語用論を、言語的世界開示に由来する意味論がもつ局地主義的帰結から切り離すことである。第二は、ディスクルスの次元と行為の次元を区別することである。それはまた、真理と道徳的正しさというふたつの妥当請求の区別、それぞれディスクルスによってその要求に応えることが可能な妥当請求の区別をも意味する。最後に、このような形式語用論的な意味論を支える最も重要な基本的想定に、少なくとも触れておきたい。なぜなら、それによって、分析哲学の重要な結論を解釈学的な視点から見て、消化吸収しうることを示しうるからである。

(a) オースティンとサールが作り上げた発話行為論は、(61) ダメットの意味理論の基本的考えを(62) コミュニケーション的行為の理論の枠内に位置づけるのに適している。[63] まずは、意味 *Bedeutung* と妥当 *Geltung* の内的連関について一言述べておきたい。「われわれがある命題を理解しているということは、その命題の真理を理由づけるにはどうしたらいいのかを、またこの命題を真として認めた場合には、行為にとってどのような重要な帰結が生じるかをわれわれが知っているということである」というのが、ダメットの意味論的テーゼであるが、[64] このテーゼそのものがすでに、語り手がある発話行為をして、自らの発言の内容に対して妥当請求を提起した場合に、この発言の聞き手に話し手から要求される批判的態度決定というものを想定している。聞き手がある発言を理解するのは、一方では、どのような理由に照らして、相応する妥当請求が間主観的な承認にあたいするものとなるかどうかを彼が知っている場合であり、他方では、当該の妥当請求を認めた場合に、行為にとってどのような帰結が生じるかを知っている場合である。[65] ある発言の意味と、それを合理的に承認しうるための条件とのあいだには、内的連関がある。この内的連関は、理解と相互了解についての語用論的考え方に立てば、見えてくるはずである。つまり、ある発話行為が発話内的に成功しているかどうかは、その発言が掲げる批判可能な妥当請求に対するイエス／ノーという態度決定によって決められるとする考え方である。

（b）相互了解を目指すコミュニケーションは、そもそもの成り立ちからしてディスクルス的な性格をもってはいる。とはいえ、こうした了解志向的なコミュニケーションは同時に、ディスクルスと行為というふたつの次元に分化している。コミュニケーション的行為においては、共有された生活世界というコンテクストにおいて、妥当請求はナイーブに掲げられ、多かれ少なかれ自明のものとして通用している。ところが、この妥当請求が問題視され、理由を挙げて戦わされる論争の対象となることがある。すると対話の参加者はすぐさま（それがいかにかすかなものであっても）コミュニケーション的行為から、いまひとつ別のコミュニケーション形式へとスイッチする。つまり、論議を交わし合うという実践形態 Argumentationspraxis に移行する。そこでは相互に自分の意見に納得してもらおうとするとともに、お互いに学びあおうともするのである。このような合理的ディスクルスにおいては、[66] コミュニケーションの前提が変わることになり、そこでは、これまで生活世界的背景にあって自明とされ、問題視されることのなかったさまざまな意見が、本当に妥当するものかどうかが検討されることになる。そして、客観的世界における対象についての記述的言明と、社会的世界における正当な期待についての規範的言明とが分化することになる。

（c）対話に参加している当事者の手の届かない、いわば背後にあるのが、生活世界である。この生活世界は言語的に構造化されていて、そのつど対話のコンテクストをなすとともに、コミュニケーション内容の源泉を提供してくれている。生活世界は、客観的世界及び社会的世界を形式的に想定することformale Unterstellung とは別のものとして見なければならない。というのもこの形式的想定は、コミュニケーション参加者および行為者が、世界と言語的に関わる時に、あるいは世界のなかの何かと実践的に関わるときに行っているものだからである。かつて〔例えば新カント派や解釈学の議論で〕認識論の観点から、〔自然と社会という〕ふたつの対象分野の構成 Konstitution として考えられたものが、より洗練されて、今では形式語用論において、純粋に形式的なふたつの枠組みもしくはふたつの「世界」の想定 Unterstellung と呼ばれるようになった。この客観的世界及び共有された社会的世界は、およそ世界内に生じ得るいっさいのできごとを言い表すための文法的枠組みなのである。これは、われわれが可能な対象を指示しつつ、客観化という対応を行い、それについての事実を言明する、あるいは、われわれがパーフォーマティヴな対応のなかでわれわれを縛ることを要求する間人格的な関係や規範と関わる、その両方の枠組みなのであり、それ以上にいかなる内容的な定義も欠いたものである。

（d）まだ問題は残る。それは、了解指向的行為、合理的ディスクルス、そして、言明の世界関連を成り立たしめている konstitutiv 語用論的な普遍素 Universalien が、さまざまにある個別の言語的世界像や言語的に構造化された生活世界につきもののエスノセントリズムをいかにしたら吹き飛ばしうるのか、という問題である。すでにガダマーで見たように、言語の持つコミュニケーション的次元は、それ自体として普遍主義的なポテンシャルをもっているわけではない。学習過程というのは、かならず局地的な意味地平のなかで起きるものである。しかし、その学習過程の成果は、言語的に開示されたそのつどの世界を変革し得る。しかしそのためには、世界についての知識 *Weltwissen*〔英訳では empirical knowledge〕が、言語の知識 *Sprachwissen* によって可能となるだけでなく、世界についての知識が言語の知識を修正する力をもち得る必要がある。この修正の力は、行為にともなう経験をディスクルスによって検討消化することに示されている。一方でわれわれは、われわれから独立した同一の存在であるとして設定された客観的世界と実践的に関わるなかで、こうした行為経験をする。また他方では、共有すると想定された社会的世界のメンバーたちと相互行為をするなかで、行為経験をする。この行為経験によって、これまで慣れ親しんだ実践が通用しなくなることが明らかになると、これまでの思い込みや規範的期待の修正が、その際に言語の知識そのものをすら変えて行くような大幅な修正が始まりうるのだ。

（e）このような失敗のばあいには、世界との関わりにおけるパーフォーマンス上の挫折が否定しようもなく起きていることになる。客観的世界が思ったようについてきてくれず、逆らう場合がそうであり、また規範的にそぐわない異質な生活形式という客観精神との葛藤の場合もそうである。この点に関して、先に触れたディスクルスと行為の区別が、先ほどとは異なったかたちでまた発動される。先ほどと異なったかたちというのは、コミュニケーションのふたつの段階〔コミュニケーション的行為とディスクルス〕という言語内部的な区別ではなく、言語と（命題的構造は持っているが）非－言語的な行為とのあいだの区別である。現実と関わる目的志向のコンテクストから、あるいは、規範に導かれた相互行為のコンテクストから、通用しないとして廃棄された妥当請求は、今度はディスクルスにおいて、それ自体として主題化され、検討され、場合によっては修正される。世界から学び、経験的な先入見を修正するためには、ディスクルス参加者の仮説的な態度に加えて推量的な abduktiv〔パースの用語〕イマジネーションが必要だが、それとは別に、合理的ディスクルスは、コンテクストの枠を取り払うコミュニケーション形式であり、お互いに学びあうために直接的な重要性を持っている。ディスクルスにおいては、生活世界的なパースペクティヴの脱中心化が期待される。この脱中心化によってこそ、道徳的に重要な行為をめぐる葛藤にあって、それぞれの価値志向の地平がお互いに拡大される効果が促進される。こうした拡大は、価値の普遍化の手続きを経て、規範を共通に承認するに至るためには不可欠なのだ。

（f）このような形式語用論的なアプローチは、言語の概念を、ディスクルスによる相互了解という概念に依拠して展開する。ディスクルスによる相互了解とは、自分の発言に批判可能な妥当請求を掲げる対話参加者の相互了解のことである。妥当請求は認識によって支えられうるものである。そして、この妥当請求は、ふたつの観点へと分化している。ひとつは真理の観点である。つまり客観的世界における事物やできごとについての言明にわれわれは、それが真理であるとする妥当請求を掲げる。もうひとつは正しさ Richtigkeit の観点である。規範上の期待や間人格的な関係に関する言明にわれわれは、それが正しいとする妥当請求を掲げる。この規範的期待や間人格的関係は、いわば対等な目線で、社会的世界に属する。そしてこの社会的世界は、パーフォーマティヴな態度を通じてのみアプローチ可能なのである。こうして言語の認識上の機能は、言語による世界開示機能から、相対的に独立したものとなる。その点は、社会道徳的な学習プロセスにおいてであれ、外的な現実の処理という（狭義の「認識」の）次元においてであれ、同じことである。このような言語観に依拠するコミュニケーション的行為の理論が、唯物論的な社会理論に接続しうるのは、こうした理由からである。唯物論的な社会理論は、世界内の学習過程がもつ、それ自身として独立的な社会的進化のプロセスを顧慮するものでなければならない。それによってこうした社会理論は、文化的および社会的な近代化をより丁寧に評価することを可能とし、理性を全体として批判するような近代への相対的な否定的評価の誘惑に抵抗できるものとなる。[67]

（4）今までは、解釈学的伝統と分析哲学のそれとの最も目立つ違いについては触れてこなかったので、少し触れておきたい。分析系の言語哲学は、認識論から継承した問題群を越えて議論することは、程度に差はあっても少なかった。それゆえ一般的に言って分析哲学には、時代診断というゆるく大きな問題に関するセンシビリティが欠如していたし、そうした問題を扱う手段も持ちあわせていなかった。それゆえ、哲学の立場からの近代論は、ヘーゲル以降、いわゆる大陸系の哲学の領野であり続けることになった。分析系および大陸系の流れを対峙させる見方は、他の点では時代遅れだが、この点に関しては、依然としてある程度の意味がある。[68]例えば、時代精神についてのウィトゲンシュタインのさまざまな考察を見てみよう。それは、似非科学主義を批判する心的態度、科学技術への批判、進歩への懐疑、社会学への嫌悪、「文化」と「文明」という対立の立て方、「才覚」や小賢しさを低く見て、「天才」を高く買う態度に溢れていて、ひとことで言えば、きわめてドイツ的なイデオロギーの組み合わせでしかなく、こうしたものは、彼の先生のバートランド・ラッセルとの違いで、ウィトゲンシュタインの評価に有利なものではない。[69]いずれにせよ、彼のこうしたさまざまな見解は、プライベートな飾りに過ぎず、真似のできない哲学的業績の基本構造とは無縁である。

それに対してハイデガーにあっては、彼の哲学の全体が文化批判に浸されている。すでに『存在と時間』からして、時代批判の大げさな身振りで、アリストテレスとキルケゴールを、つまりカント以前の形而上学とカント以降の倫理学をごたまぜにしている。いわゆる転回《ケーレ》の後でハイデガーは今度は、デカルト主義のなるほどと思わせる脱構築およびニーチェへのこだわりを通じて、科学技術および時代の全体主義的傾向への批判を行い、広く大きな影響を及ぼした。その際、ハイデガーの取り上げたテーマは、すでにマックス・ヴェーバーとジェルジ・ルカーチが論じていたものだった。彼らも似たような批判的視覚をもっていたが、論じ方は異なっていた。ハイデガーは彼の現代批判を、形而上学批判という手法で行ったが、それは、唯物論的な物象化批判に観念論の側で対応するものだった。本論でのわたしのなによりの関心は、近代の運命についてのハイデガーの診断が、近代を丸ごと論じるものであり、それゆえ同時に、非常に悪影響を及ぼすものであったことである。彼の診断は近代を主観性の時代と見るものである。主体は自らの全権を確立し、周囲のすべてを対象化するというのだが、こうした診断自身にはなんらのオリジナリティもなく、『啓蒙の弁証法』の鏡像でしかない。ハイデガーなりの付け加えがあるとすれば、暴走する自己保存という現象を、歴史に侵入して来る運命的な力、つまり災厄なるものへと高めたところである。彼は、この自己保存の現象を、近代を捉え込んだ特定の自己理解、世界理解の徴候と見たのである。つまり、いっさいの差異を解消し、力づくで押しつぶしてしまうような、自己と世界についての理解がもとになっているというように概念化したのである。

だが、ハイデガーにあっては、主観性の哲学に対抗する手段とする形而上学批判なるものが、言語的世界開示という考え方に依拠しているがために、「技術」が、「存在の運命」という様相を帯びているに過ぎないのだ。言語の世界開示機能を、このように実体化することを避けるならば、近代についてのもっと丁寧で複雑な見方が可能となるはずである。世界開示と世界の内部での学習プロセスのあいだの弁証法的関係を認めるならば、世界への見方がすべてをあらかじめ規定するという一枚岩的で運命的な性格は崩壊する。同時に、時代診断からも、その観念論的な性格が消えることだろう。近代の病理に関しても、それは歪んだ世界理解が不可避であるためだ、といった意味論に還元することはできなくなるだろうからである。最後にフンボルトをもう一度振り返ると、そのことがわかる。

たしかにフンボルトは、近代批判に関して特に見るべき功績があるわけではない。とはいえ、言語的了解が持つ社会統合機能がブロックされることにともなう機能障害を彼は見ていた。つまり、コミュニケーション的行為を通じて、個人化と社会化が相互に絡みあって進行するわけであり[70]、言語は「人々をひとりひとりにすることによって、人と人を結びつける」。そして、そうすることで、コミュニケーションを通じて社会化された個々の主体が「ひとりひとりに切り離されるという退化」が起きないようにしてくれるのだ、と彼は述べている[71]。このような観点からすると、典型的な社会的病理は、コミュニケーションを通じて生じる社会統合に障害が生じることである、というように理解できる。だが、その先に必要となるのは、体系的に歪んだコミュニケーションのパターン分析と説明であり、それとともに、哲学だけで解ける問題ではなくなる。ハイデガーは時代診断をいっさい自分で引き受けてやれるとしていたが、それに対してフンボルトの言語哲学は、社会理論との分業が必要なことを教えてくれる。つまり、コミュニケーション的行為を通じて再生産される生活世界は社会的連帯の源泉となるが、こうした連帯は、社会統合のそれ以外のあとふたつのメカニズム、つまり、市場と官僚制によって圧倒され、破壊される危険が常にある[72]。このことを問題にする社会理論との分業のことである。こうした見方からすると、近代は、訳のわからない恐ろしい存在の贈り与える歴史的運命という、単調かつ不可避の不吉な徴候に脅かされているものではなくなる。近代を脅かしているのは、システムの、特に経済システムの強制命法なのである。これこそが社会的連帯の生活世界的源泉を枯渇させようとしているのである。

原註

（1）この論文は、一九九七年一〇月と一九九八年三月にロンドンの王立哲学研究所で行われた連続講演会の最終講演のときの原稿がもとになっている。

（2）Ch. Taylor, Theories of Meaning, in: ders., Philosophical Papers, Vol. I, Cambridge 1985, 248–292.

（3）J・ローマンやL・ヴァイスゲルバーのハイデガーに対する影響については、以下を参照。K.-O. Apel, Der philosophische Wahrheitsbegriff als Voraussetzung einer inhaltlich orientierten Sprachwissenschaft, in: ders., Transformation der Philosophie, Frankfurt am Main 1973, Bd.1, 106–137.

（4）Charles Taylor in: A. Honneth, H. Joas(Hg.), Kommunikatives Handeln, Frankfurt am Main 1986, 328–337 に対するわたしの反論を参照のこと。

（5）K.-O. Apel, Wittgenstein und Heidegger, in: B. McGuinness, J. Habermas et al., Der Löwe spricht… und wir können ihn nicht verstehen, Frankfurt am Main 1991, 27–68.

（6）W. v. Humboldt, Über den Nationalcharakter der Sprachen, in: Werke (herausgegeben von A. Flitner und K. Giel), Bd. III, 77.

（7）W. v. Humboldt, Über den Einfluß des verschiedenen Charakters der Sprachen auf Literatur und Geistesbildung, Werke, Bd. III. 26.

（8）W. v. Humboldt, Über die Verschiedenheiten des menschlichen Sprachbaus, Werke, Bd. III, 224 f.

（9）Ebd., Werke, Bd. III., 196.

（10）W. v. Humboldt, Über den Nationalcharakter, Werke, Bd. III, 68.

（11）W. v. Humboldt, Über die Verschiedenheiten des menschlichen Sprachbaus und ihren Einfluß auf die geistige Entwicklung des

Menschengeschlechts. Werke, Bd. III, 438.〔『言語と人間——人間的言語構造の相違性に就て』岡田隆平訳、冨山房、一九四一年〕

（12） W. v. Humboldt, Über die Verschiedenheiten des menschlichen Sprachbaus, Werke, Bd. III, 229.

（13） W. v. Humboldt, Sprachcharakter und Literatur, Werke, Bd. III, 30.

（14） この点は知覚可能な対象の叙述にもあてはまるとされている。「感覚的対象の表現は、すべての人において同じ対象が意味されているという意味では同じ意味をもつが、こうした表現は当該の対象をある特定の形で想念するのであるから、そうした表現の意味は同じくさまざまに分かれてしまう」(Werke, Bd. III.21)。

（15） 以下の点に関しては次を参照。C. Lafont, Sprache und Welterschließung, Frankfurt am Main 1994, Einleitung, 13–28.

（16） J. G. Hamann, Metakritik. Über den Purismus der Vernunft (1784), in: ders., Schriften zur Sprache, Frankfurt am Main 1967, 226.

（17） W. v. Humboldt, Über das vergleichende Sprachstudium, Werke, Bd. III, 20f.「というのも、客観的なものこそ本当に獲得しなければならないということは常に変わりない。そして、人間は個別言語という主観的通路を通ってこの客観的なものに近づくとするならば、言語主観性を他の言語主観性と交換してであっても、主観的なものを切り離し、そこから客観的なものをできるだけ純粋に分離するのが、彼の第二の努力となる」。

（18） W. v. Humboldt, Über den Nationalcharakter, Werke, Bd. III, 81.

（19） W. v. Humboldt, Über das vergleichende Sprachstudium, Werke, Bd. III, 81.

（20） W. v. Humboldt, Über die Verschiedenheiten des menschlichen Sprachbaus, Werke, Bd. III, 156.

（21） C・ラフォン（1994）が、ハイデガーを批判的に論じるにあたって指示問題を前面に出しているのはこの理由からである。

（22） Ebd. 201. Vgl. Auch Humboldt, Über den dualis, Werke, Bd. III, 1139.「言語は、ひとりでは現実にもたらされることはできない。ひとつの大胆な試みにさらに別の新しい大胆な試みが続くことによってのみ、つまり社会的なものを通じてのみ、言語は現実となるのだ。すなわち単語が存在し、言語が拡大するのは、聞く者と答える者においてのみなのである」〔『双数について』村岡晋一訳、三一頁。ただし、訳文は変更してある〕。

（23） Ebd. 138.

(24) W. v. Humboldt, Über die Verschiedenheiten des menschlichen Sprachbaus, Werke, Bd. III, 147 f.
(25) J. Habermas, Theorie des kommunikativen Handelns, Frankfurt am Main 1981, Bd. 1, 182–229.『コミュニケイション的行為の理論』(上・中・下) 河上倫逸／M・フーブリヒト／平井俊彦訳、未來社、一九八五―一九八七年〕
(26) Ebd., 202 f.
(27) L. Wittgenstein, Tractatus logico-philosophicus (4.042), in: ders., Schriften, Bd. 1, Frankfurt am Main 1960, 28.〔『論理哲学論考』藤本隆志／坂井秀寿訳、法政大学出版局、一九六八年〕
(28) M. Dummet, Ursprünge der analytischen Philosophie, Frankfurt am Main 1988. Kapitel 4, 32–44.
(29) L. Wittgenstein, Tractatus (5–4711), a. a. O., 55.
(30) ダメットが、ウィーン学団の哲学者たちについて、彼らはフレーゲやウィトゲンシュタインとは異なって、「言語そのもののゆえに」言語哲学に興味を示したのではなかった、と述べているのは、このことである。ダメットに言わせれば、彼らが言語哲学に興味を抱いたのは、言語哲学という「武器庫」から「哲学の別の分野での戦いのための」武器を取り出すためでしかなかった。M. Dummet, Ist analytische Philosophie systematisch? , in: ders., Wahrheit, Stuttgart 1982, 195.
(31) Wittgenstein, Philosophische Untersuchungen, Bd. 1, 356.〔『哲学探究』丘沢静也訳、岩波書店、二〇一三年〕これについては、E. v. Savigny, O. R. Scholz (Hg.), Wittgenstein über die Seele, Frankfurt am Main 1995 における『哲学探究』第二部についての解釈を参照のこと。
(32) M. Heidegger, Sein und Zeit, Tübingen 1949, 152.〔『存在と時間』(一―四) 熊野純彦訳、岩波文庫、二〇一三年〕
(33) Ebd., 37.
(34) E. Husserl, Erfahrung und Urteil, Hamburg 1948, §§ 6–10, §15ff.〔『経験と判断』長谷川宏訳、河出書房新社、一九七五年〕
(35) Vgl. C. Lafont (1994), Erster Teil.
(36) ハイデガーのフンボルト批判については、以下を参照。C. Lafont, The Linguistic Turn in Hermeneutics, Cambridge, Mass.,1999, Kapitel III.
(37) M. Heidegger, Der Weg zur Sprache, in: ders., Unterwegs zur Sprache, Pfullingen 1989, 254.〔『言葉への途上』(ハイデッガ

ー全集12巻）亀山健吉／ヘルムート・クロス訳、創文社、一九九六年〕

（38） L. Wittgenstein, Über Gewißheit, Frankfurt am Main 1970, 36 (§105).〔『確実性の問題』（ウィトゲンシュタイン全集9）黒田亘訳、一九七五年〕

（39） J. Habermas, Coping with Contingencies, in: J. Niznik, J. T. Sanders (Hg.), Debating the State of Philosophy, Westport, 1996, 1–24.

（40） D. Davidson, Wahrheit und Interpretation, Frankfurt am Main 1990.〔『真理と解釈』〕野本和幸／金子洋之／植木哲也／高橋要訳、勁草書房、一九九一年〕

（41） D. Davidson, Eine hübsche Unordnung von Epitaphen, in: E. Picardi, J. Schulte, Die Wahrheit der Interpretation, Frankfurt am Main 1990, 203–327; これについてはM. Dummet (ebd., S. 248–278) が批判的に述べている。

（42） R. Rorty, Der Spiegel der Natur, Frankfurt am Main 1881, 287.

（43） R. Brandom, Making it Explicit, Cambridge, Mass., 1994, 5.「われわれは理性によって縛られている存在であり、よりよき理由という特別な力に服している存在なのである」。

（44） K.-O. Apel, Die Idee der Sprache in der Tradition des Humanismus von Dante bis Vico, Bonn, 1963, 27.

（45） Ebd., 38.

（46） M. Dummett, Language and Communication, in: ders., The Seas of Language, Oxford 1993, 182; さらにこれについては、A. Matar, From Dummett's Philosophical Perspective, Berlin/New York 1977, 94ff.

（47） K.-O. Apel, Die Entfaltung der ›sprachanalytischen‹ Philosophie und das Problem der ›Geisteswissenschaften‹ (1964), in: Apel (1973), Bd. II, 28–95.

（48） K.-O. Apel, Wittgenstein und Heidegger (1962), in: Apel (1973), 225–275.

（49） H. G. Gadamer, Wahrheit und Methode, Tübingen 1960. Dritter Teil.

（50） K.-O. Apel (1973), Bd. I. 49.

（51） K.-O. Apel (1973), Bd. II, 352. 言語の世界開示機能を独立したものとして考えることに対するアーペルの批判をわたしは当初から共有し、また激励してもきた。それゆえ、C・ラフォーンの『解釈学的哲学における言語論的転回(The Linguistic Turn in Hermeneutic Philosophy)』第二部の作りは間違っていると思う。指示連関の問題が欠けていることをラフォーンは批判の根拠にしているが、これは、あらゆる面で行われている反論のただひとつの側面にすぎない。この点では以下を参照のこと。Habermas (1988), 50ff., 55f., 103f., 175ff.; ders., Der philosophische Diskurs der Moderne, Frankfurt am Main 1985, 240ff.

(52) E. Martens, H. Schnädelbach, Philosophie, Heidelberg 1985, 32.

(53) J. Habermas, Zur Logik der Sozialwissenschaften (1967), Frankfurt am Main 1982, 271–305〔『社会科学の論理によせて』清水多吉／木前利秋／波平恒男／西阪仰訳、国文社、一九九一年〕; K.-0. Apel et al., Hermeneutik und Ideologiekritik, Frankfurt am Main 1971. この論争は、同じ時期に出た G. H. von Wright, Explanation and Understanding, London 1971〔『説明と理解』丸山高司／木岡伸夫訳、産業図書、一九八四年〕につながる形で、分析哲学の諸論文をも入れ込む形で継続された。これについては、以下を参照。K.-O. Apel, J. Manninen, R. Tuomela (Hg.), Neue Versuche über Erklären und Verstehen, Frankfurt am Main 1978.

(54) K.-O. Apel, Szientistik, Hermeneutik, Ideologiekritik (1968), in: Apel (1973), Bd. II, 96–127; J. Habermas, Erkenntnis und Interesse, Frankfurt am Main 1968.〔『認識と関心』奥山次良／渡辺祐邦／八木橋貢訳、未來社、一九八一年〕

(55) 言語の語用論的な側面に関するわたしの仕事については、現在では以下を参照。J. Habermas, On the Pragmatics of Communications, hg. Von M. Cook, MIT Press, Cambridg, Mass. 1998.

(56) J. Habermas, Nachwort, in: ders., Erkenntnis und Interesse, Frankfurt am Main 1973, 382–401. Vgl. Auch M. Niquet, Transzendentale Argumente, Frankfurt am Main 1991; der., Nichthintergehbarkeit und Diskurs, Habilitationsschrift der Universität Frankfurt am Main 1994.

(57) J. Habermas, Wahrheitstheorien (1972), in: ders., Vorstudien und Ergänzungen zur Theorie des kommunikativen Handelns, Frankfurt am Main 1983, 127–183.〔『意識論から言語論へ——社会学の言語的基礎に関する講義（一九七〇／一九七一）』森元孝／千川剛史訳、マルジュ社、一九九〇年〕

(58) K.-O. Apel (1973), 333.

(59) K.-O. Apel, Das Apriori der Kommunikationsgemeinschaft und die Grundlagen der Ethik, in: ders. (1973), Bd. II, 358–436; ders., Diskurs und Verantwortung, Frankfurt am Main 1988.

(60) J. Habermas, Theorie des kommunikativen Handelns, Frankfurt am Main 1981.

(61) J. R. Searle, Speech Acts, Cambridge 1969〔『言語行為——言語哲学への試論』坂本百大／土屋俊訳、勁草書房、一九八六年〕; ders., Expression and Meaning. Cambridge 1979〔『表現と意味——言語行為論研究』〕山田友幸監訳、誠信書房、二〇〇六年〕; サールの志向性主義に対する批判としては、以下を参照、K.-O. Apel, Is Intentionality more than Linguistic Meaning?, n: E. Lepore, R. van Gulick (Hg.), John Searle and his Critics, Oxford, 1991, 31–56; J. Habermas, Comments on J. Searle: ›Meaning, Communication, and Representation‹, Kapitel 1, 17–30.

(62) M. Dummett, What is a Theory of Meaning? II, in: Dummett (1993), 34–93.

(63) J. Habermas (1983), Bd. 1, 369–452; Bd. 2, 182–205.

(64) M. Dummett, Language and Truth, in: Dummett (1993), 142.「ある言語でなされた文章命題の意味を説明するふたつの対抗しあうやりかたについて、われわれはここで考えているのだ。そのひとつは、どのようにしてわれわれは当該の命題を真として提示しうるのかということに関してであり、次には、もしもわれわれがその命題を真と認めるならば、そこには、何が含みとしてあるのか、ということである。両者は相互補完的である。言語を語る実践について説明するには両方とも必要だからである」。

(65) ブランダム (1994) の言語理論を参照のこと。彼の言語理論は、推論的意味論と形式語用論の相互補完的な関係に依拠してできあがっている。

(66) J. Habermas (1981), Bd. 1, 44–71.

(67) J. Habermas (1985): ders., Konzeptuionen der Moderne. Ein Rückblick auf zwei Traditionen, in: ders., Die postnationale Konstellation, Frankfurt am Main 1998, 195–231.

(68) Michael Dummett(1988), 7f. における抗議を参照のこと。

(69) L. Wittgenstein, Vermischte Bemerkungen, Frankfurt am Main 1977.〔『反哲学的断章』丘沢静也訳、青土社、一九九一年〕

(70) J. Habermas, Individuierung durch Vergesellschaftung, in: ders., Nachmetaphysisches Denken, Frankfurt am Main 1988, 187, 241.〔『ポスト形而上学の思想』藤澤賢一郎／忽那敬三訳、未來社、一九九〇年〕

(71) W. v. Humboldt, Über die Verschiedenheietn des menschlichen Sprachbaus, Werke, Bd. III, 160f.

(72) J. Habermas (1981), Bd. 2, 485–488.

第二章　相互了解の合理性
──コミュニケーション的合理性という概念に関するスピーチアクト理論からの解説

ヘルベルト・シュネーデルバッハ六〇歳の記念に

わたしは、合理性の概念を、発言にその理由を言うことが可能であり、また発言を批判することも可能であるという事態を導きの糸にして、分析しようとした。また、それとともに、実際に論証を交わしあうこと Argumentationspraxis のうちに体現されている手続き的合理性こそ合理性の鍵となる重要な位置をもっているとした。こうしたわたしの試みに対して、ヘルベルト・シュネーデルバッハは、重要な反論を行っているので、わたしはそれを正面から受け止めないわけにはいかない。シュネーデルバッハはこう述べている。いっさいの合理的な発言は、「原則的に、問い返しを受けたなら、(自らの言語的表現形式に論証上接続しながら) 弁護の議論をしうるはずである、ということは、認めてもいい。しかし、だからといって、論議の元となるいっさいが合理的として妥当するために、論証の形式をとっていなければならない、ということにはならない。論証的な合理性、あるいはディスクルス的な合理性（ハーバーマス）は、まさに合理性の一分野でしかないのではなかろうか。合理性を根拠づけのモデルで捉え、それに固執するために、論証もしくはディスクルスによって完全に裏打ちできないものはすべて非合理的と見なす誘惑にとらえられることになる。結果として、非合理的とされる領野が際限もなく広がってしまうのではなかろうか。しかし、合理性としては、現実検討の能力（フロイト）、失敗と誤謬から学ぶ能力（ポッパー）、行為をその連関とフィードバックさせて、問題を解決する能力（ゲーレン）、目的に合わせた手段の選択（マックス・ヴェーバー）、このように他にも有名なパターンを挙げることができるだろう。こうした例は、「根拠づけ」とか「ディスクルスによる妥当請求の裏づけ」（ハーバーマス）というシェーマには、どうみても収まるものではないはずだ(1)」。

シュネーデルバッハ自身の理解では、合理性とは、認識能力、言語能力、行為能力をもった主体の、記述的に把握可能な理性的ありよう Vernunftdisposition ということである(2)。ディスクルス的合理性に対抗するからといって、シュネーデルバッハは単純に、発言を手がかりに特定の人物が合理的であると（分類的に確認し）見なすといった意味での合理性をぶつけているわけではない。そうではなく、彼がわたしのモデルに対抗させるのは、発言を「反省的に取り上げる」能力のことである。つまり、われわれが自分で知っていること、行うこと、そして言うことに関して、どうして当該の見解が真であり、当該の行動が正しく、また当該の言語的発言が妥当する（つまり発話内的に見込みがあり、また発話遂行的に効果をもたらす）かを、少なくとも含みとしてであれ、われわれが自覚している、ということを意味している、と言うのだ。「「反省的に取り上げる」という態度こそが、合理性の基本的メルクマールと見なしうる。［…］手がかりになるのは、第一人称単数もしくは複数のパースペクティヴから、自己のパーフォーマンスを自己言及的に主題化しうる能力ということである。「わたし」もしくは「われわれ」と言うことができ、かつ、自らの存在や行為を主題化し、それを自分が言ったこと、行ったことであると言い得る者だけが、合理的なのである(3)」。このように言うことで、シュネーデルバッハは、意識哲学の伝統のなかで動いていることになる。しかし、言語論的転回以降は、G・H・ミードの提案にしたがって、認識主体、発話主体、行為主体の自己自身との関係、つまり自己還帰性は実は、わたしを見る二人称の人格のパースペクティヴを引き受けることなのだ、というように説明した方がいいと考える十分な理由がある。このように考えると、シュネーデルバッハが合理性の基本的メルクマールとして特記する反省された自己関係なるものも、論証参加者相互の関係があってはじめてありうることが明らかとなる。内的ディスクルスとして再構成できないような反省というのは、あり得ないはずである。自分の発言に対する反省的態度というのは、この発言の妥当性に問題があり、自分とは別の論証参加者がそれについて何らかの態度を取るというモデルで起きているのだ。反省といえども、それに先行する対話的関係に依拠しているのであり、コミュニケーションと無縁に成立している内面性という空洞のなかで、ぼんやりと漂っているものではない[4]。われわれの発言の合理性がはかられる妥当請求をディスクルスのなかで問題化することと、シュネーデルバッハの言う、当該発言を「反省的に取り上げる」こととは、相互補完的関係にあり、片方を考えれば、もう片方を指摘せざるを得ない。したがって、合理性を、合理的な人間の態度のありように還元しようというシュネーデルバッハの提案は、あまり生産的とはわたしには思えない。

もちろん、このように述べたからといって、実際に論証を交わしあうなかに体現されているディスクルス的合理性だけを特別扱いするのはおかしいという彼の批判が無効化されたわけではない。それゆえ、このシュネーデルバッハの批判を取り上げてみよう。前提となるのは、「合理的」という述語をわれわれは第一義的には、見解、行為、言語的発言に適用するが、それには理由があるということである。つまり、認識が持つ述定的構造、行為がもつ目的論的構造、そして発話がもつコミュニケーション的構造を見ると、それぞれ合理性の異なった根に発していることに気づくからである。こうした三つの根がさらに共通の根に由来しているということはないようである。いずれにせよ、根拠づけの実践がもつディスクルス的構造も、ディスクルスに参加する主体の自己還帰性という反省的構造も、共通の根と見なすことは無理である。むしろ、次のようになっているのではなかろうか。つまり、認識、行為、発話というそれぞれ枝分かれした合理性の構造のあいだにディスクルス的構造がひとつのつながりをつけているという見方はどうだろうか。述定的、目的論的、そしてコミュニケーション的という、それぞれ異なった根を、このディスクルス的構造がいわばまとめているのであり、それによってひとつの関連性が作られているのだ。このように核となる三つの構造が噛みあっているというモデルで考えると、ディスクルス的合理性が、特別の位置を占めているのは、それがなんらかの根拠づけ能力にあるからではなく、むしろ、その統合的な働きによっているのだ、と見ることができる。

異なった根をディスクルス的構造がまとめているとする、こうした考え方にまずはしたがってみよう。すると、重要な帰結が見えて来る。論証の実践 Argumentationspraxis とは、コミュニケーション的行為のいわば反省された形態である。それゆえに、ディスクルスのうちに体現している根拠づけの合理性は、日常的行為に実現しているコミュニケーション的合理性の上にいわば乗っていることになる。とはいえ、このコミュニケーション的合理性も、認識および目的実現的行為にともなう合理性と同じ次元にある。コミュニケーション的合理性は、〔認識や目的実現的行為の合理性をも含む〕包括的な構造なのではなく、核となる合理性の三つの構造のひとつにすぎない。ところが、この三つの構造は、コミュニケーション的合理性から発生するディスクルス的合理性を通じて、相互に絡みあっているのである。とはいえ、こうしたイメージを、〔主体や精神に定位した〕メンタリズムに即して理解してはならない。認識および目的実現的行為に関わる合理性は、言語以前の性質をもっているとは言えないのだ。同じく、コミュニケーション的合理性は、言語に実現している合理性と同じものと考えてはならない。

本論では（Ｉ）まず第一に、この直観的に述べた問題全体に多少のコメントをつけてみたい。（Ⅱ）第二に、さまざまな合理性の構造が、言語という媒体の中でどのように嚙みあっているのかを、言語使用のさまざまな様態を手がかりに説明し、（Ⅲ）第三に、この絡みあいを、言語使用の様態に相応する行為タイプをも手がかりに説明したい。（Ⅳ）最後に、言語とコミュニケーション的合理性の複雑な関係を論じてみたい。（Ｖ）そして付論で、語用論的な意味理論にとってこうした議論がもつふたつの帰結を挙げておきたい。

第一節　合理性の三つの根

とりあえず問題を俯瞰するために（1）ディスクルス構造と反省の相互補完的な関係（あるいは、人格の合理性の条件としての自己言及性）を論じ、その次に（2）知の、そして（3）目的行為の、さらには（4）コミュニケーションの合理的な中核的構造を扱うことにしたい。

（1）ディスクルス合理性と反省

ある人物の合理性の度合いは、その人が合理的に発言しているかどうか、またその発言に対して反省的な態度で、どうしてそうした発言をしたかを述べることができるかどうかを基準としてはかりうる。その人物が発話遂行に際して妥当請求に依拠しているならば、その人は合理的な発言をしていることになる。ある人が、自らの依拠する妥当請求について弁明できるとき、われわれはその人が合理的な態度をとっていると言うだけでなく、その人自身が合理的であるという言い方もする。こうした種類の合理性のことをわれわれはまた、帰責能力とも言う。

こうした帰責能力は、当該の人物が自らの意味していること、行うこと、また言うことに対して反省的な自己関係性をとり得ることを前提している。この能力は知識、目的行為、コミュニケーションの合理的中核構造と、それぞれに見合った自己言及性を通じて絡みあっている。認識に関する自己関係性とは、認識主体が自己の見解や信念に対して反省的な態度を取ることである。技術的＝実践的な自己関係性は、行為する主体が自己の目的行為に対して同じく持つ反省的な態度のことである。その際、目的行為とは、客観的世界に対して自ら道具的に介入する行為のこともあれば、また、客観的世界の内部で出会う他の主体との関わり、成果を求めての関わりであることもある（ここで言う「客観的世界」とは、それについて真なる陳述が可能であるような存在物の総体のことである）。コミュニケーション的に行為するアクターの道徳的＝実践的自己関係性とは、規範によって律せられている行為に対する反省的な態度のことである。また実存的な自己関係性とは、個人としての——もちろん所与の集団の生活形式とも絡みあった——生活史のコンテクストにおける自己の人生計画に対する反省的態度のことである。ついでながら、ひとりの人物がこのようなさまざまな次元において自己とその発言から距離を取れるということは、その人の自由の必然条件なのである。

この自由なるものも、認識し行為する主体のとりうるさまざまな自己言及性のあり方にしたがって細分化しうる。まずは、とらわれぬ認識という意味での反省的自由がある。これは、行為のもろもろのコンテクストに巻き込まれている当事者の自己中心的パースペクティヴからの解放を要請する。これは伝統的に言うと、理論的態度に関わる自由である。次に、恣意としての自由 Willkürfreiheit がある。これは、このようにもあのようにも行為し得る、もしくは事象の鎖の先でこれまでとは異なる新たなことを始める、という合理的選択能力のことである。さらに意志の自由 Willensfreiheit がある。これは自律のことであり、カントにしたがって道徳的洞察にもとづいて自己の意志を自ら縛る能力のことを意味する。最後に倫理的自由がある。これは、自己のアイデンティティを意識的に作り上げ、また安定化させることを可能とする。こうしたさまざまな自由はたしかに、当該の人物の責任に帰し得るあり方であるが、この自由にそれぞれ対応する自己言及性は、論議に参加する他の人々のパースペクティヴを自分に引き受け、内面化することによってできあがっている。認識に関わる自己関係性においても、またそれ以外のさまざまな実践的な自己関係性においても、第一人称としてのわたしは、第二人称のパースペクティヴを自分のものとして引き受けることになる。この第二人称のパースペクティヴからわたしへの反対者が、つまり、ディスクルスへのわたし以外の参加者が、（経験的もしくは理論的、実用的、道徳的ないし倫理的な）ディスクルスをわたしの発言に対して向けて来る。それゆえ、自分自身から距離を取る理性的な人物の反省のうちには、論証の構造と手続きに内属している合理性が反映しているのである。同時にまた、反省とディスクルスという統合的次元では、認識、行為、発話という三つの部分的合理性が合流し、ひとつのシンドローム〔まとまり〕を形成していることも明らかになった。

（2）認識における合理性

われわれの知は、述定文もしくは判断文から組み立てられている。つまり、真でも偽でもありうる基本的な命題単位である。その述定的構造のゆえに、知はそのそもそもの成り立ちからして言語的な性質をもっている。この構造は陳述文を手がかりに分析することができる。しかし、ここでは陳述文の意味論や、陳述対象への関連づけのあり方や述定といった行為がもつ語用論的意味については立ち入らないでおこう。

しかしながら、何かを明確な意味で知っているためには、必要があれば真なる判断文で再現しうる事実を単に知っていると言うだけでは足らない。われわれが事実を認識し、当該の事実についての知を得るためには、それに相応する判断文がなにゆえに真であるのかを同時に知っていなければならない。そうでないときには、直観知とか、暗黙知、もしくは「実践」知という言い方をわれわれはする。つまりどのようにしたら wie いいかについての知にすぎないということである。実際問題として、その能力のもとになっているのは何 was であるのかよくわからないままに、あることをどうしたらいいかを知っていることはありうる。それに対して「何かを知っている」という明確な知は、「なぜそうなのかを知っている」という知と潜在的に結びついており、正当化の可能性を宿していることを示唆している。何らかの知を持っていると思う者は、当該の知に相応する真理請求をディスクルスによって満たし得る可能性を前提していることになる。別の言い方をするならば、「知っている」という表現の文法には、われわれが知っていることのいっさいは、批判し得るし、また根拠を言い得るということが含まれている、ということでもある。

だからといって、合理的な見解もしくは合理的な信念なるものは、常に真なる命題の組み合わせから成り立っているということにはならない。ある見解がやがて真でないということが明らかになったからといって、その見解を支持していた人がそのまま非合理的な存在だということにはならない。非合理的なのは、自分の見解をドグマ的に言い張り、どうやらその見解は根拠づけられないと自分でも分かって来たのに、なおもそれに固執している人のことである。ある見解を合理的な見解であると認定するには、それが当該の正当化のコンテクストにおいて、それなりの理由をもって正しいと思われる、もしくは合理的に受け入れられるというだけで十分なのだ。脱伝統的な社会においては、あるいは言い方を変えれば、ポスト形而上学的思考という条件下では、——第三人称の態度から見るならば——いっさいの知は（このことも今日では、知というこの語の文法に属するが）可謬的なものとなっている。たとえわれわれが、発話遂行的にperformativ、つまり、当事者のパースペクティヴから、自分の主張する知は真であると断固として考えざるをえないとしてもである。知はこのように「プラトン的な」性質を持っているが、だからといって判断の合理性がそのまま判断の真理性を意味するわけではない。そうではなく判断の合理性とは、所与のコンテクストで当該の命題が承認されるだけの十分な根拠があるということにすぎない。

もちろんのこと、真なる判断を反省的に保持するためには、われわれは自分の知を記述できなければならない。つまり文章〔命題〕にして表現できなければならない。またそれを修正し、拡大することができなければならない。それはとりもなおさず、判断に逆らう厄介な現実と実践的に関わることによって、学習できなければならないということでもある。その意味で、認識に関する合理性は、言語使用および行為と絡みあっている。[5] だからこそ、わたしは、認識の中核的構造という言い方をするのである。つまり、述定的構造というのは、言語と行為に体現されることを必要としているからである。述定的構造は、自存的な構造ではない。知っていることを言語的に記述してはじめて、また、そうした知を現実と対決させてはじめて（根拠をもった期待も、この現実の前に砕けることもありうるのだから）、知との合理的な関わり方が可能となるのだ。

一方でわれわれの知は、それが象徴〔文字・記号〕によって扱い得る形態を得たときにのみ、操作的に修正することが可能となる。つまり、より精密化し、より磨き上げ、また再構成し、体系化し、筋が通っているかどうか、堅牢にできあがっているかどうかを検証することが可能となる（科学の反省的な次元、つまり、理論を立てる次元で見るならば、知の言語的、もしくは形式言語的な組織化の必要性は、明白である）。他方でわれわれは、パースとプラグマティズムが正しくも強調しているように、われわれのこの知を実際の場において使い、成果によってはかりうる目的行為の中で適用しなければ、否定的な経験から学ぶことはできない。われわれは失敗から学ぶのである。つまり予想しなかったことを、仮説推論的判断力で考察し、疑念の余地が生じた知を修正することによって学ぶのだ（科学の反省的な次元では、裏切られた予測を生産的に捉えなおす行為が方法的に生み出される。失敗であったことが明白な事態が、どのような行為枠組みの間違いのゆえかは、特に実験的行為において見えて来る[6]）。

（3）目的論的合理性

いっさいの行為は志向的である。行為とは、恣意的に決断を下すアクターの意図の実行であると理解できる。行為は目的論的構造をもっている。というのも、いっさいの行為の意図は、設定された目的の実現をめざすものだからである。それゆえまたここでも、行為の合理性とは、一連の行為の結果として実際に世界のなかに出現した状態が、めざされた状態と一致し、それに応じた成功の条件を満たしているかどうかによってはかられるのではない。合理性をはかるのは、アクターが、当該の結果を、彼が意図して選びかつ用いた手段によって達成したかどうか（あるいは、適切に知覚された状況下でならば、通常達成しえたであろうかどうか）によってはかられるのである。成功裡にことを行ったアクターが、合理的に行為したと言いうるためには、（a）なぜ自分は成功したか（あるいは、通常の状況でならば設定した目的を実現できたであろうのはなぜであるか）を知っていることが必要であり、（b）この知がアクターの（少なくとも部分的な）動機となり、彼は自分の行為を、その成功の見込みを説明しうる理由から実行していることが必要である。

合理的行為を正当化するとともに、同時にそうした合理的行為の動機ともなる考察は、最も単純な場合には、以下のような実践的推論の形態を取る。所与の選好のもとで、Aは特定の状態Sにおいて、pという状況を引き起こそうと意図する。所与の状況においてこのAは、特定の手段Mを用いるのが、pを特定の蓋然性で引き起こすための必要条件、もしくはさらには十分条件を満たすことになると考える。それゆえに、Aは、選んだ手段を用いる行為を遂行することになる。[7]先の節で見たとおり、厳密な意味での知は、正当化の可能性と結びついた形での知の反省的保持を必要とする。それと同じように、合目的的な行為は、当該の行為の意図を、正当化しうる適切なかたちで念頭においていることを要請している。つまり、行為の成功を計算に入れていることである。アクターは行為以前に重要であった決断の理由をディスクルス・フォーラムで検証し得るはずであり、そうしたディクルス・フォーラムと、行為の合理性とのあいだには、相互に支えあう関係があることがまたしても明らかとなる。合理的選択の理論は、自己のそのつどの選好や成果期待に即して自己中心的に行為する主体の決断にとってモデル化可能なさまざまなアスペクトを論じるものである。

目的行為の合理性も、知と発話という他のふたつの中核的構造と絡みあっている。なぜなら、合理的な行為計画のもととなる実践的考察は、信頼できる情報がインプットされることを必要としているからである(世界における予期されるできごとや、他のアクターの対応や意図についての情報である)。もっとも、合目的的に行為するアクターたちは通常の場合、きわめて不十分な情報に甘んじなければならないことはたしかであるが。他方、こうした情報を知的に上手に処理しようとすれば言語的叙述という媒体を使わざるを得ない。つまりは決定基準や目的に関連づけざるをえないが、それはそれでまた自分の選好という光の下で選別されたものでしかない。決定の必要な複雑な問題を理論的に論じるにあたって、このことは自明である。とはいえ、基礎的な行為の意図も、また実行に関わる単純な推論も、言語的に構造化されている。述定的な知が、陳述文の使用を必要としているように、志向的な行為は、意図文の使用を本質的に必要としているのだ。

（4）コミュニケーション的合理性

言語そのものにではないが、言語表現のコミュニケーション的使用には、ある独特な合理性が内在している。その合理性は、（古典的な真理意味論が考えたように）知における認識上の合理性にも、また（志向主義的意味論が想定するように）行為の目的合理性にも縮減することのできないものである。このコミュニケーション的合理性は、了解指向的発話のもつ合意の力に表現されている。この合意の力こそは、間主観的に共有された生活世界を保証してくれるとともに、すべての当事者がひとつの同じ客観的世界に関連して発言し得る地平を保証してくれているのだ。

言語表現のコミュニケーション的使用は、話し手の意図を表現するだけでなく、事態を記述し（あるいは、ある事態が存在すること措定し）、また、第二人称とのあいだに間人格的関係を結ぶことに役立っている。なにかについて／誰かと／了解し合うという三つの課題がここには反映している。話し手がある表現を使って言おうとすることは、そこで字義通りに言われていることと関連しているし、また言われたことが行為として理解されることが望まれている以上、そうした行為とも関連している。したがってここには、言語的表現の意味 Bedeutung、その表現において（a）意図されていること das mit ihm *Gemeinte*、（b）そこで言われていること das darin *Gesagte*、そして、（c）発話行為にけるその表現の用いられ方 *die Art seiner Verwendung* という三項目のあいだの関係が成り立っていることになる。発話行為によって話し手は、聞き手となにかについて話を通じさせることを目標としている。この――われわれの言い方で言えば――発話内的目標は、二階から成り立っている。つまり、発話行為は、第一階として、聞き手によってまずは理解されねばならない、そのうえで第二階として――できれば――受け入れられねばならない。了解指向的な言語使用の合理性は、発話行為がそれとして理解しうるかどうか、そして受け入れられて、話し手がそれによって発話内的成功を得られるかどうか（あるいは、通常の状況で得られるであろうかどうか）に依拠している。この場合でもわれわれは、妥当する発話行為のみを合理的と形容するだけではない。それ以上に、発話者が与えられた状況によっては、内容についての信頼にあたいする保証を引き受けうるような、そして、掲げられた妥当請求を必要とあればディスクールを通じて満たすことができる理解可能な発話行為のいっさいを合理的と呼ぶのである。ここでも、発話行為とその正当化の可能性とのあいだには、内的な連関があることがわかる。発話行為とともに潜在的に掲げられた妥当請求は、論証 Argumentation においてのみ、妥当請求として主題化され、根拠によって検証しうるのだ。

発話内的目標は、客観的な世界への介入によって得られるような特定の状況として記述することはできない。それゆえ、相互了解という発話内的 illokutionär 目標、いわば言語内在的目標を、発話媒介的 perlokutionär な効果、つまり、発話者が彼の発話行為を通じて聞き手に因果的な影響力を行使するような効果としてとらえることはできない。それについて以下の三つの考察をしておきたい。まずは、発話内的目標は、了解という言語的手段と切り離して定義してはならない、ということである。すでにウィトゲンシュタインが明らかにしたように、了解のテロスは、言語という媒体そのものに内在しているのである。次に、話し手は、彼の目的を、因果的に引き起こしうるようなものとして狙うことはできない、ということである。なぜなら、聞き手の「イエス」もしくは「ノー」は、合理的に動機づけられた態度決定だからである。コミュニケーションの参加者は、「ノー」と言い得る自由を享受しているのだ。最後に、この場合、話し手と聞き手は、第一人称および第二人称という発話遂行的な態度 performative Einstellung で相互に対峙しあっているのであり、それについて論じあうような存在物からなる世界内部でのゲームの敵対者や客体としてあるのではない。彼らはお互いに何かについて相互了解しあおうとしているのである。そのことによって、彼らの発話内的な目標は、客観的世界の外部にあることになる。客観世界であれば彼らはお互いに観察しあうアクターとして目的行為的に介入することができるが、彼らの発話内的目標はそうした客観世界の彼方にある。もちろん発話行為は時間空間的にその位置を確定しうるできごとであり、そういうものとしては、同時に客観的世界に属していることはまちがいない。そして、いっさいの目的志向的行為と同じく何かを引き起こす、つまり、発話媒介的効果を引き起こし得ることもまたまちがいないのだが。

話し手は、彼の言ったことを、受け手が妥当なものとして受け入れることを願っている。それを決めるのは、話し手が彼の発話行為によって自分の話したことに関して掲げる妥当請求について、受け手が行なう「イエス」か「ノー」かの決定である。発話行為によって提供された内容を受け入れ可能とするのは、最終的には根拠である。しかも、話したことの、所与のコンテクストにおける妥当性を証明するために話し手が提示しうるはずの根拠である。それゆえ、コミュニケーションに内在する合理性は、(a) 当該の発話行為を妥当なものとする諸条件、(b) この諸条件が満たされているとする話し手の掲げる妥当請求、および (c) この妥当請求を必要とあればディスクルスによって満たすという話し手の保証の信憑性——つまり、妥当性の条件、妥当請求、妥当請求実現の信憑性、この三つのあいだの内的連関に依拠していることになる。

妥当請求にはどのようなものが可能性としてあるか、その全スペクトルを渉猟してみよう。そのためには、発見法的な問いから出発するのがいいだろう。つまり、発話行為を全体として拒否することは、どのような意味で可能なのだろうか、と問うてみよう。するとわれわれには、まさに三つの妥当請求が見えて来る。つまり、事実に関する真理性の請求である。すなわち、客観的世界内部のもろもろの対象に関してわれわれが主張する真理性の請求のことである。次には、発言の真正さ〔真実性・誠実性〕関する請求である。すなわち、発話者が特権的に知りうる自己内部の主観的体験に関して掲げられる請求である。最後に、間主観的に共有されている社会的世界において承認されている規範や掟の正当性に関する請求である。(8)

第二節　言語使用の様相

ある発話行為が発話内的に成功を収めたかどうかは、その発話行為とともに掲げられた妥当請求が、間主観的に承認されるかどうかによって測られる。その際に前提とされるコミュニケーション状況は、参加者がそのつど話し手および聞き手の（状況によっては居合わせる第三者の）役割、つまりは、第一人称、第二人称、そして第三人称の役割を引き受けうるような性質のものでなければならない。人称代名詞の体系論理に根ざしているこの役割分担は、了解プロセスに体現されるコミュニケーション的合理性にとって本質的である。（1）この点は、了解指向的な言語使用を、コミュニケーションをめざしていない言語表現の使用と比べて見れば明らかである。（2）コミュニケーション的な言語使用と非コミュニケーション的な言語使用というこの区別に続いて、さらに、「相互了解」という概念自体の細分化を行ってみたい。

(1) コミュニケーション的言語使用 対 非-コミュニケーション的言語使用

先に第一節の(2)および(3)で論じた言語の認識上の使用および目的論的使用は、コミュニケーション的状況における話し手と聞き手のあいだの間人格的関係をぜひとも必要とするわけではない。認識目当ての言語使用は一義的には知の叙述に使われるものであり、そうした言語使用にあっては、また行為の連鎖の予測計算にあっても、発話内的行為および、それと結びついて間主観的承認をめざした妥当請求が、本質的な役割を果たすことはない。なぜなら、こうした場合に言語使用者は、発話内的目的を追求してはいないからである。言語の習得はどんな場合でもコミュニケーション的になされる以外にないのだが、それでも、いま挙げた場合にあって言語表現は、独白的に、すなわち第二人称とのつながりなしに使用することが可能である。純粋に認識に関わる、あるいは目的行為に関わる言語使用では、語用論的な側面は重要でない。そのことは、その際に主として用いられる陳述文や意図文の構造にあきらかである。こうした文は、例えば質問や命令と異なって、そもそもの成り立ちから話しかける相手を必要としているわけではない。こうした文の意味内容は、文が組み込まれうる発話内的行為とは無関係である。それゆえまた、形式意味論の手段で分析することも可能となるのだ。(9)

認識のために用いられる陳述文を理解したと言えるのは、その真理条件を知っている場合である。つまり、どのような時にそうした陳述文が真であるかをわかっている場合である。このような場合には、「真理価」の配分という論理学でよく使われる言い方が適切であろう。なぜなら、このような独白的に用いられる命題には、主張行為という確言的な力 assertorische Kraft がそもそものはじめから結びついているとは言えないからである。純粋な叙述を目標としているかぎり、陳述文を特定の言語行為へと組み入れることを、われわれは放棄している。言葉を換えて言えば、この場合、話し手が言明〈p〉を、語りかけた相手の同意を得る目的で主張するようなコミュニケーション状況は念頭にない[10]。認識のために用いられた陳述文は、何らかの事象や事実の叙述のためにある。このような叙述の目的には、それを表明する本人が、自分は〈p〉を考慮している、もしくは〈p〉を真と考えている、ということを（誰に向かってであれ）わからせてくれれば、十分である。それに対して、コミュニケーションをしている話し手は、ある事実を主張するときに、話し相手に対して、彼自身は〈p〉を真と考えていると分からせようとするだけではないだろう。むしろ彼は、相手が、〈p〉は真であることを承認するという発話内的目的を追求するであろう。

意図を表明した文も似た状況にある。こうした文は行為計画の独白として用いられる。目的行動を構造化した意図表明の文を理解したと言えるのは、そうした意図が成功する条件を知っているときである。つまり、どういう状況でならその意図が真となるかをわかっているときである。成功の条件とは、アクターとの関連において解釈された真理条件ということになる。意図表明という語用で用いられた文の理解は、認識のために用いられた陳述命題の場合と同じに、その文と客観的世界の関連物との関係がわかっていれば、つまり、事情がわかっていれば、また、その筋道がわかっていれば、十分である。こうした意図表明の文には、それ自体として発話内的力が備わっているわけではない。こうした文が発話内的力を得るには、アクターが自分の意図を、特定のコミュニケーション的状況で告知することが必要である。すなわち、彼の意図を他者が真に受けて、それが実行されることを予期するという発話内的目的をもって表明することが必要である。

事態を純粋に記述したり、行為計画を心のなかで in mente 作り上げたりする目的で言語を使用するのは、言語の非コミュニケーション的な使用である。とはいえ、こうした使用が可能になるのは、陳述が真理請求を提示している、もしくは意図表明が計画の真剣さを表しているという潜在的に必ず与えられている連関をただ停止しているからにすぎない。つまり、抽象化に依拠しているにすぎない。そのことは、叙述もしくは行為計画が疑問に附されるや、たちどころに明らかになるであろう。そのときには話し手は、自分の独白的な考えを、ディスクルスを通じて、すなわち公的フォーラムで他の人々に対して、論拠による論証を展開するかたちで正当化することが求められる。もちろんこのような論証といえども、内的フォーラムで in foro interno もなし得る。ちょうどわれわれが、自分自身に対して、〔これからはこうしようと〕命令を発することができるのと同じである。だが、論拠も要請もそもそもの成り立ちからして、語用論的な性格をもっていて、それゆえに（記述や意図の文と異なって）、論拠や要請という意味に内在している間人格的関係とともにのみ、解釈しうるものである。たしかに陳述や意図表明は、主張とか告知という行為に含まれる発話内的意味 illokutionärer Sinn を外しても、その意味内容 Bedeutung を失うことはない。それに対して、要請はその発話内的要因なしには、内的フォーラムにおいて in foro interno すら、もう要請ではなくなってしまうであろう（つまり内的フォーラムにおいてわたしは第一人称の役割において、虚構の第二人称としてのわたしに要求を向けていることになる）。

コミュニケーション的合理性なるものは、話し手と聞き手が——二人称の人格に向けた——パーフォーマティヴな態度で、世界のなかのなにかについて相互に了解しあう（あるいは了解しあおうとする）ときに、妥当請求を通じて進む了解プロセスのうちに体現される。非コミュニケーション的な言語使用との相違は、話し手が聞き手に妥当請求を掲げて態度を求めることがつけ加わっているかどうかにある。その際、話し手の発話内的目的というのは、彼が〈p〉を真と見ている（あるいは、〈p〉を実現させようとしている）こと（意図1）、および彼が聞き手にこのことを知ってもらうようにする（意図2）というふたつの意図にあるのではない。むしろ、彼は〈p〉という事実（もしくは意図）を、聞き手自身が確信するように（もしくはS（話し手）がpを引き起こすであろうことを聞き手が真に受けるように）伝えたいのだ。ある発言の発話内的意味というのは、聞き手がS〔話し手 Sprecher〕の意見（あるいは意図）を聞き置いて欲しいということにあるのではなく、聞き手がSと同じ見解に達する（あるいは、Sの告知を真に受ける）べきだということにあるのだ。Sがその発話内的目的を達成するためには、聞き手 Hörer（H）が〈p〉の真理条件（もしくは成功条件）を知っているだけでは十分ではない。そうではなく、Hは、当該の発言が主張である（もしくは意図表明である）という発話内的条件を理解し、できれば、それに相応した妥当請求を認めることが必要なのである。

主張の場合には、話し手は自分の言ったことに対して真理請求を掲げる。それに対して聞き手は（それがいかに暗黙の言い方であっても）、言われたことに根拠があると思った場合、あるいは、いざとなれば話し手が彼の主張する事実にもっともな理由を挙げられるという信頼すべき保証があると考えた場合、この場合には「イエス」と答える以外にない。意図表明の妥当請求の場合には、聞き手は、話し手が話していることを本気で言っていると確信できるならば、かつ話し手には自分の告知を実現できるだけの相当な理由があると信じられるならば、意図の告知をほんものと受け止めるであろう。聞き手はSの意図を（Sの視点から見て）十分な理由があると見た場合には、この発言を真剣なものとして認めるであろう。

（2）同意指向の言語使用 対 了解指向の言語使用

ところで、対話に参加している当事者同士のあいだに、事実についての合意が存在しているのと、話し手の意図の本気さについて両者がただ了解しあっているだけなのとでは違いがある。つまり合意と了解のあいだには相違がある。厳密な意味での同意は、対話の参加者による妥当請求の承認が同一の理由からなされえてはじめて達成されたことになる。それに対して了解は、相手には本人の選好に照らして目下の状況においては、彼が表明している意図を行うだけの十分な理由があると聞き手が見て取った場合でも、了解といえる。つまり、本人にとって十分な理由である。もちろんその際に、聞き手としては、自分の選好に照らして、話し手側の理由を自分のものとする必要はない。アクターと無関係な理由は、アクターに相関的な理由よりも了解の程度を上げることが可能である。以下では、コミュニケーション的な言語使用を、了解の（a）意図表明及び単純な指令を、（b）約束、宣言および命令と比べてみたい。それによって、「弱い」様態と「強い」様態に分けて、考えてみたい。

ある陳述〈p〉を主張するという発話行為とともに掲げられる妥当請求が、間主観的な承認を得たと言えるのは、対話の参加者全員が、〈p〉であると主張した人と同じ理由から確信しえた場合だけである。先にわれわれはこのように述べた。それに対して、話し手と聞き手が当該の陳述〈p〉を、真であると認める理由がそれぞれ異なっていて、しかも両者ともお互いにもっともだと考える理由が別々であることを知っている場合には、〈p〉のゆえに掲げられ、間主観的な承認を必要とする真理請求はそうしたものとしては受け入れられていないことになる。よりよい立論を求めての論議による競争 *diskursiver* Wettbewerb は、その概念上の理由からして同意を目標としており、妥協をめざすことはありえない。それゆえ、論議による妥当請求が満たされるのは、アクターと無関係な根拠によって、すべての議論参加者が、問題の真理請求を基本的には合理的に受け入れ可能とするまでは、あり得ないことになる。それに対して、ある行為を恣意的に意図し、その実行を宣言したり、単純な命令を発する場合（「わたしは明日出発する」、あるいは「おすわりください」）といった場合には事態が異なる。こうした発言はあきらかに発話内行為であるが、こうした発言によって話し手がなんからの「合意《コンセンサス》」を得ようと努めていると考えるのは、日常生活の直感に反する。一方的な意思表明に同意を期待するなどということはあり得ない。とはいえ、このような場合でも、弱い意味でコミュニケーション参加者のあいだの「了解」があると考えていいだろう、なぜなら、この場合でも妥当請求が働いているからである。つまり、対話参加者の片方が掲げる妥当請求を、他方が受け入れることも、しりぞけることも可能だからである。

意思表明や意図の宣言というケースにあたってアクターは、自分がしようとしている行動が、自らの選好の光に照らして（当該の状況と達成可能な手段を考慮しても）合理的な行動であると証示できるならば、それを通じてその発言に賛同を得ることができよう。このような了解のためには、目的論的合理性が媒介の役割を果たすことになる。その場合に聞き手は、話し手の表明したもくろみを支える理由を、自分でもその理由で行動するだろうと認めていない場合でも、意思表明そのものは本気で受け入れる当然の理由があることになる。一般的にはある意図表明の述定的内実を理解したと言いうるのは、〈p〉の成功条件を知っている場合である。だがその意思表明の発話内的意味を理解したと言いうるには、表明された当該の意図をなぜ意図表明として真に受けねばならないかが認識されていなければならない、つまり、なぜそれが実行されると予期せねばならないかが認識されていなければならない。場合によって聞き手は、話し手の意図表明を真に受けとめるべき発言として、アクター〔話し手〕と同じ理由から認める場合もあろう。しかしその場合も状況によっては、アクターがすると表明した行動を合理的とする理由がアクターに相関的な理由であって、あくまで彼の見方からしてのみ合理的でしかない場合――それゆえ聞き手からすれば、多分そうだろう〔蓋然的〕という場合――もあろう。この場合には「合意」が達成されているとはとても言えない。なぜなら、ここでは、話し手の意図の真剣さを示す理由・根拠は、このアクターにとってのみ通用して、受け手にとっては通用しないもろもろの前提の下でのみ、もっともな理由としうるものだからである。このような〔アクターに相関的な〕理由・根拠をわれわれは、――普遍的に受け入れ可能な理由・根拠と区別して――「公的に認めうる理由・根拠」と呼んでいいだろう。つまり、アクターにとってのもっともな理由は、受け手にとっては、彼の意図に疑いを抱かないもっともな理由なのだ。

要請の場合はまた話が違うが、その効果においては似ている。要請の場合には、非－コミュニケーション的な使用というのはありえない。なぜならば、命令文は、そもそもの成り立ちからして、語用論的な性質をもっているからだ。こうした用法の発話内的意味は、話し手が別の人物、つまり受け手が〈p〉を引き起こすように仕向けることにある。要請の述定的な内実を理解するのは、それに応じた行為の成功の可能性を知っている場合である。だが、そうした要請の発話内的な意味を理解するためには、なぜ話し手が(意図表明の場合と同じことだが)本気でそのことを言っているかを、そしてまたそれ以上に、聞き手が要求にしたがうことを期待してもいいと話し手が信じているのはなぜかを知っていなければならない。要請というものは、(その実現可能性の問題とは別に)受け手が要求に逆らわないであろうと考えるもっともな理由があるときにはじめて、合理的なものとなる。こうした付加的な根拠もアクター相関的である。つまり、話し手が受け手なりのもっともな理由があると推し量るという意味でアクター相関的である。つまり、受け手が要請された行為をしなかった場合には罰を加えうる、また望みの行為を果たしてくれた場合には、報償を与えうることを念頭に置いているのである。意図表明の場合と同じに要請という発話行為の場合にも、行為の合理的に予期しうる(聞き手の観点からは肯定的にも否定的にも評価しうることになる)帰結も、このような発言が合理的であるとする、アクター相関的な根拠に属する。

意図表明も要請も合意をめざしたものではないが、両者とも妥当請求に依拠した了解の地平で動いている。それゆえに、コミュニケーション的合理性の領野内にある。たしかに、妥当請求の受け入れ可能性

Akzeptabilität は、成功指向のアクターの意図や決断がもつ目的合理性によって媒介されているにはちがいない。とはいえ、発話内的な成功が達成されているかどうかの程度は、たとえ話し手の選好とのみ関連してであっても（あるいは、話し手が聞き手に推定した選好との関連であっても）、この場合も、真理請求および真実性請求によってはかられるのである。話し手は話しているとおりのことを考えており、また真理と思って話していると聞き手が想定しているわけである。それゆえ意図表明も要請も、真実性に即しているのかどうか、また実際にそうした事態が存在するという想定が合っているかどうかというふたつの側面において、反論を加えることができる、という性質をもっている。

（1）わたしは明日東京で契約にサインする。
（1'）わたしをからかう気だろう。
（1''）明日までに君は（時差があるために）東京に着いていることなど無理だ。
（2）わたしが必要とするお金を今わたしてください。
（2'）あなたは本当はお金などではなく、もっと別のものが欲しいのでしょう（つまり、わたしの好意が欲しいのでしょう）

（2''）そんなにすぐにそんなたくさんのお金を用意することはできません。

（b）もちろんのこと、このような意思表明や要請において前提されている主張そのものが議論のテーマとなることもある。その場合には、言語使用の様態がただちに変化せざるを得ない。テーマがこのように変化すると、単なる「了解」指向を越えて「合意」をめざす言語使用への移行が必要となろう。言語使用における了解指向から合意指向へのこの態度変更は、さきほどの例を使ってまた別の例文で表現できる。

（1'''）そんな大変な仕事を引き受ける前向きの気持ちは君にはないはずだ。

（1''''）契約をする全権など君はもっていないはずだ。

（2'''）いやいや、君から借金はしていないはずだ。

こういう発話とともに、発話行為は、これまでとは別の発話内的意義を獲得することになる。今や（1）と（2）の文章への否定は、規範的な妥当請求と関連させられることになるからだ。意図表明や要請が規範的コンテクストに「組み込まれ」、そうした規範的背景を通じて「本人の意志」とされるとともに、規範的な妥当請求が発動される。契約に署名するという意図表明は、約束請負の kommissiv 言語行為となることもあろう。つまり、アクターはそれによって、なんらかの義務を背負うことになる。あるいは、宣言的な言語行為であるかもしれない。話し手はそれによって制度上の義務を果たすことになる（例えば広報担当重役の義務）。金銭引き渡しの要請は、友人からの依頼の場合もありうるし、また上司による命令でもありうる。さらには、債権者からの要請かもしれない。

意図表明や命令は、このような背景による支えが生じるとともに、約束、声明、命令といった規範的に本人化された意志表明へと変じる。それにともなって発言の発話内的意味と妥当性の基盤が変化する。というのも、規範的根拠が規定するのは、恣意的に決定する主体のかしこい考察ではない。自己の意志を縛り、それによって義務的関係に入るとする人格による決定がこの規範的根拠によってなされるからである。こうした規範的根拠は、自己の（あるいは他者の）目的合理的な態度を正当化するアクター相関的な根拠なのではなく、アクターから独立した根拠である。この点が「じかのままの」意図表明や「単純な」命令の場合とは異なる。しかも、ある事態が存在することを説明する根拠でもなく、規範的にたしかな約束を実行するという根拠・理由なのである。この点が、主張の場合とは異なる。約束、宣言および命令という規制的な発話行為と結びついた妥当請求は、実践的ディスクルスにおいて成就されることをめざしたものなのだ。このような発話行為の発話内的な意味を理解するためには、なぜ当該のアクターが特定の行為をするということを自ら述べ、またその義務があると感じるのか、あるいはなぜ彼が、聞き手からそうした行為をすべきという要請にしたがうものと期待されていると思うのか、そうした理由を説明する規範的なコンテクストを知らなければならない。対話に参加している者たちが規範的な背景を間主観的に承認しているならば（例えば、共通の生活世界の枠内において承認しているならば）、規制的な発話行為の妥当性を彼らが承認するのは、同じ理由からということになる。

とはいいながら、対象世界の認識に関して得られるコンセンサスとは異なって、規範的背景はどちらかと言えば、対話の結論というよりはむしろ出発点となると考えた方がいいだろう。規制的な発話行為の場合には、こうした規範的背景は、共有された根拠・理由のストックという役割を果たすであろう。それに対して、対象認識に関する事実確認的な発話行為の場合には、根拠・理由はそれ自身が、合理的に動機づけられた同意を獲得するための動因となる。いずれにしても、自生的に継承されてきた伝統の地平において存在する価値コンセンサスにおいては、根拠・理由のストックと見た方がいいだろう。だが、脱伝統的な根拠づけの水準においては、このような価値コンセンサスはもはや存在していない。それゆえ、道徳的な発話行為にあっては、対象認識に関して達成された合意の場合とのある種の類似性が成立する。結果として正当化を作り出す規範そのものが根拠づけを必要とすることになる（ここでは、われわれが通常「実践理性」という標題で扱っているものは、単なる基底的現象といったものではないということだけを言っておきたい。実践理性は、認識的合理性と目的論的合理性がコミュニケーション的合理性と、社会的相互行為の枠内で絡みあっている事態なのである）。

第三節　コミュニケーション的行為 対 戦略的行為

前節の最後でわたしは、「じかのままの」意図表明や「単純な」命令を、規範的コンテクストに組み込まれた意図表明や命令と比べてみた。それは、了解という次元のなかで区分けをし、コミュニケーション的言語使用のふたつの種類に光を与えるためだった。さらにこれから検討しなければならないのは、こうした区別が行為調整の機能の解明にどのような結果をもたらすかである。ここまでの議論では、発話行為のみを扱ってきた。つまり、発話自身が行為となっているさまざまなアスペクトを含めて発話行為を論じてきたわけである。しかし、発話内的行為に体現されているコミュニケーション的合理性なるものは、言語的な発話を越えて、社会的行為や相互行為にまでわたっている（規範的に規則づけられた社会的行為という言語行為の特定のクラスは、先に規制的言語行為の発話内的力を論じたときにもすでに視野に入ってはいたが）。マックス・ヴェーバーにならってわれわれは、社会的行為を次のように一般的に定義しよう。つまり、社会的行為とは、複数のアクターがそれぞれの行為計画を達成しようとする過程で、他者の予測される行為に準拠することである。したがって、（1）コミュニケーション的行為とは、複数のアクターが、彼らの行為計画を、言語的了解を通じて、つまり、発話行為の発話内的な拘束力を用いるようなかたちで相互に調整しあうことである。（2）戦略的行為においては、コミュニケーション的合理性のこうしたポテンシャルは使用されないままである。その点は、たとえ相互行為が言語的に媒介されている場合も変わらない。この場合には、対話に参加する当事者たちが、相互の影響力を行使することで行為調整をしているがゆえに、ここでの言語の使われ方は、さきに述べた意味ではコミュニケーション的ではなく、結果に準拠している。こうした言語使用の分析にあたっては、いわゆる発話媒介行為 Perlokutionen が適切な鍵となる。

（1） 二種類のコミュニケーション的行為

弱い意味でのコミュニケーション的行為とは、了解が事実および、一方の側からの意思表明を支えるアクター相関的な根拠に関わっている場合のことである。強い意味でのコミュニケーション的行為とは、了解が、目的の選択を支える規範的根拠にまで拡大している場合のことである。この後者の場合には、対話の参加者は、間主観的に共有された価値指向に依拠することになる。この価値指向は、個々人の選好を越えて、彼らの意志を縛る。弱い意味でのコミュニケーション的行為の場合には、アクターたちは、真理請求および誠実性請求にのみ依拠しているが、強い意味でのコミュニケーション的行為の場合には、それだけでなく間主観的に承認された正当性請求にも依拠することになる。この場合には、恣意という意味での自由のみでなく、自分の意志を規範的認識によって縛る能力という意味での自律性《アウトノミー》が前提されている。先に見たふたつの例の場合には、つまり、まだ規範的コンテクストに組み入れられていない意思表明の場合でも、意思表明や要求表明は、やはりコミュニケーション的行為である。つまり、聞き手から合理的に動機づけられた賛同を得るという発話内的目的をともなってなされている。この場合、成果指向の行為者は、話し手が述べた意図や要請が真剣なものであることを（さらには、そこに含まれている見解の真理性を）認めるというかたちでのみ、相互の行為計画を調整しあうことになる。この際に発動されているのは、意図もしくは決定の正直さ、および言われていることの真理性というふたつの妥当請求である。この段階では、合意指向はいまだ、規範的な妥当請求にまで及んでいない。弱い意味での、了解指向に依拠した行為調整に特徴的なことは、合意がまだ限定的である点である。つまり、それぞれの行為動機となる意図や選好についての合意ではなく、そうした意図や選好の合目的性についてのみの合意なのである。この点で了解といっても、それは単に、聞き手は意図表明もしくは要請を理解し、それが真剣なものであることを（さらには、実行可能であることを）疑わないということを意味するだけである。行為調整にとって有効な了解の基盤はこの場合はまだ、意図表明もしくは要請にともなって掲げられている誠実性請求の受け入れのみである。この妥当請求は、意図もしくは決定が合理的であることが認識可能であることによって保証されている。

こうした共通の基盤は、成果指向のアクターたちが（戦略的行為においては許されている）偽装のもくろみを放棄していることをお互いに期待しうるものであり、そのかぎりで彼らの恣意が制限されることになる。だが、こうした弱い意味でのコミュニケーション的行為にあっては、アクターたちは、彼らが共通の規範もしくは価値に依拠し、相互に義務を負っていることを期待しあえるにまではいたっていない。強い意味でのコミュニケーション的行為となりうるのは、発話内的行為が三つの妥当請求のすべてに関して批判しうる場合だけである。つまり、（命令や約束といった）規制的発話行為の場合のように、規範的妥当請求が明確に掲げられているか、それが明示的でないかは、無関係である。例えば、明白に真理請求および誠実性請求が掲げられている主張や告白の場合でも、そうした発言の規範的コンテクストとの関連で、場所柄をわきまえていない、破廉恥である、みっともないなど、簡単に言えば、規範的に見て不適切であるとして批判しうるからである。そのような発言は、コミュニケーション参加者が共通に属している社会的世界の、正当に規則化された関係のあり方に反するものとなる。

規制的発話行為は、話し手が指示、命令、要請、忠告、依頼、約束、契約、交渉、意図表明などを自分のものとして述べるさまざまな条件を、こうした規範的コンテクストから取り出してくるのだ。それゆえに、こうした種類の発話内的行為と結びついている正当性請求も、社会的世界のなかの何かに依拠しているという点では、事実確認的発話行為が客観的世界の何かに依拠しているのと類似している（もっとも、規範は、それが「論争の的に」なるときは、事実が「論争の的に」なるのとはなり方が異なるし、存在する何かについてわれわれが事実を表明するときに関わる存在者と同じようには、行為する主体から独立しているわけではない）。ポスト形而上学的思考という条件下にあっては、発言の規範的正当性請求はいずれにしても、――真理請求の場合と同じに――ディスクルスを通じて、しかも、当該の社会的世界のメンバーにとって同一の根拠によって、満たされねばならない。このような場合の目標は、規範的な合意である。そして、意図や決定が真剣であること（そして実現可能であること）についての合意の場合と異なって、こうした規範的な合意は、恣意的に選ばれた行為目標の追求に関するアクター相関的な前提のみならず、正当な目標の選択の、アクターから独立したあり方にまで拡大される。強い意味でのコミュニケーション的行為にあって対話の参加者たちが前提しているのは、彼らが事実に依拠していることのみではない。また、自分たちが正しいと思い、またそのように考えていることを言っていると前提しているだけではない。それ以上に、彼らが自分たちの行為計画を、妥当している規範と価値の枠組みのなかで追求していることも想定しているのである。

弱い意味でのコミュニケーション的行為にあっては、当事者すべてに共通した同じひとつの客観的世界があるとする想定が基本になっている。それに対して、強い意味でのコミュニケーション的行為にあっては、対話の参加者たちは、こうした共通の客観的世界の想定を越えて、彼らが間主観的に共有するひとつの社会的世界を想定している。たしかに、〔事実確認に関する〕主張文の場合でも、規範的な発言の場合でも、同意を求めているという点では程度に差がないことはたしかである。事実認定の発言でも義務に関する文でも、当事者すべてに共通した同じ理由によって、そのとおりと思わせるものでなければならないからである。とはいえ、事実についての認識に関する合意は、コミュニケーションの参加者にとってそれに続く相互行為において、合意された事態を頭に置いておくことが必要なだけである。つまり、規範的合意とは異なって、アクターたちがどのようにして行為目的を選択し、追求するのかは無関係でかまわない。彼らがもっぱらそれぞれの選好にしたがうのか、あるいはお互いを縛る規範（そしてメンバーが尊重する価値）に依拠するのかは、無関係である。弱い意味でのコミュニケーション的行為にあっては、事実確認的な発話行為と、本人が規範的に承認している必要のない意思表明だけが通用する。それに対して、強い意味でのコミュニケーション的行為にあっては、社会的世界のなかの事態に関わる言語使用が必要となる。そうした言語使用のなかには、意思表明や要請のように（未来の）行為に関するものでない内面表現も含まれる。例えば、心情表明などがそれである。

（2）発話媒介的行為、結果指向の言語使用、戦略的行為

コミュニケーション的合理性は、批判可能な妥当請求に対して当事者たちが態度決定をする、そうした言語ゲームのうちに体現されている。コミュニケーション的な言語使用およびコミュニケーション的行為の「弱い」形態においては、コミュニケーション的合理性は成果指向で行為するアクターを支える目的合理性と絡みあっている。だがその場合でも、状況によっては、発話内的目標の方が、同じように目ざされている「発話媒介的」成功より上位にある。「発話媒介的」成功とは、発話行為の効果のうちで、ことと次第によっては、非言語的な行為によっても、結果として引き起こしうるようなもののことをいう。以下

では、発話内的な目的や効果と、発話媒介的なそれとのあいだに存在する依存関係が、先の場合とは逆になっているような（a）発話行為および（b）相互行為を扱いたい。こういった場合には、コミュニケーション的合理性は背後に退いてしまう。そこに空いた穴こそは、発話内的行為の固有の拘束力をはっきりと浮き出たせるものとなろう。

（a）まずは、発話媒介的な成果を三つのクラスに分けてみたい。最初にくるのは、成功裡に進む発話内的行為の内容から文法上、生じる発話媒介的効果1である。例えば、妥当な命令が実行されたり、約束が守られたり、表明された意図がそのとおりになされたり、また、主張や告白が、その後の相互行為と辻褄があっている場合である。この場合には、発話内的目標が発話媒介的効果を支配している。次に来るのは、ある発話行為の結果が偶発的で、文法の規則になっていない場合の発話媒介的効果2である。とはいえ、こうした効果は、発話内的成果のゆえに生じるのである。例えば、ある知らせがそのコンテクスト次第で、受け手を喜ばせたり、驚愕させたりすることもある。または、ある要請が抵抗を引き起こすこともあるし、また告白が疑惑を呼ぶこともある。最後に、受け手本人には気がつかれないかたちで、発話媒介的効果3が引き起こされる場合がある。とはいえ、相手が潜在的で気づかない、このような戦略的行為といえども、それが成功するかどうかは、発話内的行為がはっきりと成功したかどうかによるのである。

分析にとってとても面白い特別ケースは、いわゆる発話媒介的行為 *Perlokutionen* である。発話媒介といえども、成功裡に進む発話内的行為の動輪がなければだめであるにはちがいないが、この場合には、先の発話媒介効果の三つのクラスのうちの最後のそれにも不可欠だった事態、つまり、発話内的目的がたとえ見かけだけでも支配しているということがなくなっている。[11]

例えば次のような文章がある。

（3）お前のしていることは豚と同じだ〔お前はとんでもない下劣な人間だ〕。

これは主張を述べるという発話内的行為であるが、ここであからさまに追求されている、聞き手を傷つけるという、発話媒介的目的の光に照らしてみるならば、別の意味を獲得する。つまり、主張はここでは罵倒、非難、あるいは侮辱となる。同じように、どのような発話内的行為も、所与のコンテクスト次第で、罵倒やあざけりとなりうる。なぜなら、そこでは、言葉として表現された発話内的意味のうえに、発話媒介的な目的、つまり、相手の正体を暴くという目的が覆い被さっているからである。あるいは、実際に相手を暴露する効果が生じた場合も、そうした効果に覆い尽くされ、解釈が変更されるからである。

脅かしは、特別な種類の発話媒介的行為である。ある条件を前提にして否定的な懲罰を宣言する発話内的行為は、脅かしの意味を獲得する。つまり、脅かしによって行為をやめさせるという、意図された発話媒介的効果2とあきらかに結びつくことによって脅かしとなる。脅かしによる中止という発話媒介的な効果が、宣言という発話内的な意味を影に追いやっていることになる。したがって

（4）もしもお前がペーターにお金を渡さないなら、お前の上司に……ということを伝えるぞ。

という脅かしがあるとすれば、この文章は、字義通りの「そのままの」宣言として、その意図表明が本気でないか、現実にそうしたもの〔お金、ペーター、上司〕が存在しているという前提の非真理性というふたつの側面から間違っていると反論することも可能だが、それだけでなく、意図した発話媒介的な効果2をもたらしうるコンテクスト条件に関しても間違っていると反論し得ることになる。つまり、（4）は、発話内的行為によって字義通りに掲げられた妥当請求に即してのみ否定しうるものとなっているわけではない。

（4'）あなたは、言っているとおりのことを狙っているわけではないですよね。

（4''）あなたは、わたしに対する攻撃材料はもっていないはずです。

さらには、話し手が前提にしているコンテクスト、つまり、それがあってはじめて、文章（4）が特定の聞き手にとって脅しとなるようなコンテクストも、存在しないと否定することも可能である。つまり、次のようにである。

（4'''）そんなこと言っても脅しにはならないよ。だって彼はそのことをとっくに知っているのですからね。

厳密に見れば、この最後の場合は、発話行為が反論されているわけではない。むしろ、話し手の意図する効果が現れず、発話媒介的行為が効果を発揮しないのはどうしてなのか、についての説明が与えられているのだ。反論可能なのは、発話内的行為のみである。発話内的行為のみが妥当するのか、しないのかという観点で論じうるのだ。

（とはいいながら、こうした種類の発話媒介的行為は、二次的にいまいちど規範的コンテクストに組み入れることが可能である。例えば、道徳的あるいは法的な意味で間違っていることを裁くならば、それは、やはりなんといっても、背景にある規範的合意に訴えてのことであり、その意味で、否定的な意味合いにおいてであれ、やはり合意を目指しているからである。それゆえ、規範的な枠組みに組み込まれたこのような非難は、根拠をあげて斥けることが可能となるのだ。その点では、侮辱のように、実際にはなにも言っていないのだが、言うことによって誰かを傷つけようとするだけの〔発話〕行為の場合とは異なる。こうした道徳的な非難あるいは断罪といったものについて今述べてきたことと似ているのが、例えば、国家による刑罰の脅かしである。刑罰に関する規範そのものについての背景的合意があって刑罰は正当化されているのだが、まさにその正当化の合意のゆえに、覚悟せねばならない刑罰は、すべての人の同意が前提されている法秩序の帰結という妥当性をもつのだ)。

(b) 戦略的行為の連関においては一般的に言って、言語は発話媒介的行為のかたちで機能することになる。ここでは、言語的コミュニケーションは、目的合理的行為の強制命法に服せしめられている。戦略的相互行為は、成果指向的態度のアクターたちの決定によって規定されている。その際にアクターたちは、相互に観察しあう存在となる。彼らはお互いにゲームの相手として二重の偶発性の条件下で遭遇しあう。お互いに自己の行為計画の利害にしたがって相手に(通常は相手の命題提示的な対応に)影響力を行使しようとするのだ。彼らはコミュニケーション参加者のパフォーマティヴな態度を一旦停止してしまうのだ。それは、参加者としての話し手もしくは聞き手の役割を三人称のパースペクティヴから果たしているからである。このような観点からでは、発話内的目標も、ただ発話媒介的な成功を達成するための条件としてのみ重要なものとなる。戦略的に行為する主体は、相互にコミュニケーションしあいながらも、その発話内的目標を追求するときでも、コミュニケーション的な言語使用の場合と異なって、なんの留保もなく行っているわけではない(実利のための場合もあれば、発話内行為の停止もいつでも可能なのだ)。

それとともに、相互に真実に話し合っているという想定、この狭い基盤も消滅する。そして、いっさいの言語行為は、その発話内的な拘束力 Bindungskräfte を奪われてしまう。この場合に、弱いコミュニケーション的行為の場合のように相互に共有された規範的コンテクストや、それに相応した規範的な正しさの請求が消失するが、それだけでは済まない。それ以上に、非統制的な発話行為とともに掲げられる真理請求や誠実性請求ももはや聞き手の合理的動機づけを直接にめざすものとはならず、受け手は、話し手が暗々裏に彼に分からせようとしていることから彼なりの結論を導きだすだけとなる。もちろんのことこうしたことが可能となるのは、参加当事者たちが、相互に話が通じあう場合だけである。つまり、共通の言語知に寄生して、それを食いつぶしあっている場合だけである（この共通の言語知を彼らはコミュニケーション的行為のさまざまな連関のなかで習得したものなのだが）。コミュニケーション的行為の前提が停止されてしまうので、参加当事者たちは、こうした言語能力の助けを借りて、お互いに意図していること、あるいは言おうとしていることを間接的に暗示することしかできない。戦略的に行為する主体同士といえども、彼らが合理的に決定するかぎり、自分たちの決定の基盤となる見解はそれぞれ自分で真であると見なしているであろうということは、相互に前提しあっているだろう。だが、彼らの誰もがそれぞれ固有の優先順位と目標というパースペクティヴから真理価に依拠しているわけだが、そうした真理価も真理請求へと変じることはない。真理請求は、間主観的な承認を目指して設定されており、それゆえに議論にもとづく確認を要求して掲げられるものなのだ（こうした間接的な了解は相互不信に貫かれたふたつの勢力のあいだの外交交渉や戦闘中のコミュニケーションで知られている。例えばキューバ危機にあたっては、〔ロシア船に対する〕臨検の脅かし、つまり定型句で言う「へさきに向けた一発」が、言葉による布告に発話内的な力が欠如している事態を補わねばならない別のシグナルとなった。このシグナルを見て、相手〔当時のソ連のフルシチョフ書記長〕はアメリカ側が本気であると推論したのだ。

第四節　コミュニケーション的合理性と言語による世界開示

これまでの考察結果を見ると、コミュニケーション的合理性と言語とのあいだに短絡的な連関を作り出してはならないことがわかる。言語使用のすべてがコミュニケーション的というわけではない（次頁のシ

言語使用のタイプ

発言	使用の仕方
「頭の中での」陳述命題や意図文 （「純粋の」記述や「独白的な」行為計画）	非コミュニケーション的
規範的枠組みに組み込まれていない意思表明 （単なる命令や意図表明）	了解指向
完全な発話内的行為 （規範的、述定的、表白的）	合意指向的
発話媒介的行為	結果指向的 （間接的了解）

エーマの一行目を参照のこと）。またすべての言語的コミュニケーションが、間主観的に承認された妥当請求を基盤にした了解に役立っているわけではない。

言語使用のさまざまな機能は、アクターのさまざまな態度と結びついて、言語的に構造化された行為の四類型となる。しかし、そのうちふたつのみがコミュニケーション的合理性を体現したものとなる（上のシェーマの二行目と三行目を参照のこと）。

おそらく言語というメディアはコミュニケーション的合理性よりも幅が広いようだ。知における認識上の合理性、行為におけ目的論的な合理性、そして了解というコミュニケーション的合理性、この合理性の三つの側面を見てきたが、この三つは言語という共通のメディアを通して、相互に絡みあっている。さらに、こうした三つの中核的な諸構造は、ディスクルス実践との相互指示関係にある（そして、シュネーデルバッハが適切にも強調するように、それぞれの人格の意識的生活における再帰性のさまざまなありようと相応関係にある）。こうした中核的諸構造は、論議および反省

行為タイプ

言語使用	アクターの態度 客観化	 パフォーマティヴ	
非コミュニケーション的	目的志向介入	—	非－社会的行為
了解指向	—	弱いコミュニケーション的行為	
合意指向	—	強いコミュニケーション的行為	社会的相互行為
結果指向	戦略的相互行為	—	

という、発言の正しさが証明される審級に向かうようになっている。ところで、言語それ自身は、見解、行為、コミュニケーション的発言や人格の合理性とどのような関係にあるのだろうか？

これについての最初の示唆を与えてくれるのが、こうしたさまざまな発言は、これもまた言語的に編成されている生活世界のコンテクストに組み込まれているという事態である。われわれが「合理化」というときには、（フロイトのように）欲求や行為のあとからなされる正当化という意味で、この言葉を使うだけではない。それ以上に（マックス・ヴェーバーのように）人格の生活の仕方、また集団の生活形式に関しても「合理化」の語を使うのだ。こうした生活形式は、さまざまな日常的実践、また伝統、制度、そして習慣や能力の編みあわせから成り立っている。これらは、そのつど生じる諸問題の解決に役立つ度合いに応じて「合理的」と形容しうる。こうしてみると生活形式は「合理的」という表現を得る候補にはちがいない。とはいえ、それは、こうした生活形式がディスクルス的手続きの制度や反省能力の形成に「役立つ」〔entgegenkommen ヴェーバーの用語、これまでは「迎え入れる」と訳される事が多かった〕背景を、その度合いはともかくとして、なしているという間接的な意味でのみ言えることである。こうしたディスクルス的手続きや反省能力を通じて生活形式は、問題解決能力を向上させることが可能である。そしてこの能力の増大に応じて、合理的見解、合理的行為、合理的コミュニケーションがまた可能となるのだ。

合理的態度をこのように可能にすることに貢献するのが言語であり、その貢献は、言語共同体の生活世界における背景的理解の範疇的細分化と文法的な事前の構造化によってなされる。コミュニケーション的行為をする者たちは、客観的世界のなにかについて相互に了解しあうが、そうする彼らはかならずや、自分たちの生活世界の地平の内部で動いている。生活世界というのは、どんなに高い位置からの俯瞰を試みても視野から逃げ、行為者の手が届くものではない。それゆえ、生活世界を客観的世界のように全体として自分の前に提示し、全体を見通すことは決してできない。これはハイデガーが分析した世界内存在にあたる。この世界内存在をうまく示すのに、言語の不可思議な半超越性が役立つのは偶然ではない。つまり、言語とは、われわれがそれをコミュニケーションの手段として使い得るにもかかわらず、われわれが好き勝手に自由に使えるようにはできていない。われわれはつねに言語というメディアの内部で動いており、われわれが話しているかぎりは、決してこの言語をパーフォーマティヴに全体として客観の側に突き放して置くことはできないからだ。こうして、それ自身が言語のメディアで分節化されている生活世界こそは、そのメンバーたちに、彼らが世界の中で経験するいっさい、それについて彼らが相互に了解しあういっさい、そしてそこから彼らが学びうるいっさいを見るための解釈の地平を開示してくれるのだ。

これまでのところわれわれは、見解、行為、そしてコミュニケーション的発言にとって言語が構造形成的な力を持っているとことから出発してきた。だが、このように言語一般というかたちでひとしなみに論じることは、この言語がその世界開示的な創造性によって果たす固有の寄与を覆い隠すことになってしまう。[12] なるほど次のことは言えるだろう。発話の認識上の中核的構造は、自然言語の論理学的な意味論に属している。発話能力のある話し手の命題提示的な態度は、合理的行為の構造的中核をなしている。また、コミュニケーション的合理性は、対話における相互交換的な役割とコミュニケーションの前提によって、妥当請求の間主観的承認という発話内的な目標をめざした語りの実践をめざしている。われわれが区別してきた合理性のこのようなさまざまな側面は、言語上の構造に反映している。社会が解釈し、学習する能力はあらゆる次元でこうした合理性の複雑な連関に依拠していることは間違いない。とはいえ、こうした合理性の連関は、おそらくは自分の足の上に立って自給自足をしているとは言いがたいようだ。むしろ、言語というメディアによって内容的に分節化された生活世界的背景を必要としているようだ。そしてこうした背景こそが、了解の、そしてまた問題解決のさまざまな試みにとって、程度に差はあっても適切なコンテクストを作り出し、資源を提供しているのだ。

もろもろの生活形式はどのような意味で「合理的」となりうるのか、という問いは、言語としてあらかじめ与えられている解釈知と、多かれ少なかれ革新をもたらす世界内的な学習過程とのあいだに循環過程があることにわれわれの注意を促すことになる。つまり、ある特定の言語共同体にとって多かれ少なかれ世界を生産的に開示してくれるのが、あらかじめ与えられている解釈知であり、他方でそれによって可能となる学習過程を通じて世界についての知が拡大され、また先行する言語知の修正も引き起こされるのだ。その際にわれわれは三つの次元を区別しなければならないだろう。

――生活世界的な地平の言語的分節化の次元

――こうした、間主観的に共有されている生活世界の内部における了解の実践の次元。

——コミュニケーションの参加者によって形式的に前提されている客観的世界の次元。つまり、それについてなにかを語り得るものごとの総体としての客観的世界の次元である。

二番目の次元、つまり、コミュニケーション的行為をする者たちが、彼らの生活世界の地平の中で、世界のなかの何かについて了解しあう次元において、世界開示と世界内的学習過程のあいだの交流が起き、知が拡大され、また意味の変化が起きるのだ。

言語の世界開示機能は、われわれが世界のなかで出会ういっさいを、特定の重要性や観点からわれわれに見せてくれるだけでなく、範疇的に分節化された全体の個々の部分として、つまり全体のいくつかの要素としてみせてくれる。だが、この世界開示機能はなるほど合理性に関係しているかもしれないが、それ自身としてはいわば没‐合理的である。といってもそれは、この世界開示機能そのものが非合理的であるということでもない。世界全体についてのわれわれの見解が、新しい言語を創造するようなかたちで革新されることもあるかもしれないし、それによってこれまでの問題がまったく新しい光のもとに見えるようになることもあるかもしれない。しかし、そうした革新といえども空から降ってくるものではない。つまり「存在の運命」といったことではないのだ。というのも、世界を開示してくれる言語的知も、それ以降も正しいものとしてずっと通用しなければならないからだ。つまりこの知は、行為する主体が世界のなかで出会うものごととうまくやって行けるように、そして間違いから学べるようにしてくれなければならないのだ。他方で、こうした世界解釈的な言語知はあとから修正されることがあるが、そうした修正も同じく、問題解決に成功した結果として自動的に生じるというわけでもない。むしろ、言語的想像力——パースは仮想的想像力 abduktive Phantasie という表現をした——は、問題解決の試みが失敗したり、学習過程が滞ったりしたときにこそ刺激されるのだ。

言語の世界開示的な力は合理的でもなければ、非合理的でもない。合理的行動を可能にする条件ではあるが、この力そのものは没‐合理的なのだ。世界開示的な力が没‐合理的であるというこの性格は、哲学の歴史においていくども間違って見られてきた。プラトンからカントを経てハイデガーにいたる哲学的観念論は、言語的内容が世界を解釈することにともなう全体化の力のうちにロゴスが働いていると見誤ってきたのだ。こうした観念論は、この「理性」なるものを、全体認識の力として特別視し、ただの「悟性」より上位に置いた。「悟性」は、世界の中でわれわれに提示されるさまざまな問題と合理的に付きあう能力にすぎないとされてしまう。存在論のパラダイムにおいて理性は、存在者の全体の秩序を観想において捉える能力とされてきた。こうしたメンタリズム的なパラダイムのカント的なバージョンにあっても、理性はいぜんとして理念 Ideen〔複数〕の能力とされてきた。たしかに、こうした理念の世界形成の能力は、カントにあっては、超越論的主体の全体化能力として捉えられているが、それでも理性は理念の能力とされているわけである。言語論的パラダイムにあってすらも、観念論からの離脱は難しいようだ。それがいかに難しいかは、ハイデガーを見ればわかる。ハイデガーは、時代を画す世界開示をなおも「真理のできごと」〔真理の歴史〕として捉えているのだ。それに対して、語用論的転回は冷静になされた。これによってはじめて言語がもつ世界を形成し、分節する力が認識であるとする過度な自負を掲げないで済むようになったのだ。

世界のなかにあって主体は可謬的だが、また学習能力も備えている。そうした主体の合理性の能力と言語による世界開示は相互補完的な関係のうちにある。このように見ることで、理性は、妥当請求の理想化のはたらきへと退却する。また形式語用論的な〔三つの〕世界の前提へと引き下がる。理性はこうすることで、全体化的な認識のどんなに隠れた形態をも放棄する。だが逆に、偶発的な生活世界的コンテクストに組み込まれたコミュニケーション共同体が、控えめな「内側からの超越」という普遍主義の先取りに向かわざるを得なくするのだ。この「内側からの超越」こそ、何かを真理と見なすこと、また何かをなすべき当為とすることがもつ否定しがたい無条件の性格に見合ったものとなるのだ。

第五節　付論　語用論的意味理論

言語使用の、先に述べたような種々の様態相互の区別をつけると、その帰結として、語用論的意味理論は、フレーゲとウィトゲンシュタインが発展させた真理意味論の基本テーゼを次のように変更しなければならなくなる。つまり、発話内的行為を理解したとするのは、何がその行為を受け入れ可能にするかを分かっている場合であり、またその行為が受け入れられた場合に、今後の実践にどのような帰結が生じるかをわかっている場合である、ということである。このテーゼの出発点にあるのは、受け入れ可能な発話行為の提示によって、発話のときに掲げられた妥当請求を聞き手が承認するように、かつその発話行為自身を妥当なものとして受け入れるようにしなければならない、ということである(13)。しかしながら、ちょっと見たところでは、規範的な枠組みに組み込まれていない発言、例えば命令や意図表明といった意志表現、さらには侮辱や脅かしといった、争いに固有の発話行為は、これまでの議論への反証となる例のように見えるかもしれない。こうした種類の発話内的行為は、一致というかたちの受け入れをめざしてなされているものではあきらかにない。そもそもが、言語的コミュニケーションというのは、本質的に合意をめざしているという想定自身が直感に反するように思えるではないか。こう考えるならば、コミュニケーション的な言語使用は、原初的な様態として特記すべきものとなる。そしてそれ以外の間接的なコミュニケーション形態、つまり、片方が他方に向かって、何かをわからせるようにするコミュニケーションのあり方は、派生的な様態ということになろう。それに対してわたしは、(1)まずは考え方の基本を思い起こし、次に(2)ふたつの点でこれまでの見解の修正をはかりたい。

(1) 語用論的な意味論は、ある発話行為を理解するとはどういうことなのかの説明をめざすものである。発話行為の遂行にあたって文章は「コミュニケーション的な意図」において用いられる。こうした意図を実現するためには、少なくとも以下のコミュニケーション条件が満たされていなければならない。

——共通の言語を用いる(あるいは、例えば通訳を通じてそうした共通の言語を作る)話し手と受け手。

——両者にとって検証可能な発話状況

——間主観的に共有された(あるいは十分に「重なり合う」)背景了解。

——個別的状況においてなされた話し手の発言およびそれにともなう、受け手によるイエス/ノーの態度決定

上記のことを説明するにあたって依拠する前提がふたつある。

——言語的コミュニケーションは本質的には、ある人が別の人と世界のなかの何かについて了解しあうために存在している。

——了解ということは、話し手が彼の発言に即して掲げた妥当請求を聞き手が承認するということである。説明されるべきことと説明手段についてのこうした条件を見ると、次のことが明らかになる。

——ある言語表現を理解するということは、誰かと世界のなかの何かについて了解しあうためには、その表現をどのように用いたらいいかを知っているということである。

もちろんのこと、ある言語表現を理解するということと、妥当とされる発言の助けを借りて、何かにつ

いて了解しあうということは同じことではない。とはいえ、言語においては、意味と妥当性の次元は内的に絡みあっている。このことは、真理意味論がすでに指摘しているとおりである。つまり、人がある発話行為を理解したとしうるのは、行為の結果として引き受けることになる重要な義務を妥当として承認しうる条件を知っている場合のことだからである。発言が妥当する可能性に相応した態度をとることは、語用論的な条件である。しかも了解の段階にいたる条件ということである以上に、すでにその前の言語理解の条件なのである（このことから、われわれが〔幼児期に〕話すことを習うのは、コミュニケーション的行為の条件下においてのみなのは、なぜかということもわかる。コミュニケーション的行為、つまり、言語共同体がいつなにを妥当として受け入れるかがあきらかになるような実践においてのみわれわれは発語することを学ぶのだ）。

語用論的な意味論におけるキー概念は「真理」ではない。そうではなく、「合理的受け入れ可能性」という意味での「妥当性」である。すなわち認識の方向へと一般化された妥当性の概念なのである。こうした考え方の帰結は、ある発話行為の妥当条件は、根拠によって解釈される、つまり、相応する妥当請求が、標準的条件下で満たされるのに役立ちうるような根拠によって解釈されるということである。ある発話行為の理解には、話し手が、自らの言ったことに関して掲げる妥当請求を満たしうるにはどういった種類の根拠が必要かについての知識が内属している（このことは、言語知が全体論的なありようをしていること、および言語知および世界知が相互に浸透しあっている事態をあきらかにしてくれる）。

(2) 以前わたしは、発話行為の受け入れ可能性は、(a) 発話内的な成功を正当化しうるような根拠を、そして (b) 話し手と聞き手のあいだの合意を合理的に動機づけうるような根拠を知っているかどうかによると述べてきた。しかし、この表現は修正しなければならない。それは、了解の概念内部の細分化の必要および論争に固有の発話行為の位置を考えてのことである。

（a）について。発話行為を理解するということは、話し手がその行為によって達成しうる発話内的な、もしくは発話媒介的な成功の条件を知っているということである。こう表現することでわれわれは発話媒介的行為も考慮に入れていることになる。とはいえ、この発話媒介的行為が成功するかどうかは、その際に用いられている発話内的行為が理解されるかどうかによっている。

（b）について。話し手の発話行為の発話内的もしくは発話媒介的成功の条件を知っているためには、アクターから独立した、もしくはアクター相関的な根拠を、つまりそれによって話し手が彼の掲げる妥当請求をディスクルスによって履行しうるための根拠を知っていなければならない。ある宣言もしくは要求（ないし脅かし）が真剣なものであることが（そして実行可能なものであることが）当座のもくろみの合理性を示すアクター相関的な根拠を通じて、証明できるならば、成果志向的な態度のアクター同士の了解も（弱い意味での了解も）可能である。その際に、受け手の観点から見ても、そのつどのアクターにとってはもっともな理由であるとして理解しうるような根拠も「アクター相関的に」妥当する。

このふたつの修正は以下のことを考慮している。つまり、発話行為は、それが単に真理請求および誠実性請求と結びついているだけの場合でも、また、もくろみや決定が真剣なものであり（さらには実行可能であり）、成果志向的態度の話し手の選好との関連でのみ（それとともにそうした話し手のパースペクティヴからのみ）根拠づけ可能な場合でも、発話内的行為だということである。たとえ発話媒介的行為でも、つまり、発話内的行為の尻馬に乗ってなされる発話媒介的行為ですらも、そのつどの暗々裏の前提が真理であるかどうかという観点から（つまり、コンテクスト依存的な発話媒介的な成果の条件を通じて）批判可能である、ということである。もちろんのこと、発話媒介的行為はそれ自体としては、発話内的行為ではありえず、それゆえ合理的な受け入れ可能性をめざしたものではない。それゆえに、こうした種類の否定は、発話媒介的目的が場合によっては達成されないのは、なぜであるかという説明でしかありえない。

原註

（1）H. Schnädelbach, Über Rationalität und Begründungen, in: ders., Zur Rehabilitierung des animal rationale, Frankfurt am Main 1992, 63.

（2）H. Schnädelbach, Philosophie als Theorie der Rationlität, in: ders. (1992), 47f.

（3）H. Schnädelbach (1992), 76.

（4）J. Habermas, Individuierung durch Vergesellschaftung, in: ders., Nachmetaphysisches Denken, Frankfurt am Main 1988, 153–186.〔『ポスト形而上学の思想』藤澤賢一郎／忽那敬三訳、未來社、一九九〇年〕

（5）「合理的」という言葉に教養言語上の実に多くの使い方があるのは、これによって説明される。「合理性」のさまざまなタイプについては以下を参照。H. Lenk, H. F. Spinner, Rationalitätstypen, Rationalitätskonzepte und Rationalitätstheorien im Überblick, in: Handbuch pragmatischen Denkens, hg. von H. Stachowiak, Hamburg 1989, 1–31.

（6）H. Brown, Rationality, London 1988. シュネーデルバッハの初期の仕事も参照。H. Schnädelbach, Über den Realismus, Zschr. F. allg. Wiss.-theorie, III 1972, 88ff.

（7）G. H. von Wright, Explanation and Understanding, London 1991, 83–132.〔『説明と理解』丸山高司／木岡伸夫訳、産業図書、一九八四年〕

（8）J. Habermas (1988), 148.

（9）E. Tugendhat, Vorlesungen zur Einführung in die sprachanalytische Philosophie, Frankfurt am Main 1976, 497ff.

（10）カッシーラーは、科学において法則や、フレーゲのいう「思考」の数学的記述に特定化されている認識用の言語使用に「意味機能」という役割をあてがっている。E. Cassirer, Philosophie der symbolischen Formen, Bd. III, Darmstadt

1958, 329ff.〔『シンボル形式の哲学』（三―四）木田元／村岡晋一訳、岩波文庫、一九九四―一九九七年〕

（12） F. Hundschnur, Streitspezifische Sprechakte, Protosoziologie, Heft 4, 1993, 140ff.

（13） 言語の世界開示機能については、以下を参照。C. Lafont, Welterschließung und Referenz, Dt. Zeitschrift f. Philos. 41, 1993, 491–505; M. Seel, Über Richtigkeit und Wahrheit, ebd., 509–524.

（14） J. Habermas (1981), 385ff.; ders., Zur Kritik der Bedeutungstheorie, in: ders. (1968), 105–135.

第二部　間主観性と客観性

第三章　カントからヘーゲルへ
——ロバート・ブランダムの言語語用論

ロバート・ブランダムの『明示化すること』は、理論哲学におけるひとつの到達点である。それは、七〇年代の初めにジョン・ロールズの『正義論』が実践哲学においてそうであったのと似ている。ブランダムは枝分かれした分析哲学の議論についての卓越した知識によって、別の著作でも描き出している言語哲学的なアプローチを真正面から遂行している。[1] とはいえ、この試みに着想を与えたビジョンが、重要な細部にまで立ち入る詳しい探究の歩みのうちに埋没しているわけでもない。この著作の並外れた水準は、思弁的な衝動と根気強さとのたぐいまれなる結合によるものである。忍耐と精密さを兼ね備えたこの労作は、形式語用論と推論的意味論とが画期的な仕方で結び付いていると同時に、伝統的ではあるが刷新も必要とするような自己理解を解明し、明晰化するのに役立っている。ブランダムは複雑な言語理論の概念を用いて、言語能力と行為能力のある主体の理性と自律が示されるような実践を説得力あるかたちで上手に記述しているのである。

カント的なパースペクティヴによれば、概念を操作する有限な精神は、自己から独立した世界の制約のもとで合理的に行動し、社会環境の限界内で自立的に行動するのであるが、ブランダムはこうしたパースペクティヴのための新しいプラグマティズムの語彙を発展させている。「われわれの特徴をなすのは理由と理解の能力である、ということが表現しているのは、感覚能力《センティエンス》よりも知的能力《サピエンス》こそがわれわれを際立たせる特性であるとするコミットメントcommitmentである。感覚能力は、われわれがネコのような非言語的動物とも共有しているものである。それは単に目覚めているという意味で意識を有する能力である。［…］知的能力のほうは、反応や刺激ではなく、理解や知性に関わっている(2)」。われわれは本質上、「理由の付与と要求」の実践に参加する存在である。われわれは互いに釈明を求め合うことによって、相手に対して自分の行為に責任を持つのである。われわれは諸々の理由によって触発されるのであり、それゆえ、拘束力をもった「より良き論拠の力」を必要とする。われわれは概念を使用し、推論的思考の意味論的な規則と規範に従う一方で、セラーズが言う「理由の空間」、つまり、理由が重要であるような領域のなかで活動するのである(3)。

まずわたしは、（I）このブランダムによるアプローチ全体の特徴を述べ、形式語用論と推論的意味論との画期的な交わりに立ち入って検討することにする。次に、（II）なぜわれわれは自分たちの発言内容に客観的妥当性を要求できるのかという、ブランダム自身が中心的と見なしている問いを展開し、（III）それについてのブランダムの回答を概略する。これらの節は、ディスクルス参加者自身の方法論的に採用されたパースペクティヴから認識できるものを最終的には越えていくような思考の歩みを、批判的に再構成するのに役立つものである。第二部でわたしは、（IV—V）ブランダムが客観性問題を追究するときに直面せざるを得なかった概念実在論の諸帰結に取り組むことにする。

第一節

（1）ブランダムは論証ゲームにおける発話行為の役割に集中的に取り組み、それによって語用論的な言語分析へと向かっている。基礎的なものと見なされている確言的な発話行為は、諸々の真理請求 claims に賛成したり反対したりするさいの手段としても、理由としても用いられる。良き理由として通用するものは、間主観的に遵守される論理的および概念‐意味論的規則に依存する。そしてこうした規則は、ひとつの言語共同体の実践から読み取ることができるのである。[4] この分析にとって最終的に決定的なのは、イエス／ノーの態度決定であり、それによって参加者たちは諸々の妥当請求に対して互いに反応しあう。[5] したがって、ブランダムは言語をディスクルス実践に基づいて分析しているのである。そして彼はこの実践を、互いの「スコア記録」によって統制されるコミュニケーション行為のやり取りとして理解する。すべての参加者は、他人の妥当請求を自分のものと比較して評価し、誰が何点取ったかスコアをつけていく。この言語語用論的なアプローチは、ウィトゲンシュタインの洞察に従っている。つまり、（a）人が何かをいかに行うかという実践的‐前述定的な知は、命題として表現された主題的な知に対して優位にあるという洞察であり、また、（b）言語共同体の社会実践は、個々の発話者の私的な意図に対して優位にあるという洞察である。

（a）ブランダムが出発点とするのは、暗黙知を通じて行動を導くような、発話と行為の諸規範である。全体論的《ホーリズム》にできている言語は、発話者の前述定的に知られた生活世界を構造化しており、この発話者はいかに発言を行い、理解するかをわかっている。発話者はそのためには、規則や原理についての明示的認識を必要とはしない。しかし同時に、参加者たちはその自然言語によって、暗黙のうちに随伴し、単に実践的に習慣化している「いかにについての知」を明示化し、主題的な「何かについての知」に変形する能力をすでに獲得している。言語能力と行為能力のある主体は原則的に、自分たちが実践のうちで相互に理解するための基盤を反省的に取り戻し、明確に expressis verbis 表現することができるのである[6]。ブランダムは、何かをいかに行うかを言うことのできる「表現的」能力について述べている。この目的に役立つのは論理的な語彙である。われわれは論理的な表現の助けによって、意味論的な語彙がいかにして規則どおりに用いられうるかについての直観知を明示化するのである。「弱い意味では、言語実践に関与し、したがって概念を使用する存在はすべて、理性的な存在である。強い意味では、理性的な存在は単に言語的存在ではなく、少なくとも潜在的には、論理的な存在でもある。このようにしてわれわれは自分自身を理解しているはずなのである。つまり、この二重の表現条件を満たす存在として、である」(XXI)。

ブランダム自身の理論は、自分自身を取り戻しつつ反省的に段階を上げていくという、言語そのものに備わる傾向を方法論的に利用している。自然に習得される論理的規則が論理学によってはじめて概念化されるのと同じように、形式語用論は(『明示化すること』というタイトルが示しているように)いかに言語がコミュニケーション的に使用されるかについての知を事後的に構築するのである。「表現の理論は、暗黙のものからいかにして明示的なものが生じるのかを説明しなければならない。まずそれは、いかにして命題の内容(明示的なものの形式)がディスクルス実践のうちに暗黙裡に存在する規範によって与えられるのか——すなわち、そのような内容をもった使用の適切性は何に存するのか——を説明せねばならない。次にそれは、内容を与えるこの同じ暗黙の規範が、いかにして規則や原理のかたちでそれ自体として明示化されうるのかを示さねばならない」(77)。

（b）言語論的転回とともに、認識上の権威は、ひとりの主体の私的体験から言語共同体の公的実践に移行する。伝達される命題内容の理解が「対象の表象」に取って代わることで、もちろん、単に認識の表象モデルから離脱するだけではない。相互了解というコミュニケーション・モデルへの移行は、言語共同体のメンバーが責任ある主体として相互に承認し合うという意味で、社会的なものの優位をも確定するのである。彼らはコミュニケーションによる社会化を通じて、相互に責任を負わねばならない間主観的な関係の網目に組み込まれる。こうした責任は理由という貨幣によって履行されねばならないので、理由の付与と要求というディスクルス実践は日常的コミュニケーションの下部構造にもなっているのである。

さらに、こうした社会的なものの優位と関連しているのは、理論家は第二人称の立場を習得し、ある発話者の発言を他のコミュニケーション参加者のパースペクティヴから分析するという方法論的決定である。これによって、ブランダムはプラグマティズムの伝統に従い、ある行動を遂行する行為者の視点から有意味な現象を分析することによって、対象化するメンタリズムの陥穽を逃れるのである。例えば、「真理」とは何か、あるいは何を意味するのかという事実記述的な問いは、われわれは何かを「真」として扱うときに――例えば、自分は真なる陳述を受け入れるとか、他人にそれを受け入れることを勧めるとか、一般的にそれを有用と見なす等々といったことをわれわれが主張するときに――何を行っているのかという行為遂行的な問いに置き換えられる。ブランダムはこの反客観主義的な戦略を、ディスクルス実践一般の探究のために引き受けるのである。「このモデルが直面する基本的な説明上の難問は以下のようなものである。つまり、一連の社会実践は、要求もしくは確言の意味をもつものとして諸々の行為を受け取る、あるいは対応する実践的態度を含んでいるのだが、このように正しい仕方で理解されるためには、それらの社会実践はいかなる構造を示すべきなのだろうか」(141f.)。もっとも、のちに見るように、この分析者ブランダムは、発言内容を理解しようと試みる聞き手のパースペクティヴを引き受けねばならないだけではない。彼は、相手の発話行為が真理請求を受け入れることができるかどうかを探り出すために、その発話行為を「受け取って対応する」相互行為の参加者の行為遂行的な態度を取らねばならないのである。

（2）ある発話者の発言を、態度を決める参加者がそれを受け入れる際のパースペクティヴから考察するという方法論的な決定は、重要な帰結をもたらすことになる。主張もしくは陳述を理解するとはどういうことかという意味理論の根本問題が、次のような問いに置き換えられるのである。つまり、ある発話者を発話行為によって真理請求を掲げている者として「正しい仕方で」「受け取って対応する」とき、解釈者は何を行っているのかという問いである。その場合、ふたつの歩みが区別されねばならない。第一に、解釈者は発話者に対して、その発話者が〈p〉は真理であるという請求を掲げて〈p〉へと決定することになるような発話行為を割り当てる。この割り当てられた行為 undertaking を、解釈者は発話者の自己決定 commitment として理解する。確言的な話法を選択するとき、発話者は、必要な場合にはなぜ自分が〈p〉を真と見なすのかの理由を挙げるように義務づけられていると感じるのである。しかし諸々の理由は、同時にその「重み」が評価されるのでなければ、理解することはできない。これによって第二に、なぜ解釈者自身が、自分が発話者に割り当てている妥当請求に対して態度を決めるのかが説明される。解釈者は〈p〉が自分のパースペクティヴから見ても正しいかどうかを吟味する。そして場合によっては、彼は〈p〉を主張する発話者の権限 entitlement を承認するのである。（解釈者が説得力ある査定に至らず、当分のあいだ賛否の判断を控える場合であっても、もちろんそれも態度決定である。）

　したがって、ブランダムはある主張を、発話者に真理請求 claims とそれに対応する決定 commitment とを割り当てることがどの解釈者にとっても「適切なものとして見えさせる〔現象させる〕」ような、ある発話者の発言として記述する。発話者が〈p〉の主張をする権限があるかどうかを決定する陳述〈p〉の地位は、解釈者が発話者によって掲げられた真理請求をどう判断するかに左右される。つまり、割り当てられた妥当請求を解釈者が自分のものとするかどうかに左右されるのである。したがって、分析の端緒となるのは、解釈者の態度（実践的態度）であり、とりわけ、諸々の真理請求に対する彼のイエス／ノーの態度決定である。決定的なのは、ある発話行為が解釈者にとってどのように現象しているか、あるいは彼がその発話行為をどのようなものとして受け取るか、なのである。

「現象」する発話行為を分析しようというこの決断から明らかになるのは、コミュニケーション参加者の立場は彼の発言という地位よりも優位にあるということである。このような優位ゆえに、「スコア記録」というイメージ、そしてそもそも会話と野球の試合との比較が出てくるのである。ディスクルス実践は、基本的には、問いと答えという主張のやり取りから成っている。対話者たちは互いに問いと答えを割り当て、ありうべき理由に照らしてそれらを判断する。その際各人は自分の視点から、誰がいかなる発話行為をする権限があるのか、誰が誰のいかなる主張を信頼して受け入れたのかを記録していく。そして最終的に、ディスクルスでは回収できない妥当請求を掲げたことで、一般的に認められた信用の持ち金を引き出し過ぎて、共演者の目から見て信頼できぬものとなったのが誰なのかが記録されるのである。自らの寄与によって「得点」を得る各々の参加者は、同時に、他の参加者たちが彼らの寄与によって手に入れた「点数」を計算するのである。

（3）独創的なのは形式語用論のこうした着想よりも、むしろ次の一手である。つまり、ブランダムはディスクルス実践についての記述を意味論の理論と結びつけることで、両者を歯車のようにうまく噛みあわせるのである。この目的のためにブランダムは、意味の解明を認識理論的に行うダメットのやり方を採用する。すなわち、われわれが確言的な文を理解するのは、それを主張することのできる条件と、主張が受け入れられたときに参加者たちにもたらされるはずの帰結を知っている場合だというものである。言語理解についてのこうした認識理論の構想は、第二人称のパースペクティヴに即して練り上げられている。この第二人称のパースペクティヴは、主張可能性の条件を満たすための理由を要求することができ、そして、受け入れられた主張から帰結を引き出すことができるのである。(7) さらにブランダムは、セラーズとともに、ある表現のありうべき適用の状況と帰結に依拠するそのような基礎づけは、言語表現の意味内容のうちに備わる「実質的な」推論関係に基づくと想定している。(8) ブランダムが「理由の生産と消費」と規定するディスクルスの概念と鏡像のように対応しているのは、推論的な意味論である。それによれば、ある言語表現の概念的内容は、「実質的な」推理のなかでその言語表現が果たしうる役割をもとにして分析できるのである。ディスクルス参加者がある表現を理解するのは、正しい適用の条件と結果への考慮に基づいてその表現を受け入れ可能にするような諸々の理由に照らすことによってである。もっともブランダムは、行き過ぎた推論主義とは一線を画している。彼は、根拠づけの連鎖が途切れることもあるような経験という理由――それ自体さらなる根拠づけを必要とせずに理由として通用する知覚――をも認めているからである。

しかし、言語表現の正しい使用の条件と結果を確定する規則の知識を解釈者に与えるのは、経験知ではなく、言語知である。したがっていずれにせよ、意味論と語用論との関係は意味論の視点から記述される。つまり、ディスクルス実践は、ある言語の語彙に備わっている推論的関係のネットワークをいわば作動させるのである。相互に割り当てられる妥当請求に対するディスクルス参加者の態度決定は、ある発言のそのつどの内容の意味論的な含意があらかじめ指示する軌道を動いていく。意味論は、ディスクルスによって展開される諸概念を先取りするのである。その一方で、ブランダムはあまりにもプラグマティストなので、「ディスクルスの家」という言語観に納得することはできない。いずれにせよ彼は、そのつどの言語共同体のメンバーが逃れられない言語的な世界開示という観念論に対して、別の考え方を対置する。彼はディスクルス実践を、アプリオリに相続される意味知に囚われたものとしてではなく、概念を生産するものとして理解するのである。

意味論の視点から見れば言語知にともなう所与であるような概念規範は、語用論の観点のもとでは、所産として見なすことができる。しかしそれによって、意味論上の潜在的意味と推論の実践との関係は逆転される。「表現は、実践のうちにあるものとして用いられることによって、それが意味しているものを意味するようになる。そして、意図的な言明や態度は、それが割り当てられている人々の行動のエコノミーのなかでそれが果たす役割のおかげで、それがもっている内容を持つことになるのである。内容は、推論の適切性によって理解される。しかし表現は、諸々の行動を実践のうちで適切もしくは不適切と受け取って対応する規範創設的な態度によって理解されるのである。したがって、理論の道筋を利用できるようになるのは、人々が行っていることから人々が意味していることへ、人々の実践から人々の言明や表現の内容へ移行することによってである。このようにして、適切な語用論の理論は、推論主義的な意味論の理論を基礎づける（！）ことができるのである。諸々の推論を正しいものもしくは誤っているものとして対応するということが実践のうちで何を意味しているのかについての説明は、（意味論的に根源的なものとして機能しうるような）推論の実質的な適切性に訴えることに究極的に許可を与えるものなのである」(134)。しかし、「実践のうちで」とはどういう意味なのか。確証を得るためのこうした審級は、たしかに関与者の「行動のエコノミー」とその態度の「創設的な力」によって説明されてはいるが、しかし実際のところ解明されてはいない。真理請求を相互に割り当てて判断しあう実践は、実質的に有効な推理を意味論的に確定することでは保証されえないとするならば、その制約はいかなる種類のものなのか。概念の適用が正しいかどうか――「真理の査定」――が、何らかものによって明らかにされねばならないのである。

意味論的な規則よりもディスクルス参加者の実践的な態度に優位が認められている箇所の数頁後では、次のようにも言われている。「正しい推論についての意味論的に当を得た考え方は、概念内容についての納得のいく考え方を作り出すものでなければならない。しかし、そのような考え方は、客観的な真理条件の理念、そして客観的に正しい推論の理念を確保するものでなくてはならない。判断と推論のそのような適切性は、判断を正しいものとして受け取る、あるいは対応する実際の態度を踏み越えていく。そうした適切性は、事物がどのように受け取られているかとは別に、事物が実際にどのようであるかによって規定されるのである。われわれの認識態度は、究極的には、態度を超越するこうした事実に応答しなければならない」(137)。ブランダムが自分自身に対して行っているように見えるこの「実在論的な」異議は、「現象論的な」態度とは両立しがたい。参加者のパースペクティヴと結びつき、言語実践を内側から再構築する「現象論的な」やり方によって、この分析者ブランダムは、真理や指示作用そのものについてではなく、共演者に真理請求と関係指示を割り当てる解釈者にとって真理や指示作用がどのように現象するかを語る義務を負うのである。[9] 実際、ブランダムはこの方途を通じて、実在論的な直観を満足させようと試みるだろう。その地点に至るまで彼の議論を追う前に、わたしは客観性問題をその固有の文脈から展開することにしたい。

説明が、ディスクルス参加者の「態度」から、彼らの発言という「地位」を経て、その発言内容の「客観性」へと進展すべきであるかぎり、妥当請求を割り当てて査定する行為が、コミュニケーションの真理内容を明らかにする役割を担わねばならない。すでに述べたように、こうした「実践的態度」は「スコア記録」というディスクルスの論理の規範的特徴を解明する鍵として役に立つ。ディスクルス参加者はある意味では、自らの発言の規範的地位を創設する。ある人が他の人にある主張を割り当て、その主張を正しいものとして認めるとき、それによって、彼はいわばこの発言に（客観的と推定される）ある内容を与え、真なる主張という地位を用意しているのである。規範的地位を「設置」するこの過程を、ブランダムは法権利の実定化と同じような契約主義的モデルに従って構想している。「われわれの活動は規範を創設する。〔…〕規範的意味は、選好を形成し、命令を発し、同意に入り、称賛や叱責を行い、評価や査定を行う行為者によって、裸体の上に投げかけられるマントのように非規範的な世界に課されるのである」(48)。

規範は本来的に自然の一部であるわけではない。諸々の規範は、知的存在の意志によって自然的な気質や行動様式に課されるのである。規範に導かれた行動は、単なる規則的な行動から区別される。なぜなら、前者の場合、行為する主体は自分に期待されているものを知っているからであり、また、自分が侵害することもありうる規範の概念に従っているからである。ところでブランダムは、共同体が特定の行動様式を正しいものあるいは逸脱したものとして称賛したり、処罰したりするということから、そのような規範の発生を説明している。立法者は行動を望ましいもの、あるいは望ましくないものとして二元的にコード化し、規範的に予期される当該の行動に賞罰を科す。とはいえ、こうした経験主義的な説明では、合理的な動機によって導かれる存在者の性格をいまだ正しく捉えていない[10]。立法者は自分から理性的な尺度に従わねばならないのである。「理性的存在者としてのわれわれの尊厳は、まさに自分たちが認めるルールにのみ拘束されるという点にある。つまり、(セイレーンを前にしたオデュッセウスと同じように)それに拘束されることを自分たちで自由に選んだルールにのみ拘束されるのである」(50)。

この文脈でブランダムは、理性的な立法を単なる恣意の行為から区別するために、カントの自律概念を利用している。まさに自らがそれとわかった上で選んだ規範に従うときに、立法者は自律的に行為するのである。自由意志とは、良き根拠によって規定された理性的な意志である。「カントは、理性的であるがゆえに自由であるわれわれと、理性的であるがゆえに規範に拘束されるわれわれとを調和させている。つまり自由とは、ある特殊な種類の規範、すなわち合理性の規範によって強いられるものなのである。これが含意しているのは、道徳義務の規範的地位を規範的態度によって創設されるものと見なすということである」(51)。だが、まさにこうした考察が示しているのは、ディスクルス参加者の「規範的態度」がその発言の規範的地位に優先するということを納得できるかたちで示すためには、道徳哲学的あるいは法哲学的な比較では不十分だということである。というのも、(カントやルソーの意味での)自己立法のモデルは、立法者が合理性の規範に従っているということをすでに前提しているからである。まずはそうした合理性の規範が「創設」されねばならない。つまり、その規範を「設置」することが問題なのである。「理性的な」規範措定は、理性規範に従って行われねばならず、したがって、それ自体としては理性そのものの規範性を説明するためのモデルにはなりえない。ディスクルス参加者は「立法者」として現れるよりも前に、語りの規範的な内的構造に「つねに始めから」依拠しているのである。

ブランダムはある意味で自分自身を誤解している。なぜなら彼は、過度に包括的な規範性概念を用いて、極めて広い意味での合理性規範――論理的、概念的、意味論的、そして語用論的規則――を行為規範と同一視しているからである。[11] 権利義務の概念で記述されるのは、もちろんとりわけ論証実践である。真理請求を掲げる者がそれを根拠づけるよう義務づけられる一方で、その反対者は反駁する権利をもつ。双方ともにコミュニケーション前提と論証規則に拘束されるのであり、それが「理由の空間」を定めるのである。この「空間」では、精神――ディスクルス参加者の「実践的態度」――を正しい仕方で触発するために、諸々の理由が自由に浮遊し、合理的な動機づけの力を邪魔されることなく展開することができる。論証の権利義務の意味には、それがより良き論拠という、強制なき奇妙な強制を活動させるということが含まれているのである。しかし、理由による触発は、規範による義務づけとは異なるものである。行為規範が行為者たちの意志を拘束する一方、合理性規範は彼らの精神を導くのである。

ブランダムが合理性規範を行為規範と同一視する傾向があるということは、彼の実践概念の出自と関係しているのかもしれない。そのひとつの源泉は、言語ゲームの文法を生活形式の下部構造として理解するウィトゲンシュタインである。その際ブランダムは、論理・数学・文法規則と、文化的模範や行為規範とのあいだに共通性を見出している。彼の構想は認識の規則と社会文化的な規則とを無差別に包含しているのである。しかし、「ディスクルス実践」というブランダムの概念は、ウィトゲンシュタイン受容に劣らぬほど、『存在と時間』の第一編の独自の解釈にも負っている。

道具についての有名な分析は、本人は認めないものの、ハイデガーがプラグマティズムに近いことを示している。あらゆるディスクルス的な相互了解に先立って、世界内存在は、われわれが仕事をしつつ事物と交わるなかで実践的に開示される「適所性の連関」によって規定されている。すでにブランダムはある初期論文のなかで、この第一編の超越論的－社会学的解釈を提案していた。[12]「道具」の意味は、行為の典型的な遂行にあたって人はどのように事物に反応するのか、そして、ある共同体は何をそのつど適切でふさわしい反応として認めるのかを規定する。「道具」の意味は、人がそれをいかなるものとして受け取るかという点にあるのである。もっとも、ハイデガー自身とは異なり、ブランダムは社会的なものの優位を出発点としている。こうした読解に従うなら、社会的実践の機能連関が言語共同体の世界解釈――世界と言語共同体との交わりの「解釈学的な〈として Als〉」――を規定することになる。個人においては、こうした前述定的な世界理解が、似たような刺激に対して他人と同じ仕方で「応答する」という性向のうちに現れる。したがって言語共同体のメンバーは、自分たちの典型化された応答を互いに「適切でふさわしい」ものとして認め合うことで、諸々の意味を「創設する」のである。この場合、メンバーたちの認識上の権威は、共同体の社会的権威と結びつくことになる。

　ブランダムによれば、前述定的な世界解釈のこうしたアマルガムからはじめてディスクルス実践が生じる。われわれの文脈ではこのことが重要である。「新しい社会的な応答様式としての陳述」とともに、それまでは単に「手もとに zuhanden」あったものが、「目の前にあるもの Vorhandenes」へと変容する。「陳述、およびそれを可能にする理由の付与と要求の実践は、それ自体、特別な種類の実践的活動である。何ものかを陳述することでそれに応答するということが意味しているのは、それを目の前にあるものとして扱うということである」。[13]こうした背景のもとで、なぜブランダムが後になってもなお、ディスクルス参加者の実践的態度は彼らが互いの陳述に与えあう規範的地位に優越すると見なしているのか、さらに、なぜ彼が合理的な妥当性を社会的な妥当性と同一視する傾向があるのかが理解できる。他方で、テクストの読み方としてはむしろ欠陥があるが、事柄としてはより興味深いこの論文の結論部では、なぜブランダムが後期ウィトゲンシュタインや後期ハイデガーが説いているような結論に同調しなかったのかを知ることができる。ブランダムは、言語ゲームのコンテクスト主義からも、言語的な世界開示の観念論からも距離を取るのである。

ハイデガーの場合、目の前にあるものというカテゴリーは、目の前にあるものについての陳述のうちで行われる「対象化」という軽蔑的な含意をつねにもっていた。対象主義を批判するこうした読解に対して、ブランダムは認識固有の意味を強調している。それは、単に手もとにあるものとの前述定的な関わりに対して、命題として分節化された語りや、世界とのディスクルスによる関わりが優越するということを基礎づけるものである。ブランダムはいわばハイデガーの道具分析をその文化批判的なセンチメンタリズムから解放している。事実確認的な語りは、手もとにある事物を実践的意図の利害連関から引き離し、それを事実が陳述されうるような目の前にある対象として推論的思考のディスクルスの連関のうちに取り込むのである。「金づちとして手もとにあった目の前の対象において重さという特性が感じ取られる場合、その陳述の適切性というのは、特定の実践的目的にとっての有用性を問題にしているわけではない。[…] 理由の付与と要求のゲームにおいては、陳述の適切性を定める権威は、実践的目的のための有用性という領域から身を引くのである(14)」。

これと直結しているのが、ブランダムが「社会的なものの優位」に与えていた重要な評価である。認識の妥当性という問題においては、そのつどの言語共同体の同意が最終決定権を持っているわけではない。各人は、誰でも間違えることがありうるという意識のもとで、陳述の真理性を究明しなければならない。先の論文は興味深い仕方で、合理性規範を行為規範と同一視しようとする傾向と、相互了解の実践の合理性に対する信頼とを、同時に納得できるかたちで示そうとしている。要するに、ブランダムが集団全体についても主張している可謬性の留保は、次のような問いと結びついている。すなわち、その地位を解釈者の割り当てと評価に依存しているある発言は、解釈者がそのつど知っていたり行ったりすることを必要とあらば超えていくような客観的な内容をどのようにして備えるのか、という問いである。

発言の真理性――内容の客観性――についての問いは、語用論から意味論へ進んでいく解明戦略とはいわば逆向きに進行する。「もし正しいものとして受け取って対応する現実の実践的な態度が実質的に正しい推論の規範的な地位を創設するとしても、そして、もし推論のこの実質的な適切性が今度は概念の内容を与えるとしても、にもかかわらずこの内容は客観的な適切性を含んでおり、諸々の意味の基礎にある実践的な態度はそれ自体、その適切性に対して応答しているのである。われわれがある表現を使用する際、それがいかにして正しく使用されるかについて少なくとも特定の場合にはわれわれは皆間違えるかもしれないと定めるような内容を、どのようにしてその表現に付与できるのだろうか。概念の適用を正しいものもしくは誤っているものとして受け取って対応する規範的態度は、規範的地位をどのようにして創設できるのだろうか。この規範的地位は、創設する態度が創設された規範に従って査定されたり、不十分であることがわかったりしうるという意味において、こうした態度を超越するにもかかわらず、である」(137, 傍点筆者)。ブランダムは現象論的なやり方をしながらも、明らかに実在論的な直観を満足させようとしているのである。

このような論証上の立場は、言語論的転回に基づくアプローチ、すなわち言語と現実はわれわれが解きほぐしえないほど絡まりあっていると想定するようなアプローチに典型的である。つまり、われわれは何が現実であるかを、何が真であるかに遡行することでのみ解明することができるとされる。意見や命題の真理性は、他の意見や命題の助けを借りてのみ根拠づけたり、反駁したりできるのだから、われわれは言語の圏域の外に出ることはできないというわけである。プラグマティズムはこうした欠点を利点に転じることになる。それは、対応《コレスポンデンツ》という観念に別れを告げ、「何が真であるか」についての分析を、「真として扱う」者の行為遂行的な態度に基づいて行うことによってである。もちろん今日では、プラグマティズムにはさまざまなバージョンがある。これらの変種は、一方では、実在論的な直観を不可避と見なすか、あるいはそれに修正を加えて記述するかによって、他方では、われわれの実践と世界との関わりをどう理解するか――行為における対立として理解するか、あるいはディスクルスにおける抗論として理解するか――によって区別される。ブランダムの立場は、ある観点からすればリチャード・ローティのネオ・プラグマティズムから区別され、別の観点からすればヒラリー・パトナムの内在的実在論から区別されるのである。

ふたつの根本的な実在論的直観は、陳述の真理性という観点、および世界とわれわれとの関わり（対象への関連）という観点から鏡像のように定式化される[15]。一方では、真理の述語の「警告的な使用」ということが述べているのは、十分に正当化された陳述であってもなお、新たな明証性に照らせば誤りだと判明する可能性があるということである。指示作用の側面から見れば、真理と正当化とのこうした違いに対応しているのは、われわれによって作られたのではない世界はわれわれに偶然的な制約を課してくるものであり、そうした制約がわれわれの期待を妨げる場合には、それとわれわれとのあいだに「摩擦」が生じるという想定である。他方では、無条件の妥当性という意味での真理の述語の使用ということが述べているのは、真なる陳述はどこでも誰によっても有効なものとして受容されるに値するということである。指示作用の側面から見れば、真理妥当のこうした普遍性に対応しているのは、われわれがどのようなパースペクティヴから世界内の何かに関わるにせよ、世界はすべての人にとってひとつの同じ世界であるという想定である。したがってわれわれは、それについての事実を陳述できるような可能的対象の存在を想定しているとともに、同じ客体を異なる記述のもとで再認することを可能にするような、自分たちの準拠枠同士の共約可能性をも想定しているのである。

われわれはこうした背景のもとで、ブランダムの見解をローティの立場とパトナムの立場との中間に位置付けることができる。リチャード・ローティは、先に言及したふたつの直観のうちの第一の直観を満足させようとしている一方、第二の直観には修正を加えている。彼は真理請求がコンテクストから独立しているという誤った想定に反駁し、さまざまな世界解釈の共約不可能性を信じている。それに対してブランダムは、真理の普遍性請求――そしてひとつの同一の世界という想定――をも考慮に入れようとしている。その一方で彼は、思うようにならず予想外のことも起きる世界とわれわれとの関わりを、実践的な折り合いのようなものとして理解しているわけではない。別言すれば、ブランダムはローティのコンテクスト主義を回避しようとしながらも、学習しつつ世界と相対するというパトナムの分析をめぐって言語哲学的な探究を展開するわけでもないのである。

わたしはまず、(Ⅲ)ブランダムが発言の客観的内容を現象論的な視点から解明しているふたつの論証の道筋を取り上げることにする。(Ⅳ)こうした解明の試みは結局のところ、彼を客観的観念論の言語学的な変種に追いやることになり、それはこれまで示してきたような語用論的に変形されたカント主義のイメージにほとんどそぐわないものとなる。(Ⅴ)カントからヘーゲルへのこうした道程から、一方では、ブランダム自身が要求している第二人称の役割とは合致しないコミュニケーションの客観主義的な概念が解明される。(Ⅵ)他方で、確言的な言語行為を方法論の上で際立たせることは、道徳理論の観点から見ても不都合な帰結をもたらすことになるのである。

第三節

ブランダムは、ディスクルス参加者たちが従っている意味論的・概念的規範の「態度を超越する」客観的内容を説明するために、異なるふたつの話をしている。「概念的規範の客観性は、それが体現する規範的地位とコミュニティの規範的態度——仮にコミュニティの全員が共有する規範的態度だとしても——との区別を維持することにある。にもかかわらずそれは他方では、そうした規範的地位をコミュニティのメンバーの実践的な規範的態度と査定によって創設されたものと理解することにもある」(55)。(1) 彼の著作で重点が置かれているのは、第五章から第八章までのところで述べられているオリジナルな話である。それはある種のアナフォラ〔照応〕的な語法に説明上の重要な役割を負わせている。(2) 第四章に記述されているもうひとつの話は、知覚と行為をディスクルス実践の入口と出口として扱っている。それぞれの話を見たあとでわれわれは、これらふたつの話がどのように連関し、相互に補完し合っているのかという問いに取り組むことになるだろう。

(1) ブランダムはまず、ふたつの部分から成る簡単な述定命題の構造を言語超越論的に「演繹」しようと試みている。それは、そもそもなぜわれわれは単称名〔固有名〕を用い、その際われわれが特性を付したり拒んだりする対象の存在を想定するのかという問いに応えるものとされている。この複雑な考察が依拠しているのは、表現を同等の表現で置き換える代入が推論関係の変換にあたって果たす論理的な役割である。しかし客観性の問題にとって、ある表現のこうした代入可能性は、言われたことへのアナフォラ的な遡及関係との関連で特に重要である。つまりブランダムは、事態を表象する際に本質的なふたつの意味論的表現、すなわち「〜は関わっている」と「〜は真である」について、前者を関係表現、後者を述語として理解するのではなく、アナフォラ的な依存関係にある表現（間接記述と「文代用形 prosentences」）を形成するためのオペレータとして理解するのである。彼は自らの論拠を三段階で展開している。

（a）「再認判断」についてのフレーゲの分析を受け継いで、ブランダムは単称名の役割を探究している。単称名の役割とは、話題となっている「何か」あるいは語られている「何か」を示すことで、世界内の何かに対する言語的な関係を言語のうちに映し出すことにある。しかも、われわれが対象に関係するときには単称名の助けを借りざるを得ないのであり、その場合、われわれはそうした対象を別の記述によっても再認することができる。「ある表現は通常はある客体を特徴づけていると見なすことは、その同じ客体は別の仕方でも特徴づけることができると見なすことである。つまり、コミットメントを維持する——その表現をも含んだ——何らかの代入を行なっても支障はないと見なすことである」（430）。この特有の作業があってはじめて、われわれは前に進めない標識言語の限界を超えることができるのだが[16]、それをブランダムは、アナフォラの連鎖を打ち立てて再帰的な連関を確保する能力ということで説明している。

指示代名詞のダイクシス（直示）的な使用は、アナフォラ的に、つまり遡及的な特徴づけと記述によって再帰的に取り上げられるのでなければ、認識にあたって空転することになるだろう。ブランダムはアナフォラを、普遍的で再生産可能な内容と反復不可能なダイクシス的な行為とを結びつける言語的メカニズムとして理解している。「ダイクシスはアナフォラを前提とする。いかなるトークンも、他のトークンがアナフォラ的な従属詞としての意味を持っていないのであれば、指示詞の意味をもつことはできない。ある表現を指示詞として使用するということは、それを最初のきっかけとなる特別な種類のアナフォラとして使用するということである」（462）。先行する文成分に言語内的に関連することではじめて、個々の指示行為を超えて再同定できるものでなければならない対象への指示が可能になる。「他のトークニング tokenings への遡及によるアナフォラ的な拡張と結合の可能性なしには、ダイクシス的なトークニングは重要な意味論的役割を果たすことはできないし、ダイクシス的な役割さえも果たすことができない」(465)。

(b) 世界に対する言語の関係はもちろん対象への指示に尽きるものではない。それは、発話者が対象について主張しうる事実の表象によってはじめて完全なものとなる。世界に対する言語の関係は、陳述された事態に対する発話者の命題的な態度のうちで表現される。そしてこうした態度が再び主題化されるのは、自分は事象に関して de re 記述された事態を発話者の視点とは異なるパースペクティヴから述べているということとその理由を語るために、解釈者が言表において de dictu 発言に関わる場合である。しかし、発話者と解釈者のそうした意見の違いを言語にできるのは、これらの対話者がそのつどの相手の陳述を引き受けるために、「〜は真／非真である」というオペレータを代用形として使用するという仕方で同じ事態に関わっている場合だけである。このときもまたアナフォラが重要な役割を果たすことになる。しかし今回は、間人格的な用法においてである。ある解釈者が他の人の発言に応答するとき、前者は、後者に割り当てられた当該の主張を、同一の対象や事象に関わる反対の主張によって代入できねばならない。「間人格的なアナフォラはまさに、並立する諸々のコミットメントの違いに直面しながらもコミュニケーションを維持するために必要な効果を達成するのである」(486)。解釈者にとって、言表において割り当てられた真理請求と事象に関して掲げられた自らの真理請求との差異は、客観化の態度をもたらすものである。発話者は、自分が主張し、現存していると——解釈者の視点からすれば誤って——考えている事態に対して、そうした客観化の態度を取るようになるのである。

(c) 間人格的なアナフォラは最終的に、言表に関する記述と事象に関する記述の違いに示されるパースペクティヴの差異と結びついて、主観的に割り当てられて判断される発言の客観的内容を分析する際の適切な道具となる。ブランダムは「客観性」という概念によって、参加者が知っていると信じていることと、実際に知っていることとの違いを際立たせようとしている。間人格的なアナフォラは、解釈者がこの「プラトン的な」区別をどのように処理するかを説明するのである。解釈者は発話者に真理請求〈p〉を割り当てることによって、発話者が〈p〉を決定しているという主張の真理請求を自ら暗黙のうちに掲げている。しかし解釈者は同時に、言表に関する記述というかたちでの真理請求の割り当てと、それによって解釈者が事象に関する記述というかたちで獲得するこの真理請求の承認とを区別するのである。

ところで、もし解釈者が異なる背景想定を前提として、同一の対象や事態を発話者とは異なるパースペクティヴから観察するならば、解釈者は場合によっては、言われたことについて別の判断をすることもあるだろう。なぜなら発話者は——解釈者から見れば——自分が言ったことの事実上の帰結を見誤っているからである。解釈者は発話者本人とは異なり、誤った事実主張を発話者自身が気づかない帰結に照らし合わせて判断する。しかしこのことが意味するのは、解釈者は割り当てられた真理請求を退けるということである。なぜなら解釈者は、発話者自身によって引き出されることはないものの、発言そのもののうちに含まれている推論の可能性を拠り所にできるからである。「このようにして、スコアを記録するパースペクティヴはすべて、規範的地位と（無媒介の）規範的態度との区別を実践上は維持しているのである。つまり、客観的に正しいものと、単に正しいと見なされているものとの区別である」（597）。ブランダムは心理学主義に対するフレーゲの批判に同意して、発話者が真理性を主張する陳述はその明示的な内容をはるかに超える推論の可能性を含み、それが相手側の批判的な態度決定を導くこともありうると考えている。陳述の内容は、当該の陳述が——場合によっては発話者自身から離反して——解釈者にどう判断されるべきかをおのずから語るような含意をもちうるのである。

(2) しかし、発話者と解釈者のパースペクティヴの違いを扱うことに基づくこの論証は、客観性の問題についていまだ十分な説明を与えるものではない。なお解決されるべきは、陳述された内容は誰のおかげで解釈者のさまざまな態度決定が「応答」する「客観的な特性」をもちうるのかという問いである。[17]「より良く知っている」という解釈者の要求は、解釈される発話者の要求と同様に誤っていることが当然ありうる。さらに言えば、すべての人は誤ることがありうる。真理に特権的に接近することを保証されたパースペクティヴなどというものは、共同体全体のパースペクティヴであっても存在しない。しかし、すべての人が等しく可謬的に真理に接近するのだとすれば、アナフォラによって表現される発話者と解釈者とのパースペクティヴの違いもまた、先の問いに対する答えを与えるものではない。「われわれがある表現を使用するさい、それがいかにして正しく使用されるかについて少なくとも特定の場合にはわれわれは皆間違えるかもしれないと定めるような内容を、どのようにしてその表現に付与できるのだろうか」(137)。なお相変わらず解明されねばならないこの現象に関しては、例えば「金《ゴールド》」(もしくは月並みな例としては「鯨」)のような「自然種」に対する表現が思い浮かぶかもしれない。これについてはH・パトナムが、いかにしてわれわれは新たな認識に基づきつつそうした表現を正しく拡張することで、言語使用を修正してきたかを叙述している。[18] ブランダムは「知覚と行為」に関する第四章でこの問いに答えを与えているだろうか。この第二の話はそもそも、発言内容の客観性についての未決着の問いに答えを与えるものとされているのだろうか。

一方では知覚と行為は、判断と意図の文法形式を通じて命題的に、したがって言語的に構造化されている。他方でそれらは、ディスクルス実践の入口と出口を示しているのであり、そこにおいて言語は、コミユニケーション参加者の内部視点から見ても、世界と接し、交差する。その限りで言語論的転回以降も、感覚の触発と行為の成功は、自立的かつ同一のものとして想定される客観的世界の制約がそれを通じて「われわれ」に課されるふたつの媒体と見なされるのである。たしかにブランダムは、知覚判断の認識上の権威はもっぱら知覚された状況そのものから状況の知覚へ至る因果連関に基づくとするような外在主義的なテーゼを（わたしの理解では十分に理由があって）攻撃している（209ff.）。しかし彼は当然のことながら、知覚を「直接判断」の経験的基礎として受け入れている。そのうえ彼は、ディスクルスにおいては知覚が、それ自体さらなる根拠づけを必要としないような根拠として機能すると考えている。「非推論的な報告は正当化されない正当化根拠として機能しうる。……だから観察は遡行に歯止めをかけるのであり、その意味で経験知の基礎を与えるのである」（222）。ブランダムはこの――いくぶん経験主義的に感じられ、いずれにせよパースからは逸脱する――立場を、性向の習得ということで説明している。「信頼できる観察者」は、十分に緻密に環境の刺激に反応するよう訓練されているというのである。「そのとき、観察知の基礎は以下の点にある。つまり、各々のドクサに基づくコミットメントを承認することで、信頼できるかたちで環境の諸特徴に緻密に反応するよう個人を訓練できねばならないという点にである」（224）。

こうして次のような言語のイメージが生まれる。つまり、無数の潜在的な命題から成る意味論的な糸の網目が、演繹可能な観察命題という結節点においていわば現実に係留するというイメージである。しかし、われわれのもっともうまくいった記述でさえも否定しうるようなひとつの自立した世界という実在論的な直観を満足させるには、こうしたかたちで現実に係留しているだけで十分なのだろうか。これの背景にあるのは、言語学習についてのウィトゲンシュタインのモデルである。例えば、大人が子供に色に関する語彙を教えるのは、「赤い」という述語についてはさまざまな赤い事物を、「青い」という述語についてはさまざまな青い事物を周囲の環境のなかで見せることによってである。こうした「正しい」言語使用に向けた練習は、「これは赤いものである」もしくは「これは青いものである」という随伴する文が既存の言語実践の枠内では真であるという暗黙の想定のもとで行われる。それゆえ疑わしい場合には、対象の知覚（そして当該の観察命題の真理性）が、述語の正しい適用を点検するものとして役に立つ。「しかし君は、ここの赤い上着やそこの黄色い上着と比べてみれば、この上着が赤というよりオレンジ色であるとわかるだろう」。親はおおよそこういうふうにして、経験を例にして子供の言語知を修正するのである。しかし、経験はそれにとどまることなく、言語能力ある大人が間主観的に行なっている言語使用を修正する力を持つのだろうか。言語習得だけが問題である限り、何が正しいかは、言語を身に付けている人々の共同体が何を正しいと見なしているかによって規定されることになる。

たしかに知覚は言語と世界の交差点を示している。しかしそれではまだ、不適切な意味論的規則に対して客観的世界が主張しうる拒否権の力の程度については何も述べていない。経験はわれわれに言語の一貫性のなさを、つまり例えば、鯨 Walfisch が魚 Fisch ではなくて哺乳類であるということを教えてくれるかもしれない。しかしわれわれは現実と交わるなかで、われわれの言語の意味論的な確認に従って自分たちがこれまで正しくも「金《ゴールド》」と呼んできたものが、今日の「確認」の後ではもはや「金《ゴールド》」ではないということを「学ぶ」ことができるのだろうか。ハイデガー、そして（異なる仕方ではあるが）ウィトゲンシュタインは、経験にそれほどまでに幅広い修正の力があるとは明らかに信じていなかった。

彼らの理解によれば、言語共同体の経験の地平は、ある言語やある言語ゲームの文法によって「前存在論的に」、すなわち前もってカテゴリー的に解釈され、概念的に分節されているのだから、世界内の経験には、アプリオリに構造化する言語そのものが世界開示的に先取りしたものを否定する力が欠けている。

ハイデガーとウィトゲンシュタインは、超越論的主体の世界産出の自発性を言語に移し替えたのち、「われわれ」の構成的な作業から自立した世界という実在論的な前提を受け入れざるをえなかった。そして、自然言語はつねに複数形で現れる以上、異なる諸々の言語的な世界投企のあいだの翻訳可能性や共約可能性という問題が生じることになった。この問題は、すべての人にとって同一な世界というもうひとつの前提をも疑問に付すことになるのである。

反実在論的な帰結を受け入れる用意が明らかにできていないブランダムは、文化主義（マッキンタイア）、存在史（デリダ）、プラグマティズム（ローティ）のいずれを向いたものであれ、言語超越論的なアプローチを受け入れることができない。彼は経験による否定に、言語知そのものに作用するような学習過程を突き動かす力があると信じている。「環境から適用の帰結への推論（これは概念内容に内在している）は経験的な批判に晒されるが、それは、推論が非推論的に獲得されうる諸々のコミットメントの内容を結びつけるからである。だから「酸」という言葉は、ある物質の酸味がその言葉を適用するための十分条件であるというように使用されることがある。そして、その酸味がリトマス試験紙を赤くするということは、その言葉を適用するために必要な帰結である。酸味がし、かつリトマス試験紙を青くする物質が見つかれば、その概念は不適当であることが示される」（225）。このような論証が行われるときには、世界内部の触発による学習過程がどのようにして世界開示的な意味論や言語内容の根本概念に関わる分節に介入できるのかという問いが当然立てられねばならない。

奇妙なことにブランダムは、挙げたような例に言及するだけで満足している。経験に導かれる学習過程は不十分な言語知を正すように個々のメンバーを促しうるだけでなく、既存の意味論的規則を修正するように言語共同体全体を促しうるとされているが、そうした学習過程についての分析はどこにも見当たらない。客観的概念とそれに対応した意味論的規則を形成するにあたってブランダムが経験にどれほどの重要性を認めているかは、おそらく彼がふたつの話を結びつけているやり方から見て取れるだろう。章の順番からしてすでに、アナフォラの中心的役割についての鋭い考察が未解決のままにしている問いに対して、知覚と行為の分析が答えを与えているかどうかに疑問を抱かせるのである。

第四節

そもそも世界知が言語知のうちに沈殿している事態を、そして世界知による言語知のコントロールをどのように考えたらいいのだろうか。事物や事象との経験的コンタクトは時によっては、先行して与えられている（「世界開示的な」）カテゴリーや概念的規範の改変を引き起こすが、それはどのようにしてなのかを、意味論的に重要な学習過程が説明できねばならない。自然主義的な説明をブランダムは拒否する。(1) しかしまた、彼の理論構成に合うプラグマティズム的な説明を、言語了解を行う解釈者という現象論的な観点だけから展開することも無理である。(2) それゆえブランダムは、概念実在論を取らざるを得なくなるが、実は、この概念実在論は、世界「それ自体」の構造についての陳述をすることによって、言語に「現象する」現実のディスクルス理論的アプローチによる分析を無駄にしてしまうのだ。

(1) ブランダムはパットナムとともに「理性は自然化できない」と確信している。言語分析の徒として彼はそれゆえ，参加者内部のパースペクティヴを保持する。そして意味理解（あるいは翻訳）によってアプローチ可能な発言、相互行為および態度といった社会的世界を、観察可能で因果的に説明可能な事態や事象といった客観的世界と区別する。「事物を客観的な事物と社会的な事物に区分すること自体が、客観的もしくは存在論的カテゴリー化というよりも、むしろ社会的な区分なのだ。われわれがそれらを共同体の権威に服する事物として取り扱うかそうでないかによる社会的な区分なのだ」[19]。自然主義的な説明戦略を取れば、規範的概念によって記述される社会的実践よりも、因果的に説明可能な事態や事象に存在論的優位を認めることになる。つまり、社会的実践は因果的に説明可能なプロセスに還元されねばならないことになる。とするならば、言語的に構造化された生活世界のさまざまなカテゴリー的構成部分が、観察可能な事態や事象を扱う唯名論的な言語によって書き換えられねばならなくなる。例えば、文法的発言の内容や形式は、時間的に特定可能な発言というできごとの機能やメルクマールとして記述される[20]。あるいは（今日の認知科学に見られるように）、脳の神経プロセスに書き換えられることになる。しかしこの翻訳ないし書き換えがラディカルになされればなされるほど、直感的に知られている〔社会的相互交流の〕諸現象は、新たな客観主義的記述によって、同じ現象とは思えないものとなってしまう[21]。

もちろんのこと、ブランダムが優先する非自然主義的な説明戦略は、鏡に写ったかのような逆向きの問題にもぶつかっている。つまり、知覚され、唯名論的な言語で記述された事態や事象は、どのようにしたら、意味連関とディスクルス実践の宇宙に入る入口を見つけることができるのだろうか、という問題である。われわれは、すでにダイクシスとアナフォラの関係を論じるにあたってこの問題にぶつかっている。指示代名詞に取って替わられた固有の指示行為を言語内で遡及的に論じることが、いかにしたら、繰り返し不能の「トークン」を——知覚された事象とのつながりを——繰り返し可能な「タイプ」のディスクルス連鎖のうちへ取り込み、それによって再帰的にアプローチ可能となりうるか、という問題を説明できねばならない。その際にブランダムはもちろん、直接的な指示行為であるダイクシス自身を、アナフォラの鏡に照らして、論じている。つまり、あたかもそれ以上の説明を必要としないかに見えるアナフォラからの派生的な現象として論じている。こうした提案が指示問題を説明するというよりも、むしろ排除してしまっているのではないかという疑念が出てくるが、それについてはここでは論じないことにしよう。いずれにしても、世界知と言語知の相互作用に関する現在の問題を論じるには、言語内在的論究のパースペクティヴを拡大する必要がありそうだ。

ブランダムは、リトマス試験紙に予期に反して青が観察されると、それは、「酸」という概念についてのこれまでの適応規則を修正する根拠となるという例を挙げているが、この例は、言語内在的論究のパースペクティヴを拡大する方向性を示している。この場合、実験行為によって知覚が産出されている。このような実験は、日常の実践に依拠した知覚と行為との内的関連、通常の「経験による学習」のもととなっている関連を利用しているにすぎない。われわれは、ある行為が成功したかどうかを検証するにあたって、予期された結果が生じるかどうかを観察する。もし当該の結果が生じない場合には、行為計画のもとになっていた仮定を変更しなければならないことをわかっている。中期のパースの「疑念＝信念」モデル以降というもの、プラグマティズムは、行為が成功するかどうかに、経験的信念がそのとおりかどうかを判断する最重要の基準を見てきた。習慣化した実践は、それが今後も機能するかどうかによって、つまり、行為遂行が問題なく無事に進むかどうかによって、その正しさが明らかになる。現実と実践的に「うまくやっていく」うちに、間違い――予期した行為帰結が生じないという間違い――があると、われわれに知らせてくれる成果検証としての特定の知覚は、明白な修正能力を得ることになる。その際に普遍化された行為確実性（つまり、行為習慣へと凝固した信念）は、不調和な知覚をいわば予期の否定であるというように先鋭的にとらえる背景となる。また、実践的な撤回の経験、つまり既存の信念を修正しなければならないという意味を、この不調和な知覚に付与する。失敗を知覚すると行為者は、現実によって幻滅を受け、その現実といわば「摩擦」を引き起こす。この現実は、もはや機能しない行為連関というコンテクストのうちで、これまでは応じてくれた協力を、いわば断ってきたのである。

　こうした「反対」を客観的世界は、行為遂行的なかたちでのみあらわす。つまり、因果的に解釈された一連の事象から成る世界への目的志向的な介入に「応じる」のを断ることによってである。客観的世界はこのように、道具的行為という機能の枠のなかでのみ、自己主張してくる。これによって、現象論的な言語分析に焦点を絞るブランダムが意味論的に重要な学習過程のプラグマティズム的な説明を考慮に入れないのはなぜであるか、ということがわかる。(22) もちろんのこと、行為者が現実の前で挫折する経験自身も、言語的に構造化されているにはちがいない。しかし、この経験そのものは、言語に関する経験ではないし、言語コミュニケーションの地平内部の経験でもない。行為者が、世界と実践的にうまくやっている事態から距離をとり、ディスクルスを開始し、「手もとの」状況を対象化して、世界のなかの何かについて了解しあおうとすることによってはじめて、行為確実性を揺り動かし、〔予期、行為確実性の〕撤回を迫る知覚〔知覚による拒絶〕が、ディスクルスによって動員された「理由」となる。この「理由」こそが、これまでの見解の概念枠と意味論的推論を生む潜在力に批判的なかたちではいってきて、場合によっては行為確実性の修正をもたらすのだ。

　先に触れたリトマス試験紙の場合のように、概念と意味論的潜在力の修正のきっかけとなるのは、成果検証的行為であるが、この行為のダイナミズムは、実験による探求が、ディスクルス参加者の態度、相互行為、そして発言に限定されている限り、視野に入って来ない。現実との操作的な関わりにおいて知覚判断は、真理請求の割り当て、根拠づけや承認というコミュニケーション的地平におけるのとは別の役割を果たす。だがブランダムにとって行為とは、基本的に言語行為である。われわれが因果的にこの世界に干渉する時の志向的行為が彼の興味を引くのは、なによりもその行為を正当化するときのもろもろの理由である。これについてはあとでもう一度ふれよう。原則的に正当化可能な行為が実際に正当化を迫られると、当該行為は、言語行為と同じように、ディスクルス実践に引き込まれることになる。それゆえ、ブランダムの論究は、知覚から行為へまどうことなく直線的に進むことができるのだ。そしてその際に、知覚が行為のコンテクストに組み込まれている事態を気にすることもなければ、知覚が「コーピング」へのフィードバック、つまり、成果検証的実践との結びつきによってはじめて得る修正能力を気にとめることもない。

理由の付与と要求の実践は、そのつどよりよき論拠を通すようにするという約束を実現するのだが、それができるためには、内容を規定し、議論参加者におけるイエス／ノーの態度を決める意味上および概念上の規範が、客観的な内実を保証していなければならない。しかし、ブランダムは、知覚と行為に関する分析によって、経験による学習というコンセプト、つまり、発言の真理性と「客観的な」内実を説明しうるようなコンセプトを作り上げるつもりはないようだ。

（2）ブランダムが実在論的な直観を救い出すのは、誰にとっても同一かつ自立していると想定された世界に由来する偶発的なもろもろの条件に立ち戻ることによってではない。ディスクルス参加者は、事態や動きについて構築的に作り上げた彼らの解釈を、思ったように行かない事態に直面する実践上の偶発的経験と調和させようとすることで、偶発的なもろもろの条件を新たに理解して行くのだが、ブランダムは、そうした偶発的条件に立ち戻ることはしない。われわれが立ち向かっている世界をブランダムは唯名論的に理解する気は毛頭なく、むしろ、――老パースと同じに[23]――「実在論的に」捉える。「実在論的」という用語を、近代の認識論における実在論の意味ではなく、形而上学的な概念実在論の意味で使ってよければだが。というのも、われわれの用いるもろもろの概念や推論の実質的ルールの客観性をブランダムは、それ自身として概念的に構造化された世界のうちに根を持ったものと見ているからである。われわれの論証ゲームは、世界の概念的関連をディスクルスを通じて展開するにすぎず、ディスクルスを通じて、世界の概念的関連が、われわれの世界知および言語知のもつ概念的諸構造のうちに定着してくる、と考えているように見える。「もろもろの概念が推論的に分節化されているという考えは、思考はほぼ同じように、そして特定のケースでは同一に、概念的に分節化されているという、思考と世界についての見取り図を与えてくれる」(622)。

こうした「実在論的な」世界了解によれば、ディスクルスを通じて得られたわれわれの思考も、思考のうちに捉えられた世界も、ともに同じ概念的な性質のものとなる。つまり、同じ素材からできていることになる。しかし、こうした「実在論的な」世界理解は、経験には、受動的な媒介の役割しか認めないことになる。こうした見方によれば、感官の触発は、構築的に作動する精神の構想力が解釈を通じて反応するような失敗、あるいは刺激をもたらすことはない。つまり、可謬的な精神が自らの解釈を検証・修正するもととなる、予想とは異なった反応をもたらすこともない。むしろ経験は、即自的に現存する諸概念が、受け入れる人間の精神に刻印されるにあたっての媒体の位置に引き下げられている[24]。概念的に構造化されている世界が、概念的に分節化されている人間の精神を動かすということだ。認識は存在論的な基礎を持つという基本的思い込みをブランダムは隠そうとしない。「真なる請求こそが事実なのだ。[…]解釈者たちによって刺激として引かれるのは、この事実であり、そうした事実が含む所有され、関連する客体なのだ。この解釈者たちは、信頼できるかたちで緻密に反応する性向を特色とし、そのような性向のうちにこそ、経験的内容がその起源をもつのであろう。こうした非推論的性向(われわれの経験的受容性の場)はしたがって、概念的に分節化されているものとそうでないものとのインターフェスを構成することはない。そうではなく、概念的に分節化された世界の概念的に分節化された把握のために必要な条件のひとつを構成するにすぎない」（622）。

客観性を唯名論的に理解する行き方からの訣別は、クワイン、ディヴィッドソンそしてローティにまでいたるアメリカの経験主義的な伝統に支配的だった自然主義についてなされているだけではない。この訣別は、ヘーゲル以降の、ポスト形而上学的思考の緻密な構造そのものを転倒させている。[25] カントは物自体と現象界を、超越論的反省の届く叡知的な自由の王国と、そもそものあり方が混沌とした現象の世界を、すなわち人間精神がそのもろもろのカテゴリーをあてはめるこの現象の世界とを区別した。この二元論は、新カント派やディルタイでも、自然科学と精神科学という二元論的理論のかたちを取った。やがてハイデガーにいたると、この二元論は、存在論的差異というかたちで再来することになる。つまり、われわれ自身がそれであるところの解釈学的に開示された世界と、世界の中で出会うもろもろの対象、われわれが対処しなければならない対象との差異というかたちである。ハイデガーは了解、つまり精神科学の解釈学的な基本的オペレーションのうちにこそ、人間の実存自身の基本的あり方を見て取った。「自らの存在を存在するしかない」存在者としての人間は、自らの世界了解と自己了解を分節化し表現するようにできている。それゆえ人間がそのなかにある世界の構造は、その本質からして彼にアプローチ可能なのだが、逆に、世界内のすべての存在者は、彼の言語的な世界投企の地平のなかで現れ、しかも、こうしたカテゴリーに即した解釈のもとでのみ、解釈かつ対処されうるものとなるのだ。

こうした解釈学的ターンとともに、自然と歴史の関係についての古典的な定義が逆転されることになった。自然は唯名論的に切り下げられて、われわれの問いに対して、われわれの言語で答えられるだけの存在と化したのに対して、歴史的生に由来するもろもろの象徴形式のうちでこそいっさいの人間的現存在の実践は生じるのであり、そうした象徴形式とわれわれは直感的に、いわば内部から親しく関わっていることになる。歴史的形成物を解釈学的に意味理解する作業は、形而上学的な本質認識とは、基礎づけ論であるとする自負をもはや共有していないが、普遍的な諸構造を精神的に把握する様態は共有している。もちろん当然のことながら、本質的存在、理念あるいは概念といったものは事物の本性から切り離され、言語の諸規則のうちへと退却することになったが[26]。言語的に形成された生活世界、その普遍的構造が内側から、つまり参加者のパースペクティヴからアプローチかつ理解可能な生活世界はある意味では、形而上学的な意味で理解された実在論の遺産を継承していることになる。逆に、近代的な認識論の意味での実在論でいう世界内のいっさいは、因果論的に説明可能な、しかし偶有的な事態やできごとの多様性として捉えられることになる。

プラグマティズムも全体としては解釈学と同じような基礎概念上の道筋を選ぶことになった。とはいえ、パース、ミード、ジェームズおよびデューイは、分析の出発点にテクスト理解をあてることはしなかった。彼らは、思ったようにならない現実と関わる実践に際しての問題解決行動を、分析の出発点とした。そのために、言語の世界開示的な能力を詩的創造として非日常的な次元に高め、形而上学を裏口から再導入する誘惑に対しては免疫があった。彼らにあっては間主観的に共有された生活世界は、むしろ、究極的には、コミュニケーション的かつ共同作業的な日常実践の場とされる。この日常実践において――ピアジェの場合なら――可謬的な学習過程の革新的＝実験的な、またはディスクルス的な性格が見えてくるし、――また後期ウィトゲンシュタインなら――文法的な規則を持った言語ゲームの相互行為的性格が見えてくる。デューイでもウィトゲンシュタインでも、あるいはハイデガーの場合でも、――彼らに由来する伝統を背景にブランダムは規範的語用論を展開するのだが――客観性の背後に隠れているのは、「世界内的な」偶有物からの拒否でしかない。こうした偶有物は、「われわれの」概念によって言葉に表現され、「われわれによる」構築物として加工処理の対象とならねばならい。「現象する」世界というカントからフッサールにいたるまで支配的だった超越論的構成はここでもいわば無傷のままである。つまり、唯名論的に捉えられた客観世界は、生活世界の地平においてのみ能動的な知力に認識できるものとなり、われわれは、ある言語および行為共同体のメンバーとして「もともと」生活世界のうちにいることになる。

間主観的な生活世界と客観的世界の絡みあいというこうした構成に、ブランダムは、マックドゥエルと同様に介入するのだ。つまり、彼らの捉え方では、「われわれの」概念の客観性は、それ自身として概念的に構造化されている世界の客観的内実の分節化された反映なのだ。「表現の推論的役割として捉えられた概念は、認識論上の媒介手段、つまり、こうした概念によって構築されたものと、われわれのあいだにある中間の媒介物として役立っている、というように考えてはならない。部分的なものから成る因果的秩序、質料が思考に提供する相互関係などというものがないからそのように言うのではない。むしろ、いっさいのこうした要素それ自身が完全に概念的なものとして捉えられているからである。概念的なものと対立するものとして捉えられているわけではないのだ」(622, 傍点筆者)。

これにともなって、かつて言語論的哲学のはじまりにあった認識[27]が、そう言ってよければ、客観主義的な読まれ方をすることになる。まずは、『論理哲学論考』のウィトゲンシュタインに倣ってブランダムは、世界を事実の総体として理解する。「かくかくであるといったいっさいから成り立つ世界。いっさいの事実、そしてその事実が関わるいっさいの客体から成る世界」。事実はまさに、真なる命題で陳述されるもののことである。「真なる請求こそが事実なのだ」。しかしブランダムはウィトゲンシュタインとは異なって、こうした表現を、超越論的な言語観念論の意味では考えない。つまり「われわれの」言語の限界がわれわれの世界の限界であるというようには考えない。むしろ彼にとってより当然と思えるのは客観的言語観念論である。世界がそれから成り立っているもろもろの事実は、基本的には、真なる命題で陳述可能なものとしてあるのだから、世界もそうした性質の存在である、つまり概念的な本性をもっている、ということになる。したがって世界の客観性は、われわれが感官の触発と世界との実際の関わりにおいて経験する偶有的なさまざまなことどもによって証されるのでなく、譲ろうとしない激しい反論というディスクルス上の抵抗によって確認されるのである。(28)

第五節

ブランダムの規範的語用論は、とりあえずは、理性的な生物のプラグマティズム的な自己理解を、それもカント的な性格をもった自己理解を表現しているように見えた。しかし、分析を続けて行くうちに、このイメージが変わって来た。振り返ってみよう。

なるほどと思わせる決断の結果としてブランダムは、ディスクルス実践を第二人称のパースペクティヴから、つまり真理請求を割り当て評価する第二人称のパースペクティヴから探究する。そのとき可謬的な解釈者の間接的な観点からどのようにしたら、正当な権利をもってなされる「正しいと思う」ことと、「正しいと思う」と誤って言い張ることとを区別できるのか、という問題が生じてくる。発言の真理性と客観的内実に関するこの問い——その際発言のステータスは、態度決定する参加者のディスクルスによって得られた「イエス」もしくは「ノー」に依拠するのだが——にブランダムは、ひとつではなく、複数の答えを提出している。しかし、それらの部分的な答えは、そのそれぞれが、カントに倣った最初の構想から決定的に外れて行く道を歩んでいることが明らかになった。わたしはこの道をカントからヘーゲルへの道というように描いてみた。このこと自身はそれだけで反論にはまだなっていないことは承知している。とはいえ、フレーゲ、ディルタイ、そしてパースは、それぞれ言語論的、解釈学的、そして語用論的転回をはじめるにあたって、それなりのしっかりした理由があったこともちろんである。そして、フォイエルバッハ、マルクス、キルケゴールが当時ヘーゲルから離反したのにも、同じく理由があった。客観的観念論への暗黙の回帰が可能とはまず思えない。それゆえ（1）ヘーゲル以後のわれわれが今なお置かれている論議状況がどういうものであるかを思い出してみたい。（2）次に、ブランダムの概念実在論的な方向がどのような帰結をともなうか、そのひとつを例に取り上げ、問題化してみたい。帰結のひとつとは、ディスクルス行為についての奇妙な客観主義的理解である。

（1）ポスト形而上学的な思考を導いている〔客観的観念論への〕批判は、きわめて簡単である。それは、われわれの世界了解の構造のうちに世界の構造が、それもわれわれの概念と同じ素材からできている構造が反映していると考えうるためには、われわれは、われわれの言語、実践、そして生活形式の外部の立場に立てねばならないが、それは無理である、というものだ。「神の立場」はわれわれには拒まれているのだ。とはいえ、観念論には、「概念が実在する」ことをもうひとつ別の方途から確認する道が開かれている。というのも、概念実在論的な基本前提を、自らの意識状況の成立史への反省から根拠づける可能性を、はじめから排除することはできないからである。例えば今日のわれわれから見ると、ロマン主義の自然哲学の行き方を、解釈学的な試みとして整理することが可能になっている。つまり、自然が科学的に客観化され、それによって疎外されてきたプロセスを、言語的に構造化され、少しずつ拡大されてきたわれわれの生活世界のパースペクティヴに再び取り込み、それによってそのような自然を理解可能にする、という試みのことである。

自然を「奪われたもの」として理解するこのプロジェクトは、もちろんのこと言語能力と行為能力を持った主体の利害、つまり、自然史のうちに自己自身の教養形成のプロセスを再認しようというもくろみに動かされたものである(29)。「あるものを、社会的実践のうちに内在する規範に、程度に大小はあれ、ある程度の緊張をともなって服するものとして扱うことができる。それゆえ木でも岩でも、われわれがそれを社会的実践に加わっているものと見るかぎりは、規範に服することがありうる。われわれは、そうしたものに社会的役割を、例えばおまじないの役割を与えるか、あるいは、それらのパーフォーマンスを発話としてただ〔われわれの言語に〕翻訳することによって社会的実践に加わっていると見なすことが可能である。……もちろんのこと、このような場合にわれわれは、当該のものが、われわれのコミュニティのメンバーとなるのは、欠如態で、もしくは二次的なあり方においてのみである、ということは認めねばならない。なぜならこれら木や岩は、われわれの実践の非常に多くの部分に加わることができないし、あるいは、加わったとしてもきわめてうまく加わることはできないからである。これこそが、原初的なできごとをただ説明するよりも、翻訳することに潜む緊張なのである(30)［…］」。自然という本を読もうとする者は、われわれが自然を自分たちのもうひとつ別のエゴとして見るならば、この自然が目を開いて〔die Augen aufschlagen. ベンヤミンがアウラを論じる文章で頻用した表現〕、答えを言ってくれるものと期待する。こうした解釈学的な予期を通じて、われわれの世界と、それに比べて組織度の低い生き物の諸世界との不均衡が明らかになる。再社会化された自然はそれゆえ、言語的に構造化された生活世界の、比べるならばはるかに複雑なあり方が剥奪されていると言わねばならない。だが、こうした背景に依拠するなら、理性的な生物のディスクルスによって成立している世界は、より包括的な絵柄の一部として見えてくるかもしれない。例えばブランダムが「志向性」の概念を手がかりに、世界全体のカテゴリー的階層化を示唆しているところなどがそうである。下層の段階では、志向性の気配がいっさいないのに対して、より高次の組織性を持った生物には、単純志向性があると認め、また相互に志向性を想定し合うわれわれ自身に対しては「固有の志向性」を確認することになろう。(31)

こういった拙速な連想だけでは、これが昔ながらの「実在論」であるとするには、説得力が十分でないことは当然であろう。細部に至るまで丁寧にできている〔ブランダムのそれのような〕言語哲学は、思弁的なテーマを離れて、批判するならば、それ固有のフィールドで批判して欲しいであろう。理論構成に対する大規模な疑念は、空振りに終りたくなかったら、個別反論という小額貨幣〔フッサールの使ったメタファー〕でなされねばならない。それゆえ、理論構成の組み替えがもたらす帰結を思い起こしてもらうのが、有益であろう。

全体として世界が概念によって構造化されているという臆断は、有限で可謬的な精神が、世界の動きについての解釈を自らの概念によって生み出すというい わば構築的な努力をしないで済むようにしてくれる。こうした客観的観念論は、世界についての説明負担を、間主観的なものとして成立している生活世界において共同で行う努力から、存在者の全体のありようへと移すことになる。ブランダムにしたがうならば、概念のありようの客観的内実は実在するのであって、それはただディスクルスによって繰り広げれば、いいだけのものとなる。「概念の辛苦」は、普通ならば、構築的な方法をとるコミュニケーション共同体の共同の学習のなすことなのだが、ブランダムでは、こうした「概念の辛苦」に代わって、「概念の運動」が来る。もちろんこの運動は、経験に媒介されたディスクルスを通って動くのだが、たいていのディスクルス参加者の頭の上を通り過ぎて行くものとなる。こうした客観主義は、ディスクルス共同体から認識上の権威を、そして道徳的な自律を奪うことになる。理念に出会い、そうした理念の宇宙に直接手を伸ばせる可能性がないかぎり、ディスクルス共同体は、自らにこうした権威と自律があると自負するのだが。これによって、ブランダムが使っているコミュニケーション概念が、第二人称固有の役割に本当には即していない理由もわかるというものだ。

（2）ブランダムは、言語共同体のうちに事実として習慣化しているコンセンサスには究極的な認識上の権威がないと、それなりにしっかりした理由から述べている。言語共同体を、その個人的メンバーよりも決定的に優先するならば、真理請求の合理的受け入れ可能性と、単なる受け入れとの区別を曖昧にしてしまうことになろうからである。ある妥当請求が正当であるかどうかを決めるのは、あくまでひとりひとりの個別的な解釈者である。だが、解釈者であれ、話し手であれ、すべての参加者は間違いを犯しうる。誰が最終的に正しいかを知りうる俯瞰的なパースペクティヴというのは、存在しない。「スコアを記録する責任」、つまり正当なイエス／ノーの態度を決める責任もひとりひとりのディスクルス参加者にある。「特定のケースにおいて、誰がよりよい理由を提示しているかを選別する実践があるだけだ」（601）。ブランダムは、第一人称と第二人称のあいだの均等な「わたしとあなたの関係」を、個人が集団によって押さえ込まれる、均等ならざる「わたしとわれわれの関係」よりも優位におこうとしている。しかし、このもくろみを彼は成し遂げているだろうか？

ブランダムは、最終的な権威を自称する言語共同体という集団主義的イメージに、切り離され、孤立したペアの間人格的関係という個人主義的イメージを対峙させる。しかし、その際に、言語的に開示された世界の、すべてのメンバーが間主観的に共有する意味地平があることを考慮に入れていない。妥当請求の割り当てや妥当請求への態度決定を彼は分析するが、その際に、第一人称、第二人称、第三人称のパースペクティヴの複雑な絡みあいを考慮していない。彼が「わたしとあなたの関係」と呼んでいるものは、実際には、妥当請求を掲げる第一人称と、他者にこの妥当請求を割り当てる第三人称の関係として作りあげられている。これまでわたしはブランダムの文章にしたがって論じて来た。しかし、詳しく見ると、ディスクルス実践の基礎となる妥当請求の割り当ての行為は、実際には第二人称からなされているのではないことが、明らかとなる。第二人称は、第一人称が第二人称に対応するということがなければ、存在し得ない。そしてブランダムのモデルではこの前提が満たされていない。ブランダムが解釈者を、話し手の発言について判断を下す公衆と同一視するのを好み、語り手に返答をすることが期待されている相手であるとしていないのは、偶然ではない。彼の場合、新たなディスクルスのラウンドはどんな場合でも、解釈者が第三人称の観察者のパースペクティヴからなす割り当てによって開始されている。

ブランダムの挙げる種々の例は、そのことを示している。裁判での審理にあたって（505）、検察側が、弁護人は虚言癖のある者を信頼にあたいする（と称して）証人として呼んでいると主張し、それに対して、弁護側が、自分たちが今証言台に招いた人物は、実際に信頼できる人間であると主張したとする。その場合、ふたつの異なった次元で、コミュニケーションがなされていることになる。第一の次元では、検察側と弁護側という両者が、お互いに相手の言うことは正しくないと論じるかたちで（事象についての記述と、言表についての記述を使いながら）、話し合っている。同時に両者とも、裁判官、陪審員、そして公共圏が存在していることを知っている。これらの人々は第二のコミュニケーションの次元で言葉のやり取りをフォローしつつ、口にはしないながら判断をしている。面白いことにブランダムは、――直接的に議論に加わっている当事者たちのコミュニケーションではなく――話し手と、耳を傾ける公衆との間接的なコミュニケーションこそパラダイム的なケースであるとして特別に論じているのだ。

法廷では、聴取する裁判官と耳を傾ける陪審員たちは、議論の状況についていわばスコアをつけ、誰がどういう点を取ったかの判断を下し、最後に例えば、評価の割れる証人の発言をどう見たらいいかを述べうることになる。しかし、法廷論争の最中には、反応が必要とされるのは、傍聴者ではなく、直接的にかかわっている人物たち、つまり、発言をお互いに向けてぶつけあい、お互いに相手から態度決定を期待する人物たちである。傍聴者は、聞き手とは違った役割をしている。出席している傍聴者たちは第三人称の役割で、結果を待つ態度を取っている。それに対して、直接的関わっている者たちは、行為遂行的態度を取る。そして、第一人称から第二人称へ話しかける態度をお互いに取りあうことによって、肯定的であれ、否定的であれ、あるいは、無反応であれ、相互に返答を期待している。妥当請求の単なる割り当て――法廷の内部で *in foro interno* なされた評価――だけでは、返答にはならない。コミュニケーションの第一次元と第二次元を混同したブランダムの研究戦略は、この重要な区別をしないために、第二人称の文法的役割を無視している。

ブランダムは、表現の理解は割り当ての作業であると捉え、テクストの解釈学的な解釈とは見ていない。そのことで彼は、たしかにディヴィッドソンと自然主義は共有していないかもしれないが、ある種の理論辟を共有している。解釈者が妥当請求と正当化を語り手に割り当てることによって、彼は自分が観察している他者の発話行為に、自分自身の描写と評価を割り当てることになる。ブランダムの出発点はおそらく次の考え方にあるようだ。つまり、コミュニケーションの結果は最も単純な場合には、語り手が世界のなかのなにかについて語ることと、言われたことの解釈者による割り当てとの認識上の関係にある、という考えである。しかし、こうした記述は客観主義的であり、これでは、言語的相互了解の肝腎な点を外している。

語り手がある発言を行うときに、解釈者が発言に相応した見解をこの語り手に割り当てるだけで、解釈者自身がこの見解にどのような態度を取るかには、話し手は関心がない、という風に話し手が考えていると見るなら、これでは、語り手が発言の際に抱いている意図を十分に汲み尽くしたことにはならない。コミュニケーション参加者として話し手は、自分の主張によって、相手が、公的に「イエス」もしくは「ノー」を言うことを要求している。いずれにせよ話し手は、相手に、返答となるような、そして両方にとって、相互行為の経過に重要な、お互いを縛るような、何らかの反応を期待している。「返答」のみが見解を承認したり、修正したりしうる。両者は、その後の相互行為の経過にあたってこの返答（もしくはその含み）にのみ依拠できるものでなければならない。日常のコミュニケーションは、相互に共有された背景的前提というコンテクストに支えられている。そしてまた、コミュニケーションの必要性は、独立して決定する主体たちが、行為にとって重要な彼らの見解や意図を一致させておく必要性から生じている。コミュニケーションとは、パートナーたちが、お互いに自分たちの意見や意図について情報を交換し合うだけの自足的なゲームではない。社会的統合という強制命法——独立して決定する相互行為の参加者たちが行為計画を調整し合う必要性——こそが、言語的相互了解の要諦を解き明かしてくれるのだ。

　発信者から受信者への情報の伝達というコミュニケーション・モデルは間違っている。なぜなら、それでは、第一人称と第二人称のパースペクティヴの構造的な絡みあいが顧慮されていないからである。[32] 語り手は彼の発話行為によって、陳述に関して真理請求を掲げる。そして必要とあれば、その真理請求の理由を挙げる用意がある。その際に、話し手は、グライスの意味で、彼が〈p〉を真であると見なしていることを解釈者に「わからせ」ようとしているだけではないのだ。話し手はただ正しく理解してもらいたいだけではない。それ以上に、誰かと〈p〉について了解しあいたいのだ。できたら受け手に、この真理請求を受け入れて欲しいのだ。なぜなら語られた内容は、話し手と受け手の両者がともに〈p〉と信じてはじめて、それに続く相互行為の前提として相互行為に組み込まれていくからである。真理請求は間主観的な承認をめざしてなされている。そしてこの間主観的な承認のみが、コミュニケーション参加者たちのあいだでの、世界のなかの特定のなにかについての合意を確定しうるのだ。

こうした規範的な意味での相互了解という目標を、合理的に動機づけられた合意と定義するなら、意味論的な基本的問いについて簡単な答えが出てくる。われわれが発話行為を理解するのは、当該の話し手が自分の発話行為によって得られるかもしれない、合理的に動機づけられた合意の条件と帰結を、われわれが知っている場合である。手短に言えば、ある表現を理解するということは、誰かと何かについて了解しあうためには、この表現をどのように用いることができるかを知っている、ということである[33]。

たしかにブランダムも、情報伝達モデルに代えて、それとは違うコミュニケーション・モデルを提示している。つまり、野球から取った相互に「スコアを記録する」というモデルである。しかし、野球に見られるようなチーム同士の戦略的な試合の場合には、相手の反応に対して、こちらも計算して対応することが重要であって、社会統合という要求を満足させるコンセンサスを目標とした協調が問題となるのではない。もうひとつ別の、ペアでのダンスというモデルも同じく不十分である。「会話は、フレッド・アステア〔一八九九〜一九八七。一九三三年から一九四〇年までジンジャー・ロジャースとコンビを結成して華麗なダンスで一世を風靡した〕とジンジャー・ロジャース〔一九一一〜一九九五。一九三三年フレッド・アステアと共演した『空中レヴュー時代』で有名になる〕のダンスのようなものとして考えたらいいのではないかと思う。彼らは、全然別のことをしている——少なくとも違った動きをしている——が、協調しあい、調整しあい、ひとつのダンスを作り上げている。このダンスは彼らが共有しあっているいっさいである。そしてこれは、彼らがしていることと切り離された独立したことでもなければ、それに先行することでもない[34]」。こうした比較は、ブランダムが方法的個人主義を取っていることを確認させてくれる。こうした方法的個人主義によると、ディスクルス実践というのは、個人的な参加者が相互観察に依拠してそれぞれ自分でなす推論にもとづいて進行するものとなる。こうしたイメージだと、参加者が同じ妥当請求の間主観的な承認において出会い、厳密な意味での知を共有しうるという考えが排除されてしまう。

コミュニケーション過程についてのこうした客観主義的な考え方は、概念実在論が背景にあることを考えると、はじめて十分に理解できる。このような考えに立つと、参加者それぞれの個人的な寄与から成り、共同の作業の結果ではないとされるようなディスクルス実践が、それにもかかわらず客観性の推定を根拠づけるのはなぜであるかが、ともかく説明できるのはたしかである。このような考えに立つと、真理と、真と見なすこととの区別をつけるのは、それぞれひとりひとりのディスクルス参加者のすることになり、正当化共同体が、ディスクルスによって合意を得るという目標を志向する必要がなくなる。なぜなら、内容の客観性は——ディスクルスによって展開され、分節化されるにすぎない——世界の概念的構成そのものによって保証されている（という前提に全員が立っている）からである。生活世界から客観的世界へと外部移行された、いわば客観的に体現された理性によってのみ、間主観的な正当化実践が、真理および客観性を保証する必要を免れるのである。こうして言語的な相互了解の本質的次元——つまり、妥当請求がその承認を求めるべくできている第二人称との間主観的関係——を無視する客観主義へと切りつめられたコミュニケーション概念はまた、こうした考え方がその根を持っている宇宙の概念実在論的なイメージという問題点を浮き上がらせてくれる。

第六節

背景に概念実在論的な前提を置くことから生じる客観主義は、道徳の理解にとっても、コミュニケーション概念の場合と似たような帰結をもたらしている。理由の付与と要求の実践が、既存の概念間の諸関係をいわば言語化するだけならば、ディスクルス実践は基本的には認識の目的に役立つものとなる。その場合にディスクルス実践は、確認と記述のモード、つまり「仕事の中での事実確認部門」でのみなされている。確言的な発話行為が発話行為一般のモデルとなる。そうすると、(1) ヘーゲル的な概念の連続性がわれわれのディスクルスの内部を貫くことになり、理性の内部でカントのような細分化、特に理論理性と実践理性の区分をつけることがむずかしくなる。(2) だが、規範を事実と同じようなものとして見ると、まずい帰結に至ることになる。つまり、道徳実在論という、簡単には擁護できない帰結に至ることになる。

(1) 主張を優先的に扱うのは、哲学の全伝統の特徴である「人間の言語におけるロゴスの特記[35]」に合っているにはちがいない。ところが、ブランダムの規範的語用論の保証人となっているパースとデューイ、ハイデガーとウィトゲンシュタインこそは、存在論、認識論、そして形式意味論の先入見と袂を分かった人々である。彼らは、西欧の「ロゴス中心主義」を慨嘆するルートヴィヒ・クラーゲスの慨き節に和することはないものの[36]、存在者の認識もしくは対象の表象、あるいは事実の主張が、世界との実践的な関わりよりも優位に立つという〔哲学の〕古典的な考え方に抵抗した。超越論的な問いを継続させながら彼らは、社会的生活世界、言語的に構造化された生活世界の構成的能作に関心を抱いた。そして、発話行為、妥当請求および実践といった多様な形態を意識にもたらした。認識に重点を置いた世界との関わりもこうした多様な形態の中に組み込まれている。ブランダムも、まさにこのパースペクティヴから自分の論考を起こしているのだが、すでに論じたように、客観性の問題に押し促されるかたちで、ある種の方向転換を強いられてしまった。現象論的な見方に固執したために彼は、あらかじめ概念的な構造をしている世界のあり方が、われわれのディスクルス実践の形態に刻印され、それを形造っている、という結論に達している。世界に対してもっぱら認識をめざす関係に絞っているために、事実確認的な発言が中心になってしまっている。このやり方をとると、表出的な、美的な、倫理的な、道徳的な、そして法的なディスクルスのように事実確認と無関係な、いっさいのコミュニケーション実践が、主張の次元で分析されねばならないことになる。徹頭徹尾概念的に構造化され、合理的な生き物の生活世界において反省的形態を取る世界の統一性というブランダムのような考え方は、規範と事実というわれわれにとって重要な区別を解消してしまう。「概念とは規則であり、概念は自然の必然性と道徳の必然性を表現している」(624)。

もちろんブランダム自身は、われわれが自分たちの世界の地平のなかで事実と規範、できごとと行為を区別するときの語彙を用いてはいる。しかし、彼はまた、われわれが概念を使用することによってなすいっさいを、より広い意味で行為として捉えている。カントと異なってブランダムは、実践理性と理論理性を、合理的行動という同じ公約数に引き戻してしまっている。それによって判断も見解も、行為の意図と同じに規範に導かれたものとなる。それゆえに、記述される事実連関と規範的な präskriptiv 行為関連との分化がなされていない。こうしてブランダムは、批判や正当化の対象となりうるいっさいの発言を規範的なもの一般の領野に入れてしまう。他方で、その光に照らして行為や言語的発言を批判し、また正当化する基準となるのは、事実だけになってしまう。自由の王国ははじめから必然の王国と絡みあったものとなる。「事実確認的な語りは、規範的な用語で説明される。そして、規範的事実は、事実のさまざまな種類のひとつとして現われる。両者が、つまり事実確認と規範的事実が特定され説明される、共通の義務論的なスコア記録のための語彙は、規範的事実と非 - 規範的事実の区別が、消えることもなければ、究極的に非叡智的な二元論を受け入れるよう脅かすこともないことを保証している」(625f.)。規範と事実とのこのような同化で、なによりもわれわれの興味を引くのは、真なる規範的命題は、記述的命題と同じように事実を、まさに規範的事実を描いているとする帰結である。

この帰結は、確言的発話行為が特権的地位を占め、実践的もくろみのモデルとなっていることからも生じている。一方でブランダムは、事実と規範のあいだのメタ理論的区別を、規範的言語と関連させて相対化している。このメタ理論的区別が規範的言語の内部でなされねばならないからである。他方で彼は、規範的内容を事実と同じように扱っている。その際に、われわれが陳述をする時は、常に規範的言語を用いていると想定している。ここでブランダムが考えているのは彼自身の企てである。つまり、規範的語用論は最終的には、規範的概念を用いてディスクルス実践の真なる記述を果たしたいのだ。だが、その際にブランダムはある重要な事情を無視している。つまり、日常実践において規範的語彙は、何よりも行為指向に役立とうとするのであり、論理的開明という認識上の目的のためにあるのではない、という事情である。われわれが何らかの、価値評価的な、あるいは規範的な言語で陳述を行いうるすべてのものをブランダムは、規範的事実の領野に含めている。「規範的語彙と非‐規範的語彙の区別に相応するのが、規範的事実と非‐規範的事実の区別である。［…］このようにして、規範的なものは、事実的なものの副次的分野として特記される」(625)。

(2) だが、この議論を進めて行くなかで、確言的な発話行為は——真理と現存という存在論的含みをともなうために——統制的な言語使用を適切に探究するには、あまりに狭い基盤でしかないことが明らかになる。ブランダムは三段階の手続きで議論をする。(a) まずわれわれが志向的行為をするにあたって暗黙のうちに引き受ける正当化の義務を、確言的発話行為に結びついている理由づけの義務と比較する。(b) 次に、行為が実践的推論の形式をとってどのように正当化されうるかを論じる。(c) そしてこれによって、いかに不均衡があっても、いっさいの行為が事実の主張と同様に正当化しうるという要諦に至るというのだ。

（a）行為は主張と同じに、合理的表現に含まれる。なぜなら言語および行為能力をもつ主体は、自らの判断に責任を負うのと同じく、自らの行為の意図にも責任を担うからである。どちらにも理由を付与しうるし、また要求しうる。認識に関する要求を掲げ、割り当て、また承認すること doxastic commitment と同じようなことが、実践的もくろみ practic commitment にもある、とされる。語り手が確言的発話行為によって〈p〉という判断をするのと同じに、意図をもって行為する主体も、〈p〉を真にしようという自らのもくろみを告知する。両方の場合ともに「コミットメント」とは、必要とあれば表明された見解について、あるいはまた行為に表現された意図について根拠を挙げる用意があるという意味である。それゆえ、「コミットメント」の割り当てと「権限」の承認は、実践的もくろみにも、真理請求にも同じように適用されることになる。解釈者の観点から見れば、行為者は、もっともな理由をもって（あるいは明確化したもっともな理由から）行為するのならば、そのようにする権限がある。ただしブランダムは、行為者が自分の行為について担う実践的「責任」は、認識上の正当化責任に――主張の場合にはこれだけが問題となりうるが――尽きるものなのかどうか、という問いは立てていない。

（b）カントと同じくブランダムは、合理的行為を、格率にしたがって、つまり、何らかの規則という概念にしたがって行為する能力というように説明する。行為のどんなもくろみも、自由な選択を前提とする、つまりは、自己自身の意志を表象された規則で縛る、つまりこのような規則に従うことに自ら決める能力を前提としている。実際的な推論はしたがって、格率もしくは行為規則と関連している。ブランダムの例を挙げるなら、「銀行員はネクタイをつける義務がある」「あなたはなんの根拠もなく、誰かに害を与えてはならない」などといった規則である。とはいえ、「義務がある」「すべきである」「定められている」などといった表現は、明示化された行為規則においてのみ登場する。こうした表現は、一般的には隠れたままの義務論的な意味を概念にもたらしている。通常の場合は、実質的な推論で十分である。例えば「わたしは職場に向かう銀行員であるから、ネクタイをしている」とか「こういったうわさ話を続けるなら、人を理由もなく傷つけることになる。だから、やめておこう」といったかたちである。

基礎的理由となる規範に応じて、行為者の意志をさまざまなかたちで縛る行為理由にはさまざまなタイプがある。理由による縛り方はさまざまである。「雨に濡れないために傘を開いた方がよさそうだ」、といった賢明さにもとづく理由もあれば、銀行員のドレスコードといった習慣的理由もあれば、「必要もなく人に害を与えてはならない」といった道徳的理由もある。ここまではこれでいいだろう。しかし、われわれがこれやあれやの行為を理由づけるとき、いったいわれわれはどうやって理由づけているのだろうか？われわれは規範の理由を挙げるときに基本的に事実の光に照らして、やっているのだろうか

（c）ブランダムは、彼の概念実在論的な想定のゆえに、事実と規範の差異を均してしまう一元論的な見解に傾いている。真理請求と確言的発話行為を特別視するディスクルス実践の枠内では、規範的なものであれ記述的なものであれ、陳述の理由づけは、もっぱら事実による（あるいは事実の助けを借りての）正当化として理解されることになる。「実践的コミットメントは、発話行為による明確なコミットメントとの関連なしには、理解不可能である。コミットメントが本質的に言語的現象である理由はここにある。しかし、こうしたコミットメントが前提とする発話行為の唯一の種類は、確言である。これこそは、実践的コミットメントではなく、ドクサにもとづくコミットメントの承認なのである」（266）。たしかに行為規範も、観察者のパースペクティヴから事実として記述することは可能である。しかし、正当化するには

参加者のパースペクティヴからでなければ無理である。実践的な推論がわたし〔第一人称〕に関わる形式を取っていることからだけでも、その点は明らかである。しかし、この参加者のパースペクティヴから見るならば、確言的発話行為と事実は、規範の正当化にとって本質的な役割を果たしてはいない。

ブランダム自身も、理由づけられた実践上のもくろみと理由づけられた認識上の請求が不均衡の関係にあることを指摘している。話し手が〈p〉について掲げる真理請求が妥当するなら、すべての人が、その請求を正当なものと認めていいはずである。しかし、雨が降ったら傘を広げる、といった実践的もくろみに同じことはあてはまらない。与えられた状況においては、濡れないために傘を広げるというのは、ある特定の行為者にとってのみ合理的である。いずれにしても、このような行為をする動機は話し手ごとに異なる相対的なものである。賢明さにもとづく理由の選択はたんに主観的にすぎないので、カントはこのような選好次第の行為を、「他律的」と呼んでいる。

こうした不均衡は理由の束縛力や射程に関するものであり、理由がもっている認識上の性質に関しても存在するとは、ここまでの議論ではまだ言えない。賢明さにもとづく理由は、合目的かどうかの思慮に依拠している。そしてこうした思慮は事実によって根拠づけられたものである。濡れないためにはどのように傘を開くか、といった暗黙に従う規則は、経験的な内実をもっており、そのようなものとして行為者と切り離して根拠づけたり、批判したりすることが可能である。手段の合目的的な選択の場合には、行為者が採用する規則は、主観的な行為理由と――技術的に利用される――事実知とのあいだのつながりを作り上げる。すでに述べたように、手段の適切性を支える特定の事実による理由が行為者の意志を決めるのは、行為者がすでに特定の目的を決めている限りである。その際に、選好そのものは、それ以上のいかなる正当化も必要としない。

カント的な観点から言えば、行為者の意志が理性にしたがった考慮によって決められている度合いに応じて、実践的なもくろみはそれだけいっそう理性的であるということになる。行為者は、もろもろの偶然的な規定、つまり、単なる選好、あるいは地位やしきたりへの因習的な配慮から自由であればあるほど、自律的に行為していることになる。地位に依存ししきたりにしたがった行動であっても、賢いだけの、そして合目的的な行為よりも他律性の度合いが低い。なぜならば、制度上および文化上の理由ならば、個々の成員の選好とは無関係に、当該の社会全体の全成員から承認を要求するものだからである。しかし、道徳的な理由だけが行為者の意志を無条件的に unbedingt 縛る。つまり、個々の人物の所与の選好とは無縁に、またある特定の集団の価値志向とは無関係に縛る。カントは、こういう道徳的理由に縛られることを自律と形容している。それは、道徳的に善き意志が、もっぱら善き理由によってのみ導かれているからである。賢明さや習慣にもとづく理由は、所与の利害状況や既存の社会的な価値志向との関連で選択を縛るにすぎない。それに対して、道徳的な理由は、意志を完全に支配する、つまり絶対的に規定する。ブランダムはこの事態に合わせて考察している。

賢明さにもとづく理由は（少なくとも）一人の、つまり当該の行為者自身にとっての妥当性を要求している。習慣的な、あるいは倫理的な理由は、多くの人々の、つまり、ある集団もしくはある文化の成員にとっての妥当性を要求する。しかし、道徳的な理由は、すべての理性的な主体の側からの承認と遵守を要求する。――なぜならディスクルスに参加し、理由によって動かされるいっさいの人々が、空間と時間のいかなる制限もない道徳的共同体の成員だからである。このような場合には、認識上の要求の正当化と実践的もくろみの正当化のあいだの不均衡は解消する。道徳的行為に対しても、〔認識に関わる〕主張に対してもわれわれは、普遍的な妥当性を要求するからである。だが妥当性の拡がりについての類似性があるからといって、妥当性の根拠についてのコントラストが隠蔽されてはならない。道徳的行為を正当化する理由は、事実に関する理由とは別の認識上の性質をもっている。まさに道徳的な――しかしまた倫理的もしくは習慣的な――性質の実践的推論においてこそ、理由のカテゴリーに関しての不均衡が明らかとなる。こうした実践的なもくろみの正当化にとって事実は十分な根拠にならない。なんらかの本質的な基盤とすらならない。

コミュニケーション参加者は正当化の必要な認識上の要求を掲げて主張をする。意図的行為をする行為者も、認識の観点から見るならば、それと似たかたちで、正当化の必要な実践的もくろみに関わる、という点は、なるほどそのとおりである。しかしだからといって、行為の意図の正当化がブランダムの考えているように、確言的発話行為の理由づけのモデルで理解しうるということにはならない。「明白に規範的な語彙は、請求を掲げるために用いられる(例えば「銀行員は、ネクタイをする義務がある」「無防備な異邦人を苦しめてはならない」)。こうした請求は、正しいとされうるし、正しいとして推しうるし、正しいと主張しうる。真なる請求こそが事実なのだ。[…]ということは、規範を論述する語彙は、われわれのすることのうちで事実確認的部門に含まれる、ということである。[…]この意味で、規範的なものは、事実的なものの副次的分野として特記しうる」(625)。とはいえ、銀行員がネクタイをつけていなければならないという規範的期待の正当化は(およそ、納得しうる正当化があったとしての話だが)事実に関する論拠よりも、「強い価値評価」に、依拠することであろう。例えば、市民文化の成員が彼らのパースペクティヴから見て、金融ビジネスの信頼に値する処理と密接につながっていると考える価値指向と、特定のドレスコードとの関連である。そして、「誰をも傷つけるな Neminem Laedere!」という道徳原則の正当化は、正義に関するある特定のコンセプトに、あるいは、相応する利害の普遍化可能性に依拠することになるだろう。つまりここでも本質的には事実に依拠してはいない。そうではなく、規範的観点もしくは規範的内実をもった手続きに依拠することになろう。

ブランダムも推奨する道徳の義務論的理解は、道徳的語彙の、彼が提案する概念実在論的な理解には適合し得ない。われわれの使う諸概念の（価値評価的および道徳的概念を含むいっさいの概念の）客観的内実を世界自身の概念的諸構造なるものに根づかせることは、それによってはできない。他の言い方をするなら、事実と規範の非連続性を均してしまうようなイメージには、カントの自律概念はそぐわない。むしろこの事実概念は、言語能力および行為能力のある主体が、構築的な成果という挑戦に答えるという相当の要求を含んでいる。たしかに、間主観的に共有された生活世界にいる合理的存在者は、世界内の偶発的なできごとを処理して行くためには、自分たちの行動に関して相互にディスクルス上の責任を負っているにはちがいない。しかし、彼らがなにをなすべきかについての実践的責任は、彼らが主張しうる内容についての認識上の責任に尽きるものではない。なぜなら、こうした合理的存在者たちは、相互の交流のための規範的導きを客観的世界から導出することはできないが、この客観的世界の偶発的な諸条件のもとで彼らは、どのような規範にしたがって自分たちの共同生活を正当に規則づけようと思うかについて、いっしょに了解しあわねばならないのだから。

原註

（1）ドイツの文脈でおのずと思い浮かぶのは、エアランゲン学派による構築主義のパースペクティヴとの、とりわけそれをウィトゲンシュタイン主義的に進化させたフリードリヒ・カンバーテルとの親縁性であり、また、カール＝オットー・アーペルの超越論的語用論との親縁性である。形式語用論をめぐるわたし自身の努力によって、これらの一致点がもたらされるように思われる。その努力は、社会学の言語理論的な基礎づけについてのガウス講義（一九七〇／七一）、および、論考「普遍語用論とは何か」とともに始まった。いずれも、J.Habermas, Vorstudien und Ergänzungen zur Theorie des kommunikativen Handelns, Frankfurt am Main 1984, 11–126, 353–440〔『意識論から言語論へ――社会学の言語論的基礎に関する講義（一九七〇／一九七一）』森元孝／干川剛史訳、マルジュ社、一九九〇年〕に所収されている。

（2）R. B. Brandom, Making it Explicit, Harvard U. P., Cambridge, Mass., 1994, 5.（テキストの頁数はこの版に拠っている。）

（3）「適用の正しさは、真理もしくは表象の査定という一般的な項目のもとで議論される。推論の正しさは、合理性の査定という一般的な項目のもとで議論される」（18）。

（4）R. B. Brandom (1994), 253.「ひとつの理由であるということは何よりもまず、ある共同体が実践のなかで何かをそのような理由として、[…] 諸々の要求のための理由として扱うとはどういうことか、という点から理解されねばならない」。

（5）J. Habermas, Handlung, Sprechakte, sprachlich vermittelte Interaktion und Lebenswelt, in: ders., Nachmetaphysisches Denken, Frankfurt am Main 1986, 63–104.〔『ポスト形而上学の思想』藤澤賢一郎／忽那敬三訳、未來社、一九九〇年〕

（6）これとの関連でピアジェは「反省的抽象」について述べている。

（7）行為理論の文脈で展開されているわたしの意味理論を参照のこと。J. Habermas, Theorie des kommunikativen Handelns, Frankfurt am Main 1981, Bd. 1, Erste Zwischenbetrachtung, insbesonders 397ff.〔『コミュニケイション的行為の理論 上・中・下』河上倫逸／M・フーブリヒト／平井俊彦訳、未來社、一九八五―一九八七年〕そこでわたしは、われわれが発話行為を理解するのは、それを受け入れ可能にするものを知っている場合であるというテーゼを展開している。ここでわたしはすでに（398）、ある発言の正しい適用の条件を知っている場合にわれわれが理解するその発言の「内容」と、「相互行為の帰結という意味を持つ拘束力」、すなわち発言を受け入れることで生じるだろう帰結との区別を行っている。

（8）Vgl. R. B. Brandom (1994), 102–116.

（9）Vgl. R. B. Brandom, Pragmatism, Phenomenalism and Truth-Talk, Midwest Studies in Philosophy, XII, 1988, 75–93.

（10）この点を強調しているのは、G. Rosen, Who makes the Rules around here?. Philos. and Phenomenol. Research, LVII, 1997,

170.「何らかの抗事実的な査定が考えられねばならない。しかしここで決定的な疑問が出てくる。この理想化はどう特徴づけることができるのだろうか」。

（11） したがって、入場券がその所有者に与える許可は、ある主張の承認された地位がその発話者に付与する真理請求を説明するものとされ、その一方で、入場券をちぎり、それによって行為遂行的に入場資格を確認する検札係の役割は、ある主張を行う発話者の資格を承認する解釈者の役割に比せられている（vgl. 161f.）。同じように、行為遂行的に義務づけを行う「女王のシリング」――兵士たちを意思に反して徴募する士官たちの「小遣い」を指す――がもつ性格は、解釈者によって割り当てられたある発言の地位がその発話者に対してもつ義務づけの力を説明するとされる。合理性規範と行為規範とを同一視する結果、ブランダムは、道徳的な拘束力のある「約束」と言語行為に内在的な拘束性とを包括するような広い「コミットメント」の概念をも使用することになる（vgl. 163ff.）。

（12） R. Brandom, Heideggers Kategorien in ›Sein und Zeit‹, Dtsch. Z. Philos. (45), 1997, 531–550.

（13） Brandom (1997), 346.

（14） Ebd., 547.

（15） 一九九七年一一月にリチャード・ローティの招聘によってシャーロッツヴィルでロバート・ブランダムやトーマス・A・マッカーシーとともに会議を行ったが、わたしはそのときのマイケル・ウィリアムズによる長めの討論原稿を念頭に置いている。

（16） E. Tugendhat, Vorlesungen zur Einführung in die sprachanalytische Philosophie, Frankfurt am Main, 1976, 212–227.

（17） これはR・ローティが行っている異議である。Ders, What do you do when they call you a Relativist?, Philos. and Phenomenol. Research, LVII, 1997, 174.

（18） H. Patnam, The Meaning of Meaning, in: Mind, Language, and Reality (Philosophical Papers Bd.1), Cambridge U. P. 1975.〔「『意味』の意味」、『精神と世界に関する方法――パットナム哲学論集』藤川吉美編訳、紀伊国屋書店、一九七五年、所収〕

（19） R. Brandom, Freedom and Constraint by Norms, Amer. Philos. Quart. (16), 1979, 187–196, hier 190.

（20） このオペーレションについては、例えばD・ディヴィッドソンの古典的な論文を参照。D. Davidson, Wahrheit und Bedeutung, in: ders., Wahrheit und Interpretation, Frankfurt am Main 1986, 40–67.〔『真理と解釈』野本和幸ほか訳、勁草書房、

一九九一年〕

(21) G. H. von Wright, Die Stellung der Psychologie unter den Wissenschaften, Rektorat der Universität Leipzig 1997, 21–32.

(22) イザアク・レヴィもこうしたプラグマティズムに依拠した別案を、『明示化すること』の書評で強調している。The Journal of Philosophy, XLIII, 1996, 145–158.

(23) K.-O. Apel, Der Denkweg von Charles S. Peirce, Frankfurt am Main 1975, Zweiter Teil.

(24) これと近い考えは以下にも認められる。J. McDowell, Mind and World, Harvard U.P. Cambridge, Mass. 1994. Lecture IV, 66 ff.〔ジョン・マクダウェル『心と世界』神崎繁ほか訳、勁草書房、二〇一二年〕Philos. and Phenomenol. Research LVII, 1997, 157–162 und 189–193 におけるマックドゥエルとブランダムの論争も参照。

(25) J. Habermas, Nachmetaphysisches Denken, Frankfurt am Main 1988, S. 35–60.

(26) この点は、フランクフルト大学の就任講演で次のように定式化したことがある。「われわれを自然と区別しているものは、われわれがその本性からして知っている唯一の事象、つまり言語である」。Vgl. J. Habermas, Technik und Wissenschaft als ›Ideologie‹, Frankfurt am Main 1968, 163.〔『イデオロギーとしての技術と科学』長谷川宏訳、平凡社ライブラリー、二〇〇〇年〕

(27) M. Dummet, Ursprünge der analytischen Philosophie, Frankfurt am Main 1988, 24ff.〔『分析哲学の起源』野本和幸訳、勁草書房、一九九八年〕

(28) 世界を、わたしが好む意味で、可能な陳述の準拠対象の総体として理解するならば、われわれが客体について陳述を行ってできあがる事実なるものは「われわれ」の言語によってしか表現できないのは、当然である。しかしだからといって、相互に競いあう記述をコンテクスト主義的に理解する必要性はかならずしもない。むしろ、H・パトナムは、科学的記述についての理論的多元論を、認識論上の内在的実在論と結びつけている。

(29) Vgl. J. McDowell (1994), Lecture v, 87 ff.

(30) R. B. Brandom (1979), 192.

(31) ついでに言えば、これはN・ハルトマンの階層存在論を思い起こさせる。N. Hartmann, Der Aufbau der realen Welt, Meisenheim 1949〔『実在的世界の構造——一般的範疇論綱要』高橋敬視訳、京都印書館、一九四五年〕; der., Die Philosophie der Natur, Berlin 1950.

（32） J・サールの『見解、コミュニケーション、表象』についてのわたしの意見を参照のこと。J. Habermas (1988), 136–149.

（33） J. Habermas, Zur Krivik der Bedeutungstheorie, in: ders. (1988), 105–135.

（34） 一九九七年一一月一六日のブランダムからの手紙の一文。

（35） K.-O. Apel, Die Logoszentrierung der menschlichen Sprache, in: H. G. Bossardt (Hg.), Perspektive der Sprache, Berlin 1986, 45–87.

（36） E. Cassirer, Geist und Leben, Leipzig 1993, 32–60.

第四章　脱超越論化の道
――カントからヘーゲルへ、そしてヘーゲルからカントへ

ヘーゲル以降、非常に興味深い思想運動が幾つも展開されてきたが、その歴史は、認識主体の脱超越論化に向かう数々の歩みであったと言うことができる。むろんわれわれは、ヘーゲルその人をこの歴史のなかに組み入れることはしないだろう。だが、彼こそが脱超越論化の歴史を突き動かしたのである。彼はカントの超越論的主体を現実世界の文脈に連れ戻し、現実世界の文脈に浸透している理性を社会的空間と歴史的時間のなかに「位置づけた」最初の人であった。フンボルト、パース、ディルタイ、カッシーラー、ハイデガー、ウィトゲンシュタインは、言語、実践、生活形式を、理性を体現するシンボル的な媒体として理解しようと試みた哲学者たちである。彼らはヘーゲルの影響下にあったか、あるいは、ウィトゲンシュタインの場合のように、ヘーゲルの影響下にあると見なしてもおかしくない哲学者たちなのである。イエナ期のヘーゲルは、人間精神がかたち作られて変容していくための媒体として、「言語」・「労働」・「相互承認関係」を導入した。こうして間主観的に解釈された「精神」概念に目を向けるなら、ヘーゲルを脱超越論化に向かう力強い運動の立役者と見なすのをためらうほうが理解しがたい。一見したところ、ヘーゲルはまさにその強力な「合理主義」によって、それ以後の世代から分かたれるように思えるかもしれない。しかし、プラグマティズム、歴史主義、言語哲学は、空間と時間の彼岸にある叡智的主体の地位を掘

り崩しはするが、その際、合理性の基準の共約不可能性や自民族中心主義をめぐる周知の論争をひき起こしたようなコンテクスト主義を招き寄せるわけではない[1]。

当然、「最後の形而上学者」であり、思弁的、観念論的、一元論的なこの思想家ヘーゲルは、もはや絶対精神の概念にいかなる意味も見出すことのできない彼の後継者たちとは異なるという見方はできる。だがわれわれは、「一九世紀思想における革命的断絶[2]」を超えてなお保持されているような、ヘーゲルとその後継者たちとの親縁性を強調することもできる。この観点からすればむしろ、カントやフィヒテはそのメンタリズムゆえに、ヘーゲルあるいはヘーゲルを範として脱超越論化を遂行したその後継者たちから区別されるのである。わたしはここでもう一度、メンタリズムの根本的な概念枠組に対するヘーゲルらの批判を取り上げることにしたい[3]。そして、なぜヘーゲルが当初のイエナ期の洞察を、のちに再び放棄することになったのかを探究したい。ただし、ここではあくまで、認識理論的な問題提起のもとで、「抑圧された間主観性[4]」というテーマにアプローチすることになるだろう[5]。

まず、（Ⅰ）「メンタリズム」やその「超越論的転回」ということでわたしが理解していることの概略を示す。その際わたしは、メンタリズムのパラダイムにとって極めて本質的な「自己反省」と、このパラダイムには従わない他の三つの自己反省の方法とを区別する。つまり、第一に、認識の遂行に必要な主観的条件の合理的再構築、第二に、倫理的に重大な自己欺瞞の批判的解消、そして第三に、実践的討議の参加者が必要とする各人固有のパースペクティヴの脱中心化である。これらの三つもまた、「自己反省」と名づけることができるのである。次に、（Ⅱ）反省哲学によって立てられた偽りの対立であるとヘーゲルが批判している二元論に立ち入ることにする。ヘーゲルは、精神的なものと身体的なもの、われわれの意識と意識の対象とのあいだに架橋すべき裂け目があるとは考えていない。認識主体は否応なく自身にとっての他者のもとにいる。このポスト・メンタリズム的な理解はすでに、台頭しつつあった精神科学の鍵概念から示唆を受けている。ヘーゲルの同時代には、人間精神の歴史性、人間精神をシンボルによって体現しているものの客観性、そして、行為する人格の個人性やその行為の文脈などに関してさまざまな考察がなされていたが、「精神」の理念は、こうした考察のうちで詳細に展開されているのである。本論の中心部分で取り扱うのは、(Ⅲ) イエナ体系構想で導入された、言語・労働・相互行為という「媒体」である。これらは、認識主体や行為主体が世界の対象と取り結ぶ可能性のある諸関係を、あらかじめ構造化しているのである。愛の関係が相互承認関係の第一のモデルである。愛の関係は、具体的普遍という形式において普遍的なものが特殊なものや個別的なものといかに絡みあっているかを、範例的に示すのである。これに続いて、(Ⅳ) 間主観性と客観性との関係を明らかにするため、主人と下僕の弁証法を扱うことにする。われわれが客観的世界について知るということは、社会的な性格を有しているのである。このように経験と判断の客観性を間主観性によって条件づけるときには、歴史主義という誘惑が生じるが、ヘーゲルは合理性の歴史によってこの誘惑に立ち向かうのであり、ここから思考の近代的な形式が生まれてくることになる。最後に、(Ⅴ) ヘーゲルはイエナ期に萌していた間主観主義によってある別の選択肢を選ぶ可能性もあったというのに、なぜ客観的観念論の道を取ってしまったのかという、最初の問いに戻ることにする。仮にヘーゲルが自己意識の相互行為主義的なモデルを選択していれば、自らの根拠づけを自分だけで遂行していく啓蒙文化についてのポスト・メンタリズム的な構想に基礎を与えたはずなのである[6]。たしかにヘーゲルは、「自我が理性的と見なさぬものは何も承認しない」という自己批判的で自己規定的な精神の権利を、つねに擁護している。しかし彼は近代の思考形式を、絶対知への移行過程としてしか理解しない。こうした考えによってヘーゲルは、彼自身がかつて説得力あるかたちで批判していた自己意識や主観性といった思考形態へと逆戻りしてしまったのである。絶対精神という完成した姿を取ることで、もはや自分の外部にあるものを何も許容することができなくなる主観性は、かつては言語・労働・相互行為によって媒介されていた主観と客観の関係を自らの内部に取り込み、結局は主観性そのものの内部に消え去っていくプロセスに過ぎない概念運動へ変えてしまうのである。

第一節

（1）「メンタリズム」という表現の背後には、煩雑で込み入った観念の歴史が潜んでいる。それはデカルトからカントまで、そして、フィヒテからフッサールとサルトルを経て、ロダリック・チザムやディーター・ヘンリッヒといった今日の同時代人にまで及んでいる[7]。わたしは、この広範囲に枝分かれした論争には立ち入らない。ただ、カントが継承して変形させた基本的な概念枠組の構成要素を思い出してもらうため、それを大まかに素描するだけにしたい[8]。

（a）デカルトから連想される認識理論上の転回は、われわれは自分たちの知の確実性をどのようにして確かめることができるのかという問いに要約される。この問いは、知についての新たな考え方へと繋がっていった。すなわち、認識主体は客体の表象を所有する、という考えである。この考え方の新しい点は、認識主体と認識されるべき世界とを媒介する第三の言葉、すなわち表象という言葉に表現されている。主体が客体についての表象をもつ一方、世界は主体によって表象されうる客体すべてから成るのである。

（b）認識主体は自己あるいはわたし（自我）と同一視される。これは非常に重要な自己言及であって、経験による知（第一段階の知）の発生条件についての知（第二段階の知）がいかにして可能であるかという、認識論上の根本問題に答えることができるように見えた。つまりそれは、自己意識ということで説明されるのである。すなわち、客体の表象をもつことができる自己としてのわたし自身への反省である。わたしは、客体についての自分の表象をもう一度さらなる表象の対象にすることによって、「主観性」と呼ばれる内面性を切り開いていくのである。その限りで、意識の領域、つまり表象空間は、自己意識、すなわち、わたしが表象をもっているということへの反省と、あらかじめ結びついている。自己反省が意味するのは依然として、統覚なのである。つまり、何かがわたしに意識されているという意識である。またそれ以外にも、自己反省は、「汝自身を知れ」という倫理的意味をもった古代の命法に、中立的な認識上の意味を与える行為としても理解される。

(c) 自己意識というこの新しい認識論的な概念は、ただちに主体 - 客体関係の二元論モデルに繋がっていく。このモデルは次の三つの基本想定に表現される。

——認識主体は内省を通じて、自分自身が有している諸々の表象に特権的に近づくことができるという想定。これらの表象は、多かれ少なかれ透明で修正され得ず、直接的に明証な体験として与えられているのである。

——主観的体験をこのように所有しているという確信は、体験によって媒介された客体知の発生の解明に道を拓くという想定。

——内省の道は主観性へと通じており、知の客観性についての確信は、この客観性の源泉である主観性にまで踏み込むときに得られるという想定。それゆえ、認識論上の陳述は直接的に——それ以外の陳述であれば間接的に——、主観的な明証や確実性として理解された真理に即して評価されるのである。

(d) これらの基本想定——所与という神話、知の発生を主観に求めることによる知の基礎づけ、そして確実性として理解された真理――が含意しているのは、物理的なものとは区別される心的なものという概念である。この直観的な対置は、三つの二元論を基礎にしている。まず、心的なものは、第一人称のパースペクティヴから見て自我と非我を分割している境界、したがってわたしの意識の内部と外部の境界によって規定されている。そして、この内部と外部に、ふたつのさらなる区別が符合することになる。つまり、私的領域と公的領域の区別、それから、直接的に知られるものと、間接的に与えられたもの、あるいはそれほど確実ではないものとの区別である。

認識主体をありうべき客体の領野からこうして分離するなら、当然のことながら、両者の相互作用についての問いが喚起される。これは認識理論の古典的な問いである。それはとりわけ、知の起源についての問いであり、また、どちらがどちらに影響を与えているのか、あるいはどちらがどちらに「適合する」のか（適合の方向 direction of fit）という、因果についての問いなのである。知の起源についての問いには、経験主義はアポステリオリな知、合理主義はアプリオリな知に有利になるように答え、他方、因果についての問いには、実在論が人間精神の受容性、観念論がその自発性に好都合なかたちで答えたのである。

（2）以上のような状況が、超越論的転回の出発点となるのである。そしてこの超越論的転回が、今度は、認識主体の脱超越論化という正反対の方向へ歩みを進めるようにヘーゲルを促すことになった。超越論的転回において本質的に重要なのは、認識主体が「世界」や物自体によって感性的に触発されるための条件を、当の認識主体自身が確定するということである。経験可能な対象の世界は、世界投企する主体の自発性に基づくのである。この主体は、偶然的な環境からの因果刺激を受けるがままになっているわけではないが、現実によって課せられた諸々の制約を完全に逃れるために、自分自身の世界を観念論的に産出できるというわけでもない。認識主体は「理念に従った秩序を完全に自発的に」作り出し、「それに経験的な諸条件を適合させる」[9]のである。
現象する対象の世界を投企あるいは構築する活動は、従属性の側面とともに、自由の側面をも明らかにする。[10]つまり、現実という偶然的な制約に応答せねばならない有限な精神が、認識に際して行なう自由な立法という側面である。経験の対象の正しい表象は、世界形成的な理念の導きのもとで、感性と悟性の共働によって生じるのである。超越論的主体はどのようにして、何かが世界のなかの客体としてその主体と出会いうる条件を規定するのか。これについてカントは、発生的な説明を行なっている。自発的な悟性は、感覚的素材に概念の形式を与え、無秩序な特殊の多様性に統一と普遍性をもたらす。こうすることで悟性は、感覚器官を通じて受容された内容を加工するというわけである。したがって、精神と世界の相互作用は、ここでもまた諸々の対立概念を使って記述されることになる。すなわち、自発性と受容性、形式と質料、普遍性および綜合的統一と特殊性および多様性といった対立概念である。

こうした二元論には、メンタリズム的なパラダイムと一緒に継承した諸問題を、カントがいかに解決しようとしていたかが示されている。しかも彼は、表象する思考と表象可能な対象という対置になおもとらわれている概念を使って、それをしようとしたのである。同時にカントは、主観性や自己意識のような、メンタリズムの枠組を構成していた未分析の概念をそのまま引き継いだ。わたしの表象の主体としてのわたしを知ることができるためには、「われ思う」がすべてのわたしの表象をともなうことができねばならないが、こうした「われ思う」としての「超越論的統覚」の概念は、すでにライプニッツがこの統覚という用語に結びつけていたのと同じ直観に依拠するものである。もっとも、この概念をめぐる混乱は、フィヒテの知識学とともにはじめて現れた。つまり、表象する思考、すなわち対象の表象を通じてのみ、われわれは何かを認識できるのだとすれば、自己意識のなかでわたしの表象を表象するという活動も、自分自身の意識を対象にしなければならない。しかし、こうした客体という形式においては、主観性の本質をなすものを捉えることはできない。なぜなら、超越論的自発性は、それ自体としてはいかなる対象化も逃れるはずだから、といった混乱である。

(3) メンタリズム的なパラダイムに特有のこうした自己意識は、むろん、他の種類の自己反省からは区別されねばならない。メンタリズムの基本的な概念枠組には従わないこれら三つの自己反省は、すでにカント自身のうちに見出すことができる。

――『純粋理性批判』の超越論的分析論のなかで、カントはとりわけ、いかなる経験が客観的なものとして妥当しうるのかを認識主体自身が規定するための規則を明らかにしている。その際彼が拠り所としているのが超越論的反省であり、これは経験判断一般に必要な主観的条件を合理的に再構築するのである。(ちなみにジャン・ピアジェは、発生的認識理論との関連で、この自己反省の類型を学習のメカニズムとして論じている。彼は、自身が行為構造の「反省的抽象」と呼ぶこの操作を、成長しつつある子供の精神そのものの一部であると見なすのである。)

――超越論的弁証論のなかで、カントは自己反省を別の意味で使っている。ここで彼が明らかにしているのは、経験に制限された現象領域を超えて勝手気ままに悟性カテゴリーを使用することで生じるような、無意識的な実体化である。一般的に言えばカントは、世界や自己についての錯覚的理解を批判的に解消することが啓蒙の過程であると捉えている。この過程は知の進歩というよりも、蒙昧さの喪失を意味している。(フロイトは、臨床実践との関連で、無意識の動機を分析によって意識化し、これを錯覚的な自己理解の批判的変更という治療目的のために使用している。)

――自律という概念はさらに、自己反省と自由のあいだのもうひとつの別の関係を明らかにする。定言命法は、行為の格率を選択する際には、すべての人が望みうることについての不偏不党な判断に照らし合わせるようにわれわれを促す。このことは、自分以外のすべての参加者のパースペクティヴを均等に顧慮することによって、自己と世界についての自らの理解を脱中心化するように要求するのである。合理的な再構築が認識上の目的に役立ち、自分自身についての錯覚の解消という意味での批判が倫理的自己了解を促進するのだとすれば、自己反省の道徳的要求は実践理性の核心を成すものである。

第二節

(1) 認識論の根本問題は認識の起源およびその因果的従属についての問いであり、カントは二元論に基づいてそれに答えたわけであるが、しかしヘーゲルは、そもそもこうした問いと答えが誤ったメンタリズム的パラダイムによって作られたものであると確信していた。この間違った方向を向いた想定を、ヘーゲルは二段階のステップを踏んで批判する。まず彼は、(a) 感性と悟性の協力というカントの見解から生じてくる「物自体」の概念を分析する。そして、(b) 主体と客体の対置というメンタリズム的パラダイムの核心を攻撃するのである。

(a) 経験と判断はふたつの独立した源泉——理念に導かれた自発的な悟性と外界から触発される受動的な感性——から与えられると想定したことで、カントは「物自体」と現象の区別を余儀なくされた。ヘーゲルは、その当時しきりに議論されていた次のような問題に、幾度も立ち戻っている。つまり、あらゆる概念を逃れてしまう実在を、にもかかわらず概念で把握することは、一体どのようにして可能なのか。まったく近づくことのできない実在について、カントはそれが感性を「触発する」と主張するが、因果性の概念は――自発性と受容性の相互作用に関わるすべての概念がそうであるように――協力を行なう感性と悟性のうちの一方の側、すなわちカテゴリーを適用する悟性の側にしか属していないのに、なぜそんなことが言えるのか。概念把握不可能なものがいかにして概念にまでもたらされうるのかという逆説は、それに対応する二元論、すなわち形式と質料（あるいは図式と内容）、普遍と特殊（あるいは統一と多様）にまで及ぶことになる。[11] こうした対立概念を使ってのみ、形式化されていない質料や、まだ整序されておらず反復不可能なできごと、そして、いかなる統一や分節も欠いた多様性を、前概念的なものとして理解することができる。しかし、単なる所与や与件、単なる個別や多様なども、作為されたもの、あるいは規則に従って普遍化され、結合されたものに劣らず、概念的な事柄であるはずだ。ヘーゲルはこの難問に対し、主体と客体の潜在的な関係をこの関係に先立って構造化している「媒体」という概念によって答えたのである。

（b）イエナ精神哲学講義で主要な攻撃対象となっているのは、外界とは一線を画した自己充足的な主観性というメンタリズム的な考え方である。こうした考え方から、内面と外界、私的と公的、直接と間接、明証と不確実といった二元論が導き出されてくる。ヘーゲルはこれらの対立を棚上げし、すでにカントによって本質的に実践的なものとして理解されていた認識主体の活動を、ナルシシズム的に自己沈潜する閉鎖的な自我から解放する。主体は否応なく出会いと交換の過程に巻き込まれているのであり、否応なくさまざまなコンテクストのなかに身を置いているのである。主体が現実に関係を取り結んだり、実際に世界と接触したりする以前に、主体‐客体関係のネットワークはすでに張り巡らされており、客体と結合する可能性がすでに打ち立てられている。主体は世界のなかで、世界の文脈のなかに埋め込まれた一要素として活動しているのである。認識し、発話し、行為する主体が課題とするのは、自分と自分から切り離された他者との断絶を架橋することであるという考えに、ヘーゲルは反駁する。はじめから他者のもとにある主体は、何らかの欠乏を感じて、その補塡を要求するようなことはしない。知覚と判断は、前もって言語が織り成している概念の網目のなかで分節されるのであり、行為は、慣れ親しんだ実践のうちでなされるのである。そのような主体は、他者のもとにいることなしには、自分自身のもとにいることもできない。この主体は、他の主体と交わることではじめて、自分自身についての意識をかたち作るのである。

こうした核心的な経験は、たんに認識に関わるものとしてのみ重要なわけではない。それは、愛、すなわち他者のうちにあって自分自身のもとにあること das Bei-sich-selbst-Sein im Anderen、そして自由、すなわち自分自身のもとにあって他者のうちにあること das Im-Anderen-bei-sich-selbst-Sein、といったヘーゲルの規範的概念の鍵をなすのである。[12] もちろん、ヘーゲルはこうした直観を、表象可能な対象の世界に対峙して表象を行なう主観性への批判という認識理論の文脈のなかで発展させることになる。

主体－客体関係についてのもっともらしいイメージに対し、ヘーゲルは次のように反論する。「経験的直観においても、記憶や概念把握においても、意識のこれらの両契機を対立の両面から成り立っているものと見なし、その結果、それらの各々を統一の一部という役割を果たすと捉え、また、こうした成り立ちのなかで各々の部分はいかなる活動をするのかと問うようなやり方は、まったくの誤りである」[13]。認識理論をめぐって不毛な論争をする代わりに、ヘーゲルは「媒体」に議論を向けようとする。この「媒体」は主体と客体が実際に出会うに先立って、すでに両者の関係を構造化しているのである。主体と客体というふたつの側面は、両者が関係するときにのみ、そして両者の関係のうちでのみ存在する関係項なのだ。だから媒介そのものは、もはやメンタリズム的に把握することはできないのである。とはいえ、ヘーゲルが一八〇三年から一八〇五年にかけて、言語・労働・相互行為という媒体を詳しく分析したときには、これらの媒体を指すのに「精神」という術語が使用されていた。「そもそも問題にせねばならないのは、そのような主体や客体ではなく、精神なのである」[14]。

（2）ヘーゲルが「精神」を基本概念として選んでいるということから思い浮かぶのは、一八〇〇年前後に起こった精神科学の発生と興隆である。創設の父たち――レオポルド・ランケ、ヤーコプ・グリムとヴィルヘルム・グリム、カール・フォン・サヴィニー、ヴィルヘルム・シュレーゲル等[15]――の浩瀚な著作は当時まだ世に出ていなかったが、新たな歴史意識が背景となってさまざまな学問分野が誕生しつつあった。これらの学問分野は、ヘーゲルがなお存命のあいだに「人文主義の」学科という古典的な概念に革命をもたらすのである。この歴史学派の哲学は、ユストゥス・メーザー、ゴットフリート・ヘルダー、ヨハン・ゲオルク・ハーマン、フリードリヒ・シュライアーマッハー、ヴィルヘルム・フォン・フンボルト、そしてフリードリヒ・シュレーゲルといった人々の理念のうちに、すでに胚胎していた[16]。こうした「歴史的な思考という形式」とともにはじめて哲学的な重要性を得ることになったのは、以下の三つの次元である。まず、（a）人間精神の歴史性。次に、（b）シンボル形式の客観性。そして、（c）行為する人格の個性、である。

（a）新たな歴史意識はすぐに哲学をも捉え、その自己理解を挑発した[17]。つまり、哲学はいまや、二重の点で人間精神の有限性に直面していることに気づいたのである。人間精神はもはや、単に外部の自然の側から与えられる偶然的な刺激に身をさらしているだけではなく、内面的にも歴史的伝統による刻印とその選別作用に身をさらしているのである。空間と時間の彼岸にある超越論的主体の叡智的な地位は、感性という経路を通じてわれわれの世界理解と自己理解を正面から攻撃してくる作用のみならず、意味の伝達を通じて精神を背後から形成する作用によっても脅かされるのだ。これにより、古典的な認識理論の問いは、その後支配的となった歴史主義の問いに変容するのである。自らが歴史に埋め込まれ、歴史に構造形成的に依存していることを意識するようになった哲学は、別種の懐疑主義に直面する。ヘーゲルは、近代という不穏をもたらす問題に取り組んで、自らの時代を「思想のなかで把握する」ことの必然性を感じ取った最初の哲学者であった。つまり、われわれが自身の合理性の基準の歴史的起源と文化的背景を意識するようになるや、われわれにとって妥当している基準は、即自かつ対自的にも妥当性を要求しうるものなのかという問いが喚起されるのである。これによってヘーゲルは、個人の歴史と類の歴史における意識の形成についての発生的考察へと促される。このような合理性の成立史を明らかにすることで彼が示そうとしたのは、いかにしてわれわれは、自分たちが現在有効と見なしている基準が誤謬の漸次的な修正の結果であると認めるのを学んできたのか、という点である。この発生的な正当化は、かつて最初にわれわれを素朴さから抜け出させた懐疑的な異議に対してさえ懐疑を向けるような学習過程の再構築という形式を取るのである。

（b）歴史的世界のもっとも顕著な特徴とは、行為者たちが相互に行為し発話することで間主観的に共有しているものが、シンボルとして構造化されているということである。そうしたシンボル構造としては、世界像、メンタリティ、伝承、文化的生活形式、規範、価値、制度、社会的実践といったものがある。こうした諸現象が精神科学の対象領域をかたち作っているのである。これらの現象とともに、社会文化的な生活世界を再生産する諸々の「媒体」も目に見えるようになってくる。つまり、言語とコミュニケーション、行為と協同である。言語と労働の認識論的な役割を発見したということが、ヘーゲルの功績なのである。言語と労働のうちには、超主観的な「精神」が表現されている。この「精神」は、いかなる二元論的説明にも反して、認識主体とその対象とをあらかじめさまざまな仕方で結合しているのである。言語と労働は、メンタリズムによって引き裂かれた内面と外界というふたつの側面を縫合する媒体なのである。それによって、認識主体の本質的に実践的な性格にも、新たな光が投げかけられる。つまり、超越論的主体による綜合の活動は、意識という私的領域から公共性へと歩み入るのだ。「話しをする口、労働する手、お望みならさらに足も加えてもいいが、これらは実現し、成し遂げる器官である。これらの器官は、行為としての行為を、あるいは内的なものそのものを、自らにおいてもっている。しかし、内的なものがこれらの器官を通じて獲得する外面性は、個体から切り離された現実としての為されたことである。言語や労働は外化された表現なのである。個人はこのなかでは、もはや自分を自分自身において保持し、所有するのではなく、むしろ、内的なものを完全に自分自身の外に出させて、他者に渡すのである」[18]。内的なものは、主観性の限界を超えていく媒体のうちで、自分自身を外化するのである。話された言葉や成し遂げられた行為においては、「内」と「外」の対立は消える。このような外化された表現は、心の動きや観察可能なできごとに比べると、シンボル的な媒体のおかげで、発話者や行為者の意図からの独立性を獲得するのだが、他方でその意味内容のほうもまた、外化された表現そのものが辿る成り行きを超えて存続するのである。

（c）シンボルという姿を取った「精神」の特徴である「歴史性」と「客観性」のほかに、文化現象は「個性」によっても特徴づけられる。これは、ライプニッツによってモナドロジーが提起されていたにもかかわらず、ヘーゲル以前には哲学的意義をもっていなかった特徴である。つまり、ある特定の人格理解に合わせた強い意味での「個性」のことである。こうした「個性」によって、人間と動物が区別されるのである。非常に高度に発達した動物といえども、やはり自分の生を自らの種の見本として再生産するだけである。「〔動物においては〕個体が自分のために行なうことは、無媒介に、類全体のための行為になる。

［…］そして、類全体の存在と行為も同じく、個体の存在と行為になる。動物的な利己性は、無媒介に非利己的であり、非利己性であって、個体の個別性の揚棄、個体の無媒介な使用である」[19]。人間は文化的な生活形式のうちでその個性を形成するが、動物には個性の意識が欠けている。人間は特有の自己理解を身に付けているが、それは、人間というものが自我と他者、我と他として相互に関係を取り結び、自分たちがそれぞれ絶対的に異なると意識しつつ共同体を作り上げる人格であるからだ。こうして「個別性から動物の本質が歩み出ること」によって、自然は歴史へ移行し、最初は自然へと外化されていた精神は、自らに還帰するのである。しかし、主体同士が人格として出会う領域としての歴史が哲学的に重要となってくると、「特殊性」と「個性」とを入念に区別して分析する必要が出てくる。伝統的な類の論理による区別では、もはや不十分なのである。

個々の対象あるいは特定の対象については、われわれはそれらを観察者の視点から同定し、他の存在者の特定の見地に立って差異化する。しかし、人格の同一性というのは、第一人称のパースペクティヴから自分自身にいかなるアイデンティティを与えるか、あるいは何をもって自分自身のアイデンティティとするかに左右されるのである。成熟した人格が自分を他人から区別するのは、他人と取り替えのきかない自分自身の生活史をもつことによってである。それゆえ、この人格は場合によっては、自らの生活設計を掲げ、自分がこのひとりの個人として、また同時に、唯一無二の個人として承認されるべきことを要求しつつ、他の人格と出会うことがありうるのである。発話し、相互にコミュニケーションし、行為する人格のこうした個人としての性格は、人格が互いに共有する文化的な生活形式と文化実践のうちにもまた一定程度定着している。ヘーゲルは、こうした現象のうちに哲学的な挑戦があることを見て取った。あらゆる歴史現象は多かれ少なかれ、相互承認関係の弁証法的構造の一部であり、この相互承認関係のなかで、人格は社会化を通じて個人化されるのである。[20] ヘーゲルは、主観性の核心としての間主観性を発見したことで、さしあたり目立たなかったメンタリズム的な決定、すなわち認識主体を「わたし〔自我〕」と同一視するという決定が、転覆的な帰結をもたらすことになるのをも見抜いたのだ。

「わたし〔自我〕」は自分を「人格一般」として理解し、かつ、誰も取って代わることのできない生活史をもった「取り替え不可能な個体」としても理解する。わたしは普遍的な相では人格であり、認識し、発話し、行為する主体という本質的な人格特性を他のすべての人格と共有している。同時に、わたしは取り替え不可能な個体であり、自分をかたち作ってきた唯一無二の生活史に責任を負うという点で、誰も取って代わることはできないのである。しかしわたしは、人格一般でもあり、かつ個体でもあるというこの自己理解を、特定の共同体のなかで育つことでのみ獲得してきた。共同体は本質的に、構成員の相互承認関係という姿をとって存在する。「具体的普遍」や「全体性」の概念を論理的に解明する際、ヘーゲルは個人としての人格相互の共同体形成というこの間主観的構造を導きの糸にしたのである。

アリストテレスの論理学は、類 genus、種 species、個 ens singularis という区別によって、「一般的なもの」と「個的なもの」の中間にある抽象の水準に、類の種別化としての「特殊的なもの」を位置づけるという概念分割を提起した。この特殊的なものは、文脈によっては、典型的なものという意味にもなりえた。だが、「個的なもの」という論理的表現のほうは、ヘーゲル以前には、完全に個体化された人間存在という強い意味を担うことはなかった。ヘーゲルがはじめて、伝統的な論理学におけるこれらの概念を、社会化された個人の相互承認がなされる三つの観点に対応させたのである。すなわち、本質的な点で他の人格と同等である普遍的な相での人格、自らが出自とする共同体が備えた独自性を共有する特殊な構成員、そして、他のすべての個人とは区別される個人、である。したがって、共同体形成のこうした下部構造のうちでは、特定集団の所属者たちの特殊主義的な関係が、等しく尊敬を受けるべき個人としての人格同士の普遍主義的な関係と絡みあっていることになる。これらの個人としての人格は、人間的自然の共同性、および、すべての各人の絶対的区別というふたつの見地から尊敬を払われるべきなのである[21]。

第三節

(1) イエナ期の文化的・学問的背景に目を向けるなら、精神についてのヘーゲルの着想を一般に規定しているのが客観精神に関わる諸要素であることも理解できる。精神は、包み込んで結びつける媒体として、個々の主観の意識をつねに凌駕している。一八〇三年から一八〇五年までの間、こうした着想は、「精神」がいかにして主体と客体の関係を打ち立てて構造化するのかという認識理論的な問いに答える鍵となった。ヘーゲルは『精神現象学』への移行をなすイエナ講義のなかで、言語・労働・相互行為の媒介機能を手掛かりにして、精神のこの役割を解明するのである。

これらの媒体は、「第三の」あるいは「媒介的な」要素として、「意識している存在者」と「この存在者が意識している」対象との根源的な結合をもたらす一方で、この存在者とその対象との相互作用それ自体が、そうした媒体そのものを保持するのに役立っている。この媒体は主体や客体と一緒になって、ひとつの循環過程を作り上げるのである。「[…]それゆえ主体と客体の統一は、それらの中間物、あるいは所産として、主体と客体がともに関わりをもつ第三者として現れる。この第三者において、主体と客体はひとつになるとともに、互いに区別されもするのである[22]」。そもそも意識は、言語と労働を通じてはじめて存在するに至る。「中間物としての意識が繫ぎとめられて現存する最初の在り方は、言語として、道具として存在することである」[23]。ヘーゲルは、外的自然に対処しながら個々の意識が形成されていくさまを追究し、そのあとで、家族、市民社会、国家へと、一般的に言えば、精神の本質的に間主観的なあり方へと話を深めていく。言語と労働という媒体のなかで展開されるのは、個々の主観の（a）理論的な意識、それから（b）実践的な意識である。そこから、自然、および自然支配の道具についての記述がなされるのである。むろん、個々の主観が産み出すものは、（c）共同体の文化なり、分業社会の物質的基盤なりの構成要素となることで、間主観的に共有された生活世界の枠組のなかではじめて恒常的に存在できるようになる。

（a）「媒体」の役割は、一般的には、「精神が行使する最初の創造力[24]」である言語を例として描き出すことができる。ヘーゲルは言語を、さしあたり意味論的な観点のもとで、叙述 Darstellung という認識機能に目を向けながら分析する。諸々の感覚は、言語の文法的な諸形式のなかで処理されて、概念的に構造化された知覚、想起、判断へと作り上げられるのである。「意識は言語のなかで、理念的なものの全体性へと（組織化される）[25]」。主観精神は、言語という媒体を通じて、外部にあるすべてのものと内的に結びついているのである。表象する主体と表象される客体との対立は、主体の働きが言語の「命名的」かつ概念的なエネルギーを糧としているがゆえに、止揚される。表象される対象は、名によっていわば呼び出され、他の諸々の対象の圏域のなかから取り出されるのである。認識主体にとっては、いかなるシンボル的媒介にも依存しないような、感覚刺激という剝き出しの基底などありえない。つまり、認識主体はあらかじめ、言語によって開示されたありうべき経験の地平のなかで活動しているのである。

ヘーゲルは、語と命題の物質的な含意を探究することで、所与のものという神話を破壊する。ある具体的な知覚の内容、例えば「何か青いもの」は、色という普遍概念を暗黙のうちに指示しており、色の階梯のどこかに場所を占めているのである。わたしは、自分が向こう側に見ている青い対象が――緑でも赤でも黄でもない――色をもった事物であり、紫よりは明るいが、オレンジよりは暗いということをわかっている。[26] わたしの言語的知識は、わたしの現在の知覚を前もって構造化しているのだから、わたしは概念の網のなかに整序することなしには何も知覚することができないのである。それゆえヘーゲルは、言語の認識的機能を「記憶」と結びつけ、同じように、労働の実践的機能を「道具」に結びつけたのである。動物におけるような諸々のイメージが流れ去っていくだけの状態は、安定した名の秩序へ変容させられるのだから、人間精神が最初に習得せねばならないのは、名を記憶することである。「記憶の習熟は目覚めた精神の最初の労働である」[27]。もちろん、なぜ民族の集合的記憶のみが、共有された伝統という形式のなかで個人の知と世界観を保存して伝達することができるのかについても、のちにすぐ論じることになろう。

（b）言語がその認識機能において認識主体にとって果たす役割は、労働が行為者にとって果たす役割と同じである。ヘーゲルは労働を世界への目的志向的な介入として理解する。それによって行為者は目的を実現し、欲求を充足するのである。実践的な意識は労働のうちで顕在化し、労働を通じて存在するようになる。言語の場合と同じように、労働を通じた「媒介」は、主客のあいだには架橋が必要と思えるような懸隔があるという誤った考え方を取り除くのである。労働を行なう主体は、まず客体を注視してから、それと接触するというわけではない。扱いにくい現実を処理して、ある状況のうちにうまく適合していく行為者は、行為遂行的な態度を取っているのである。労働することのこうした行為遂行的な性格を顧慮するなら、行為者は現実といかに接触するのかという問題――これは指示作用の問題であると言える――は、まったく生じようがない。労働の経過とは、現実と労働する当人とが真正面から出会うのではなく、両者が相並んで進行しつつ出会う複雑な過程なのである。慣れ親しんだ実践が機能している限りでは、現実もそれに協力している。だが、そうした実践が失敗するや否や、抵抗する現実はこの実践のなかに暗黙のうちに組み込まれていた予期と「矛盾」することになる。しかも、こうした「矛盾」は、まさに参加者たちがこの実践に関わりあうことで確定してきた諸条件のもとで生じる。だから行為者は「つねに始めから」、「自分自身の他者」のもとにいるのである。

労働する者が自然と交渉しつつ自然から学ぶものは、道具へと凝集していく知である。彼が自然支配を拡大していくための道具は、そのつど自然に手を出しては満足を得るという束の間の瞬間を超えて長持ちする。「道具とは、現存する理性的な中間物である。[…]道具のなかでこそ労働は持続するのであり、道具こそが労働する者と加工されるもののなかで唯一残るものであって、そのなかで彼らの偶然性は永遠化されるのである[28]」。すでに語と命題の意味論的な内容からして、個々の話し手による発話というできごとからは自立した独自性を獲得している。言語の意味のこうした客観性は、技術の客観性に対応したものである。この技術の客観性のうちには、過去の世代の蓄積されてきた知識と経験が沈殿している。ヘーゲルはすでに、機械の織機を見て、労働の自動化を予測している。「ここでは動力が労働から完全に身を引いている。動力は自然を働かせ、平然と見物し、たいした苦労もなしに全体を制御している。これは狡知である[29]」。

(c)言語と労働の媒介機能は、主体-客体関係のメンタリズム的な考え方を掘り崩すことになる。しかし、自然に対峙する個々の主体の理論的意識と実践的意識を探究することにとどまっている限り、――言語・労働・道具が主観性を超えたところで占める地位の――「客観性」の意味も解明されぬままである。言語は、ある言語共同体のコンテクストのなかではじめて、コミュニケーション機能や、知られたことの伝承を引き受けるのである。技術もまた、社会の分業という条件下ではじめて、その経済的機能を果たす。

言語と技術は、文化的な世界解釈、および共同の生活形式の物質的再生産に寄与するがゆえにこそ、ヘーゲルが「民族精神」と名づけるものの構成要素となるのである。同じ伝統によって生き、同じ実践に参加している構成員たちによって「間主観的に」共有される程度が大きいほど、共同体のうちに体現された精神は「客観的」となっていく。「共同性」のこうした意味は解明を必要とする。ある集団の構成員たちがひとつの世界像や生活形式を共有し、共同の実践を行ない、同じ伝統を継続させるとは、どういう意味なのだろうか。

ヘーゲルが特に立ち入って説明しているのは、相互承認の諸形式である。アリストテレスのような古典的形式の人倫性は、近代の生活条件のもとでは再構築されねばならないのだが、ヘーゲルにとってそうした人倫性を分析するための鍵としてはじめから役立っているのが、対称的な愛の関係──愛し愛される関係──なのである。愛の関係においては、性的に惹かれあう人格全体の「性格」もしくは「自然的個性」が、承認の対象である。ヘーゲルは情熱そのものについて、「他者のためにあること」、「われを忘れていること」と述べている。愛は愛する者に対し、「自らの本質を他者のうちにもっている[30]」という満足感を与えるのである。さしあたり、両人は他者に夢中になって、自らの独立性を放棄しているように見える。しかし実際には、ふたりの人格は新たな独立性の段階に達しているのである。それはまさに、彼らが、他者という鏡そのものに映った自分自身を、ある特定の性格として見ることを学ぶことによってである。両人は、他者が自分をそういうものとして承認するような性格として、自分自身を認識するのである。相互的な「性格の認識」のうちで、両者は自分自身についての最初の意識を得る。これが自己意識の最初の形式である。彼らにとっては、自分が他方の者に見えている姿がその親密な交わりによって逆に投げ返されてくるのであって、それによって彼らは、自分自身に固有の個性を確認するのである。

ヘーゲルはロマンチックな愛という例のなかに、相互承認の普遍的な構造を読み取っている。ふたりの愛する者は、互いに同じ者として出会うと同時に、異なった者としても出会う。ひとえに他者としてのみ、彼らは相互に惹かれあうのだが、愛する者としては、彼らは互いに同じである。「各々は、かつて他者と相対していたところにおいて、他者と同じになる。それゆえ、各々は他者から区別されることで、他者と同じになるのである」[31]。彼らは互いを異なる性格として承認するが、それぞれ固有の意志を備えた同じ人格としても承認するのである。個別性と普遍性というこれらの側面と並んで、さらに特別性の側面についても言っておかねばならない。愛する者たちの束の間の関係は、家族という、相互の規範的な行動予期ができる枠組のなかでのみ安定的なものとなる。こうした観点からすれば、夫婦は同時に、ある特定の共同体の構成員として、すなわち家族に所属する者として互いを承認することになる。家族のなかでは、権利と義務は、社会化（「子供の教育」）と物質的再生産（「家財」）という機能をめぐってかたち作られるのである。

共有されている世界像や生活形式という間主観性を構成する承認関係は、特殊なもの、普遍的なもの、個的なものという三つの次元に分化する。こうした承認関係は、同じ共同体の構成員のあいだに存在するのであり、この構成員たちは互いに構成員として承認しあうと同時に、本質的な観点からは同じ人格であるが相互に絶対的に異なる人格としても承認しあうのである。

婚姻と家族のうちで持続的となる愛のほかに、ヘーゲルは対称的な相互承認のさらなるふたつの範例を考察している。つまり、彼はこれらの承認関係を、私法人格のあいだの契約関係、および、立憲君主制における市民たちの自己立法からも借用しているのだが、これの詳細については触れないでおく[32]。承認構造のこれらの次元は同一であるが、当事者たちが互いに権利と義務を付与しかつ確認しあうことで獲得する自由と自己意識の意味は、それぞれ異なっている。私法体系のうちでは、諸々の人格は、法的に構築された彼らの行為自由を承認する。他方、立憲国家の市民たちは、自己決定を行なう政治共同体の作者および構成員として自分たちを理解している。彼らは、国家公民の連帯というかたちを取るときには、同時に「民族の精神」を現実化している。理性的な国家のうちで実現された「民族精神」は、ヘーゲルにとっては「個々人の完全な自由と自立性における普遍性」[33]を意味するのである。

(2) 見解を「共有する」、あるいは共同の実践に「参加する」ということの意味を解明しようとするとき、なぜ相互承認の構造が議論されるのかが、いまや理解できる。発話して行為する主体のあいだで生じうる了解の間主観性という根本特徴を分析することは、さらに、コミュニケーション的言語使用や社会的行為のための語用論的枠組を解明する助けにもなる。しかし、メンタリズムを修正するために相互承認の構造がどういう意味をもつのかは、いまだ不明確である。これまで述べてきたことから、さまざまな認識論的な帰結が引き出せるだろう。

ある人々は、次のように議論することがありえよう。つまり、「言語」と「労働」は「精神」の顕現である、と。これらの媒体は、その統合力を精神に負っているわけである。承認関係の構造が議論として出てくるというのは、精神の綜合機能を根本において把握するためなのである。それゆえ、言語と労働が主体と客体を媒介する仕方は、伝統と生活形式の「共有」および共同の実践への「参加」をモデルとして理解されるはずである。そうして、あらゆる主体‐客体の対立に先立つ精神の「客観性」が、共同の社会的生活世界の「間主観性」に関わる諸概念のうちで解明されることになる。メンタリズム的な二元論の克服という問題は、主体‐客体関係を間主観的な関係と同化することで解決されたわけである。「他者のもとにおける存在」は、自然から距離を取って客観化する発話主体あるいは道具を使って行為する主体に先立っており、コンテクストのなかに埋め込まれるか、あるいは、行為遂行的に習慣化した性格をもっているのだが、このことはたんに、人間同士の対称的な関係に見られる文字通りの「他者のもとにおける存在」を特徴づけているような結合と親密性を変奏したものにすぎなくなるのである。

また別の人々の場合は、このように世界に対する関係を自他関係と同一視することはあまりにも行き過ぎであるがゆえに、（わたしも賛同するような）より弱い解釈を優先することがありえよう。ヘーゲルが自然と向きあう個別意識に議論を集中するときに一時的に捨象している背景を考慮すれば、ただちにわれわれは「言語」と「労働」を通じた「綜合」が何を意味しているのかが理解できる。ヘーゲルはまずは個別主体の理論的意識と実践的意識しか考慮しておらず、その際、その個別主体はある共同体のコミュニケーション的実践や協同的な実践のなかですでに社会化されたものであらざるを得ないという点をさしあたり度外視している。任意の何か（「そこにある青いもの」）を現実に知覚することはすべて、ひとえにコンテクストがそのように暗黙のうちに存在しているがゆえに、言語共同体に対して間主観的に開示された世界のカテゴリー的な網目のなかにすでに埋め込まれているのである。普遍的なものが特殊的なものと、また、個的なものが数多的なものと対立するのは、言語によって処理できるようになったこの概念的空間の内部においてのみである。それゆえ、そうした対立は、反省哲学が想定するように、そのつどの片方の項を概念的なものの領域の彼方へ追いやってしまうわけではない。同様に、労働する者が自らに抗う現実と向きあうのは、すでに定着している実践の内部においてであって、現実との繋がりがあらかじめ確立されているという点が彼にとって好都合なのである。だから、自発性と受容性、形式と質料は相互に緊密に連関しており、解明を要するような二元論をかたち作っているわけではない。実践のうちにはすでに、主題化されずに随伴し続ける現実が構成要素として統合されているのであって、実践が行なわれるときには二元論の両面が対立として現れることはありえないのである。

もっとも、以上のような読解が説得力をもつのは、相互承認の構造が一定の認識上の役割を果たしているという前提のもとでのみである。ある集団に帰属する者たちは、言語のうちで（世界のなかの何かについて）相互にコミュニケーションし、（世界のなかで）共通の実践を行なうことができる以上、世界に対する彼らの関係も調和していなければならない。間主観的に共有された生活世界に帰属する者として、彼らは、それに関して何かが言われ、また何かが為されるような、独立して現存する諸々の対象から成る同一の世界が存在すると想定せねばならないし、相互にそうした想定をしあっていると思わねばならない。ある意見は、それが客観的世界における何かの、あるいは何かについての観点を表現していないと推定されるならば、万人に「共有」されるという規範的要求と結びつかないことが起こりえよう。同様に、ある実践は、それがすべての参加者にとって同一なこの世界に関与しつつ遂行されていないのならば、共同では行なわれないということが起こりえよう。それゆえ、共有された伝統と共通の生活形式を構成する相互承認の構造は、同時に、ある客観的世界を形式的に想定するための間主観的な基礎とならねばならないのである。

第四節

われわれが認識あるいは処理しうるすべてのものの客観性が間主観的に産出されるということは、フッサールが『デカルト的省察』の第五省察で解決しようとしてできなかった問題を別の基礎のうえで立てているのである。この当時フッサールにとって問題だったのは、超越論的な原‐自我のモナド的世界という観点から他者の主観性を構築することであった。なぜなら、原初的な世界が客観的な世界へと拡がるためには、異なる主観同士のパースペクティヴの間主観的な絡みあいが必要だからである。超越論的な主観性の代わりに、ヘーゲルは承認関係の純粋な間主観性から出発する。愛の関係を相互承認の最初のモデルとして分析したときには、ヘーゲルはまだ、世界に対する共同の関係を間主観的に構成する作業に頭を悩ます必要はなかった。愛は、他者のもとにおける存在に没頭している無世界的な情熱とされている。各々は別々のパースペクティヴから世界を知覚し判断しているにもかかわらず、それが両パートナーのいずれにとっても同一の客観的世界であるのはなぜなのか、という問いは、まだ主題となってはいない。しかし、行為者が自己意識や独立性を手に入れて、互いに——そのつどの自分たちの家族の代表者として——対立しあうようになるや、抗争する諸々の主体自身にとって、世界の客観性への問いが浮かび上がってくることになる。

ヘーゲルはイエナ精神哲学講義において、この点で、ホッブズ的な自然状態に相当するものとしての「承認をめぐる闘争」を導入する。『精神現象学』では、この同じ承認をめぐる闘争は、体系上異なる位置をもって現れている。つまり、そこでは承認をめぐる闘争は、「意識」の段階から「自己意識」の間主観的構築への移行段階を示しているのである。「主人と下僕」についての節は、次のような文で始まる。「自己意識は、即自かつ対自的に他の自己意識に対している以上、また、そのことによって、即自かつ対自的である。すなわち自己意識は、承認されたものとしてのみある」[34]。これが目標とするところははっきりと予想できる。つまり、自己意識をもった諸々の主体は、自分自身の判断と計画をもった主体として自己中心的に自己主張することはできず、規範的要求の源泉として互いに承認しあうことに依存していることを学ばねばならないのである。「彼らは、互いに承認しあうものとして、互いを承認している」[35]。

この有名な章で明示的な主題となっているのは、「自立性」の新たな段階をめぐる闘争である。この闘争は、ある自己意識と別の自己意識との対決を通じて始まる。自己意識はまずは、愛しあう者たちの調和した関係のうちで形成された。しかし、自分自身を意識するようになった主体は、守ってくれる家族の圏域から歩み出て、互いに独立したものとして向きあうとき、自分たちの意見や意図が一致しないことに気づくようになる。彼らの各々は、さまざまな観点のもとで、世界を異なったように――あるいは異なる世界を――知覚し、異なる企図を追求するのだが、観点の多元性というこの不本意な事実こそが、克服すべき課題となる。各々の当事者は、いまや相対化された自分自身の世界観のモナドロジー的なあり方に気づき、なぜ反対し合う者たちが自分たちの計画を異なる観点から押し進めるのかをお互いが理解するために自分自身のパースペクティヴを拡張する必要があると感じるようになる。承認をめぐる闘争は、さしあたりは実践的な事柄のように見え、自己主張が他者の意志と抗争するところから生じるように思えるが、パースペクティヴの拡張の必要性は、この闘争に認識上の意味をも与えるのである。

各人は、そのつどの自分自身の基準の確認と間主観的な承認をめぐっても闘争する。こうした自分自身の基準に照らすことで、自己意識をもった行為者は、自らの意見が真であり、自らの意図が理性的であると考えるのであって、また、他者の意図については、彼らがまさにそれを誤った根拠に基づいて行っていると批判するのである。テリー・ピンカードは、次のように要点を捉えている。「知っていると主張する活動は、われわれのさまざまな企図を作り出す欲望の体系を満足させるために世界に対処するという、われわれの全実践の一部である。そしてわれわれは、信じたり行為したりするための信頼できる理由として通用しているものについてのわれわれの観念を、そうしたすべての企図や欲望に統合することによって、物事を知るのである。ふたつの観点は衝突することがありうるのだから、ある個人の主張を別の人の対立する主張と調停するという問題が生じてくるだろう。しかし、仮に真の調停が行なわれうるとしたら、それは当事者たちが人格とは無縁の客観的観点を想定しうる場合だけであり、［…］すなわち、彼らが自分自身の主張について、自分自身の観点と経験に完全に内在するかたちでではなく、こうした主観的経験を超える何かによって判断できる場合だけであろう。［…］人格とは無縁のこうした客観的観点などは見つけられないのだから、行為者たち自身が社会的観点を構築せざるを得ないのである」[36]。承認をめぐる闘争は生死を賭けた闘争ではない。というのも、主人と下僕の弁証法が目指すのは、服従と解放というよりも、不偏不党であることを主張できる観点を社会的に構築することだからである。こうした観点こそが、世界に対する客観的な関係や間主観的に拘束力をもつ判断を可能にするのである。

ひとつの客観的世界に向けられたさまざまな視線を調和させることは、真に自立的な自己意識を社会的に構成するために必要不可欠な認識上の条件である。下僕は認識において独立しているおかげで、自らの従属性のくびきを打ち砕く。彼はこうした認識における独立性を、主人の命令に従って、現実と格闘し、自然をいかに支配すべきかを自然から学ぶことによって、獲得するのである。主人が自分の願望を満足させるのは、ただ間接的に、下僕を自分の代わりに働かせることによってのみである。「しかしながら下僕は、自分の労働の所産のうちに体現された自分自身の観点を見るようになる」[37]。下僕はさしあたり、主人の世界観を完全に我が物とするのだが、主人のほうは、下僕との相互作用を経るうちに、いまや共通となったパースペクティヴ、すなわち下僕が世界に賢明に対処することから不可避的に生じてきたパースペクティヴを展開し拡大することを受け入れざるをえないのである。

主人と下僕との親密な関係は、一方と他方の相互依存関係を基礎づける。一方が命じ、他方が従うわけだが、「一方の行為は他方の行為」である。こうした絡みあいは、パースペクティヴの弁証法的な反転にとって決定的である。「主人はいまや、自分自身の観点を下僕の観点と調和させることを学ばねばならず、下僕に対する自らの支配は単にひとつの偶然であり、［…］「外部にある」何らかの形而上学的真理の反映ではないということを理解せねばならない。［…］主人と下僕の弁証法が始まったのは、各々が自分自身の企図を、信念と行為の十分な理由として通用しているものにとり信頼できるものであると見なすことによってであった。しかし、各々はいまや、他者の観点を参照することなしには――すなわち、両者に共通の社会性を参照することなしには――何が自分自身の観点であるかを定められないとわかったのである」(38)。こうした社会的な依存関係は、なぜ世界が双方にとって同一であるのかを説明する。そして、抵抗する自然を処理することによる学習効果は、なぜ双方にとって同一な世界が客観的な世界にもなるのかを説明するのである。

（2）「自己意識の自立性と非自立性」という標題のこの章においては、むろん、まだ完全には、ふたつの主観的パースペクティヴが不偏不党という観点において対称的に調和されて止揚されるという明確な目的までは至っていない。しかし、独立した自己意識が間主観的に構成されるなら、両当事者は、経験と知の客観性が社会的な性質をもつということをはっきりと認識する。主体は、自らの形成過程の社会的性格に気づくことなしには、真の自己意識を獲得することはできない。「われわれにとって」知としての意味をもつものは、「わたしの」あるいは「汝の」尺度に従ってではなく、あらゆる側から見て承認に価する基準に従って査定されるのである。間主観的な拘束力をもった基準なしには、不偏不党な観点はないだろう。不偏不党な観点があってはじめてわれわれは、自分たちが客観的世界における何かについて同じ意見をかたち作っていると互いに期待できるのである。

この帰結には三つの重要な含意がある。その第一の含意をヘーゲルは、「不幸な意識」という標題のもとに議論している。客観性が社会的に発生することにわれわれが気づくや否や、それまで素朴に自分自身に閉じ篭っていた自己中心的な自己意識は、懐疑に苛まれる。この懐疑は、客観的な知の可能性のさらなる追求とその可能性への疑念とのあいだで右往左往する自己反省のスパイラルを作動させるのである。こうした動揺は、近代の自己理解に突き刺さった棘であり続けるだろうが、まずは疑念のうちで絶望することによってこそ、共通の人間理性という前提に場所が開かれる。啓蒙のメンタリティは、生得の理性が、自然を客観的に見る科学や、社会の合理的な組織化をもたらすことができると信頼するのである。

第二に、「観察する理性」という表題のもとで、ヘーゲルは法則論的な経験科学の方法と限界について議論している。歴史的に形成された人間精神の本質は、人間についての科学的なイメージ――セラーズは「科学的人間像」と呼ぶだろう――によっては捉えられないのである。近代科学はそれ自体、ある特定の歴史的段階において企図されたものであり、それゆえわれわれは、科学と政治啓蒙に体現されている種類の合理性を、ある特有の精神形態の構成要素であると理解せねばならない。しかしそれによって、第三に、こうしたわれわれ自身の尺度を正当化するという問題が立てられることになる。ヘーゲルの批判はそれ自体が、人間と世界についての正当な理解に基づいていなければならないのである。

ヘーゲルは、自分を自分自身から根拠づけることができると思い込んでいる知的文化という展望台から語っている。こうした現在の立場が、またしても歴史的に相対化可能な他の諸々の位置と並ぶひとつの立場になってしまうべきではないとすれば、「われわれの」尺度の発生は、あらかじめ完結している学習過程の帰結として記述することができねばならない。ヘーゲルが『精神現象学』で行なっているこうした企ては、三重の離脱を予示している。つまり、歴史主義からの離脱、自然主義からの離脱、超越論哲学からの離脱である。ヘーゲルはひとつのトリレンマを逃れようとしている。まず、「理性」は、観察にのみ基づく学問にとっては、いかなる対象にもならない。また、「理性」は、自然主義的に説明されうるような素材から作られるものではない。そして、「理性」は、空間と時間を逃れて不変であると見なされる主観性の自己反省と同一視されてはならないのである。理性が具現化し顕現する諸々の形態を、超越論的分析は見逃してしまうのだが、そうした諸形態は理性そのものに属しているのである。しかし、現在のうちに位置づけられている理性は自分自身の成立史を把握しようとするとはいえ、それが単なる物語的叙述に組み込まれるわけでもない。

ヘーゲルが『精神現象学』で追求している分析戦略を理解するためには、そこで実践されている自己反省の種類をはっきりと認識せねばならない。ヘーゲルは、(a)「倫理的自己了解」と呼ぶことのできるよ うな、アリストテレス的な種類の自己反省を利用している。こうした自己反省は認識遂行に不可欠な前提の合理的再構築や、無意識のうちに紛れ込む具象化への批判、あるいは、自身のパースペクティヴの脱中心化と同じように、メンタリズムの概念枠組からは独立している。ヘーゲルは、(b)歴史主義的な自己相対化の危険に対処するために、理性の発生を叙述している。この理性の発生は、目的的な学習過程としての近代的自己理解の成立史を表すものである。むろん、彼はこの道筋において、(c)そうした形成過程全体の主体を概念的に把握する際には、メンタリズム的な思考形態への退行という代償を支払わざるをえないと見なしている。

(a)ヘーゲルはイエナ講義のなかで、理論理性の実践的な性格を新たな仕方で解明している。知性は、単に言語と労働のみによって超越論的な建造物の外へ道を切り開いていくわけではない。人間精神は「客観的となって」、相互承認によって開示される社会的空間のなかで自らを「公共的に」顕在化させているのであり、この点からも人間精神は自らの実践的性格を明らかにしているのである。精神は、ある共同の生活世界における諸々の見解や習慣のなかに、したがって、所属者たちが間主観的に「共有している」ものが、つまり、ヘーゲルがストア主義、懐疑主義、啓蒙主義といった標題のもとで分析している意識の歴史的諸形態のうちにも反映している。そのシンボル的な表現形式ゆえに、精神は本質的に客観的な精神なのである。例えば主観的精神は、自分が民族精神の抽象であるのを見抜けるように学習せねばならないのである。ヘーゲルは『精神現象学』の最初の部分で、個別意識の自己反省の道について再び論じている。伝記作家を演じつつ彼が読者に対して書き記しているのは、書き記された主体が自伝的な自己反省に引き込まれることですぐに再び経験し、受忍することになるような、意識の転向と改心である。著者ヘーゲルが、この範例的な被験者の想起を分析することによって読者たちに認識してほしいと思っているのは、彼らの他我がいかにして、最後にはその成熟した自己理解と世界理解を規定するような諸基準の有効性そのものを一歩ずつ確信していくのかということである。そうして読者は、啓蒙が完成された後には彼ら自身が従うことになる合理性の基準の成立史を理解するのである。

シンボル表現のうちに客観化されている精神という表出主義的な概念とともに[39]、ヘーゲルは間主観的に共有された生活形式・メンタリティ・伝承を自己反省の対象として導入する。この自己反省は、個人と共同体の「倫理的な自己了解」を想起させるものである。（第一人称単数もしくは複数における）自身の形成過程についてのこうした種類の自己確認は、アイデンティティの問題を解明するのに役立つ。自身のアイデンティティのこのような確認が意味するのは、われわれは、自分たちがいかにして他者から承認されることを願う人格もしくは共同体として自らを引き受けるようになったのかを自己批判的に想起する、ということである。この自己了解の過程は、記述的な歩みと評価的な歩みを結びつける。最初はアリストテレスによってフロネーシスとして探究されたこの種の自己反省は、今日、哲学的解釈学がもっとも説得的なかたちで描き出している。(40)

もちろん、われわれが自分自身を再認する伝承された古典の解釈学的な習得は、妥当している合理性の基準の発生的正当化という多難な作業にとって十分なモデルを提供しているわけではない。つまり、倫理的な自己了解における「自己」に代わって、いまや、理性のような何か非人格的なものが現れているのである。「〔精神〕現象学的な」自己反省は、まったく独自の複雑な分析形態である。それは、客観的な経験に必須の前提の合理的再構築や、錯覚的な自己イメージの批判的解消を、近代的アイデンティティの解釈学的な啓蒙と結びつけるのであり、したがってまた、(歴史的)啓蒙が終わった後のわれわれの文化の自己根拠づけが基礎としている諸基準の確認と結びつけるのである。

(b)今日妥当している合理性の基準を発展させて、それを従わざるをえないものとして受け入れるまでにわれわれを至らしめた学習過程を、ヘーゲルは回顧的な視点から記述している。だが、理性の脱超越論化へ向かうこの運動は、極めてアンビヴァレントである。もしわれわれがヘーゲルと同じく、自分自身の活動を自己反省的に意識化することで不変の理性構造をあらわにすることもできるような超越論的意識など存在しないと前提するならば、ある悩ましい事実にわれわれは直面せざるをえない。つまり、われわれ自身の基準に従うなら、納得のいく諸理由に照らして真であるとも従うべきだとも、実効的とも価値があるとも見なせぬものは何であれ、われわれは有効なものとして受け入れることができないのだが、そうしたわれわれの基準もまた明らかに、今日世界中に行き渡っているひとつの特定の近代的生活形式に不可欠の構成要素である。だが、もしその基準がこの特殊な生活形式と内的に結びついているのだとすれば、それがこのコンテクストを超えた普遍的な妥当性を主張することを許されるかどうかは、まったく不確実なのだ。こうした嫌疑は、われわれのような仕方で社会化される人々がいかにして支配的な諸基準を承認することを習得するのかを発生的に解明しようが、近代のアイデンティティのさまざまな形式について何らかの解釈学的な確認を行なおうが、払拭することはできないのである。

それゆえヘーゲルが〔精神〕現象学的な反省ということで理解しているのは、ある集団が自身の好む生活形式について行なう倫理的な自己了解とは別のことである。彼が示さねばならないのは、われわれの合理性の基準は――それが一部となっているような近代の生活形式とともに――誰もが追体験できるような普遍的な学習過程に由来するということである。ヘーゲルは、今日妥当している諸基準、および今日正しいと見なされている諸々のカテゴリーを「われわれ」が習得してきた道程を、精神一般が踏破せねばならなかった意識の遍歴の課程《カリキュラム》として再構成する。この道程の必然性は論理的な性質をもっている。なぜなら、自分自身について自己啓蒙する意識は、ある特定の図式に従っているからである。この意識は、疑わしいものとなった世界把握の前提、最初はただ暗黙のうちに意識されていただけのその前提を明示化させ、そのことを通じて、既存の抗争や矛盾を取り除く解放的な意識の立場を取るようになるのであり、こうして、各々の段階でそのつど新たに現れる認識上の不協和を解消していくのである。

ここまではヘーゲルの体系的論述について行く気がある者たちでも、次なる問いに目を向けるや、ヘーゲル主義者とポスト・ヘーゲル主義者に分裂することになる。問題なのは、先の課程《カリキュラム》を踏破して〔精神〕現象学的な学習過程を自分自身において経験する「われわれ」とは誰なのか、ということである。読者が追体験するとされているのは、いったい誰の精神の成立史なのだろうか。「われわれ」とは、西洋文化の所属者――これにはわれわれのディスクルスに組み込まれている者、少なくとも世界中に支配を及ぼすに至った合理性の基準についての知的ディスクルスに参与する者がすべて含まれる――なのだろうか。こうした解釈は少なくとも、これまで好まれてきた厳密に間主観的な試み、すなわち、反省的な習慣の手続き的性格のうちで近代の精神を認識し直そうという試みに適合している。あるいは、われわれはむしろ、主体としての先の世界史的な意識遍歴のうちに、近代的な思考形式や生活形式の制約を乗り越えて超越していく精神という意味を読み込んでいくべきではなかろうか。そのような精神は、ディスクルスの手続きや正当化実践を可能にするというだけの機能に尽きることはなく、ある意味ではわれわれの精神ではないことになろう。近代の息子であり娘であるわれわれは、自分たちを、ひとつのより包括的な過程のなかの変数として理解せねばならなくなるだろう。

「理由の付与と要求」(ブランダム)というわれわれ自身の実践にいまだ固執しているわれわれといえど、意識のさらなる改心の吸引力に引き込まれることがありうると予想するだけで、近代精神の形態の変容をひき起こすことになるだろう。というのも、この予期された観点から見れば、自己批判的な啓蒙という近代文化は、さらに先へ進んでいく過程の移行段階として現れるだろうからだ。拡大していくこの過程の主体は、現在の世代の反省力が手にしうる以上のことを知っており、そのうえ、それとは異なる種類の知までも用いることができるのである。もっとも、ヘーゲルはハイデガーではない。ヘーゲルは完全なる他者に夢中になることはない。彼は、哲学者たち、および「概念把握せよという内なる要請がかつて下されたことのある」すべての者が、間主観的にかたち作られる限定的な精神の地平、われわれの仲間たちの「イエス」や「ノー」に照らして通用するのでなくてはならない精神の地平を超越することができると信じており、そして、「主観的な自由とともに、特殊や偶然のうちにではなく、即自かつ対自的なもののうちに立つ」[41]ことができると徹頭徹尾信じているのである。

(c) 現代のアメリカのヘーゲル専門家たちは、この「絶対精神」という形而上学的概念を切り下げる傾向がある。「絶対精神」の概念は、「共同体の言語的・文化的実践、および社会的に制定された相互承認構造のみが、ある人が何者であるかを規定するための諸根拠を提供する」[42]という、ポスト形而上学的な洞察と折り合いをつけるべきだというのである。絶対精神は、世界中で行なわれている諸々の宗教的・哲学的ディスクルスの間主観的な体制という点で客観精神から区別されるのではなく、たんに、社会的に境界を撤廃していく、つまり、人間の相貌をしているものすべてを完全に包摂していくという点でのみ客観精神から区別される、というわけである。こうした読み方に従えば、絶対精神は、拡大され世俗化された教団的宗教性にとってのインスピレーション源泉のようなものとなる。「宗教は制度化された社会実践の一形式であり、そのなかで共同体は、自らの信念と実践の基礎であるすべてのものの「根拠」と自分が見なすものに対し、反省を加えるのである。それは、ある共同体にとってヘーゲルの用語で言うところの「即自かつ対自的に存在する」と見なされるものについての共同的な反省なのである」[43]。絶対精神の宗教的段階が、形式上は、共同の生活形式の客観精神に同化され、内容上は、諸々の意見や行動様式を正当化する認識上の役割を果たすよう確定されるならば、絶対理念から大仰な要素をすべて取り去ることはそう難しいことではない。絶対理念は、ただもう次のことを述べているに過ぎなくなる。つまり、「人間の共同体が自らの絶対的原理と見なすものを自分で設定するのは、理由を与える自分自身の活動の内的な要請に取り組むことによってであるということを、人間の共同体が意識するに至る」[44]、ということである。

以上のことは、脱魔術化された世界の住人でもなお体系的に理解できるようにヘーゲルの思想の実質を汲み取るためには、良い戦略なのかもしれない。こうしたやり方をすれば、プラグマティズムや解釈学、言語学的哲学や哲学的人類学といったポスト・ヘーゲル的な諸々の潮流を、ヘーゲル哲学そのものと関連づけることもできるわけである。しかし、ヘーゲル自身の前提からすると、絶対精神についてのそうした間主観主義的な解釈は、ふたつの重要な観点から見て不十分である。つまり、第一に、完全に包摂的な共同体の視点から見た場合でさえ、われわれが間主観的に共有している社会的世界と、われわれがそれに直面してうまく対処せねばならない客観的世界とのあいだには、媒介しえない差異が存在し続けている。そして、第二に、「われわれにとって」有効なものと「即自かつ対自的に」有効なものとの緊張関係もまた、取り除くことはできないのである。合理的に受け入れることができるとわれわれが理解するものは、必ずしも客観的に真なるものと一致するわけではない。自らの現在と過去に縛られた有限な精神は、たとえ無条件に妥当するものという理念に従っているとしても、将来の改善された知に比べれば、局部的なものにとどまるのである。

間主観性と客観性との構造上の違いは、ふたつの方向で作用し、ポスト形而上学的な思考を客観的観念論から切り離すことになる。一方では、押し止め難い世俗化の後にいるわれわれが、なぜ、外的な自然を顧慮する際に観察的理性の客観主義を克服して、自然の偶有性をいわば「内側から」把握することを期待してもよいのか、つまり、観察可能な自然の経緯をたんに法則性を仮定することで解説するだけでなく、非‐唯名論な仕方で理解することをも期待してよいのかということについては、いかなる根拠も存在しない。他方で、われわれは自分たちの言語とディスクルス実践の地平から脱出することで、拡大可能な論議共同体における可謬的な不偏不党性や脱中心化されたわれわれというパースペクティヴの代わりに、終わりから回顧する全体化的‐完結的な絶対知の立場を取ることなどできはしない。たしかにわれわれはつねに、自分たちの認識上のコンテクストの限界を、内側からさらに先へ引き延ばしていくことができる。しかし、われわれが見通すことのできるような、すべてのコンテクストを包含するコンテクストなどは存在しない。最後の結論を手中にできるとわれわれが期待することを許すものなど、何もないのである。

第五節

（1）すべての主体を完全に包括する理念的に拡大された共同体の集団的精神であっても、やはり依然として、間主観的な体制に備わるさまざまの有限な特徴によって性格づけられるだろう。このように絶対精神を切り下げる読解にヘーゲルが同意することはありえない。たしかに、客観的観念論に基づいた読解に従う場合でも、意識の転換は個々の主体において行なわれるし、〔精神〕現象学的に記述された学習過程を自分自身で経験するのは、社会化された諸個人にほかならない。だが、この過程が学習の過程として現れるのは、自分自身を根拠づける近代的な啓蒙文化の自己批判的なメンバーにとってのみなのである。しかしながら、ヘーゲルはまさにこうした読者公衆に対して、ある別の論点をも用意していた。つまり、啓蒙された同時代人たちは、「それにとって」から「われわれにとって」を経て「即自かつ対自」へと至るパースペクティヴの新たな転換によって、近代の意識段階を超えていく決定的な一歩を踏み出すというのである。ヘーゲルが自らの叙述の宛先としているこの同時代人たちは、自分たちがすでに後にした自らの意識の変革を回顧するだけではない。彼ら自身が変革を遂げて、単に主観的なものすべてを超えていく精神の力、つまり、継起するさまざまな民族精神の領域を宿命的に貫いている精神の力、したがって、さまざまな間主観的な生活形式の歴史を宿命的に貫いている精神の力を認識するというのである。こうした無理のある要求に示されているのは、客観精神と絶対精神のあいだには境界があるということである。絶対精神を切り下げる解釈は、この境界を踏み均らそうとしている。ヘーゲルはその境界を踏み越えていくことで、精神の概念から客観精神の間主観的な諸形態に由来する痕跡を拭い去るのである。成熟した体系においては、精神は本質的に自然に対する優位によって規定されるのであり、したがって、存在論的に規定される。「精神はわれわれにとっては、自然を自らの前提としている。だが、精神は自然の真理であり、自然の絶対的な第一者なのである」[45]。

われわれはイエナ期のヘーゲルの足跡を通観し、彼をまずは反省哲学から離脱させた反メンタリズム的な諸特徴を強調した。内省によって切り開かれる主観性をこうして拒否したからといって、ヘーゲルがなおも他の形式の自己反省に信頼を寄せることができなくなったわけではない。認識作業に不可欠な諸前提の合理的再構築、無意識的な実体化や虚偽の自己イメージへの批判、自己準拠的なパースペクティヴの脱中心化、自我のアイデンティティの確認。これらの活動はどれも、自己意識についてのメンタリズム的な概念を構成するような、自らの有する表象についての表象という意味での自己反省とはまったく関わりがない。とはいえ、イエナ期の終わり頃には、ヘーゲルは、より高い知――自らを根拠づける文化の合理的ディスクルスの参加者による共同の真理探究から生じうる知すべてをカテゴリーの上で凌駕している知――として認められる高次の段階の主体の唯一のモデルとして、漠然とした自己意識のこの「自己」くらいしか用いることができなかったのである。

絶対精神は、自然進化および世界史の過程を貫いて伸びていくという仕方で、フィヒテの言うような自分自身を「措定する」自我の「事行」を体現し、永続させる。ヘーゲルは自然と歴史を通して進行するこの経過を、大まかには「自分自身を概念理解する知」という目的をもった自己反省として理解する。この知は、自分自身を外化する精神が絶対精神として実現していく際に通るすべての段階を想起することに終始するのである。「精神のこの最後の形態」に関しては、精神は「自らの完全かつ真なる内容に、同時に自己という形式をも与える[46]」と言われている。「実体から主体へ」というかたちで精神が自分自身に還帰するということを、ヘーゲルはかつて彼自身が非常に説得的に批判していた主観性の概念を利用して思考している。もっとも彼は、このモデルを引っ張り出すときでも、初期に自分が行なったメンタリズム批判の成果を考慮に入れている。

ヘーゲルはかつて、主体と客体の関係は、認識し行為する主体そのものから出てくるのではなく、言語・労働・相互行為という先行する構造のうちで発生するという洞察にたどり着いていた。内面的なものと主観性は、外面的なものと客観性に対する優位を失うのである。自分のもとにあることは、他者のもとにあることによって「つねに始めから」媒介されている。自己意識は、主体同士の相互承認関係のうちでかたち作られるのであり、各々の主体は他者のうちでのみ自分自身を認識するのである。主体が生じてくる教養形成過程は、それ自体いかなる主体ももたない。認識主体の脱超越論化の歴史が進行するための媒体は、根源的には主体なき主体である。ここではいまだ大文字の主体は顕現していない。

しかし、遅くとも『精神現象学』の最後のほうでは、ヘーゲルがそのような主体を再び意識の歴史の基礎に置いていることは明らかである。この主体は、一かつ全として、「自らの外部に何ももちえない」全体性として考えられる。それゆえ、絶対精神は、それまでは匿名のままに導かれてきた教養形成過程を自分自身の成立史として内面化せねばならず、それによって主体性の優位を再建しなければならない。絶対精神はもはや「自分自身の他者」を、自らを制約する現実の抵抗や対等な他我として自らの外に置いて受忍するのではなく、もうそうした他者を――自分自身の形成史の材料へと無能力化させて――自らの内部で保ち続けることしかできないのである。「他者のもとにあること」からは他性の棘が抜かれ、距離を取りつつ関係を繋ぐというかたちで他者とのあいだに維持されていた緊張関係も奪われる。他者はいまや、即自かつ対自的な自らの所有物となり、過去における自己外化という内面的に想起された姿のうちでわれわれと出会うのである。ヘーゲルは、この「他者」を、概念の運動が進行する時間のなかのできごとと同一視し、他方で、絶対的自己を、自分のうちに時間を飲み込み、ある意味では食べ尽くしてしまうような概念として理解している。これによって理性の歴史性は、挑発的な課題としての性格を失ってしまう。いずれにせよ、論理が歴史に対して伝統的な仕方で再び勝利を収めるときには、理性の歴史性は起爆力を失ってしまうのである。「時間とは、現にある概念である［…］。それゆえ、精神は必然的に時間のうちで現象するのだが、（しかし）精神が時間のうちで現象するのは、（ひとえに）自らの純粋な概念をつかみ取っていないからであり、すなわち、時間を抹消していないからである」[47]。時間へと外化される精神は、永遠の生成流転のなかでも自分自身と同一であり続けるプラトン的な要素として、再び時間に勝利するのである。

かつては反メンタリズム的な転回を意味していた言語・労働・相互承認という媒体は、体系が展開されるうちに完全に消滅するか、ごく目立たぬ位置しか占めなくなる。言語は、魂の動きを表現する身体という表出主義的なモデルに同化される[48]。というのも、内面的なものが顕現する表現媒体としての身体というのは、主観性のメンタリズム的な考え方に合致しているからである。つまり、主観性は自分自身を外化した後で、この疎外された表現のうちに自分自身を再認するという考え方である。労働と道具は、主観精神についての章の下位区分に縮小された「精神現象学」（『エンチュクロペディ』第四一三－四三九節）からは、完全に消滅している。それらはいまやもう、論理的カテゴリーとしての目的活動を解説するために用いられるだけである[49]。たしかに、承認をめぐる闘争は、『エンチュクロペディ』においても対応する箇所にその記述を見出せる。しかし、相互承認の間主観的構造は、自己と自己反省についてのメンタリズム的な構想にとってはもはや重要ではない。なぜなら、ヘーゲルは『論理学』においては、自我と純粋自己意識のモデルに従って概念を展開しているからである。[50] 間主観性は、絶対理念の叙述のうちには何の痕跡も残すことなく、主観性によって抑圧されるのである。

（2）理論的な配置のこうした変更については、すぐにひとつの説明が思い浮かぶ。つまり、ポスト・メンタリズム的な概念構成によって、間主観主義的に捉えられた精神の「客観性」が「主観性」のもっていた理論戦略上の役割を引き受けるとすれば、ヘーゲルが当初から「合一哲学」[51]によってもくろんでいた多大な要求を果たすことができない。ヘーゲルはつねに、近代の人間を物象化された内的自然および制圧された外的自然と宥和させ、社会からの個人の疎外を克服するという使命を哲学に期待していた。彼は、失うわけにはいかない主観的自由という獲得物を否定することなしに、近代の分裂した人倫を（彼の基準によるところの）実在論的な仕方で、妨げられも傷つけられもしない生の流れの統一と自発性のなかに連れ戻そうとした、というわけである。チャールズ・テイラーは正当にも、ヘーゲルがこうした意図をもっていたと見なしている。[52] このような通例の説明であれば、ポスト形而上学的な思想状況を受け入れた者を悩ませることはないだろう。思弁的な関心は、形而上学以後も自らの威信を保つのである。ヘーゲルが間主観主義的なアプローチそのもののうちに難点を発見していたのだとしたら、それはもっと人を悩ませることになっただろう。もしかしたら、ヘーゲルがイエナ期に受け入れた間主観主義的な進路から結局のところ再び離反する方向に向かったことには、内的な理由があったのだろうか。少なくとも、フランス革命に対する批判的な回顧は、脱超越論化のもたらす或る特定の帰結を回避したいという願望の明らかな理由をなしている。

他の諸々の動機を度外視するなら、（a）近代における「変革的実践」（マルクス）の諸形式に対するヘーゲルの懐疑は、なぜ彼が社会化された個人の主観性を、間主観的にかたち作られた諸々の意識形式の反省的な活動性に帰着させるのみならず、その理性的実体が絶対精神という展望台からしか判断できないような、より確固とした客観精神の諸形式にも帰着させているのかを説明するものである。(b)だが、ほとんど説得力のないこの問題解決策がなおも真剣に受け止められるべき診断に基礎を置いているとするなら、われわれは、少なくとも客観精神を絶対精神に従属させる動機にもなった問いを別の仕方で立てねばならない。問題なのは、ヘーゲル右派を今日に至るまで悩ませている問いである。すなわち、自分自身を根拠づける文化の枠内では、主体は構造的に過大な要求を課されているのではないかという問いにほかならない。

(a)ヘーゲルは、啓蒙の文化がカントの理論において道徳意識の最高段階に到達しているということを確信している。自律の概念はヘーゲルにとって主観的自由の失うわけにはいかない基準であり続けているにもかかわらず、彼は「〔カントの〕道徳的世界観」をつねに、人倫的関係を不安定化させる源泉であるとも考えていた[53]。ヘーゲルがこれに関連する『法哲学』の諸節(第一〇五－一五六節)で示しているのは、格率の普遍化可能性という道徳的観点からしか導かれえない普遍主義的な義務倫理が、いわば未完のままだということである。たしかに、ヘーゲルはカントの公平な解釈に努めているわけでないし、叡智的自我を脱超越論化した後ですぐに思いついたはずの、普遍化原理の間主観主義的な読解に努めているわけでもない[54]。しかし、倫理的形式主義の抽象化要求に対する三つの反論は、依然として顧慮に値する。この倫理的形式主義は、第一に、道徳的に行為する人格の事実上の動機や好みを看過している。道徳的戒律は所与の選好と容易に調和することはないし、また、行為者が社会化される過程で作り上げていく長期的な欲求性向や価値指向とも容易に調和しないのである。第二に、カントは、事情によっては行為者が責任を負うべき複雑な行為帰結の予見可能性という問題も考慮していない。不透明な状況においては、良き意図もしばしば悪しき結果をもたらすのである。第三に、普遍的規範を具体的事例に適用するという問題の解決策も欠けている。それはとりわけ、一見したところ等しく適当であると思われる規範同士が互いに衝突する場合に言えるのである。(55)

ヘーゲルの論証は次のように理解できる。抽象的道徳は個々人に対して、動機上および認識上のあまりに過大な作業を求めている、と。個々人のこうした能力不足ゆえに、制度のレベルでの負担軽減が必要となるのである。主観精神がなしえないことを、客観精神は補完しなければならないのだ。ヘーゲルは客観的となった人倫に対し、「主観的な意見や好みを超えた存立性」を割り当てている。(56)彼は大規模な社会制度のうちに、主観精神の限定された地平を超え出て現存する理性を見て取るのである。つまり、それらの社会制度は、諸理念を諸々の利害や機能と調和させる。それらは、人倫的な諸力が備えている正当化の理念を、構成員の利害状況や差異分化した社会の機能的な命令と適合させる。そうした諸制度は、割り当てられた具体的な義務を実行することで、過重な要求を課された個人の善意志と知性の負担を軽減するのである。他方で、個々人は、自分が正当であると認めないものは何も受け入れる必要がないとされる。近代国家は、「主観性の原理を、人格的な特殊性という自立的な極点にまで完成させると同時に、実体的な統一のうちに連れ戻しもするような途方もない強さと深み」をもっている。(57)それゆえヘーゲルは、諸々の制度が――万人にとって平等な諸自由の実現という尺度に従って――理性的な姿を取るという留保のもとでのみ、主観精神を客観的人倫に従属させるのである。

ヘーゲルは、国家が多かれ少なかれ哲学的に展開された概念と一致するという条件のもとで、強い制度主義に賛意を示す。しかし、フランス革命の同時代人である彼は、こうした留保から生じる問題点もわかっている。現存する立憲国家の安定した軌道の上でいまだ行うことができず、まずは理性的な制度を生み出すという課題を解決しなければならない実践というものは、どう規定されるのか。共和主義的な政体のリベラルな諸制度が欠けている状況にあっては、諸々の法律を正当化し、実定化し、適用するための包摂的かつ実効的な手続きと実践が、まずもって確立されねばならない。しかしヘーゲルの理解では、そうなると、政治的に行為する主体は、個人としても集団としても過重な要求を課されることになる。しかもその理由は、まさにカントの道徳理論に対する批判から生じてくるのである。

というのも、理性的な諸制度の後ろ盾なしには、ロベスピエールのような革命の代弁者であれ、ヤーコプ・フリードリヒ・フリースのような国民運動の代弁者であれ、抽象的道徳の段階に逆戻りせざるをえないからである。この場合に彼らは、そのもとではじめて各人に道徳的行為が期待されうるはずの諸関係を確立することに思慮をもって参与するという難問に巻き込まれる。彼らはこうした高次の道徳的目的のためなら、戦略的に行為することも、必要とあらば道徳的戒律の侵害を受け入れることも許されると信じるのである。この論拠の傾聴に値する核心は以下の点にある。つまり、こうした種類の政治はすべて、自らの考える善を主観的に先取りすれば、欠落している（所与の状況下では到達不可能な）間主観的な同意——万人の平等な自由の唯一の保証——をなしで済ますことができると信じることによって、異質な利害の抑圧と侵害に転化する恐れがあるという点である。ヘーゲルは「徳と世界過程」についての考察で、後に「革命的倫理」と呼ばれるものについての論争を先取りしている。道徳一般を目標とした野心的な実践が徳のテロルに転化するということは、二〇世紀の全体主義体制のうちで悲劇的な仕方で確認されることになった。

それゆえ、ヘーゲルにとっての問題は次の点にある。つまり、個人が単なる道徳的行為に際してすでに負担軽減を必要とするならば、このことは、政治へと高められた道徳的に自己準拠的な行為にますますもって当てはまる、ということである。自分自身について決定する個人に過重な要求が課されているという問題は、国家と社会の革命を通じて新たな人倫的基礎を生み出そうとする文化が自らに過重な要求を課しているという問題へと尖鋭化するのである。ヘーゲルは、歴史が全体としては理性に従属しているという確信によって、この問題に対処する。政治的に行為する市民が、道徳的に負担を軽減する立憲国家の制度そのものを作り出さねばならないという重荷から解放されうるのは、ただ、そうした市民たちの頭越しに、歴史的に自らを実現する理性によってのみなのである。しかしこのことは、客観精神から絶対知への移行を構築することを必要とする。こうした構築を行なうためには、近代世界の人倫的現実はわれわれの助力なしでも理性的になりつつあるという歴史哲学的な信頼を抱いていなければならない。絶対精神を客観精神から切り外すことは、同時に、理論を実践から切り離すことである。それゆえ、現存する制度が理性的なのか、そしてどの程度理性的なのかという判断は、世界にそのあるべき姿を教えるにはいつもあまりに遅れてやってくる哲学の思弁的考察に委ねられるのである。

（b）ポスト形而上学的な思考という条件下では、われわれはもはや自身の判断の拠り所をそのような権威に求めることはできない。にもかかわらず、われわれの時代の今日のヘーゲル主義者たちが、民主的な体制のリベラルな制度や手続きをほぼ全世界に押し広げる歴史過程の幸福な継嗣であると自分たちを見なすとき、彼らは正当であるようにも思える。ともかくも西洋世界の市民の大多数は、少なくとも歴史的に恵まれた彼らの地域では、現在生きている世代が現存する制度や手続きを明確に受益できるような憲法上の現実が形成されたという点に間違いはないと考えてよい。この民主的な体制の市民は、社会はあまりにも複雑になってしまってもはや「変革される」ことなどありえないという理由ですでに、道徳的葛藤を抱えた革命的前衛主義の無謀な企てを免れている。他方、立憲国家の手続き化された諸制度が、ヘーゲル自身によれば決して存在すべきでない民主的な自己決定という実践を用いて市民権の実現の過程を持続的なものとしたことで、ヘーゲルの問題は重要性を失ったのである[58]。

反省的となった立憲国家は、憲法をひとつのプロジェクトとして制度化する。この立憲国家は法という媒体を通じて、市民たちの主観的意識と諸制度の客観精神との緊張、つまり、ヘーゲルがこの両者を絶対精神に従属させることで解消すべきであると信じた緊張を内部に取り込む。民主的な自己決定の実践は決してそうした緊張を解消するのではなく、ただこの緊張を憲法によって制度化された公共的コミュニケーションのダイナミズムへ変容させるだけなのである。ヘーゲルは、国家についての「概念」と国家の「現に存在している現実」――「まだ概念にまでは解放されていない抽象的なものの枷[59]」――との齟齬に気づいたとき、その責任を、過重な要求が課された個々人の限界ある主観性に転嫁せざるをえなかった。この同じ不協和は、今日では政治的公共性のうちで、制度化された意見衝突や意志形成の推進力となり、また、社会運動の動力となっている。ある社会が政治的に行為する能力を身に付けていき、自分自身に作用を及ぼせるようになっていくほど、民主的な憲法は市民に、平等な市民権を前進的に制度化する権限を与えていくのである。たしかに、民主的な立憲国家の手続きは、好都合な環境で効果的に制度化されている場合でも、せいぜいのところ成果についての確かな展望を築くことができるだけであり、成果の保証を与えることができるわけではない。とはいえ、そうした手続きは、近代的主体は構造的に過重な要求を課されているというヘーゲルの問いに、ポスト形而上学的な回答を与えている。民主的な立憲国家の手続きは、現存する憲法によって規範的に期待されている社会の自己変容という、ラディカルな改良主義を可能にするのである。

もちろん、政治的な行為能力という条件は満たされねばならない。そしてこのことは、そうした回答に対する疑問をも呼び覚ますことになる。戦後の特権化された経済的・社会的条件のもと、OECDに加盟している社会の市民は実際に、自分たちの現存する憲法秩序の諸原理と調和しつつ、平等な諸権利の平等な使用価値を実現するという社会国家のプロジェクトに関与するチャンスをもち、かつそのチャンスを利用してきたのかもしれない。しかしわれわれが、憲法の文面の完全無欠な文言が極めて選別的に貫徹される法秩序の象徴的な飾り以上のものではない社会を見てみるや、ヘーゲルの問題は別の仕方で回帰してくる。[60] こうした国々では、履行するための現実的前提と政治的意志が欠けているような規範は、社会的現実によってその妥当性を否認されるのである。さらに、これと似たような「ブラジル化」の傾向は、西欧の確立した民主主義をも見舞うことがありえよう。つまり、ここでもまた、グローバル化した市場と、国民国家の境界を超えて拡大されるにもかかわらず民主的正当性を保持しなければならない政治とのあいだに、新たな均衡を打ち立てることがうまくいかない場合には、憲法秩序の規範的実質は空洞化されてしまうのである。[61]

この「打ち立てる」という慎重さを欠いた表現は、個人にどこまで過重な要求を課すことができるのかというヘーゲルの問題を思い起こさせる。この問題は、民主的な国民国家は構造的に過重な要求を課されているというかたちで、今日改めて立てられるのである。[62] ひとつの解決が期待できるとしたら、平等主義的な普遍主義の制度化された諸原則が、時宜を得た歴史的時期に社会運動という動機づけの力や学習能力あるシステムの知性と結びつくことで、必要な推進力を得るような状況によってのみである。ヘーゲル以後は、可謬的となった哲学者の理性といえども、これ以上の良い答えはわからない。現在という十字架における薔薇は色あせてきたとはいえ、まだ枯れたわけではないのである。

原註

（1） J. Habermas, Konzeptionen der Moderne, in: ders., Die postnationale Konstellation, Frankfurt am Main 1998. 195–231, bes. 221–228.

（2） これは、カール・レーヴィットの有名な著作『ヘーゲルからニーチェへ』（Karl Löwith, Von Hegel zu Nietzsche, Zürich 1941）〔『ヘーゲルからニーチェへ――十九世紀思想における革命的断絶』（上・下）三島憲一訳、岩波文庫、二〇一五―二〇一六年〕の副題である。

（3） Vgl. Arbeit und Interaktion, in: J. Habermas, Technik und Wissenschaft als Ideologie, Frankfurt am Main 1968, 9–47.〔『イデオロギーとしての技術と科学』長谷川宏訳、平凡社ライブラリー、二〇〇〇年〕

（4） Vgl., M. Theunissen, Die verdrängte Intersubjektivität in Hegels Philosophie des Rechts, in: D. Henrich, R. P. Horstmann (Hg.), Hegels Philosophie des Rechts, Stuttgart 1982, 317–381.

（5） わたしは別の観点から、この同じテーマについて以下の著作で扱っている。J. Habermas, Der Philosophische Diskurs der Moderne, Frankfurt am Main 1985, 34–58, vgl. insbes. 50ff.〔『近代の哲学的ディスクルス』（Ⅰ・Ⅱ）三島憲一／轡田収／木前利秋／大貫敦子訳、岩波書店、一九九九年〕

（6） Vgl. die systematisch entwickelte Perspektive in A. Honneth, Kampf um Anerkennung, Frankfurt am Main 1992.〔『承認をめぐる闘争――社会的コンフリクトの道徳的文法』山本啓／直江清隆訳、法政大学出版局、二〇〇三年〕

（7） M. Frank, Selbstbewußtsein und Selbsterkenntnis, Stuttgart 1991, 9–49 および、M・フランク編集の二巻本の論文集、Selbstbewußtseinstheorien von Fichte bis Sartre, Frankfurt am Main 1994 参照。ヘンリッヒとトゥーゲントハットとわたしの論争については、B. Mauersberg, Der lange Abschied von der Bewußtseinsphilosophie, Diss. Phil., Frankfurt am Main 1999 参照。

（8） R. Rorty, Philosophy and the Mirror of Nature, princeton U. P. 1979〔『哲学と自然の鏡』野家啓一監訳、産業図書、一九九三年〕も参照。

（9） I. Kant, Kritik der reinen Vernunft, A 548f.〔『純粋理性批判』熊野純彦訳、作品社、二〇一二年〕

（10） R. B. Pippin, Kant on the Spontaneity of Mind, in: ders., Idealism as Modernism, Cambridge U. P., 1997, 29ff.

（11） R. B. Brandom, Making it Explicit, Harvard U. P. 1994, 614ff.

（12） M. Theunissen, Sein und Schein, Frankfurt am Main 1978, Kapitel 1.

（13） Hegel, Jenaer Systementwürfe 1, Hamburg 1986, 203f.〔『イェーナ体系構想――精神哲学草稿Ⅰ・Ⅱ』加藤尚武監訳、法政大学出版局、一九九九年〕
（14） Ebd., 205.
（15） E. Rothacker, Logik und Systematik der Geisteswissenschaften, Bonn 1948.
（16） K. Ott, Menschenkenntnis als Wissenschaft, Frankfurt am Main 1991.
（17） R. Koselleck, Vergangene Zukunft. Zur Semantik geschichtlicher Zeiten, Frankfurt am Main 1979.
（18） Hegel, Phänomenologie des Geistes, (Meiner), Leipzig 1949, 229.〔『精神現象学』（上・下）樫山欽四郎訳、平凡社ライブラリー、一九九七年〕
（19） Hegel, Jenaer Systementwürfe 1, 182.
（20） J. Habermas, Individuierung durch Vergesellschaftung, in: ders., Nachmetaphysisches Denken, Frankfurt am Main 1988, 187–241.〔『ポスト形而上学の思想』藤澤賢一郎／忽那敬三訳、未來社、一九九〇年〕
（21） L. Wingert, Gemeinsinn und Moral, Frankfurt am Main 1993, 179ff.
（22） Hegel, Jenaer Systementwürfe I, 191.
（23） Ebd., 193.
（24） Hegel, Jenaer Systementwürfe III, Hamburg 1987, 175.
（25） Hegel, Jenaer Systementwürfe I, 208.
（26） Ebd., 202f.
（27） Hegel, Systementwürfe III, 178.
（28） Hegel, Systementwürfe I, 211. ヘーゲルはこの洞察を生涯持ち続けることになるだろう。Vgl. Wissenschaft der Logik II, Leipzig 1951, 398.〔『大倫理学』武市健人訳、岩波書店、二〇〇二年〕「その限りで、手段は諸々の有限な目的よりも高次のものである［…］。鋤は無媒介な享楽よりも栄誉あるものである。［…］道具は保存されるが、無媒介な享楽は過ぎ去って、忘れ去られてしまう」。
（29） Hegel, Systementwürfe III, 190.
（30） Ebd., 193.

（31） Ebd., 192.

（32） ヘーゲルのイエナ期の著作における相互承認の段階としての「愛」、「法」、「連帯」については、A. Honneth (1992) を参照。

（33） Hegel, Systementwürfe III, 232.

（34） Hegel, Phänomenologie des Geistes, 141.

（35） Ebd., 143.

（36） T. Pinkard, Hegel's Phenomenology. The Sociality of reason, Cambridge U. P. 1994, 57.

（37） Ebd., 61.

（38） Ebd., 62.

（39） Ch. Taylor, Hegel, Frankfurt am Main 1983, Kapital 1.

（40） H. G. Gadamer, Wahrheit und Methode, Tübingen 1960.〔『真理と方法——哲学的解釈学の要綱』（Ⅰ・Ⅱ・Ⅲ）轡田収ほか訳、法政大学出版局、一九八九—二〇一二年〕

（41） Hegel, Rechtsphilosophie, Vorrede 16.〔『法の哲学』（Ⅰ・Ⅱ）藤野渉／赤沢正敏訳、中央公論新社、二〇〇一年〕

（42） Pinkard (1994), 252.

（43） Ebd., 222.

（44） Ebd., 254.

（45） Hegel, Enzyklopädie der philosophischer Wissenschaften, §381.〔『エンチュクロペディー』樫山欽四郎ほか訳、河出書房新社、一九八七年〕

（46） Hegel, Phänomenologie des Geistes, 556.

（47） Ebd., S.559.

（48） Enzyklopädie, §411 u. §458ff

（49） Hegel, Logik II, Leipzig 1934, Teleologie, insbesondere 396ff.

（50） Ebd., 220.

（51） D. Henrich, Hegel im Kontext, Frankfurt am Main 1971.〔『ヘーゲル哲学のコンテクスト』中埜肇監訳、理想社、一九

八七年〕

（52）Ch. Taylor (1983).

（53）Hegel, Phänomenologie des Geistes, 424ff.

（54）J. Habermas, Treffen Hegels Einwände gegen Kant auch auf die Diskursethik zu?, in: ders., Erläuterungen zur Diskursethik, Frankfurt am Main 1991, 9–30.〔『討議倫理』清水多吉／朝倉輝一訳、法政大学出版局、二〇〇五年〕

（55）K. Günther, Der Sinn für Angemessenheit, Frankfurt am Main 1988.

（56）Hegel, Philosophie des Rechts, Hamburg 1953, §144.

（57）Ebd., §§ 260.

（58）J. Habermas, Faktizität und Geltung, Frankfurt am Main 1992.〔『事実性と妥当性——法と民主的法治国家の討議理論にかんする研究』（上・下）河上倫逸／耳野健二訳、未來社、二〇〇二—二〇〇三年〕

（59）Hegel, Rechtsphilosophie, Vorrede, 16.

（60）M. Neves, Symbolische Konstitutionalisierung, Berlin 1998; L. F. Schwarz, Die Hoffnung auf radikale Demokratie, Diss. Jur. Frankfurt/M.

（61）U. Beck, Was ist Globalisierung? Frankfurt am Main 1997〔『グローバル化の社会学　グローバリズムの誤謬——グローバル化への応答』木前利秋／中村健吾訳、国文社、二〇〇五年〕; U. Beck (Hg.), Politik der Globalisierung, Frankfurt am Main 1998.

（62）J. Habermas, Die postnationale Konstellation, Frankfurt am Main 1998.

第三部　ディスクルスと生活世界における真理

第五章　真理と正当化

——リチャード・ローティの語用論的転回

「野生の蘭とトロツキー」というエッセイでリチャード・ローティは、自らの哲学的生い立ちをロマンチックに振り返っている。自己の教養のプロセスを「成熟への物語」というかたちで語る彼は、このプロセスを少年時代の夢から一歩ずつ離れて行く物語として語っている。つまり、野生の蘭の、日常のものとはおもえない美しさと、疲弊しきった社会を世俗の苦悩から解放することとを、たったひとつのイメージに溶かし込む夢——「現実と正義をひとつのビジョンにまとめる」(イェーツ) 夢からの離脱の物語である。ローティのネオ・プラグマティズムの実存的背景は、哲学の偽りの約束、つまり、理論的要求を満たすことは同時に美への欲求と道徳的欲求も満たすことになりうると唱える偽りの約束への反抗にある。かつて形而上学は、美のうちに善を観照する浄化の黙想にいざなうことをめざしていた。しかし、プラトン、アリストテレス、そしてトマス・アクイナスに感激を味わった若き日のローティは、理論が約束した、非日常的な現実とのコンタクト、それも美による魅了と宥和をもたらすコンタクトは、おそらくはもっと強固な祈りの形式〔宗教〕を通じてならば得られるかもしれないが、哲学の道では無理だという、つらい経験をすることになった。それを受けて彼はデューイを思い起こすことになる。デューイは、マッキオン、レオ・シュトラウス、モルティマー・アドラーたちが軽蔑したが、四〇年代末期のシカゴではまだ忘れられていなかった。日常の現実の背後により高次の現実、没我の境地で見えてくるはずの即自的存在などというものは隠れておらず、実践には救済のビジョンの場などを与える余地はない――冷静になったローティはこうした洞察にいたることによって、プラトン病から癒されることになった。とはいいながら、ニュージャージー北東の山々での子どもの頃の思い出である野生の蘭のエキゾチックな姿と、そのくらくらするほどの香りの記憶を完全に消し去ることはできなかった。

ローティは、『偶然性、アイロニー、連帯』という著書において、デューイとハイデガーの両頭支配について、その動機について実人生を振り返りながら、おおよそこのように説明している。奇妙なことに、本人自身のこの説明は、ウィトゲンシュタインがローティにあって果たしているきわめて重要な役割については触れていない。デューイ、ハイデガーと並ぶ三人組のひとりなのだが。というのも、哲学上の教養体験についてのこの報告は、イェールでの学生時代が終わり、職業哲学者としての仕事がはじまる頃にヘーゲルを読んだ話で終わっているからである。本当の師であるウィンフリード・セラーズのもとでの分析哲学の訓練、根本的な信念としての物理主義、若い分析哲学者としての輝かしい経歴――こうしたことについて、この報告は何も述べていない。だがこの分析哲学の伝統こそは、ローティが自分の議論の組み立てを学んだ唯一の伝統であり、この伝統の言語で彼は、そのエキサイティングな説を華麗に展開するのである。そしてこの伝統に対するアンビヴァレントな関係こそが、なぜローティが反プラトン主義的転回に文化批判としての意味、個人や哲学的見解の私的な変転をはるかに越えた意味を与えているのかを解き明かしてくれるのだ。

（I）哲学そのものから自ら訣別しようとするローティにおける哲学のあり方を支えるモチーフをまずは論じてみたい。それからネオ・プラグマティズムのコンセプトに話を限定して行きたい。（II）言語哲学的転回を語用論的に尖鋭化することでローティは、非実在論的な認識理解に達している。(Ⅲ)ローティが言語論的転回を尖鋭化したそのやり方が正しいかどうかを吟味するために、コンテクスト主義的な問いを、現代の懐疑主義者ローティの認識論的懐疑と比較してみたい。さらには、(Ⅳ)真理のコーヒレンス概念と常に結びついていた問い、つまり、真理と合理的受け入れ可能性の区別をどうつけたらいいのかという問いを思い起こしてみたい。(Ⅴ)この問題を境目として立場が別れることになる。ローティは、日常的な直観に依拠した実在論を放棄してまで、真理を正当化にとけ込ませてしまう。それに対して、他の人々は、言語論的パラダイムの内部でも、この日常の直観に相応した立場に立とうとする。その際の手段は、真理問題のデフレ化である場合もあれば、あるいは、正当化プロセスの理想化である場合もある。一方では、わたしは、意味論的な心理概念に依拠したデフレ主義に対抗して語用論的考え方を持ち出したい。(Ⅵ)他方で、この語用論的観点から、真理概念になされる一種の認識論化 Epistemisierung を批判したい。じつはこの認識論化は、わたし自身がかつては、主張していたものである。(Ⅶ)この認識論化批判を通じてわたしは、無条件的な真理請求の抹消に対抗する案を述べてみたい。(Ⅷ)この真理請求の抹消のゆえにローティは、言語化された理性の問題的な自然化、いずれにせよ副作用に苦しむ自然化に至らざるを得なかったのだ。

第一節　プラトン主義的衝動に駆られた反プラトン主義者

リチャード・ローティは、常に教えられるところの多い、また鋭い議論を展開できる、もっともすぐれた分析哲学者のひとりである。だが、いっさいの哲学の撤廃をめざす哲学を構想する彼の意図は、言語論的転回を語用論の立場から徹底させようとする醒めた分析哲学者の自己批判に発しているというよりは、むしろ、唯名論的な衝動に駆られながら、やがて幻滅した形而上学者のメランコリーに由来している、と見た方がいいだろう。一九六七年と言えば、分析哲学が（そのふたつのバージョンともが）、新カント派がかつて第一次世界大戦の前にもっていたような国際的な名声を獲得した頃だが、まさにそのときにローティは、『言語論的転回』という、難しそうだが、単純明快なタイトルのリーダーを編纂した。今から振り返ってみるならば、この本は分析哲学的思考の歴史に一種の休止符を打ったものである。このリーダーに集められたテクストはいわばふたつの目的を果たすことになった。すなわち、輝かしい発展を総括するとともに、同時にその終結をも告知するものとなった。いずれにしても、編者のローティが、集められたテクストにコメントを附すその仕方はメタ哲学的な距離をもったもので、いまなお分析哲学に対する賞賛の調子は保っているものの、ヘーゲルの宣言、つまり、成熟に到達した精神の形態は、そのまま没落へと召されているというお告げが彼の本音であることを明かしている。つまり、ローティは、その後、「ポスト分析哲学」という名をもつことになったディスクルスの開始を告げたのだ。その前書きでローティは、分析哲学の「未来」について思いをめぐらしている。つまり、この分析哲学を過去形の哲学に変えてしまう「未来」についてである。当時分析哲学の正統派はまだ挫折をいっさい知らなかった。それに対して、この正統派の、「発見すべき〔複数の〕哲学的真理〔複数〕というものが存在し、そうした真理は立論によって根拠づけうる」とする基本的思い込みにまとまって反対する三つのアプローチをローティは示唆している。こうした反プラトン主義的なアプローチをローティは三人の名前と結びつけている。その三人とは、ハイデガーであり、ウィトゲンシュタインであり、またワイスマンである（このワイスマンのプログラムをローティが描く描き方は、後にデューイのプラグマティズムを記述する仕方と似ている）。

分析哲学から距離を取るまなざしがあるといっても、それは、この哲学のイニシエーションを受けた者が自分自身の伝統から脱出するにあたってなおも大いなる尊敬の念を抱いていることを隠すものではない。「過去三〇年にわたって言語哲学は、パルメニデスからデカルトとヒュームを経て、ブラッドリーとホワイトヘッドに至る哲学の伝統全体を自己防衛へと追い込むことに成功した。分析哲学がそれを成し遂げたのは、伝統的な哲学者たちが彼らの問題を定式化するときの言語の用い方を注意深くかつ全面的に吟味することによってであった。この成果は、この三〇年の時期を、哲学の歴史の偉大な時期のひとつとするに十分である[1]」。だが、分析哲学のこの抵抗し難いところこそが、ローティの本来的な苦悩を説明してくれるものなのだ。形而上学の約束からの分析哲学による離別はもう決定的に後戻りのきかないものであり、分析哲学が終わったとしても、そのあとにも、ポスト形而上学的思考に代わるものはありえない。とはいいながらもローティは、アドルノが『否定弁証法』の最後で述べているような思考、つまり、「墜落の瞬間の形而上学との連帯を維持した」思考を、以前と同じくなおも求め続けている[2]。今日ローティが広めている強引なアイロニーのうちには、メランコリーが表現されている。「ローティのポスト哲学的知性はアイロニックなそれである。なぜならば、真理は、彼がそうであって欲しいと思うようなものではまるでないことを彼は自覚したからである。アイロニーは本質的に真理へのノスタルジー *nostalgie de la verité* といったものに依拠しているのだ[3]」。アイロニーと真剣さ、ハイデガーとデューイを使い分けるというロマン主義的な分業といえども、この苦痛を鎮めることはできていない。形而上学だけが認識の言語を使いこなせるので、形而上学が掲げていた真理請求を美学化してしまうと、伝統を教養材として骨抜きにすることになってしまう。プラトンの理論は、われわれにイデアの現実性に触れさせてくれると約束したのだが、そうしたイデアの現実性は、美的経験という非日常的魅惑と同じものではない。かつて強勢的な意味で

「真」であると主張されたものは、「崇高へと高めてくれる」といった様態に変換して保存する〔美学化する〕ことは不可能である。形而上学は、その判断の規範性を失うならば、その内実も消失することになる。[4]

こうしたディレンマに立たされると、ローティの指した手が理解できる。彼は、野生の蘭とトロツキーというあの模倣しようのない結合の教えのいくばくかを哲学に返還しようとしたのだ。少なくとも、〔かつて形而上学がそうであったような〕魅惑的であると同時に実際の帰結をともなう認識の雰囲気を模倣しようとしたのだ。しかしスケールの小さいポスト形而上学的な思考にともなう不毛性から哲学を解放しようという形而上学の要求といえども、いまとなってはもうポスト形而上学的な方途によってしか満足させることができない。分析哲学から訣別しても、価値を剥奪された形而上学に立ち戻ることはできない。したがって残るのは、哲学からの訣別を劇的に演じることでしかなくなる。この訣別の行動がショックを惹き起こし、実際生活に影響を及ぼす場合にかぎって、哲学は「その墜落の瞬間に」アカデミックな世界の枠を越えた意味を持ち得ることになる。だが、分析哲学の手段を用いてなされた分析哲学からの離別が哲学の偉大な伝統の輝きのなかでなおも光り得るには、どうしたらいいのだろうか？　こうした問いにローティは答えようとしているのだと、わたしは、偉大な哲学への、彼の自然主義的に屈折した衝迫を理解する。

分析哲学は、まさに自らがその価値を奪った伝統とやはりなお基本的な前提を共有している。そのことをローティはまず明らかにしている。つまり、「今なお発見すべき哲学的真理が存在する」という思い込みが共有されているということである。その次に、ローティは、ハイデガーから借りてきたきわめてドイツ的な着想に依拠して、西欧形而上学の偽りの原型 proton pseudo なるものに劇的な重みを与える。つまり、このハイデガー的なテーゼから見れば、西欧における世俗的な歴史は、形而上学によって管理され、そのつどの時代を作り出す存在了解という枠組みのなかで、生起してきたことになる。もちろんのことローティは、分析哲学以後にいる以上、こうしたポスト形而上学的思考を、ハイデガーのように、宗教的な「存在の想起」へともったいぶって高めることはできない。ローティはむしろ、形而上学の歴史の（ハイデガー的な）脱構築を、ウィトゲンシュタイン的に、形而上学の価値を切り下げるデフレ化と見る診断を下すのである。この反プラトン主義が実際の生活にとってこよなく重要な意義があるとするのは、自らが治癒しようとする病気の重大さのゆえである。プラトン主義の暴露は、講壇哲学を越えて、プラトン主義的に自己疎外された文化のあり方を指摘することである。また、プラトン主義からの訣別が、ただの否定形に終わらないために、ローティは最後に、価値を剝奪された古い自己理解に取って代わりうるような新しい自己理解への展望を開かねばならない。そのために彼は、デューイのヘーゲル主義を自分なりに修正して、もはやプラトン主義的な先入見によって歪められていない日常実践への視野が開けるようにする。ヘーゲルと同じに、「最後の」哲学者たちはいまいちど、自らの時代を思想において捉えるのだ。

もちろんのことローティは、このようなメタ哲学的な考察だけで、哲学の自己理解がそれほど簡単に変わるものでないことを知っている。(5) 彼は哲学の外に飛び出すにも、哲学のなかで自らの見解を主張し貫徹しなければならない。そして、もしも彼が再教育のレトリックを説いて回るだけの役割に気楽に安住するつもりなら、現在のような細かく丁寧に論じる、繊細な、生産的で刺激的な哲学者にはなっていなかっただろう。偽りの自己理解という診断そのものも、理論的な営みなのだ。「わかってもらう」ことと「言い負かす」ことのあいだに区別を見る「プラトン的な」やり方が無意味だとするために、ローティはやはり論拠を持ち出さねばならない。分析哲学ですら、それが闘う相手の形而上学の呪縛圏内に捉えられたままであることを、彼は証明しなければならないのだ。

第二節　語用論的転回

重要な論究である『哲学と自然の鏡』（一九七九年）でローティは、いくつかの目標を追求している。まずは意識哲学の脱構築をする。そうした脱構築を通じてさらには、まだ不十分と彼が見る言語論的転回を完成させ、その結果として、われわれの文化に深く根づいているプラトン主義的自己理解を明らかにしようとする。わたしの疑念はこの第二段階に向けられている。意味論的に固定化したアプローチに対抗してローティが唱える語用論的転回は正当には違いないのだが、これがそのまま認識の反実在論的理解にどうしても行き着かざるを得ないということにはたしてなるのだろうか？

（1）主観哲学の枠組みを作ってきた基本概念は、パースからウィトゲンシュタインおよびハイデガーに至る過程で、執拗な批判に曝されてきた。ローティは自分の時代の議論を使って（なかでもセラーズ、クワイン、ディヴィッドソンの議論を使って）、認識論にはメンタリズム的な基本的思い込みがあることを、理性批判の観点から暴露してきた。「自己意識」とか「主観性」といった考え方が意味するのは、認識主体がもしも直接的に対象に向かうのでなく、そうした対象についての自己の表象に向かうならば、この認識主体は、直接的なアプローチの可能な、絶対的に確実な体験という特別な領野を切り開くことができるという考えである。古典的な認識論は、内部と外部の切り離し、精神と身体の二元論がもとになっている。自己自身の体験への第一人称による特権的なアプローチにこの二元論は頼っている。第一人称の認識論的特権は、パラダイム的な三つの前提から成り立っている。

第一は、われわれは、他の状況以上に、自分の精神内部の状況をよくわかっている、というものである。

第二は、認識とは本質的に対象の表象というやり方で生じる、というものである。

第三は、判断の真理性は、確実性を保証する明証に依拠している、というものである。

だが、われわれの体験と考えが言語の形式を取っていることの分析によって、こうした前提には多くの神話が潜んでいることが暴露された。それは、所与という神話であり、表象する思考という神話であり、確実性としての真理という神話である。叙述の媒体および知のコミュニケーションの手段としての言語表現なしには済まないことが明らかになった。プライベートにアプローチ可能で、公的な判断や修正とは無縁な、未解釈の経験などというものは、存在しないのだ。述定的に propositional 分節化された事象内容としての知にとって、対象の知は決して十分なモデルではない。そして真理とは、批判可能な陳述という失い得ない特性なのだ。真理はただ理由を通じてのみ正当化しうるのであり、表象の成立によって保証し得るようなものではない。

だがローティは当然のことながら、こうしたメンタリズム批判に繋げて、よりラディカルな言語論的転回という目的を追求する。「カントやヒュームをまねようとする努力から解放されると、言語哲学はどういう姿をとることになるのか」を示そうとするのだ。(6) 主観=客観という関係をただ単に、命題=事実という関係に投影しているかぎり、意味論的な答えは、しょせんメンタリズム的な問いにとらわれたままであることに変わりはない。事象内容の叙述 Darstellung と対象の表象 Vorstellung が——このふたつの語はともに英語では representation である——二価の関係としてとらえられているかぎり、言語論的転回といっても「自然の鏡」、つまり世界の認識のメタファーとしての「自然の鏡」は、そのまま残ってしまうと、ローティは言うのだ。

言語哲学によって切り開かれた概念的空間を利用し尽くすのがローティのめざすところである。ローティはパースに倣って、表象する主観と表象される客観という二価的な関係を、象徴表現という三価的関係によって置き換えようとする。つまり、この象徴表現は、そのつどの事象内容を、特定の解釈共同体に向けて妥当であると主張するのだ。客観的世界なるものは、もはやそれをただたんに写し取ればいいというものではなくなる。客観的世界は、特定のコミュニケーション共同体に属する者たち、お互いにそのつどの何ものかについて了解しあう者たちのあいだの共通の座標軸でしかない。コミュニケーションによって得られた事実は、コミュニケーションのプロセスから切り離すことができない。切り離すことができないという点では、客観的世界という措定 *Unterstellung* そのものも、間主観的に共有される解釈地平から切り離せないのと同じである。コミュニケーションの参加者はいつも必ずこの共通の解釈地平のなかで動いているのだ。認識は、命題と事実の相応に終わるものではもはやない。それゆえ言語論的転回は、最後まで遂行されてはじめて、メンタリズムを克服できるとともに、自然を鏡のように写し取るという認識モデルを越えることができるのだ。

（2）ここでわたしの関心は、ローティがこの言語論的転回の説得的な先鋭化にあたって、はたして正しいやり方でそれをしているかという問題にある。認識論的な問いを叙述の文法的形式という意味での言語と関係させて論じることをやめて、言語のコミュニケーション的使用と繋げて見るならば、ネットワーク化された相互行為と共有された伝統というさらなる次元が開かれてくる。つまり、言語の使用者が間主観的に共有する生活世界という公共空間のことである。このようにパースペクティヴを拡大してみると、認識作業と、社会化された個人相互の協力と相互了解のプロセスが絡みあっている事態が見えてくる。「人物と事象内容を対峙させる代わりに、つまり対抗の代わりに、人物相互のコミュニケーションを、対話を設定してみるならば、自然の鏡から抜け出ることができるのだ[7]」。認識のコミュニケーション・モデルは、世界の諸事物への、われわれの相互了解のプロセスと生活世界の言語的に編成されたコンテクストから自立した、いっさい濾過されていないアプローチなどないのだ、という認識を主張する。「われわれが「言語」もしくは「心」と呼んでいる種々の要素は、われわれが「現実」と呼んでいるものにきわめて深く浸透している。それゆえに、「言語から独立した」何ものかを「写し取る」存在としてわれわれ自身を表象する企てこそが、そもそものはじめから頓挫しているのだ」。

これはヒラリー・パトナムの文章で、ローティはこうした定式化に同意している。(8) だが、ここでローティが考えているのは、「内在的実在論」とはいささか異なるものである。「内在的実在論」ならば、認識の客観性の条件は、表明されたことについての相互了解という間主観性の条件と関連させてのみ分析可能であることを強調する。だがローティの見解では、「現実に触れる」ということは、「人間のコミュニティ」と触れるという概念へと変換されねばならない。結果として、メンタリズムが自然の鏡像もしくは、表象と表象されたものの相応という考え方で対処しようとした実在論的直観がそもそも消失してしまうことになる。ローティから見るならば、客観世界の何ものかを表象するという考え方はどんなものであれ、危険な幻想なのだ。なるほど、語用論的転回ののちには、自己自身の内部を検証する自我という第一人称単数の認識論的権威は、第一人称複数へと、つまり、コミュニケーション共同体の「われわれ」へと移行し、このコミュニケーション共同体の前で誰もが自分の見解を正当化することになる、というのは、たしかにそのとおりである。だがこうした第一人称複数という新たな権威をまさに経験主義的に解釈してしまうことでローティは、われわれの共同体の基準がそのつど「合理的」として受け入れるものを「知」と同一視する結果になってしまったのだ。

ロックとヒュームはメンタリズムに依拠した彼らの考察を、経験的な人物の意識にあてはめたのに対して、カントは人間「一般」の意識にあてはめた。言語論的な考察もコミュニケーション共同体「一般」にあてはめることができるはずだ。だが唯名論者のローティは、経験主義の伝統に立っており、認識上の権威を、「そのつどのわれわれの」共同体の慣れ親しんだ社会的実践に結びつける。「われわれの社会的な正当化の実践行為のうちに、単にこのような実践行為以上のものを見よう」とするのは、無意味であるとローティは考える[9]。語用論的転回のコンテクスト主義的な解釈および認識の反実在論的理解を一方に置き、他方にカント的な分析戦略への拒否を置いて[10]、その両要素のあいだに関連があることを、ローティ自身が次のように述べている。「認識を自然を鏡に映し取る努力とは考えないで、対話の実践および社会的交渉に依存したものと見るならば、社会的実践のおよそ可能ないっさいの形態の批判を成し遂げるようなメタ実践は、めざす必要がなくなると思いたいものだ[11]」。このようなメタ実践による形式語用論の試みはローティから見ると、基礎づけ主義への退化でしかない。一七世紀に主観性および自己意識という基礎概念によって、当時新たな物理学にならぶ新たな場を見出さねばならなかった哲学は、心という新たな対象領域を、そして内観という独自の方法を確保した。それを通じて哲学は、それ以外のいっさいの科学の基盤をコントロールし、正当化する基礎分野という自己理解を作り上げたのだ。ここでローティは、言語哲学も、認識と正当化のコンテクスト主義的な理解に至らず、立ち止まってしまうならば、同じような基礎づけ主義的な自己理解にとらわれることになると考える。そしてローティは、例えばダメットやわたしに言語哲学の普遍主義的なアプローチを見て、それはこのような基礎づけ主義に陥りかねないという疑念を呈するのだ。

第三節　パラダイム固有の問題としてのコンテクスト主義と懐疑主義

ローティは、言語論的転回を完成させるならば、必然的に生じる帰結は、コンテクスト主義であると考えている。この考えはある面では正しい。コンテクスト主義は、われわれが言語実践に理性が体現されていると信じることによってはじめて生じる問題をとらえている。だが、もしもローティがコンテクスト主義を問題の解決であると見るならば、彼はその点では間違っている。こうした考え方は、もしもわたしの見方が正しければ、哲学的パラダイムというものについての彼のいささか問題的な理解に由来している。

ローティも（例えばアーペルやトゥーゲントハットと同じに）哲学の歴史において三つのパラダイムがあったと見ている。つまり、形而上学、認識論、言語哲学の順番で三つのパラダイムが生じたというのだ。(12)もちろん、言語哲学はようやく最近になって、メンタリズムから心ならずも独り立ちしたことになっている。「言語論的転回は、もしもそれを徹底するならば、われわれを哲学そのものの外へと導き出す理性批判の形式を取る以外にないと、ローティは信じ込んでいる。そういえば『哲学と自然の鏡』の副題も「哲学そのものの批判」であった。あるパラダイムから別のパラダイムへと飛躍するたびに、問題群そのものが変わるだけではなく、問題設定の仕方そのものも変化する、というのだ。「古代および中世哲学は事物に関心をいだき、一七世紀の哲学は観念に、そして現代の啓蒙された哲学は言葉に関心を抱いている――こうしたシェーマはなるほどかなりもっともらしく聞こえることはたしかである。だが、こうした一連の流れは、何が根源的で原理的な基礎であるかについての三つの相反する考え方に見合っているのだ、などと考えない方がいいだろう。アリストテレスは観念と言葉を事物の概念によってもっともよく説明できると思い込んだとか、それに対して、デカルトとラッセルは、この説明の方向を変えたのだとかいうように考えない方がいい。むしろ、アリストテレスは認識論ももっていなかったし、その必要性も認めていなかったのであり、またデカルトとロックには意味論がなかった、と言ったほうが、正しいのだ。アリストテレスの論述は、ロックの問いに対する答えとしては、正しくもなければ、拙劣でもないし、言語についてのロックの発言は、フレーゲの問いに対する正しい答えではない」[13]。こうした非連続性が意味することは、哲学の問題は、それに対する正しい答えが出て終わるといったていのものではなく、むしろ、問題は市場人気を失うと廃棄処分に遇うということなのである。まさに同じことが、認識の客観性への問いにもあてはまるのだ、とローティは言う。

メンタリズムの見解によれば、表象する主体がその対象に正しい仕方で関わるならば、それによって〔認識の〕客観性は保証される。主体の表象の主観性をこの主体は、客観的世界によって検証する。「「主観的」という概念は、「外部にあるものと相応している」ということの反対であり、そうすると「内部で起きていることの単なる所産でしかない」という程度の意味である」[14]。言語論的な捉え方によれば、意見の主観性は、もはや世界との直接的な対決を通じて検証されるのではない。検証は、コミュニケーション共同体において達成される公的な一致によってなされることになる。「「主観的な」考察というのは、理性的な対話相手が〔…〕回避すべきような考察のことである」[15]。これによって経験の客観性は、了解の間主観性に取って代わられる。言語と世界の関係は、話し手と聞き手のコミュニケーションに依存するものとなる。何かの表象、何かについての陳述という垂直的な世界関係は、コミュニケーション参加者の相互的関係という水平性へといわば曲げ戻される。複数の主体が共同で住みついている生活世界の間主観性が、孤独な主体の対峙する世界の客観性なるものを駆逐してしまう。語用論者《プラグマティスト》にとっては、客観性の願望とは、自己の共同体の限界を飛び出してその外に出ようという願望のことではなく、できるだけ広汎な間主観的な一致への望みにすぎない」[16]。ローティが言いたいのは、こうしたパラダイム転換によってパースペクティヴが変わると、認識論的なさまざまな問いはそれ自体として過去のものになってしまう、ということである。

言語論的転回をこのようにコンテクスト主義的に理解するために、こうした反実在論が出てくるわけであるが、この理解は、パラダイムが浮んでは沈むという考え方に由来している。こうした考え方は、哲学史を貫いて存在しているテーマがあることも、また個々のパラダイムを越えて学習過程が生じることもありえないとする。実際に、われわれがパラダイムの比較をする時にそのなかで動いている諸々の概念は、解釈学的な初発状況を、つまりは、自分自身のパラダイムを反映しているにはちがいない。それを示す準拠枠としてローティが、客観性、主観性、間主観性を選んだのは、われわれがメンタリズムの言語論的転回を描く時に生じる基礎概念上の視野からして当然のことでもある。とはいいながら、こうした記述と、共約不可能なパラダイムの偶発的な連鎖というイメージがまったく問題なくぴたりと嚙みあうわけではない。実際には、あとから来るパラダイムは、先行するパラダイムが価値を失うことになってしまった理由である特定の問題への答えなのである。もろもろのパラダイムはローティが考えているように、偶然的な連鎖を成しているのではない。むしろ、弁証法的な連関を成しているのだ。

唯名論は、事物からその内的本性を、あるいはその内的本質を奪い、一般概念は有限な精神の構築物であると宣告した。それ以後、思考による存在者の把握は、存在者そのものの概念的ありように基礎をもたないことになった。精神と自然との相応関係はもはや存在関係として捉えることはできず、論理学の諸規則はもはや現実の諸法則を反映するものではなくなった。この挑発に対してメンタリズムは――こう言うとローティには申し訳ないが――説明の方向を逆転させることで答えようとした。つまり、自然が本質を奪われたために、認識主体は、自然から認識の基準をもはや得ることができなくなった。そうである以上は、主体はこの基準を自己反省によって切り開かれた主観のなかから汲み出す以外になくなった。自然の秩序の中に客観的に体現されていた理性はこうして、主観精神の内部へと退却した。それによって世界という即自存在は、われわれにとって、つまり主体にとって与えられた世界の客観性へと変貌する。つまり、表象され、かつ現出するもろもろの対象からなる世界の客観性である。それまでは即自的に存在する世界のありようは、思考と現実の相応関係を、つまり真なる判断を可能にしていた。だが今や、判断の真理性は、それが明証的な体験の確実性に由来しているかどうかによってはからざるを得なくなった。表象する思考は、それが現出する世界を捉える度合いに応じて、客観的認識へと到達できることになる。

　主観性の概念とともに、内部と外部の二元論が導入された。この二元論によって人間の精神は、両者の裂け目を架橋せねばならないという厄介な課題に直面したように見える。これによって、懐疑主義の近代版が動き出すことになった。わたしの絶対的確実性は、そのつどのわたしの体験のプライベートな性格に依拠しているわけだが、そうしたプライベートな性格は同時に、われわれに現出する世界はやはり幻想にすぎないのではないか、という懐疑を生む十分な理由ともなる。この懐疑は、メンタリズムのパラダイムの基本的ないくつかの概念のうちにその根をもっている。同時にこの懐疑は、かつて存在論のパラダイムが生命を得ていたあの心やすまる直観、つまり、判断の真理性は、現実自身に根拠をもつ、現実との相応関係によって保証されているとする直観を思い起こさせる。このいわば「余剰」直観は、パラダイム・チェンジがあったからといって、その喚起力を決して失ったことはない。それどころかこの直観は、新たな懐疑主義的な問い、つまり、われわれの体験の明証性から、表象と対象の一致を発生的に根拠づけることができるのか、もしできるとしたらどうやったらできるのだろうか、という問いと結びつくことになる。そしてこの問いこそがはじめて観念論と経験論のあいだの認識論上の論争を燃え上がらせた。[17] こうした系譜に照らしてみるならば、そしてこれこそわたしが言いたいことだが、メンタリズムの基本概念のうちに懐疑論が組み込まれているのと同じに、言語論のパラダイムの基本概念のうちには、コンテクスト主義が組み込まれていることがわかる。そして、先行するパラダイムの余剰、もしくはそこから積み残された真理の直観が、この問題点をさらに先鋭化するのである。

中世末期の普遍主義論争は客観的理性の価値を切り下げることになった。同じように一九世紀末には、内観や心理学主義への批判が、主観的理性を揺さぶるのに寄与した。理性は認識する主体の意識から言語へと移行することになった。つまり、行為する主体が相互にコミュニケーションする媒体としての言語へ移行することになった。それとともに、説明の方向がいまいちど変わることになった。認識を支える権威は、経験の客観性の基準を自らのうちから汲み出す認識主体なるものではなくなり、特定の言語共同体の正当化の実践となる。それまでは見解の間主観的妥当性は、思考もしくは表象の事後的な合致から生じた。そして間人格的な一致は、真の判断が存在論に根ざしていることに、あるいは、認識主体には心理的な、もしくは超越論的なありようが共通していることに由来していると思われていた。しかし、言語論的転回以降は、いっさいの説明は、共通の言語の先行性から出発することになる。客観世界の状況や動きについての記述も、特権的にアプローチ可能な主観的体験の自己描出も、共通の言語の解釈的使用に依存していることになる。それゆえに、「間主観的」という表現も、これまでのようにさまざまな人々の思考や表象の合致が観察によって確認されるという帰結に関して言われるのではなく、当事者たちのパースペクティヴ自身から前提された言語的前理解もしくは生活世界的地平の先行的共通性に関して言われることとなる。

あるコミュニケーション共同体の成員たちは、世界のなかの何かについて了解しあう以前にこの生活世界的地平のなかにいるからである。共有された見解の間主観性は、（いつもかならず解釈されている）現実との対決に先行しているというこうした事態から、最終的にはコンテクスト主義の問いが出て来ることになるのだが、これを懐疑主義の認識論的疑いと混同してはならない。

語用論的転回には、われわれの記述と独立した世界が存在するのかどうかという懐疑の入り込む余地はない。むしろパースからウィトゲンシュタインにあっては、デカルト的な懐疑の空回りは、遂行的自己矛盾として斥けられているのだ。「いっさいを疑おうとする者は、懐疑にも至らないであろう。懐疑のゲームは、それ自身がすでに確実性を前提にしている」[18]。他方でどんな知も誤謬の可能性を宿していて、問題視された場合には、根拠を挙げねばならない。認識の客観性の基準がプライベートな確信から、正当化という公共の実践に移行するとともに、「真理」は、三価の妥当概念となる。基本的には誤謬の可能性のある陳述の有効性 Gültigkeit は、公衆に対して根拠づけられた妥当性 Geltung ということになる[19]。そして、言語論的パラダイムにおいて真理は、合理的に受け入れ可能というかたちでのみアプローチ可能となるので、そこで出て来るのは、それではどうしたら、ある陳述の真理をその正当化のコンテクストから切り離し得るかという問題となる。この問題によって動揺すると、真理に関する昔の直観である、思考と現実の相応、あるいは、現実との感覚的に確実な接触といったものへの記憶がよみがえる。真理に関するこうしたイメージはいまではもはや時代遅れになっているが、依然として心に響くことはまちがいない。そのイメージのゆえに、正当化された意見の言語的地平を越えることはわれわれにできないという事態はいったい、真なる言明は事実に合っているという直観とどうしたら矛盾なく共存しうるのかという問いが出てくる。合理性に関する現在の論争が真理と指示といった概念をめぐってなされているのは、偶然ではないだろう。[20] 懐疑主義は、ただたんに存在を仮象と同じと見なすわけではなく、この両者を納得がいくかたちで切り離すことがわれわれにはできないのではないか、という不安を表現しているだけなのだ。同じく、正しく理解されたコンテクスト主義は、正当化された主張可能性なるものに真理を同化させるつもりもない。むしろコンテクスト主義は、この両者を同じものとわれわれが見てしまった場合に生じる困惑の表現でしかないのだ。文化相対主義というのは、実は遂行的自己矛盾を宿しているがゆえに偽りの解決でしかないという問題を、コンテクスト主義は意識に上らせてくれるのだ。

第四節　真理と正当化

世界のなかの事態やできごとについての初歩的な陳述を理解する際にすら、言語と現実はわれわれにとって解き難い仕方で絡みあっている。陳述を真なる陳述にする現実のさまざまな限定を、この真理条件を確定する意味論的規則と切り離す自然な可能性はいっさい存在していないのだ。何が事実であるかをわれわれは、事実陳述の真理性の助けを借りてのみ説明できるのだ。あるいは、本当は何であるかは、真なるものの概念を用いてのみ説明できるのだ。存在とは、トゥーゲントハットが述べているように、真理存在 veritatives Sein なのだ。[21] そのうえ、意見や命題の真理性は、他の意見や命題の助けを借りてのみ根拠づけることができるのだから、われわれは、自分たちの言語の呪縛圏から脱出することはできない。こういう事情を考えると、認識についての反基礎づけ主義的概念、および正当化についての全体論的な概念のみが当然のことと思えてくる。われわれは自分たちの命題に、すでに言語の刻印を帯びていないようななにかを対抗させることは不可能である。それゆえ、自らを正当化でき、単線的な基礎づけの鎖のはじまりとなりうるような、特権的な基礎的陳述をそうしたものとして明記することは不可能である。「あるものは、われわれがすでに認めている何かとの関連においてのみ正当化として通用する」と、ローティが正当にも述べているとおりである。そしてそこから彼は次のように議論する。「われわれは、われわれの言語や諸々の見解の外に脱出することによってわれわれの主張のコーヒレンスの基準と独立した検証基準に到達することなどできないのだ[22]」。

しかしそうだからといって、われわれの見解のコーヒレンスだけで、――論の中心となっている――真理概念の意味を明らかにするのに十分でないのは、もちろんである。たしかに、言語論的パラダイムの枠内では、ある陳述の真理性は、世界のなかに存在するものとの相応関係として捉えることはできない。なぜなら、そのためには、言語を使いながら「言語の外に脱出する」ことができなければならないからである。言語的表現を、解釈されていない現実、いわば「裸の」現実なるものと比べること、つまり、言語にとらわれたわれわれの吟味の外にある指示対象と比べることができないのは明らかである[23]。とはいいながら、何と言っても照応概念は真理という述語がもつ意味の本質的な側面に配慮することができた。絶対的妥当というこの側面は、ある陳述の真理性が、他の陳述とのコーヒレンス、あるいは、さまざまな主張が関連している体系の内部での正当化された主張可能性というように理解されるならば、問題とならなくなってしまう。うまく正当化された主張といえども、まちがいであることが明らかになる場合もある。それに対してわれわれは真理を、陳述の「失われ得ない」特性というように理解する。コーヒレンスなるものは、時によって基準の異なる正当化実践に依拠しているにすぎない。それゆえローティは次のように問うのである。「われわれのさまざまな信念が相互に絡みあっているとして、その事実が、そうした信念が真であるとする最後の目安になるのは、どうしてであろうか[24]?」。

真という述語を使うことへの「警告」は、[25] われわれが陳述の真理性に、入手可能ないっさいの明証性を越えた、絶対的な要求を結びつけていることを示している。他方で、われわれが正当化のコンテクストにおいて持ち出す明証性は、われわれが真理請求を掲げる権利を得るのに十分でなければならない。真理はコーヒレンスと正当化された主張可能性だけに縮減していいものでないことはたしかだが、それでも真理と正当化のあいだには内在的な関連が存在するにちがいない。もしもそうした連関がないならば、〈p〉の正当化がわれわれの基準によるならば成功しているときに、それは〈p〉の真理性を示しているということをどうやって説明したらいいのだろう。もちろんのこと真理は成功概念でもないし、ある陳述がどれほどうまく正当化できるか、ということにも依存していないことはたしかだが。マイケル・ウィリアムズは、この問題を、ふたつの同じようになるほどと思える考え方同士の抗争というように記述している。「第一の考え。もしもわれわれが客観世界についての知をもち得るならば、この世界についてわれわれが信じていることとの真理性は、われわれがそれを信じるかどうかとは別の独立したものでなければならない。第二の考え。正当化というのは、信念を他の信念で支えることに不可避的にならざるをえない。それゆえにこの最小の意味において正当化とはコーヒレンスの問題ということになる」[26]。ここから次のような、コンテクスト主義的な問いが出てくる。「われわれが世界について信じていることについてのみ、そしてわれわれのこうしたさまざまな信念がどのように相応しあっているかということについてのみ知識が与えられているとしたら、こうした信念が真理であろうということをわれわれはどうやって示したらいいのだろうか？」[27]。

だがこの問いは、懐疑主義的な意味で理解されてはならない。というのも、われわれが社会化された個人としてどんな場合でも必ず、言語的に切り開かれたわれわれの生活世界の地平のなかにいるという考え方をすれば、それは、間主観的に共有された、そして実践においても通用してきたもろもろの信念、世界のアプローチ可能性への全面的な疑いを無意味とする諸々の信念から成る問題視し得ない背景があることを含んでいるからである。われわれは言語の「外に出る」ことができないとはいえ、そういう言語を、表象する主体、つまり表象されるもろもろの対象からなる外界からいわば切り離されている主体の内面性とのアナロジーで理解してはならない。根拠づけが可能であることと真であることとのあいだの関係を解き明かす必要があることはたしかだが、その必要があるからといって、それは、内部と外部のあいだに裂け目があるということではない。架橋の必要な二元的関係があるという示唆ではない。われわれの世界は全体として見ると幻想なのではないかという懐疑的な問いを惹き起こす二元論になる、ということではない。語用論的転回は、こうした懐疑の根を抜いているのだ。理由は簡単である。日常実践のなかで言語は必ず行為をともなって使用されるからである。言説 Rede そのものが言語行為というモードでなされる。そしてこの言語行為はまた、相互行為の連関に組み込まれており、道具的行為と絡みあっているのだ。行為する者として、つまり相互行為をし、同時に〔客観世界に〕介入する者として、われわれは、それについて陳述を成すもろもろの事物とすでに関わっている。言語ゲームと実践は相互に絡みあっている。「どこかの時点でわれわれは［…］命題の（そしてテキストの）領野を出て、行為と経験における（例えば述語の使用における）一致を引きあいに出さねばならない(28)」。こうして、われわれは「どんなときでも必ずことがらとともにある」というフッサールの現象学的な診断は、言語哲学的観点からもそのとおりであることがわかる。

それゆえ、入手可能なエヴィデンスの光に照らして、正当化を越えた無条件の真理請求をわれわれがなしうるのはどうしてなのかを説明するべく、正当化と真理の内的な関連に向けて発される問いは、認識論の問いではないのだ。存在か仮象かという問いが問題なのではない。問題なのは、現実の正しい表象がなされるかどうかということではなく、実践であり、この実践が崩壊するわけにいかないということなのである。コンテクスト主義に由来する不安感からは、言語ゲームと日常実践とが摩擦なく機能しなくなるのではないかという恐れが透けて見えている。相互了解というものは、当事者たちが唯一の客観的世界と関わることで、間主観的に共有された公的空間を安定化させることができなければ、そしてそうした公的空間から、いっさいのただ主観的にすぎないものが切り離される、ということにならなければ機能しない[29]。われわれの記述から独立した客観的世界があるとする仮定によって、われわれの協力と相互了解のプロセスが機能するための必要性が満たされる。この仮定がなければ、臆見と留保なき知という（ある程度）プラトン的区別に依拠した実践は解体してしまうだろう[30]。もしも、われわれにこの区別がまったくできないということになるならば、その帰結は、世界は幻想であるいう理解よりも、むしろ、自分についてのパトロギー的な誤解となろう。懐疑主義は、認識論上の誤謬があるのではないかという不信感にとらわれているが、それに対して、コンテクスト主義は、われわれのような生活の仕方そのものが、誤った構築なのではないかと推測することになる。

真であることと、真であると思われているにすぎないこととを原則的に区別できるという直観をわれわれは抱いているが、コンテクスト主義は、この直観をはたして言語論的なパラダイムに取り込むことができるのか、もしできるとしたら、どのようにして取り込んだらいいのだろうか、という問いを投げかけていることになる。認識論的な意味ではこの直観は実在論的ではない。プラグマティズムの内部でも、この問題をきっかけに陣営が別れている。一方の人々は、十分にプラグマチックで、実在論的な日常的直観を――そしてそこに示されている、コーヒレンスと真理との内的な関係を――真に受ける。他の人々は、この内的な関係を解き明かす試みは、解決の見込みがないとして、日常の現実主義を幻想であると見なす。ローティはこの幻想をレトリックによって倒そうとして、再教育を説く。彼によれば、われわれは、客観性への欲求にとって代わって、連帯への欲求に慣れ親しまねばならないというのだ。そしてウィリアム・ジェームズとともに、真理とは、西欧文化あるいは西洋の社会のリベラルなメンバーである「われわれ」にとってそれを信じることがよいことである以外のなにものでもないものとして理解すべきだということになる。「(プラグマティストたちは)、彼らの共同体の常識、ギリシアの形而上学と聖書の族長たちの一神教によって大きな影響を受けている常識を眼前にしながら動いている者として自分たちを見るべきである。[…] 自分たちの共同体のレトリック、常識、そして自己像を変えて行こうという長期的な試みに関わっているのだ、と彼らは自らを理解すべきである(31)」。

このローティの提案を論じる前に、先の代案は、ローティが思うほどに本当に見込みがないのかを検証してみたい。われわれのコンテクストにおいて成功した正当化は、そのように正当化された陳述がコンテクストを越えて真理であることを保証するための説得的な説明は本当にないのだろうか? わたしの関心を引くのは次のふたつの説明の試みである。ひとつは、デフレ的試みである。およそ「真理」というものは、明確にしうるような特性をもっているとは認めない方式である。もうひとつは、認識論的な試みであって、正当化された主張という概念をインフレ的に膨らませ、真理を正当化プロセスの極限値にまで高めてしまうものである。もちろんのこと、デフレ主義は、現実主義的な直観を維持可能な程度以上に真理概念を脱主題化するわけにはいかないし、逆に、認識論的な考え方も、正当化の条件を理想化するにあたって、このいささか的外れな論証でも「われわれの」実践の手の届く範囲にとどまっているようにしなければならない(32)。

第五節　意味論的な真理概念と語用論的パースペクティヴ

「〈p〉は、まさに〈p〉であるときに真である」というタルスキによる真理‐基準は、真という述語を引用消去的に使う方式に依拠している。例えば、別の人の陳述を承認する場合である。「証人が昨日言ったことはすべて真である」。話し手はこのように述べることによって、「言われたことすべて」を、それに相応した主張を第一人称の態度で繰り返すことができるように、自らのうちに取り込んでいることになる。真という述語のこのような使い方は、ふたつの点で注目に価する。第一にこの使い方は、言及はされるが、はっきりともう一度提示する必要のない内容に、一般化するかたちで関連づけることを可能とする。この特徴をタルスキは、〈W〉のいっさいの使用を越えつつ一般化する真理理論の構築に向けて用いる。第二に、このような使い方にあっては真という述語は、ふたつの言語表現のあいだに等価関係を作り出す。この点にこそタルスキの説明戦略のポイントのすべてがひそんでいる。引用消去機能を徹底的に理由として使うことによって、言語と世界、もしくは命題と事実のあいだの不十分な「相応関係」を、対象言語とメタ言語の表現相互のあいだのわかりやすい意味関係に移し換えることができるように見えるからだ。陳述の描出機能は、真理条件を「満たすこと」と考えることも、事実が命題に「相応する」と考えることもできるが、どのように考えようとも、どちらの場合でも常に、言語を越えて行く関係というイメージが揺曳している。このイメージは今や、言語内的な関連をもちいて解明できるように見える。この初発的な想念は、意味論的な真理概念になぜ弱い実在論的な含みがともなっているかをわからせてくれる[33]。とはいえ、もちろんのこと、こうした意味論的真理概念といえども、ポッパー的な認識実在論を支えることはできないのはあきらかだが。

だが、こうした意味論的な真理概念は、意味の解述 Bedeutungsexplikation の要求を満たせないということは、すでにかなり以前に言われたことである。[34] その理由は、引用消去機能だけでは、十分な情報を与えてくれないことにある。なぜなら、この機能は、描出機能を前提にしているからである。真理‐基準の意味は、二項条件の右片で何が意味されているかを知っている場合には、理解できる。「証人が言ったことはすべて真である」という文章における真という述語の意味は、証人がなした主張における確言という様態に寄生して生きている。主張は引用される前に、まずは「提示」されねばならないからである。確言ということの意味は、論証参加者が反論したり、拒否したりするときの、イエス／ノーの態度決定で分析可能である。またさらには、説得力のある論拠をもった陳述といえども、まちがっていたことがあとであきらかになりうるという論証参加者の経験を想起するにあたって、真という述語を「気をつけて」使うようにということも分析の手がかりとなる。

真という述語は――もちろんそれだけがこの述語の特性ではないが――論証の言語ゲームに属する。それゆえこの述語の意味は、この言語ゲームにおけるその機能に相応したかたちで――少なくともこのやり方でも――解明可能である。つまり、述語の特定の使い方の語用論的次元において解明可能である。命題とそれについてのメタ言語的注釈の意味論的次元にのみかぎって論じるならば、あとでも明らかにすると おり、先行する日常実践にまで及んでいる言語実践の反映を捉えるだけに終わる。ところが、真理概念にデフレ的に対応するならば、真理の語用論的意味が意味論によって眩まされている事態からある利点を導きだすことができる。それは、真理の「本性」なるものについての議論を避けることであり、しかもその際に、知と臆見、真であることと、真であると思うことの区別を頼りにするのをやめないで済むことである。この戦略は、このような素朴な〔原初的な〕区別を、認識論をめぐる基礎的な見解についての論争と切り離すことをめざしたものである。研究と理論において通常用いられている方法を説明するのに、意味論的な真理概念で十分であることを示しうるならば、つまり、科学の営為において「成功」もしくは「知の増大」とされることも説明できることを示しうるならば、真理概念を認識論上の実在論によって重々しく膨らませなくとも、われわれの記述から独立した世界の存在という想定を弱い実在論によって救出することができるだろう(35)。

他方で、科学は真という述語が使われる唯一の場でもなければ、第一義的な場ですらない。科学という事実を明らかにするのにデフレ化された真理概念で仮に十分だとしても、それだけで、コンテクスト主義に由来する懐疑を吹き払うことはまだできない。というのも、この懐疑は理論の構築と選択に関するだけでなく、また全般的に論証実践だけに関するものではないからである。ましてや日常実践における理論以前の真理への依拠に関して見れば、意味論的な真理概念はあまり役には立たない。

生活世界においては、真理の語用論的役割が問題となるのだ。行為の確実性とディスクルスによって正当化された主張可能性のあいだを媒介するヤヌスの双面にも等しい真理の語用論的役割のことだ。慣れ親しんだ諸々の実践のネットワークのなかで、暗黙のうちに掲げられる妥当請求は、間主観的に共有された信念からなる広い背景をもとに受け入れられ、行為を導くもろもろの確実性のためのいわば線路をなしている。だが、妥当請求が、このようなもろもろの自明性からなるコルセットの支えを失うと、それまでの確実性は急激に動揺して、確実だったのと同じぐらいの疑念に曝されることになり、この疑わしさそのものが主題化される。こうして行為からディスクルスに移行するとともに(36)、当初は素朴に真と思い込まれていたことも、行為確実性という様態から切り離され、仮説的陳述という形態を取る。ディスクルスが続くあいだは、この仮説的陳述の妥当性はとりあえず括弧に入られる。そしてディスクルスにおける論証 Argumentation は、対立しあう妥当請求に対する賛否をめぐってよりよき論拠 Argumente を求めての競争という形態をとって、共同での真理追求に向かうことになる(37)。

　しかしながら、真理に準拠した正当化実践をこのように記述するとともに、またしても、問題が生まれる。つまり、よき根拠をシステマティックに総動員することで、うまくいった場合でも正当化された見解が生じて来るだけだが、その際に正当な真理請求と正当ならざる真理請求を区別するのにどうしてこの総動員で十分なのか、という問題である。まずは、行為論によって拡大されたパースペクティヴから生じてくる循環プロセスというイメージを確認しておきたい。つまり、こういうことである。行為の確実性が阻害されると、この確実性は論証の次元では、仮説的な陳述をめぐる対立しあう妥当請求へと変じる。そしてこの仮説的陳述はディスクルスを通じて検証され、場合によっては、そのとおりであると認められ、受け入れられた真理は行為コンテクストへと立ち戻って行けることになる。それとともに（場合によっては他の）諸々の行為確実性が、それまでは問題化されずに真と思い込まれていただけなのが、再建されることもある。このような循環イメージを確認しても、ディスクルスによって達成された合意のもつ神秘的な力は、依然として説明しきれていない。論証参加者たちが、行為者の役割に立ちながら、正当化された主張可能性を留保抜きに真理として受け入れるように認証を与えてくれるこの神秘的な力のことである。というのも、行為確実性が問題となったときに、そうした阻害を取り払い元に戻してくれる役割を論証が果たしうるのは、コンテクストから独立した、まさに無条件的な意味での真理に準拠している時だけであり、このことは、これまでの行為論についての論述から明らかだからである。

　たしかに、反省的な態度を取った時のわれわれは、いっさいの知が可謬的であることを知っている。だが、日常生活においてわれわれは、仮説だけで暮らして行くことはできない。つまり何から何まで可謬主義的な態度で生きて行くことは無理である。研究は組織化された可謬主義であり、そういうものとして異論のある真理請求に対する仮説的な対応を継続的に行うことができる。なぜなら、行為から切り離された合意形成のためにこうした仮説的対応が役立つからである。だが、これは生活世界にとってモデルとはなりえない。もちろんのことわれわれは、不完全な情報にもとづいて決断を下さねばならない。そのうえ、近親者の喪失、病気、老化そして死という実存的なリスクは人間の生の印章である。しかし、こうした不安定な事象におびやかされていようとも、日常のルーティンは、素人の、そして専門家の知へのためらいなき信頼に依拠しているはずである。そうした素人や専門家が用いている知を確実でないと思い続けるなら、あるいは、さまざまな事物の製造や課題の遂行に使用されている前提を真でないと思い続けるなら、われわれは、橋に足を踏み入れることもできなければ、車を使うことも不可能だし、手術に身を任せることもならず、おいしく調理された料理を楽しむことも無理となろう。いずれにせよ〔日常生活にあたって〕行為確実性を遂行する必要性は、真理への原則的留保を無理なものとしている。もちろん、素朴な行為遂行が中断されたときには、真理請求はディスクルスを通じてのみ、つまり、そのつどの正当化のコンテクストの内部でのみ承認され、満たされることをわれわれは知っているのだが。真理は、行為確実性とも、正当化された主張可能性とも同等のものと見てはならないのだ。知と真理についての、プラトニズムとして弾劾されそうな強い概念のみが、行為やディスクルスにおいてさまざまな役割を果たす諸々の主張の発語内的意味の統一性に相応しうるのだと思われる。実践においては「真理」が行為確実性を支えるのに対して、そうした諸々の「真理」は、ディスクルスにおいては、真理請求のための準拠点を提供してくれている。

第六節　語用論的パースペクティヴから見た認識論的真理概念

真理と正当化の関係というしつこい問題を考えると、正当化の条件を理想化することで「真理」なるものを「合理的な受け入れ可能性」から区別しようという試みも理解できる。こうした試みから見るならば、「われわれの」基準にしたがって正当化された陳述と、真なる陳述とが区別される。また、そのつどのコンテクストにおいて正当化された陳述と、いかなるコンテクストにおいても正当化しうるかもしれない陳述とが区別される。「真」であるのは、理想的な認識論的条件（パトナム）[38]の下で正当化しうるような陳述、あるいは、理想的な発話状況（ハーバーマス）[39]、あるいは理想的コミュニケーション共同体（アーペル）[40]において論証を通じて達成された合意となるような陳述ということになる。理想的状況のもとで合理的に受け入れ可能とされるものが真ということになる。パースに遡るこうした提案に対しては、もっともな反論がさまざまになされてきた。反論の第一は、想定された理想状態という概念の厄介さに対してなされた。また第二は、正当化条件の理想化は、真理と正当化された主張可能性を区別するにあたって、その区別をあまりに大きくとっているか、時に十分に大きくとっていないかであるゆえに、自らの目的を果たすことができない、というものだった。

反論の第一は、極限値として設定された「完璧な」あるいは「最終的な」知がもつパラドクスを指摘する。つまりこうした知は、その補完の必要性や可謬性を別にして見るなら、もはや（人間の）知とは言えないものとなってしまうのではなかろうか、というものである。[41]同じパラドクスはまた、最終的コンセンサス、あるいは決定的言語という理念が、その先のいかなるコミュニケーションも、いかなる解釈も停止させてしまう点にも見られる。こうした理念では、「それゆえに、理想的了解の状況というふうに考えられているまさにそのものが、言語的了解の必要性の（そしてその諸問題の）彼岸にあることを露呈してしまう[42]」。この反論は、理想化とは最終状態を世界のなかで到達可能な状態として実体化しているという批判に尽きるものではない。理想的準拠点を、原則的に到達不能か、あるいは近似値的にしか到達できないというように理解したとしても、「その理想を実現するならば、それによって人間の歴史が終結するような理想をわれわれが掲げることにとなってしまうパラドクス」はやはり残ることになる[43]。統制的理念としての真理に準拠することがもつ批判的意味は、論証のゴールではなく、その形式やプロセスの特性が理想化されたときにはじめてあきらかとなるものなのだ。

第二の反論も同じ結論に達している。この第二の反論は、目標状態の理想化の結果がパラドクスになっていることに対してではなく〔第一の反論〕、理想化の操作そのものに対する批判である。認識論的条件をどのように理想化し、高めようとも、真理請求の絶対的性格に適うには、われわれがなじんでいる正当化実践との繋がりを断ち切るような要求をせざるをえない。逆に、われわれがなじんでいる正当化実践との繋がりを守るには、合理的な受け入れ可能性がこうした理想的状況のもとでも誤謬を排除しないという代償を認めざるを得ない。そうなれば、合理的受け入れ可能性を「失い得ない」特性であると思えなくなる。「こうした諸条件でも、誤謬が可能となるか、逆にこの条件はあまりに理想的なので人間の能力との繋がりをめざしても、無駄な努力となってしまう[44]」。

パトナムおよびわたしとの論争においてローティは、この反論を使うが、それは、真理の認識論化を貶めるためではなく、この認識論化をラディカルに推進するためである。ローティは、陳述の合理的受け入れ可能性の基準というのは、歴史的に変わりうるが、どんな場合でも恣意的に変更されうるわけではない、という点では、彼に反論するわれわれと見解を共有する。合理性の基準は――いずれにせよ、当事者のパースペクティヴから見れば――批判しうるものであり、「改正」しうるもの、つまりしっかりした理由によって改良しうるものである。だがローティは、パトナムとは異なって、正当化の実践は、そのつどの正当化のコンテクストを越えた真理の理念に準拠している、ということを認めず、われわれが学習しうるという事実にあわせようという気はないようだ。彼は理想化をめざす極限値的概念をそもそも拒否し、正当化と真理との相違を解釈して、命題提示者が、自分の見解を今ここで守ろうとするだけでなく、別の公衆の前でもなお守ろうとするかどうかの違いだとする。このような意味で真理に準拠する者は、ローティの言い方では、「理解する能力のある公衆の前で自己の信念を正当化する」あるいは、「会話する共同体の大きさと多様性を拡大する[45]」用意がある。ローティの見解では、これ以上の理想化はどんなものであれ、挫折せざるを得ない。なぜなら、われわれは理想化にあたって常に何らかの既知のもの、通常は「われわれ」から出発せざるを得ないからである。すなわち、われわれが知っているコミュニケーション共同体から出発することになるからである。「「理想化された合理的受け入れ可能性」なるものが、「理想的共同体にとっての受け入れ可能性」以外の何かを意味しうるとは、わたしには思えない。こうした共同体が神の視野をもっていない以上、こうした理想的共同体が、われわれがそうでありたいと思うようなわれわれ以上の何かであるとは、わたしには思えない。またこの「われわれ」が、教育を受けたわれわれ、ソフィストケイトされたわれわれ、寛容で温厚なリベラルズであるわれわれ、つまり、反対側の言い分をいつも聞く用意のある人々、いっさいの含みを想像する用意のある人々、そうした人々という以外に何かを意味しうるとは、思えない[46]」。

もちろん、こうしたローティの議論に対して、正当化の条件を理想化するといってもそれは、それぞれの人々の自分たちの文化の「厚い」特性から出発することでは決してなく、正当化の諸々の実践の、たとえ必ず制度化されているとは言えないとしても、すべての文化に広まっている形式上の特性、手続き上の特性から議論を始めることは可能なのだ、という反論をぶつけることができる。さらにこの議論に有利に働くのが、論証の実践にあたって、参加者自身は、反＝事実的な語用論的前提をせざるを得ないという事情である。他者との対話にあたって何らかの事柄についての確信を得ようという真剣な意図で議論を始める者はどんな場合であれ、参加者たちは彼らの「イエス」および「ノー」を言うにあたって、よりよき論拠 Argument のもつ強制力によってのみ規定されている、ということを遂行的に前提せざるを得ないのである。それによって参加者たちが、通常は反事実的にであれ前提する対話状況というのは、あり得ないような条件を満たしたものである。つまり、公開性と包摂性、参加者の同権、外在的かつ内在的な強制への免疫、そして、参加者の了解志向（すなわち発言の正直さ）という条件のことである。[47] 論証にともなうこうした不可避の前提のうちには、真の陳述というのは、空間的、社会的、時代的に別の枠組みからする反論の試みに根強く抵抗するものである、という直観が表現されている。われわれが真と見なすものは、他のコンテクストにおいてどころか、すべての可能なコンテクストにおいて、つまりどんな時点でも誰に対しても、十分に説得的な根拠をあげて擁護可能でなければならない。これこそが、真理に関するディスクルス理論を鼓舞しているものである。つまり、ある陳述というのは、合理的ディスクルスという難しい条件のもとで、当該の陳述を切り崩そうとするいっさいの試みに耐えられる場合にこそ、真なのである。[48]

だからといって、それだけのゆえに、この陳述がそのまま真であるということではない。〈p〉であると主張された真理請求は、〈p〉であるための真理条件が満たされているという主張を意味する。はたして本当にそうであるかをわれわれは、論証という方途によって確認する以外のことはできない。なぜなら、解釈されていない真理条件への直接的接近はわれわれには拒まれているからである。だが、真理条件が満たされているという事態が、そのまま認識論上の事態、つまり、われわれは、真理請求のディスクルスによる履行を通じてのみ、この真理条件が満たされているかどうかを確認しうるという事態になるというわけではない。この真理条件そのものをわれわれはすでに、そのつど適正な種類の根拠の光に照らして解釈せざるを得ないからである。

ディスクルス理論的な説明を徹底的に認識論的に押し進めた見解は、そこで述べられる手続き上の特性のすべてが、「人間的能力に接続」しえるものではない、ということを考えるだけで、無理なことがわかろう。普遍的包摂性、参加者の同権性、抑圧の欠如、了解志向といった、先に挙げた論証の諸前提について現在のところ、われわれはとにもかくにも、それらが理想に近似値的に満たされている事態を想像することが可能である。しかし、この点を、未来の先取りにあてはめることはできない。将来でも真理が通用するとは言い難い。たしかにこうした諸前提への依拠は、本質的に批判的な意味をもっていることはまちがいない。つまり、われわれがエスノセントリズムに根ざした限界をもっていること、そして、いかに合理的に動機づけられた同意であれ、そのつどの同意が誤謬可能性を免れないこと、つまり、われわれの正当化共同体の見方が今後ともさらに脱中心化される必要のあること、こうしたことを警告するという批判的意味を持っているであろう。とはいえ、時間とは存在論的な性質の限界である。時間の中で生じるいっさいの現実のディスクルスは、未来に対しては、局地的なものでしかない。それゆえに今日において、たとえ近似値的に理想的な条件のもとで合理的に受け入れ可能となった陳述ですら、未来における切り崩しの試みに耐えられるかどうかは、われわれにはわからない。他方でこの同じ局地性こそが、われわれの有限な精神をうながして、合理的な受け入れ可能性だけで、真理の十分な証拠として満足するように勧めるのだ。「よき立論とそのとおりと思わせてくれる明白な証拠に依拠してわれわれが真理請求を掲げるならば、そういう時のわれわれは常に、将来において、われわれの真理請求を問題化しうるような新たな立論と証拠は生じないであろうと、前提するのだ[49]」。

論証の参加者たちが言語能力および行為能力をもった主体として、なぜこのような態度を取らねばならないのかは、生活世界に組み込まれている彼らのディスクルを語用論的に記述するなら、それほど理解に苦しむことではない。すでに見たように社会化されている個人は、実践においては、行為確実性がなければ行為できない。そしてこの確実性は留保抜きに受け入れられた知から汲みとられているかぎり、確実なのである。これに相応するのが、われわれが行為遂行的態度で〈p〉という主張をするなら、そのときのわれわれは、〈p〉が無条件的に真であると考えているはずだ、という文法的事実である。もちろんその際といえどもわれわれは、反省的態度を取るなら、明日に、あるいは他の地域で、〈p〉を切り崩すような根拠や明証が生じないともかぎらないことを知ってはいるとしてもである。だからといって、〈p〉というように明白に掲げられた真理請求を、この陳述がディスクルス条件のもとで合理的に受け入れられるとともに、そのまま満たされていると見ることが許されているかは、まだ明らかになっていない。真理請求をディスクルスによって「満たす」というのは、どういうことなのだろうか?

第七節　語用論的な真理概念

有限な精神の限界のなかでであっても理想的に正当化されたと認められた陳述を真と見なしていいというようにわれわれに権威を与えるのは、いったい何であるのか、そのことはいまだ明らかになっていない。

この問題との関連でヴェルマーは、「余剰 Überschuß」という言い方をしている。つまり、「未来で通用することを先取り」することのうちに潜んでいる「余剰」ということである。ひょっとしたら次のように言い替えた方がいいかもしれない。つまり、論証参加者は、論争の対象となっている妥当請求が正しいと確信するならば、よりよき論拠のもつ強制なき強制 zwangloser Zwang des besseren Arguments を通じて、パースペクティヴの転換を果たす時点に到達したというように言えるのではなかろうか。論証のプロセスにおいて参加者が、いっさいの当該の情報を確認した上で、またいっさいの重要な根拠を考察した上で、〈p〉に対する可能な反応のポテンシャルは尽きたという確信に到達するなら、論証を継続する動機は消失することになる。いずれにせよ、そうなると〈p〉であると掲げた真理請求、とりあえず脇に置いておいた真理請求に対して仮説的な態度を取り続ける合理的な動機は存在しなくなる。一時的に反省的態度を取り、部分的に危うくされた背景了解の再建をはかった行為者のパースペクティヴから見るならば、論議の対象となった真理請求が問題ないものとされるならば、それは、世界との素朴な関わり方にはまり込んでいた行為者の態度に立ち戻ってよいとする許可となる。かくかくしかじかであることについて「われわれ」と「彼ら」とのあいだの見解の相違が解消するとともに、「われわれの」世界は、「世界」と融解する。

　こうして論証の参加者としてのわれわれは、〈p〉を真とする真理請求が正当であるとして認めることになる。この転換点においてわれわれは、これまで問題的だった「pであるということ」という事象内容を、再び第一人称のパースペクティヴから提示しうる〈Mp〉という主張の正しさへと変換することになる。このように論証を通じて処理され問題のないものとなって entsorgt、行為コンテクストへと変換された主張は、間主観的に共有された生活世界のうちにその場をもつことになる。そしてこの生活世界の地平からわれわれ行為者は、唯一の客観的世界のなかの特定のものを指示しあうのだ。だがこれはあくまで形式的な前提であって、何らかの内容を先行指示するものではなく、ローティが実在論的直観と常に関連させる「事物の本性についての正しいイメージ」という目標を匂わせるようなものでもない。行為する主体たちは「この」世界とうまくやって行かねばならないがゆえに、彼らの生活世界のコンテクストにおいて、実在論者であらざるを得ない。また彼らの言語ゲームと実践的行為が、期待はずれに合わず機能するかぎり行為遂行過程で「うまく行っている」のだから、彼らは実在論者であって構わないことにもなる。

客観的世界を想定することによって実在論的に解釈された、この世界確認の語用論的な審級は、行為を免除され、論証だけが意味をもつディスクルスという反省的次元では、一時停止される。ここでは視線は、客観世界と、この世界との直接的な関わりにおいてわれわれに生じる期待はずれからいわばそれて、世界をめぐって対立しあう複数の解釈へと向かう。争いうあう解釈というこの間主観的次元においてひとつの主張が「正しいものとして通用する」のは、もっぱら根拠に依拠してのことである。つまり、可能な反証を審級としてのことであり、実際に経験された期待はずれによるのではない。ところで、可謬主義的意識は、よき理由によって根拠づけられた見解でもまちがっていることがあるというものであるが、そうした可謬主義的意識が拠っている真理志向は、——ディスクルスが行われるときには無効化されている——日常実践の実在論に根をもっている。無条件的真理を志向するならば、論証の参加者たちは理想的な正当化の条件を前提せざるを得ず、また正当化共同体のたえざる脱中心化へと向かわねばならなくなる。こうした志向は、これとは別の、臆見と知という、生活世界において必要な差異の反映でもある。この差異は、唯一の客観的世界があるというコミュニケーション的言語使用にその基盤をもつ前提に依拠している。(50) このようにして生活世界は、行為に強く依拠したその真理と知に関するコンセプトとともにディスクルスのうちに入り込んでおり、正当化の枠組みを越えた準拠点を提供してくれるのだ。この準拠点によって、論証の参加者たちは、われわれの解釈がまちがっているかもしれないという意識を維持できるのだ。その際に、生活世界の独断論を破壊することはないものの、逆にこの可謬主義的意識は実践にも跳ね返ってくる。というのも、論証の参加者として、どんな信念も批判に曝されうるという経験をしたならば、彼らは生活世界においても、自分たちの信念が問題化されたときには、それに対してどちらかと言えば、反独断論的な態度を取るようになっているからである。

行為連関とディスクルスによって階層化された相互協力と相互了解のプロセスを立体鏡的な相互照射として見るならば、ディスクルスが生活世界に組み込まれていることを認識させてくれる。信念は、行為にあってはディスクルスにおけるのとは異なる役割を演じており、それが「正しいとして通用する」仕方も、よって、ディスクルスの場合とは違っている。実践においては前反省的に「世界とうまくやって行く」かどうかに よって、特定の信念が思うとおりに「機能している」かどうかが、あるいは、問題化の渦に巻き込まれてしまうかが決まることになる。それに対して、論証においては、論争の対象となる妥当請求が合理的に動機づけられた承認に値するかどうかを決めるのは、もっぱら根拠しだいである。そして、正当化と真理のあいだの内的な結びつきについての問いは、論証というこの反省的次元においてのみ出てくるにはちがいない。とはいえ、この結びつきがあるかどうかの答えがあってはじめて、行為とディスクルスの相互交渉を可能としてくれるのだ。もしもわれわれが論証の次元に固執して動かず、行為する者たちの知を、論証する者たちの知へといわば兼任によって確実に変換することを怠り続けるなら、そして逆の方向への知の伝達も〔つまり論証の知の、行為の知への変換も〕怠り続けるなら、コンテクスト主義に由来する懐疑を消し去ることは不可能となる。行為連関とディスクルスにおいて真理概念が果たす双面神ヤーヌスのような、ふたつの異なった語用論的な役割の相互の絡みあいこそが、われわれのコンテクストで成功した正当化こそは、当該の見解がなぜコンテクストを越えた真理であることを保証するのかを説明してくれるのだ。一方では真理概念は、揺さぶられた行為確実性を問題化された真理陳述へと翻訳することを、可能にしてくれる。同じく他方では、真理概念に固執することによって、ディスクルスによって正当化された主張を、再建された行為確実性へと逆翻訳できるのである。

　この事態を説明するためには、これまでなしてきた個々の説明を正しく組み合わせるだけで十分だ。生活世界において行為者たちは、行為確実性にもっぱら依拠している。この生活世界で彼らは、客観的として前提されている世界とうまくつきあって行かねばならない。それゆえ、臆見と知という区別でやって行かねばならない[51]。直観的に、絶対に真と思ったことを信頼して動かねばならないという実践的必然性がある。絶対的に真と見なすというこの様相《モード》は、ディスクルスの次元では、そのつどの正当化のコンテクストを越えるように促し、また、理想的正当化条件を前提する――そして正当化共同体の脱中心化を帰結する――ようにも促す真理請求という含みに反映する。それゆえに正当化のプロセスは、正当化の枠組みを越えて *rechtfertigungstranszendent* いながらも、行為においていつも必ず実際に有効な真理 *im Handeln immer schon operativ wirksame Warheit* に依拠しうるのだ。日常実践における陳述の妥当性の機能こそは、ディスクルスによる妥当請求の履行を、同時に、語用論的な正当化の必要性を満足させるものと解釈していいのはなぜであるかを説明してくれる。この正当化の必要性こそは、いったん揺さぶられた行為確信を問題化された妥当請求のかたちに変換するものである。そしてこの必要性は、ディスクルスによって正当化された見解を、行為の基準となる真理へと逆翻訳することによってのみ満足させうるのである。

　日常の実在論的直観に対するコンテクスト主義的な懐疑を吹き飛ばすのは、このディスクルスと実践の相互交渉なのである。まさにそれゆえに、ここでもっともな反論が出てくる。つまり、生活世界に組み込まれたディスクルスという記述の仕方そのものが一定の傾向をもったものであり、まさにそのことによって〔コンテクスト主義か普遍主義かという〕一連の論争の方向をあらかじめ定めてしまっているのではないか、という反論である。ローティといえども、ディスクルスと行為の関連を否定することはないだろう。また同時に、われわれがふたつのパースペクティヴのあいだに連関を見ようとすることにも同意するだろう。つまり、相互に自分の解釈について相手を納得させようとする論証参加者の視線と、彼らの言語ゲームと実践に巻き込まれて行為する主体のパースペクティヴという両者のあいだの連関のことである。だがローティはこのふたつのパースペクティヴを区別して、その両者が相対化しあうというようには見ないだろう。おそらくローティは自分の記述に都合よく、論証参加者の観点のうち、われわれは対話の枠組みに取り込まれていて、正当化のコンテクストから脱出することを無理とする部分を借用するだろう。また、行為者のパースペクティヴから、世界とうまく関わりあうという様態を取り去るだろう。このふたつの対立しあうパースペクティヴをこね合わせることでエスノセントリズム的確実性が形成される。それとともに、論証の経験から得られたコンテクスト主義という洞察を生活世界に帰属させられる日常の実在論と一致させようと、われわれがしなければならない必要性がなぜあるのかという問いが出て来ることになる。行為者たちが生活世界にあって――とりあえずではあっても――「実在論者」でなければならないとするなら、それだけ彼らは、ローティに言わせれば、かわいそうだということでしかない。だからこそ常識に依拠した真理概念という錯覚を改善することが哲学者の課題となる、というわけだ。

このローティの目的のためには、マイケル・ウィリアムズ式に意味論的な真理概念を使うデフレーション主義でももちろんのこと強すぎることになる。そのかわりに、ローティは真理概念の認識論化を徹底して貫いている。あるのは正当化だけであり、ある陳述が正当化されて主張可能となったからといっても、そこから当該の陳述の真理性が帰結されるわけではまったくない、というのだ。とすると、真理概念そのものが余計なものとなる。「正当化と真理のあいだには、ある特定の聴衆に対する正当化は、他の聴衆への正当化ではないということを思い起こさせる以外には、いかなる差異もない[52]」。真という述語のただひとつ余計でない、「警告的な」使い方もまた、ローティからすると新たに解釈されねばならないことになる。つまり、そこで起きているのは、新たな語彙の創造と貫徹なのである。この新たな語彙は真理概念などなくてもやっていけるのであり、実在論的直観（ひとつの客観的世界という前提、事実の表象という言い方など）を消し去っているのだ。「われわれはある特定の語り方を、つまりプラトン的な語り方を拒否しているだけなのだ。［…］説得に向けてのわれわれの努力とは、昔ながらの話し方による直接的な論証というよりは、新たな話し方が予測できないかたちで次第に生じるというかたちを取るのだ[53]」。

第八節　言語化された理性の自然化

こうしたローティの再教育プログラムは多くの問いや反論を呼び起こしてきた[54]。まず第一にローティは、常識 gesunder Menschenverstand の言語をそのあるがままに認めたくないのは、どうしてなのかを証明する義務がある。プラグマティストたちは普通ならば、自分たちの見解が常識《コモンセンス》と合致することを自慢するものである。ところがネオプラグマティストたちは奇妙なことに、「まわりがほぼ完全に宗教的な人々からなる文化のなかでの無神論者」の役割を胸を張って演じるのだ。彼らによるセラピーは、哲学者たちのパトロギーともいえる言語ゲームを治療し、さらには、プラトニズムが日常生活に残した態度にまで及ばねばならない、というのだ。プラトニズムによる観念論の暴力がいかに大変なものであったかを説得的に示すためにローティは、西洋の形而上学の退落の歴史の診断にも取りかからねばならなかった。しかし、ハイデガーやデリダが形而上学批判をまたそれなりに相当に形而上学的なやり方で述べていることは、ローティの評価から見れば、むしろ、彼らの私的な完成に役立たせるための、彼言うところの「陶冶の」文学に属することになる。いずれにせよ、疎外された生活環境に対する公共圏での批判に役立つようなものではない、とされる。[55] もちろんのこと、そうしたローティの動機より重要なのは、はたして彼のこうした企てが実行可能かということである。それに関連して最後にふたつの問題を論じておきたい。(1) ローティがもくろむわれわれの自己理解の訂正なるものははたして、学習可能性という事実と合うのだろうか。学習可能性という事実には、はじめからアプリオリに限界があるわけではないのだから。(2) ローティの議論にしたがった場合、理性の規範的性格というのははたしてどうなるのだろうか? また、彼がお薦めの、理性的存在についてのネオダーウィニズム的な自己記述は、われわれの直観にきわめて反するのではなかろうか?

(1) 日常生活に深く刻み込まれているプラトン的先入見を理性に合わせて訂正するというローティのプログラムがわれわれに要求する学習過程は、これまでの所与の語彙の内部で、所与のコンテクストのうちで存在する基準にしたがって生じるだけではなく、そこで使われている語彙と基準そのものをも捉え込むことになる。すでにこの理由からしてローティは、そのつどの既存の正当化のコンテクストを越えて行く真理指向の代わりに、それと等価な適切ななにかを提示しなければならない。とはいえ、「真」と「正当化されている」こととの差異が、命題提示者が〈p〉を別の公衆の前でも擁護する用意があるというだけのことに矮小化されてしまうならば、何らかの等価物を提示しようといっても、その準拠点が欠如していることになる。このような反論に対してローティは、正当化条件の慎重な理想化を承認するかたちで答えている。つまり、伝統的に「真理探究」と言われてきたものは、「たえず大きく広がって行く対話者のグループ内での間主観的かつ強制されない同意の追求」というように記述してもいっこうに構わない、というのである。「われわれは少しでも多くの、少しでも大きな聴衆に対してわれわれの信念を正当化できることを希望している」(56)。このように言いながらもたしかにローティは、これを「果てしなく遠のいて行く目標」への思考、つまり統制的理念だとは認めたくないようである。公衆の拡大やコンテクストの拡がりといっても、それはたんにもうひとつの別の公衆であり、もうひとつ別のコンテクストであるにすぎない、と言いたいのだろう。ところがローティはこの記述に、先に述べたとおりの、公衆のたえざる拡大や多様化がもつ品質保証機能をつけ加えているのである。これは、特定の、必ずしも完全に偶然的でない観点での論証の成功を難しくするような条件である。

ローティは、語用論的に見れば不必要になるこの困難を説明できていない。「ますます多くの」「ますます大きな」「ますます多様な」聴衆をめざすという考えによってローティは、弱い理想化を持ち込んでいるが、これは〔彼の議論の枠組みからすれば〕自明のことではない。コンテクスト依存的な、われわれのための妥当という認識論によって真理概念が消去されてしまうならば、規範的な準拠点が欠如することになる。この規範的準拠点があってはじめて、命題提示者が自分自身のグループの境界を越えて〈p〉への支持を求めねばならないのは、なぜであるかが説明可能となるのだ。多くの公衆が同意すればするほど、われわれの主張がくつがえされる心配はそれだけ減って行くという説は、じつのところ、本来なら説明しなければならない当の利害関心を、あらかじめ前提にしてしまっているのである。その関心とはすなわち、「できるだけ広い間主観的な同意を得たいという願い」である。もしも、あることが「われわれにとって」善であるがゆえに「われわれによって」正当なものとして承認されているというだけで真であるなら、支持仲間の枠組みを拡大する合理的なモチーフは存在しなくなる。ローティのように自分のエトノスこそがわたしがその前で弁明を展開しなければならないと感じるグループであるとするなら、正当化共同体を脱中心的に拡大しなければならない根拠はいっさいなくなる。「よその人たち」からの同意を広く指向していくための規範的な正当性はいっさいなくなる。ただ、「リベラルな西洋文化」、そのなかで「われわれ知識人」が程度の差はあれ非ドグマ的な態度をとる西洋文化という、偶然的な特性を示唆し、説明の理由とするだけとなる。だがそういうわれわれに対してすらローティは「われわれは実践においては、自分たちのグループを優先しなければならない。もちろんこうした態度を循環論法でないかたちで正当化することはできないのだが[57]」と確認する始末である。

(2) 真理の統制的理念を失うとともに正当化の実践は、正当化の基準を「慣習化した通常の」規範と区別する座標点を失うことになる。こうして正当化の実践を社会学的に見る見方をすることは、理性の自然化を意味する。一般に社会的規範は社会学的観察者の観点から記述しうるだけではない。こうした社会的規範はまた、参加者のパースペクティヴからも、つまり、妥当すると思われている基準の光に照らして正当化することも可能である。だが、いかなる真理や理性との関連ももたないならば、基準そのものは、自己修正のいかなる可能性も失い、正当化しうる規範というステータスも喪失することになろう。このように見ると、こうした基準は、もはや習慣化した通常の規範ですらなくなる。依然として「われわれに対して」は、つまり当該の正当化共同体に対しては妥当性を要求し続けながらも、こうした標準は、単なる社会的事実以外の何ものでもないことになる。だが、正当化の実践が解体して、「理性的」という術語がその固有の規範的性格を失わないためには、つまり、正当化実践と「理性的」という術語がともにその機能を維持し続けるためには、われわれにとって妥当する合理化の基準は、仮に正当化できなくとも、少なくともそれとして説明しうるものでなければならないはずだ。

その説明のためにローティは、生物としての人間という自然主義的な叙述に依拠する。つまり、欲求の満足という目標を達成するべくできるだけうまく環境に適応するために道具を発明する生物なるもののことである。そして言語もこのような道具とされる。例えばそれ以外に、言語を現実を描写するための媒体というように見ることはなされていない。「ハンマーであろうが、銃であろうが、あるいは信念や陳述であろうが、ツールの使用そのものが、生体が行うその環境との相互交渉の一部なのだ[58]」。言語的に構成されている人間の精神において規範性を作るものとわれわれに見えているものは、ローティからすれば、行動を通じて現実と「折り合っていかねばならぬ」生物種の維持のために必要な知能オペレーションの機能を表わすものにすぎないことになる。このネオ・ダーウィニズム的な自己記述はしかし皮肉な代償を支払わざるを得ない。つまりローティは、「事実の正確な記述」に代って「環境への適応の成功」を置くことにより、これまでの客観主義に替えて別の客観主義を導入していることになる。つまり、「表象」による客観主義に替えて、道具的に「処理される」現実というもうひとつの客観主義である。こうすることでたしかに、人間と世界の相互交渉についての理解の方向が変わるには違いない。しかし、客観的世界、すなわち「表現」するのであれ、「処理」するのであれ、そうした行為を受ける総体としての客観的世界という準拠点は変わらないことになる。

語用論的転回は、認識の表象モデルに替えて、コミュニケーション・モデルを打ち出そうというものだった。つまり、経験の客観性というキマイラに替えて、成功した間主観的相互了解を持ち出そうというものだった。ところが、協力しあい、了解しあうプロセスを客観化するかたちで記述するローティの方式によると、まさにこの間主観的な次元がふたたび閉じてしまうのだ。こうした協力と了解のプロセスは、それとしては参加者のパースペクティヴからのみ捉えることが可能なのだ。ローティが用いるジャーゴンは、参加者のパースペクティヴと観察者のそれとの区別を許さない。間主観的に共通の言語を所有することによって成立する間人格的関係は、このローティのやり方によってまたしても適応的態度（もしくは道具的行為）に同化されて理解されてしまう。戦略的言語使用と非戦略的言語使用の区別を撤回し、同じく成果指向的行為と了解指向的行為の区別を撤回することでローティは、説得 Überzeugen と言い負かし Überreden、根拠による動機づけと因果的な影響行使、学習 Lernen と教条化 Indoktrination とのあいだに〔誰もがつけている〕直観的な区別に対応するための概念的手段を失ってしまった。これらを直観に反するかたちで混同することは、日常生活で機能している批判的基準をわれわれが失ってしまうという不愉快な帰結をもたらすことになる。ローティの自然主義的な戦略は、分けるべきカテゴリーをひとしなみにしてしまうことになり、結果として、日常実践においてなされている区別をわれわれが記述できなくなってしまう。[59]

原註

（1） R. Rorty, The Linguistic Turn. Recent Essays in Philosophical Method, University of Chicago Press, Phoenix Edition 1970, 33.

（2） T. W. Adorno, Negative Dialektik, Gesammelte Schriften, Bd. 6, Frankfurt am Main 1973, 400.〔『否定弁証法』木田元／徳永恂／渡辺祐邦／三島憲一／須田朗／宮武昭訳、作品社、一九九六年〕

（3） M. Williams, Unnatural Doubts, Princeton U. O., Princeton N.J., 1996, 365 (Fn. 51), vgl. auch R. Rorty, Is Derrida a Quasi-Transcendental Philosopher?, Contemporary Literature, 1995, 173–200.

（4） マッカーシーとローティの論争については以下を参照。Critical Inquiry (16), 1990, 355–370; 633–641.

（5） R. Rorty (1970), 39.

（6） R. Rorty, Der Spiegel der Natur, Frankfurt am Main, 1981, 287.〔『哲学と自然の鏡』野家啓一監訳、一九九三年、産業図書、二九九頁〕

（7） Rorty (1981), 191.〔一八五頁。訳文はコンテクストに合わせて修正した。以下同じ〕

（8） H. Putnam, Realism with a Human Face, Harvard U. P., Cambridge, Mass. 1990, 28; R. Rorty, Putnam and the Relative Menace, The Journal of Philosophy (XC) Sept. 1933, 443.

（9） R. Rorty (1981), 422.（産業図書、四五一頁）

（10） R. Rorty (1981), 200. コンテクスト主義的な見解は、「哲学と諸科学および文化全体との関係についての新カント主義的な考え方を脅かすものである。主張や行為が他の主張と合えば十分とするだけでなく、それ以上に、人間たちが語りかつなすことと別に存在している何ものかと相応しなければならないとする思いは、哲学的衝動そのものだと言っていい十分な理由がある」〔一九五頁。訳文はコンテクストに合わせて修正した〕。

（11） R. Rorty (1981), 191.〔一八五頁〕

（12） Vgl. dazu H. Schnädelbach, Art. Philosophie, in: E. Martens, H. Schnädelbach, Grundkurs Philosophie, Heidelberg 1981, 37–76.

（13） R. Rorty (1981), 289.〔三〇一頁〕

（14） R. Rorty (1981), 368.〔三九三頁〕

（15） Ebd.

（16） R. Rorty, Solidarität oder Objektivität?, Stuttgart, 1988, 14f.

（17） 経験主義者たちだけが、「外部にあるものと相応する」経験を「客観的」とする用意がある。それに対して、超越論的観念論者たちは、経験の客観性をも可能な経験の必然的な主観的条件に求める。

（18） L. Wittgenstein, Über Gewißheit. §115.〔『確実性の問題』（ウィトゲンシュタイン全集9）黒田亘訳、一九七五年〕

（19） H. Schnädelbach, Thesen über Geltung und Wahrheit, in: der., Zur Rehabilitierung des animal rationale, Frankfurt am Main 1992, 104–115.

（20） 以下においてはローティの議論の仕方に対する批判に関しては、真理問題にだけ限定して論じることにする。ただひとことだけ言っておきたいのは、われわれは、同じ存在者をさまざまな記述を通して、同じものとして再認識できる能力をもっており、この能力抜きには、学習過程の可能性を説明できない、ということである。

(21) E. Tugendhat, Einführung in die sprachanalytische Philosophie, Frankfurt am Main 1976, 60ff.

(22) Rorty (1981), 199f.〔『哲学と自然の鏡』産業図書、一九四頁〕

(23) Vgl. M. Williams (1996), 232.「このような比較が依拠する事実の「ダイレクトな」把握が、命題的な内容をもった認識の資格を持っていると考えていいかどうかを自問するだけで十分だろう。もしも、そうしたダイレクトな把握が認識と言えなければ、真理証明はいかなる力ももたないだろう。もしもそれが認識ならば、われわれに与えられているいっさいのものは、別の種類の信念であろう」。

(24) M. Williams (1996), 267.

(25) R. Rorty, Pragmatism, Davidson and Truth, in: E. Lepore (Hg.), Truth and Interpretation, London 1986, 343.

(26) M. Williams (1996), 266.

(27) Ebd., 249.

(28) F. Kambartel, Universalität, richtig verstanden, Dtsch. Z. Philos. (44), 1996, 249.

(29) 文法的に前提された客観的世界という形式語用論的概念をわたしが、行為論の連関で導入したのは偶然ではない。Vgl. J. Habermas, Theorie des kommunikativen Handelns, Frankfurt am Main 1981, Bd. 1, 114–151, および Bd. 2, 183 ff.

(30) Vgl. M. Williams (1996), 238.「「何らかのかたちでそこにあるもの」としての客観的世界という考え方に含まれているいっさいは、真であるという客観的な認定があるとすれば、それは真であるとするわれわれの信念、あるいは、それが真であると信じることは正当化されているというのとは、別のことであるということである」。

(31) R. Rorty, Is Truth a Goal of Enquiry? Davidson versus Wright, Philos. Quart. (41), 1995, 281–300, 引用個所は 300.

(32) D・ディヴィッドソンは三つ目の戦略を試みている。これは、理論主義的戦略、あるいはディヴィッドソン自身の表現を借りるなら、「方法論的」戦略と呼んでもいいかもしれない。Vgl. Davidson, The Folly of Trying to define Truth, The Journ. Of Philosophy (XCIII), 1996, 263–278. ディヴィッドソンは、非デフレ主義的に理解された真理概念を、定義されぬ基礎概念として、経験的言語理論に用いる。言語表現の理解を説明するとされるこうした理論とともに、この理論において理論的用語として用いられた真理概念は、それが役にたつことを示しうる、とされる。それゆえディヴィッドソンは、含みとして前提されているかの「真理理論」は、彼の理論全体との関連においてのみ論じることを認めている。一般的に言ってここには、次のような難点があろう。ディヴィッドソンは一方で、真理概念に詳述可能な内実があることを否定して、そのかぎりでは、真理の意味を説明する試みを批判するデフレ主義の立場についている。他方で、デヴィッドソンは、真という賓辞の引用消去的機能を越えて、合理性理論に即したある程度の内実が真理にあることを保証して、諸々の信念の真理可能性（the veridical nature of beliefs）を説明できなければならない。その点では彼はパトナムとダメットに賛同している。このふたりは、〈W〉基準なるものは、真理の本当の意味についてはなにも言っていないと、批判的に確認しているからだ。この両者の立場のあいだに立ちながら、ディヴィッドソンは、「定義不能」と明言された概念について、それをただ使うのではなく、そうした概念について教えられることの多い論文を書くべく努めている。こうした諸論文のなかで、彼はメタ批判的なやり方で、真理と結びついた実在論的直感を、さまざまにともかくも描き込もうとするのだ。Vg. D. Davidson, The Structure and Content of Truth, The Journ. of Philosophy (LXXXVII), 1990, 279–328. ディヴィッドソンは、われわれは、自分たちが作ったのではない客観的世界（»which is not of our own making«）についてなにがしかのことを知ることができる、ということを守ろうとする。この点で彼はローティとは異なるのだが、そのローティは、ディヴィッドソンが消去的真理理解の立場であるとして、自分の側になんとか引きつけようとしているが、うまくいっていない。Vg. D. Davidson, A Coherence Theory of Truth and Knowledge, in: A. Malaschowski (Hg.), Reading Rorty, Oxford 1990, 120–139, さらには R. Rorty (1996). ディヴィッドソンとわたしのスピーチアクト論的なアプローチの比較には以下を参照。B. Fultner, Radical Interpretation or Communicative Action, Diss. Northwestern Univ., Evanston 1995.

（33） K. R. Popper, Truth, Rationality, and the Growth of Scientific Knowledge, in: ders., Conjectures and refutations, London 1963, 215–250.〔『推測と反駁——科学的知識の発展』藤本隆志／石垣壽郎／森博訳、法政大学出版局、一九八〇年〕

（34） E. Tugendhat, Tarskis semantische Definition der Wahrheit, Philos. Rundschau(8), 1960, 131–159, wiederabgedruckt in: ders., Philosophische Aufsätze, Frankfurt am Main 1992, 179–213.

（35） P・ホルウィッチおよびA・ファインの立場を参考にしている。Vgl. M. Williams, Do we (Epistemologists) need a Theory of Truth, Philos. Topics (XIV), 1986, 223–242.

（36） 行為とディスクルスというこの区別は、社会学の言語理論的基礎づけを論じたクリスチャン・ガウス・レクチャーで導入した。Vgl. J. Habermas, Vorstudien und Ergänzungen zur Theorie des kommunikativen Handelns, Frankfurt am Main

1983, 1-126, bes. 104ff.

(37) J. Habermas, (1981), Bd. I, 44–71.

(38) H. Putnam, Realism and Reason, Cambridge U. P. 1983, Introduction.〔『実在論と理性』飯田隆／佐藤労／山下弘一郎／金田千秋／関口浩喜訳、勁草書房、一九九二年〕

(39) J. Habermas, Wahrheitstheorien (1972), in: ders. (1983), 127–186.

(40) K.-O. Apel, Fallibilismus, Konsenstheorie der Wahrheit und Letztbegründung, in: Forum f. Philosophie (Hg), Philosophie und Begründung, Frankfurt am Main 1987, 116–211.

(41) C. Lafont, Spannungen im Wahrheitsbegriff. Dtsch. Z. Philos. (42), 1994, 1007 bis 1023; Williams (1996), 233 ff.

(42) A. Wellmer, Ethik und Dialog, Frankfurt am Main 1986. 91.〔『倫理学と対話——道徳的判断をめぐるカントと討議倫理学』加藤泰史監訳、法政大学出版局、二〇一三年〕

(43) A. Wellmer, Wahrheit, Kontingenz, Moderne, in: Endspiele, Frankfurt am Main 1993, 162.

(44) D. Davidson, The Structure and Content of Truth (1990), 307.

(45) R. Rorty, Sind Aussagen universelle Geltungsansprüche?, Dtsch, Z. Philos. (42), 1994, 982 f.

(46) R. Rorty, Putnam (1993), 451f.

(47) J. Habermas, Erläuterungen zur Diskursethik. Frankfurt am Main 1991, 131 ff. u. 164 f.〔『討議倫理』清水多吉／朝倉輝一訳、二〇〇五年〕

(48) L. Wingert, Gemeinsinn und Moral, Frankfurt am Main 1993, 277.

(49) A. Wellmer (1993), 163; vgl. entsprechende Überlegungen zu »superassertibility« bei C. Wright, Truth and Objectivitz, Harvard U. P. Cambridge. Mass. 1992.

(50) Vgl. C. Lafont (1994), 1021.「唯一の客観的世界があるとする前提があってはじめて、[…]（われわれは）真理の妥当性の無条件性を、われわれの知についての可謬的理解と結びつけることを可能とする」。

(51) 本論の枠組みでは、ディスクルスによる履行をめざしている道徳的その他の規範に関わる妥当請求について論じることはできない。コミュニケーション的な言語使用に潜んでいる唯一の客観的世界という前提から、真理請求にともなうことになる正当化を超越する要因が、こうした道徳的かつ規範的要求には欠如している。規範に関わる妥当請求は、社会的世界という間主観的な関係のあり方に対して掲げられるものであるが、こうした社会的世界は、客観的世界と同じようには、「われわれの活動の付加」とは無関係に存在し続けるものではないからである。ディスクルス論としてこの妥当請求を論じることは、やはりそれなりに「真理と類似」している。なぜなら、実践的ディスクルスにおける当事者たちは、命法としての、あるいは許可としての、もしくは禁止としての「唯一正しい答え」という目的に即して論じあうからである。社会的世界は、本質的に歴史的である。つまり存在論的に見て、客観的世界と異なったありようをしている。それゆえに正当化条件の理想化は、将来の反論をあらかじめ取り除いてしまっているという意味で「未来の証明の先取り」（ヴィンゲルト）を含むことはあり得ない。ただ、答えへのさらなる接近を留保するという批判的意味において理解されねばならない。正当化共同体における脱中心化の現在到達された段階に対する留保ということである。真理請求のディスクルスによる履行ということは、主張可能性の条件として解釈された真理条件が満たされているということである。規範に関する妥当請求の場合には、ディスクルスによって得られた合意が、相応する規範が承認に値することの根拠となる。そのかぎりでこの合意は、規範の妥当条件を満たすことに寄与するのだ。合理的な受け入れ可能性は、ある陳述の真理性をただ指示するだけなのに対して、規範の妥当条件を満たすことは、規範の妥当性を構成する寄与となる。本邦訳書三三二頁以降を参照。

（52）　R. Rorty, Is Truth a Goal to Enquiry? (1996), 300.

（53）　R. Rorty, Relativism: Finding and Making (Ms. 1995, 出版予定), 5.〔Publ. in: Nizmik, Josef / Sanders, John T. (eds.) Debating the State of Philosophy, London: Praeger, 1996, pp. 31–48.〕

（54）　Th. McCarthy, Philosophie und gesellschatliche Praxis. Richard Rortys neuer Pragmatismus, in: ders. Ieale und Illusionen, Frankfurt am Main 1993, 19–51.

（55）　R. Rorty, Habermas, Derida, and the Function of Philosophy, Rev. Internationale de Philos. (49(, 1995, 437–460, und meine Antwort ebd., 553–556.

（56）　R. Rorty, Is Truth a Goal of Enquiry? (1996), 298.

（57）　R. Rorty, Solidarität oder Objektivität? (198), 26.

（58）　R. Rorty, Finding and Making (1995), 11 f.

（59）　同じような客観主義と同じような鈍感さは、例えば異文化理解という困難なケースにおいてローティがエゴセントリックもしくはエスノセントリックな記述をすることにも見て取ることができる。ガダマーと異なってローティは、他者のパースペクティヴを取るためのシンメトリックな条件に依拠しようとしない。このパースペクティヴ交換というシンメトリックな条件こそは話し手と聞き手が人称代名詞のシステムを用いることで学習し、当初はまったく離れている両者の解釈地平の相互接近を可能とするのだが。その代わりにローティは、「われわれ」と「彼ら」のあいだの非シンメトリックな関係から議論をはじめる。結果として、われわれは、彼らの発言をわれわれの基準で判断し、彼らの基準をわれわれのそれに同化させざるを得なくなる（Vgl. J. Habermas, Nachmetaphysisches Denken, Frankfurt a Main 1988, 175ff.〔『ポスト形而上学の思想』藤澤賢一郎／忽那敬三訳、未來社、一九九〇年〕）。了解のこうした同化モデルは、ディヴィッドソンの解釈モデルと触れ合うところがある。この同化はディヴィッドソンの場合には、言語表現を、経験を重視する真理理論仮説の適用例として理解するという方法的決断の帰結だった。他方のローティの場合には、それが自然主義的記述語彙を採用するための理論戦略的な決断として採用されている。

第六章　価値と規範
――ヒラリー・パトナムのカント的プラグマティズムへの注釈

ヒラリー・パトナムは、彼の師にあたるライヘンバッハおよびカルナップの論理経験主義を厳しく批判してきたが、彼らの学問的エートスとカント的発想には忠誠を貫いた。批判的距離と忠誠というこの両面から出てきた結果が、カント的精神に依拠したプラグマティズムだった。パトナムは超越論的思考を言語論的に解釈しながら、同時にそれを実在論的に転換する。認識し行為する主体のあり方を脱超越論化する彼の試みは、たしかに叡知界と現象界の二世界を想定する形而上学的な基本前提を揺るがす。しかしそれでも、根拠を「重視」する理性的主体が、自らを有限性と自律性に規定されているものとして理解するというカント哲学の核心部分が揺らぐことはない。パトナムは科学に理性的な権威を認めるという点でカントに倣うだけではなく、この科学の権威が科学主義のかたちで自立化することに抵抗し、実践理性のための独自の領域を確保しようとする点でもカントに従っている。理性的であるという点では生活世界の権威も、すなわちコモンセンスや道徳もまた理性的なのだ。ただしパトナムは、このことを言うために実践理性を理論理性から分離するという道を選ぶことはない。

価値判断がもつ独自の客観性を、パトナムは道徳的判断の真理類似的な妥当性と同一視することはない。カントとは異なり、パトナムは価値判断の客観性を当為という事実に、すなわち経験的陳述の真理性と区別される妥当性の様式に還元することはしない。パトナムはむしろ事実判断と価値判断の間の連続性を主張する。事物を見るわれわれの目には利害や価値づけが深く浸み込んでいる。だとすれば、価値が浸透している事実から規範的なものをすべて拭い落とそうとするのは無意味な企てだろう。しかし、われわれが真理であることを疑わない経験的陳述が最初から価値と分かちがたく絡みあっているならば――ここがパトナムの議論の中心点だが――そうした価値を明示的に表現する価値評価的陳述が真偽を問いうる性質をもっていることを否定するのもまた同じように無意味なことだろう。

パトナムは認識論の境界線を越えてもなお認識理論家であり続ける。それゆえ実践哲学においても一種の内的な実在論に傾く。理論哲学では言語論的なカント主義の路線に従っているが、実践哲学ではプラグマティズム的に理解されたアリストテレスを指針としている。その最終目標はエウダイモニア、すなわち人間の幸福だ。自律性を、パトナムはカント的な意味での理性的、道徳的自己立法としてよりも、むしろ古典的な意味での反省的生活態度として理解する。パトナムの哲学についてこのような言い方をすると、暗に次のような問いを促すことになるだろう。理論哲学ではカントに従い、実践哲学ではアリストテレスを指針にするという、この分裂した忠誠心は、どれくらいの対価を支払うことになるだろうか。パトナムはそのプラグマティズムを構築する際に、むしろ全面的にカントにとどまった方が良かったのではなかろうか。

わたしはこの機会を利用して、[1] この問いに回り道をしながら答えてみたい。第一節ではまず、(1) パトナムが自らの認識理論において『純粋理性批判』の遺産をいかに引き継ぎ、独断論と懐疑論のあいだの正しい道を模索してきたかを描いてみたい。そして次に、(2) 彼がこの道を経て実在論のポスト形而上学的理解に達した過程をたどり、(3) それが精神の自然主義的還元を意味しないことを、しかし同時に

（4）真理のコンテクスト主義的な相対化をも意味しないことを指摘したい。次に第二節では、（5）パトナムが認識論的に立てた理性概念を土台にして、いかに実践哲学の問いを取り上げているかを明らかにする。次に、（6）―（7）善き生を追い求めるアリストテレス的観点から、彼が非認知主義的なアプローチにも相対主義的なアプローチにも抗するかたちでいかに価値志向の客観性を擁護しているかを述べる。そして最後に、（8）―（9）それでもプラグマティズム的な価値倫理を、平等主義的道徳の普遍主義的妥当性や民主主義的法治国家の基礎と調和させることがいかに容易ではないかを指摘してみたい。(2)

第一節

（1）懐疑論は形而上学を「甘い独断の夢」から目覚めさせる「厳格な教師」であるとカントは見ていた。しかし同時に、懐疑に留まっているだけではいけないとも考えていた。カントの「批判」は、独断的な悟性使用がもつ超越論的仮象を暴くために、懐疑的方法を理性の自己批判のために使用したものだった。ちなみに独断論と懐疑論の間に批判を位置づけるこうした試みは、初期の批判理論の両面作戦、すなわち片や新トマス主義と対決し、片や新実証主義と対決する両面作戦にも繰り返し見られた。マックス・ホルクハイマーによれば、新トマス主義とは「客観的理性の古びた理論を復活させようとする」(3)試みであり、新実証主義とは、その基礎が解明されていない科学的方法を絶対視したものだ。すなわち論理経験主義は、科学「なるもの」の「絶対的権威」を主張しようとすれば、伝統主義と同じように自明の究極原理に回帰せざるをえない。(4)

パトナムはホルクハイマーと政治的意図を共有しているだけではなく、カントと同様に「批判」を懐疑論と独断論の両方から区別したという点でも共通している。彼は、経験主義者の懐疑論に対抗すると同様に、形而上学的実在論の役で登場する独断論にも対抗する。ただしパトナムが経験主義者の懐疑論を批判する視点は、ホルクハイマーの場合とはおのずと異なる。ホルクハイマーがまだウィーン学団を念頭においていたのに対して、パトナムは、後期カルナップの規約主義 Konventionalismus にまでいたる発展を見渡せる位置にいる。ホルクハイマーは「真理」と「科学」とを科学主義的に同一視する立場を独断論的だとして弾劾したが、パトナムは、この意見に賛同しながらも、そこから別の論点を引き出している。パトナムが向き合っているのは、もはや古典的形式をとる懐疑主義者ではなく、文化相対主義者という現代的衣装をまとった懐疑主義者だ。したがってそこで彼が考察するのは、形而上学的直観をミニマリズム的に救済しようとする分析的な科学理論が、いかに避けがたく相対主義的思考にまき込まれざるをえないかということだ。

懐疑論のドグマ的核心は、真理と正当化が備えている規範的性格を見ようとしない相対主義のなかに認められる。「実証主義者は、どのような正当化の定義（どのような定義、あるいは「確証の度合」）を受け入れるかは慣習、ないし有用性の問題であり、そうでなければある「提案」を受け入れるかどうかの問題である、と主張することで、この（精神の規範性という――ハーバーマス）問題を回避しようとしてきた。しかし提案にはあらかじめ目標や価値が想定されている。［…］ところが、実証主義者の「提案」のいずれが最善かということに関しては、目標や価値についての普遍的合意はなされていない。したがってそこから導かれるのは、その原則自身は言語形式（科学的言語形式）や目標（予測）についての主観的選好の表現にすぎないということだ。こうしてわれわれは、完全に首尾一貫した実証主義者になろうとすれば、最終的には全面的な相対主義者にならざるをえないという奇妙な結論に達することになる(5)」。

一九七〇年代中頃からパトナムが主張してきた内在的実在論（近年、本質的な点ではないが修正がほどこされた）〔パトナムは「内在的実在論」を自己批判して、一九九四年あたりからは自らの立場を「自然な実在論」「常識実在論」と呼ぶようになっている〕という構想は、独断論の一形態である形而上学的実在論への反論であると同様に、懐疑論の現代的形態である相対主義への反論でもある。

以下（2）では、そこに見られるカントの遺産について述べてみたい。それは単に形而上学的実在論と文化相対主義の双方から自らを区別しようとする動機のなかに現れているだけではない。内在的実在論そのもののうちにも超越論的哲学からの由来が見て取れる。それによって認識主体の脱超越論化がなぜ、（3）クワイン流の自然主義に行き着かず、また（4）ローティ流のコンテクスト主義にも行き着かないのかが明らかになるだろう。

（2）認識理論家であるパトナムは、言語と実在世界はわれわれには見通せないほど深く絡みあっているという主張から出発する。ただし彼は、言語と実在のこの相互浸透を、言語構造にいわば囚われの身となり、現実の適切な認識を妨げられている人間精神の制約のしるしだとは考えない。むしろ言語は実在世界の把握を可能にする。描写という言語形式を用いることなく、実在世界をわれわれの描写から独立したものとして把握することなどまったく不可能だ。形而上学的実在論は架空の外観を追いかけている。そして、あたかも解釈を受けていない世界が世界の外に立つ神の視点から、その外観をわれわれに提供してくれているかのように考える。こうした形而上学的実在論が行き着く先は、第一に「揺るぎない」世界という存在論的形象であり、第二に「表象する思考」という認識のパラダイムであり、第三に真理の対応説だ。パトナムはこれら三つの構想と対決しながら、自らの内在的実在論を説明していく(6)。

われわれは概念を用いるという以外の方法で実在そのものを把握することはできない。したがって概念という言語世界と、主観的な付加物を拭い去った裸の現実との間にわれわれが割りこみ得るという想念は無意味だ。たしかにわれわれは、言語によって開かれた世界の中で出会うものと巧みに関わるなかで、自分たちの言語を改良することはできる。しかし、言語の地平そのものから抜け出すことはできない。地平はせいぜいのところ、移動したり拡大したりできるだけだ。このことを認識すれば、われわれが命題と事実とを相互比較して、両者の対応や合致の程度を確認できるという幻想は打ち破られる。あるいはまた、世界は、世界のなかにある対象を程度の差こそあれ正確に模写した表象を認識主観のうちに呼び起こすという考え方も一掃される。

真理対応説や認識表象説が信憑性を失うのと同時に、自然という書籍〔アウグスティヌスが用いた比喩。自然を聖書と並ぶ神の啓示の書と見なした〕という隠喩もまた価値を失う。自然は「自然独自の言語」で記述されるのを待っているわけではない。「世界自身の言語といったものは存在しない。われわれ言語の使い手が、われわれのさまざまな目的のために発明する諸々の言語があるだけだ[7]」。対象と事実が、あたかもわれわれの概念化から独立して牢固として存在し、他に選択肢のない唯一の表象形式しかありえないかのごとくわれわれの精神に迫ってくるような世界。これこそパトナムが切り崩そうとしている世界モデルだ。「われわれが構築する見解から独立した事物の「存在」や言明の「真理」といった観念、あるいはこうした見解の内部で「存在」や「真理」について語ることを意味あるものにしている手続きや実践から独立した事物の「存在」や言明の「真理」といった観念を、われわれはもちえない[8]」。

こうして言語超越論主義の構想が姿を現す。この立場は、同じ事態について競合する複数の記述があることは認めるが、カントの物自体についての懐疑的思索にはまったく同意しない。この立場は、言語能力と行為能力をもつ主体はすべてひとつの同じ世界に関係しているという実在論的な根本想定を堅持する。

「実在論とは単純に言えば、思考と言語は、思考と言語の一部分ではない世界の一部分を表象することができるという考え方だ[9]」。超越論的なるものという概念を避けるパトナムが、にもかかわらずなぜ超越論的哲学のアプローチに惹かれるのかが、ここから容易に見てとれる。人間精神が有限であることは人間の長所であって欠陥ではないという人間精神の捉え方を、彼はカントから学んだ。言語的に分節化された世界地平には、万人に共通する客観的世界との関係が書き込まれている。しかし、この世界地平はフィルターのように世界と精神とのあいだに入りこんでいるわけではない。概念体系や言語は可能性を創出するための条件の総体なのだ。それは視界をさえぎるヴェールのように現実を覆っているわけではなく、むしろわれわれが協力しながら世界と関わり、ディスクルスを通じて相互に関わりあうなかで、自分たちの確信を修正しうるようにわれわれの視線を現実に向けさせる。世界についての知の変化は、長い目で見れば言語についての知をも変化させるが、その言語についての知は、まずはわれわれが世界と関わるための道を開かねばならない。「絶対的観点などという観念が考えられない以上、絶対的観点から語りえないことは無力の証明にはならない[10]」。

（3）言語論的転回によって、経験と判断の客観性を保証するための必要条件についての超越論的視点もまた当然ながら変化する。超越論的主観は空間と時間の彼岸に置かれたかつての地位を失い、言語的に分節化された生活世界で協力関係や習慣行為を営む言語能力と行為能力をもつ多数の主体へと姿を変える。言語能力をもつ話し手として、彼らは一方では超越論的な対象構成の跡を継いだ言語的世界解釈の自然発生性と、社会的に関わる。しかしもう一方では、世界の偶発性に対処せざるを得ない理性的行為者として、言語によって先行的に規定された意味連関を修正しうる学習過程と新解釈へのイニシアティヴを保持している。超越論的理性は叡智界の台座から降りて、歴史的な言語共同体の習慣行為と生活形式の細部に定着した。理性のこうした文化的具体化によって、超越論的区別は曖昧化する。ただしその区別が跡形もなく消え去るわけではない。叡智界と現象界の区別は、脱超越論的なかたちで再現する。

そこで消え去らないものとして残るのは、生活世界と客観世界とのあいだの敷居だ。発話し行為する主体は、生活世界のコンテクストのなかに存在しながら、同時に客観世界について互いに了解し、客観世界に介入する。われわれが生活世界の習慣行為に参加する者の視点を離れ、客観世界に向かう観察者の視点に転じれば、あらゆる精神活動を特徴づける規範性はわれわれから失われる。対象や事実を指示したり、対象や事実に何らかの態度をとったりする際の独特の志向性は、われわれが相互主観的に共有している共通の活動の地平から踏み出し、客観的世界との距離をとるときにのみ保ちうる。こうした距離の取り方は明らかに人間以外の生物には見られない。観察者視点に転換すると、それによって意味論的次元がわれわれに閉ざされ、文法的言語と規範的生活形式の中で社会化された理性的存在の直観知はもはや利用できなくなる。生活世界が避けて通りがたいものであることは、日常言語の自己言及的性格を見ればおのずと明らかだ[11]。その自己言及的性格はメタ言語のヒエラルヒーによっても、厳密な客観化によっても越えられない。パトナムは、ウィトゲンシュタインとダメットに同意しながら、次のように強調している。「言語ゲームにおける語の使用法は、そのゲームのなかで用いられている概念と関係する概念を使用することなしに描写することはできない[12]」。われわれが客観化をめざす態度で言語を外側からしか考察しなくなると、言語はあたかも自らの意味論的次元を撤収することで、われわれを罰する。これは人間精神の所産と表現形態にも一般的にあてはまる。それらの所産は規範的に構造化されているからこそ、規範的な語彙によってのみ記述され、明示されうる。理性は自然化できない Reason can't be naturalized ということだ。

パトナムは、言語と世界の結びつきは世界を原因とする因果論的なものにすぎず、意味論的なものではないとする反直観的な言語像に対して論争を挑む。そこで標的になっているのは、指示の不確定性についてのクワインの主張だ。「外的事象によって神経末端の刺激が惹起（ないし「促進」）されるが、その外的事象についての知識はその生命体には得られない［…］。表層における興奮状態と皮膚の外部（あるいは内部）にあるものとのあいだに合理的な結びつきがないとすれば、言語が実在世界への確定的な指示をもたずに終わることも驚くに当たらない[13]」。

これに対してパトナムが提起するのは直接的指示の理論だ。ある対象が、さまざまな仕方で、場合によってはパラダイム横断的に記述された場合でも、われわれはそれが同じ対象についての記述であることを認識できる。もしこの能力が存在しなければ、われわれの可謬的精神の学習能力にはアプリオリに観察できる限界は設定されていないという事実が説明できなくなる。

アプリオリな分析的真理の概念を拒否するクワインに対して、パトナムがメタ批判を行うとき、パトナムはカントにきわめて近いところに立っているのかもしれない。すべての陳述がアポステリオリな性質を持っているとすれば、われわれは論理学を経験科学と同じ水準で扱わなければならなくなるだろう。実際、こうした考え方は広く受け入れられている。しかしパトナムは、フレーゲの心理主義批判のエッセンスを用いて、こうした考え方を批判する。その際パトナムが利用しているのは、カントに特有の思考法だ。彼は二値原理を例にとって、われわれには論理的真理を否定するということが何を意味するのか理解できないと説明する。「論理的真理を、われわれに（さしあたって）理解できるようなかたちで否定することはできない[14]」。他の陳述の中では暗黙のうちにつねに前提とせざるを得ないような真理性を、しかもそれ以上さかのぼっては根拠づけられないような真理性を備えている陳述を否定しようとするのは無意味なことだというのだ。このパトナムの主張は（弱い意味での）超越論的論証の形式を取っている。「弱い」意味でというのは、その不可避性の論証 indispensability argument が、前提の修正不能性や必然性を論証するまでには至っておらず、たんに当面は代替案が考えられないという意味での不可避性を論証するにとどまっているからだ。

（4）何かが「われわれにとって」理解できないとか、無意味だとか言えるためには、その前提としてあらゆる理性的存在を含めた「われわれ」という準拠点が設定できなければならない。しかし、言語論的転回以後はこうした包摂的な「われわれ」なるものを、超越論的意識の共通土台として理解することはできなくなった。今や一人称複数の役目を果たすのは、既存のディスクルスを継続し、新たなディスクルスを開始する具体的な正当化共同体だ。このディスクルスのフォーラムにおいてのみ、どの論証が反論に対して最終的に持ち堪えられるのかが明らかになる。しかし、それによってまたひとつの問いが浮上してくる。はたして多くの歴史的形態に分岐した超越論的意識は、それと同じ数の理性の小片に分散してしまうのだろうか。それとも理性の公共的使用が文化的に多様化しても、そこになお同じコミュニケーション的理性が現れてくるのだろうか、という問いだ。パトナムはカント主義者として、理論選択という学問的レベルにおいても、文化間コミュニケーションという生活世界的レベルにおいても、反省化された普遍主義の立場をとっている。

共約不能性を主張する理論との論争で彼が主張し続けたことは、ある理論から別の理論への移行が生じた場合、たしかに基本概念は意味変化をこうむるが、だからといってひとつの理論を別の理論に翻訳する可能性までが失われるわけではないということだった。パトナムの念頭にあるのは、個々のパラダイムの境界を乗り越えうる正当化の営みだ。「合理性と正当化は、パラダイムを批判し考案する活動の前提をなすものであり、それ自体はいかなる単一のパラダイムによっても規定されていないということを［…］認識することが重要だ。［…］もし非パラダイム的な正当化概念が存在するのであれば、ある理論について、その理論が属しているパラダイムから独立して何かを語ることが可能でなければならない[15]」。

科学的ディスクルスは生活世界のコンテクストに埋め込まれている。世界はけっして科学だけに正しい言語としての権威を与えているわけではない。したがって世界のなかのできごとをいかなる観点で、どのような語彙を用いて描写するかは、われわれの関心と生活連関にも依存している。理論形成がこうしたプラグマティックな根をもっているという事実は、あらためてコンテクスト主義の登場を誘うことになる。ただしこの場合のコンテクストとは文化的な生活形式の全体をさす。となると、われわれの正当化の営みの基礎となっている合理性の基準は、その文化固有の特性しか反映していないのではないか。こうした方法的な自民族中心主義の主張によれば、われわれはある文化圏にとらわれており、根本的に異質な表明については、自らの固有の合理性基準に合わせてしか受容できないことになる。これに対抗してパトナムは、対話のパートナー間には関係の対称性が不可欠だという興味深い指摘をしている[16]。どんなに異質な文化を出自にもつ個人同士でも、何かについて互いに了解しあうために対話を始める場合、彼らは話し手と聞き手の視点を互いに取り合わなければならない。つまり自然言語のコミュニケーション的使用法のなかには、人称代名詞の体系によって、一人称と二人称の視点を相互に交換することが組み込まれており、この一人称と二人称の視点の相互交換によって、唯我論的に理解された文化相対主義は根拠を失う。

他者の視点を受け入れる語用論的必然性こそが――客観世界の実在論的想定、論理的な首尾一貫性の要求と並んで――文化的に遠く隔たったパートナー同士でも相互修正を行い、共通言語を形成しうる共通基盤をつくりだす。たしかにコンテクストから自由な理性の使用といったものはなく、またローカルなコンテクストのなかで解釈しないですむような合理性基準といったものも存在しない。しかし、批判のプロセス自体のなかで、理性はあらゆるローカルな束縛に行為遂行的に抵抗する。「いかなる地域でも、何が「正しく」何が「悪い」かについて語ることは、過去から受け継がれた伝統を背景にしてはじめて意味あるものになる。しかしその伝統自身は批判の対象になりうる。[…]理性は(具体的な言語ゲームや制度の外には見出しえないという意味では)内在的であるが、また(われわれがあらゆる活動や制度の動向を批判するために用いる規制的理念であるという意味では)超越的でもある」[17]。

理性は自由に浮動するプロセスではないが、しかしその時々の場に位置づけられた理性の働きには、あらゆるコンテクストを内側から超越する傾向が書き込まれている。たとえそれがただちに、拡張されたコンテクストや別の具体化のなかに組み込まれるほかないとしても。

第二節

(5)パトナムは、プラグマティズム的な研究論理の伝統に立って、研究プロセス自身を社会的共同作業の一例と捉えており、その意味で、実践哲学の問いは理論哲学上の問題解決と切れ目なく結びついている。たしかに研究者の共同体は、実験を通じた自然との関与やディスクルスを通じた専門家との関与といった特殊な条件下で真理の共同探求を進めているが、しかしこの複雑な営みにも、われわれの日々の実践や日常コミュニケーションを規定しているのと同じ種類の知的処理能力が具現している。研究の実践は、それが根を下ろしている生活世界のコンテクストと内的な関連をもっている。パトナムは、成果追求に支配されたあらゆる行為がもつ特有の反省性に目を向けながら、このことを説明している。「あらゆる共同作業には探求という契機が含まれている。感覚的には、今のところ作業がスムーズに進んでいるとか進んでいないとかいった形でしか感じられない場合でも、そのことに変わりはない。(科学的)研究の合理的な[…]対処にとって不可欠なものは、ある程度は、あらゆる共同作業の知的対処にも不可欠なものである(18)」。

このように論じることでパトナムは、研究の論理にかなっていないものをすべて非合理的なものと見なすような科学主義的に狭められた合理性概念から自由になっている。法則論的経験科学という狭い意味で科学的ではないディスクルスであっても、それだけの理由で非学問的であるわけではない。哲学自体が自然科学というよりは精神科学だ。

たしかに科学がわれわれに教えるものは、さしあたりはすべて知と見なされる。といっても科学は、われわれが知りうることのすべてを汲み尽くすわけではない。例えば科学の客観化手続きには、客観的認識をそもそも可能にする条件への反省が欠落している。こうした科学的知識の不完全性を論証することで、パトナムは、カントが『純粋理性批判』で用いた悟性と理性の区別を継承している。その際、彼が重視するのは認識論で使用される理性にとどまらず、理性一般がもつ本質的に実践的な性格だ。学問の科学主義的な自己了解が誤っているのは、とりわけ、研究実践が価値志向の地平に埋め込まれていることを見誤っているためだ。「カントが洞察していたように、物理学の世界が排除しているのは、われわれにとっての物理学の世界を可能にしている当のもの、あるいは「感覚刺激」からその世界を構成することをわれわれに可能にし、「綜合」の志向的、価値的、指示的作用を可能にしている当のものである。一言でいえば、価値がなければ、われわれは世界をもつこともないだろうというのがわたしの主張だ(19)」。

この考察の重要な点は、悟性の認識活動についての哲学的啓蒙を推し進めれば、それはおのずと価値志向の実践的正当化へと移行せざるを得ないという指摘だ。

　理性それ自体が実践的なものである以上、倫理学なき認識理論は不完全だ。もちろん研究実践は真理と客観性を指針にしており、その意味では「価値から自由」だといえる。しかし共同での真理探求は、それ自体が規範的に構造化された企てだ。問題設定の選択が有効性の観点に、すなわち外的な価値志向に依存しているというのは些細な点だが、これを無視したとしても、研究には内在的な価値構造が宿っている。それはなかでも理論の評価や受容の基準に現れる。理論選択においては、他で有効性が立証された理論との整合性や、理論の道具的利用価値、すなわち経験的知識を予測のために利用する技術的可能性などとならんで、理論の一貫性、簡潔性、洗練なども重視される。こうした認識的価値は、倫理的価値と似たような形で「行為を導く」。それは道具的な価値をもつだけではなく、拘束力としての特徴も備えており、それ自身が論証による討議の対象となりうる。

　しかし研究自体が価値志向に導かれており、しかもそれによって陳述の客観性への要求が脅かされることがないとすれば、なぜ研究以外の領域での価値判断は客観性において研究より劣っていると見なされなければならないのか。「信念が定着した領域には「当為を含んだ事実」というものが存在している。これこそ「当為を含んだ事実」などどこにも存在しないという見解を受け入れることができない優れた理由である[20]」。この定式化にはすでに、パトナムが実在論を認識論本来の領域から倫理学へと移し替えるための議論戦略が現れている。パトナムは第一に（6）価値が「客観性」をもつことを擁護し、第二に（7）その妥当性を文化的に相対化しようとする試みに反論する。そして最後に（8）状況掌握と問題解決についてのプラグマティズム的理解を枠組みとして、独自の価値実在論的見解を根拠づけている。

（6）パトナムは、一方ではムーアの、他方ではマックス・シェーラーやニコライ・ハルトマンのスタイルをとった価値倫理に、いずれも共感しない。後に見るように、彼は価値判断の客観性をむしろウィトゲンシュタインのスタイルで根拠づける。しかしパトナムもまた、あらゆる妥当請求には真理請求の〔現にそうあるという〕実然的意味 der assertorische Sinn が結びついているという思い込みから逃れられないようだ。彼もまた、価値判断の客観性は経験的判断の真理性をモデルにし得ると見なしているように思える。しかし、認識論的に明らかにされる真理妥当性のこの次元が判断一般の客観性を解明するということになれば、世界自身によって保証されているある事態の「存在」という事実判断の存在論的含意が、価値判断にも影響することになるだろう。「真理の名に値する真理は世界に導かれたものでなければならない[21]」。真なる価値判断は事実類似的な価値、すなわち当為を含んだ事実を再現したものだというのだ。とはいえ、価値にまで拡大された認識実在論は、われわれの文法的直観と矛盾するという意味で「奇妙な」、すなわちマッキーの言う意味で風変わりな事実を想定することになる。というのも経験的判断は客観世界のなかで事態がどのようになっているかを語るが、価値評価的判断で鍵となるのは、あくまでわれわれの生活世界で何かがどのように評価され、扱われるべきか、ということだからだ。ここでは明らかに、価値判断は事実記述的な意味こそもたないが、それでもなお、経験的判断と同様に「真」か「偽」を問いうるものであることが期待されている。しかし正しい判断といっても、経験的内容をもつか、規範的内容をもつかによって、その妥当性の意味は異なってくる。

カントは理性概念を分類し、道徳的判断のクラスを狭く限定することで、少なくとも経験的内容と規範的内容の区別についてのこうした直観に配慮した。純粋理性の理念が認識する主観による悟性の活動の発見法に関わるのか、それとも欲求をいだきつつ行為する主体の意志の規制に関わるのかに応じて、カントは理論的な理性使用と実践的な理性使用とを区別する。何が事実なのかを語る実然的判断は、何が定言的拘束力を持つのかを語る道徳的判断とは異なる妥当性の意味をもっている。道徳的認識は経験的判断とは別の意味で「客観的」なのである。これによって当為命題から、自然法則がもつ存在論的含意が拭い落とされる。普遍化可能な規範が承認に値するのは、それがあらゆる者の共通利害に根ざしており、あらゆる者にとって等しく善であるからだ。規範の妥当性は、包摂的な「目的の王国」における相互承認の関係を先取りしているかどうかによって評価される。規範は事実のように客観世界――すなわち、期待を裏切る実在世界と問題解決をめざして関わっていくなかで、われわれに課される諸々の制限――に合わせているわけではない。

しかし、こうした義務論的な考え方をパトナムは批判する。まず彼が異を唱えるのは、義務と傾向性との厳格な分離だ。このような分離は、価値が「承認を必要とする」性格を備えていることをまったく度外視しているというわけだ。この点ではパトナムの批判は当たっている。道徳的価値だけが普遍化の基準を満たすということであれば、カント的な理性の分類は非道徳的な価値をすべて自然主義的に扱わざるを得なくなるだろう。したがってパトナムはカントの道徳理論に含まれる経験論的な非認知主義を排するだけではなく、数多くの非道徳的な価値志向をたんなる傾向性におとしめてしまうその経験主義的残滓をも攻撃する。[22] 道徳のみならず、実りある生にとって有意義で望ましい、追求するに値する諸現象の世界全体が、理性的言説の地平のうちに取り込まれねばならない。価値判断は、正義問題という狭い義務論的断面においてのみならず、追求するに値する生の問題の全スペクトルにわたって、プラグマティズム的に理解された実在論の意味で真偽を問いうる言明を形成すべきだという。

パトナムはここでアイリス・マードックの周知の論拠を拠りどころにする。[23]「残酷な」「威嚇的な」「無礼な」「純潔な」「気まぐれな」「無思慮な」といった述語で作られた直説法の文は、事実記述的陳述の文法的形式を備えているが、これは偶然ではない。ヘアその他の論者は、価値判断を事実記述の要素と態度表明の要素に分解することを提案しているが、パトナムの「濃い」価値評価的記述〔訳註〕の論理は、彼らの提案への反論になるだろう。あるできごとをこうした仕方で描写する文によって、話し手は同時にひとつの価値評価をおこなっている。事実の記述は態度の表明そのものだ。その価値評価的語彙に照らして、話し手たちは自分の周囲に、例えば魅力的な、あるいは嫌悪すべき目立った特徴を発見する。もし彼らが、それにいかに反応すべきかを、世界開示的言語という接眼レンズを通して同時に見てとることがなければ、彼らはそうした性格を正しく知覚することすらできないだろう。(24) ネイティヴ・スピーカーとして、彼らは、誰かが現れた時に何が薄気味わるいのか、誰かと出会ったときに何が魅力的で、何が嫌なのか、何かを経験したとき何が神経に触るのか、あるいはそもそもあるできごとがなぜ重要で、あるできごとがなぜどうでもよいのかを、直観的に「知っている」。こうした語彙を習得すると同時に、彼らは自分が気にかけているものは何かを表現するための、あるいは自分の生活プランや、自分が属する共同体の集団的な自己理解を表現するための正しい言葉をも手に入れている。

〔訳註〕ここでいう「濃い価値評価的な記述」とは「濃い倫理的概念」と呼ばれているものを指す。例えば「残酷な」という述語を用いた直説法の文は、パトナムによれば、あるときには規範的目的のために、あるときは記述的名辞として使われる。「彼は非常に残酷な人間だ」と語るとき、話し手は「彼」を人間として批判しており、そこに規範的な含みがある。他方、歴史家が「ある君主が異常に残酷であった」と描写するとき、むしろ彼は事実を描写するために「残酷だ」という述語を用いる。事実描写と価値評価のいずれにも用いられる述語が「濃い倫理的概念」と呼ばれる。

価値評価的語彙と規範的命題のためのその使用規則には、ひとつの文化の実践的知識の重要な構成要素が書き込まれている。これはウィトゲンシュタインの言語ゲーム概念の助けを借りて説得力をもって説明しうる。そこまではわたしもパトナムに同意できる。しかしそれだけではまだ、この価値評価的知識がどのような意味で「客観性」をもちうるのかは決められない。当然ながら、共同体の生活形式を構成する諸々の価値は、その共同体の中で相互主観的な承認を得ている。この承認が適切な根拠を拠りどころにしているかぎり、価値判断の客観性は、基本的な価値基準がひとつの文化の枠組みのなかで受け入れられているという社会的事実以上のことを表現している。相互主観的に共有されたこの種の価値志向を活用するための知は、それが実践的に「効果が立証」されなかったならば、ローカルなコンテクストにすら根をおろすことはなかっただろう。ここでパトナムは立ち止まって、次のように問う。価値評価を帯びた言語は(経験的言語と同じように)「実在世界」に照らす以外に、その効果をどのようにして立証できるだろうか、と。これは、倫理的知識は、ある文化に特有な妥当性を有するにすぎず、それが帰属している伝統や生活形式の外部では指針としての力を失うという考え方に対する反論に見える。

(7) 事実判断と価値判断の妥当性様式を区別することに、パトナムは以下の三つの論拠を挙げて反対する。すなわち(一)すでに触れた認識的価値と非認識的価値の「重なり合い」、(二)理論の多元性と世界観の多元性との親縁関係、(三)異質な習慣的営為や社会状態の規範的価値づけの三つだ。

(一)すでに見てきたように、パトナムは、研究が価値基盤をもっている以上、倫理学その他の知の領域と同様に、科学においてもまた価値中立的な事実確認など存在しないことは否定しがたいと考えている。ただし、この第一段階で経験的知識と倫理的知識の対立を緩和するには、認識的な価値志向と非認識的な価値志向との連続性を証明するほかない。ところが、認識的価値の際立った特徴は、他のあらゆる価値に欠けている真理性との機能連関を備えていることにある。したがってこの種の価値には、特有の方法で真理性を可能にする性格が備わっているのではないかという異論がありうる。これに対してパトナムは、真理自体が他の価値と「重なり合う」[25]ひとつの価値にすぎないと反論しているが、この議論にはあまり説得力がない。なぜなら、われわれの研究と正当化の営みを導く規制的理念の役割を果たしているのは、真理それ自体ではなく、真理を確証するという認識《エピステミッシュ》上の概念だからだ。真理はより多く、あるいはより少なく所有することができる財のようなものではなく、あくまでひとつの妥当性概念である。

（二）われわれは経験的知識の分野では、いつかは見解が一致するだろうという可能性に賭けているが、倫理的知識の分野でそのような期待をいだくことは道理からして許されない、という主張がある。パトナムはこの主張にも詳細にわたって反論する。パトナムはもちろん、形而上学的世界像や宗教的世界像と絡みあっていることの多い生活設計や「善の構想」（ロールズ）の多元性そのものを否定するわけではない。しかし彼は、こうした解釈の多様性は実践的知識の特徴にすぎず、経験的知識の特徴ではないとする主張には反対する。「科学が何か特定の理論像に収斂していく「運命」にあるのかどうかについては、その推測の正しさを証明するためのエビデンスをわれわれはまったく持ち合わせていない[26]」。しかしこの議論も十分とはいえない。たしかに自然科学的なもろもろの世界像はひとつの収斂点をめざしているわけではない。そもそも科学の諸理論が全体化を指向するような種類の知に属していないことからしても、それは明らかだ。科学的な諸理論はせいぜいのところ、こうした包括的な「像」――図像、イメージ、包括的原理――のコンテクスト中に自らを組み込むにすぎない。しかし、ほかならぬパトナム自身が、実在論的前提のもとで、通約不能性のテーゼに反論すべく諸理論間の翻訳可能性を想定している。彼はまた、後の時代の物理学の理論（ただし世界像ではない）が、以前の理論の方程式を特殊ケースとして含みうるような形で恒常的な理論変化が生じることを信じている。[27]

科学理論とは異なり、世界像には全生活を構造化する力がある。それは、われわれの理論的好奇心よりも、むしろ生活指針への欲求を満たす。[28]したがって世界像が複数あることと科学的な諸理論が競合することとの違いは、前者では見解の不一致が理にかなったものとして予想されることだ。ここで言うのは、いわゆる判断の重荷[29] burdens of judgement ではなく、あくまで理にかなった見解の不一致 reasonable disagreements だ。これは、それでもなお同意に達しようとするそれ以上の試みを無意味な、あるいは危険なものにさえする。なぜなら、現実にはそのようなことをすれば正当な意見の相違を抑圧することになりかねないからだ。もし、理にかなった見解の不一致が予想される適切な論拠があるならば、それは自分の見解の正しさを他者に納得させる試みを中断すべき適切な論拠があるということだ。

ただしそれは、倫理的意思決定は合理的根拠づけにとって近寄りがたく、倫理的問題は説明的ディスクルスにとって近寄りがたいということを意味するわけではない。われわれは正しい視点を取りさえすればよい。[30]わたしにとって全体として最善のものは何か、わたしは誰であり誰でありたいのか、といった倫理的、実存的な問いは、集団的アイデンティティや集団的な生活態度にかんする倫理的、政治的な問いと同じく、第一人称の視点から立てられる。倫理的な問いを立てるということ自体が、すでに自分の生活史やわれわれの集団的な生活形式というコンテクストを選び取ることにほかならず、こうした解釈学的な自己反省はこのコンテクストに結びつかざるをえない。このことは実践的知識が直観的性格をもつと同時にコンテクストに依存していることをも明らかにしている。客観化をめざす科学とは異なり、自らの習慣的営為や生活連関についての反省は反直観的知識を促すことはない。その反省はそれぞれの人の生活世界の地平でその行為を方向づけており、それゆえ倫理的知にはいかなる普遍的な妥当請求も結びつくことはない。生活世界は、同一のコミュニケーション的下部構造を利用している場合でも、つねに複数形で登場してくる。

(三) 最後に批判されるのは強い価値相対主義の主張だ。それによれば生活形式、倫理的世界像、文化は本質的に「濃い」価値概念からできあがっており、正当に規制された人間関係でさえローカルな視点からしか評価しえないとされる。(31) これに対してパトナムは「善」や「正義」、「当為」や「義務」といった抽象概念は、いかなる価値評価的言語においても同一の文法的役割を演じているという適切な主張をしている。この共通の意味論的次元があるからこそ、異質な文化の行動のあり方についてコンテクストを超えた価値判断が可能になる。(32) 例えばアステカ人の人身御供《ひとみごくう》の神話について、われわれは倫理的な価値判断をすることはさし控えるべきだが、しかし人身御供の神話を誤りだと見なすことは許される。いったいそれはなぜなのかと、パトナムは的を射た問いを投げかけている。

もっともこの例は、パトナム自身が拒否する義務論的区別、すなわち正義の普遍主義的道徳と生活態度の個別主義的倫理との区別をむしろ擁護する方向に向いている。われわれが「残酷だ」と人間の苦痛を形容するとき、それは同じ文化や生活形式を共有するわれわれに通用するだけでなく、あらゆる場所の人間に通用するものとして語っている。しかしわれわれは、異文化の倫理的中核をなす教育習慣や婚姻儀式がいかに奇異に思えても、それがわれわれの道徳的規準――すなわち普遍主義的な妥当請求を掲げる点で他の価値とは区別される中心的価値――と矛盾しないかぎりは、それに異議を申し立てる正当な理由はないと感じる。これと同じ方向で義務論的区別を示唆しているのは、われわれが(もちろん極端なケースにすぎないが)社会システム全体が病んでいると判断する際にわれわれを導いている臨床的直観だ。(33) 疎外やアノミーといった状態がわれわれに「間違っている」、「異常だ」と思えるのは、そこに「社会的きずな」の崩壊、すなわち社会的連帯の最低基準の侵害を感じるからであり、これは普遍主義的な正義規準の反対物でしかない。[34] しかし普遍主義的行為規範と個別的価値とのこの義務論的な区別に、パトナムは満足しない。というのも、道徳法則（あるいは「残酷な」といった道徳的含意をもつ表現）の定言的で越境的な拘束力には、事実判断の真理妥当性の次元には還元できない当為妥当性の次元が作用しているからだ。

（8）バーナード・ウィリアムズの倫理学に対するパトナムの反論をメタ批判的に検討してみるとわかることは、[35] 価値は主観的、恣意的選好に比べればある程度の客観性を備えているものの、その客観性は、経験的内容の事実確認モデルに倣って実在論的に理解することはできないということだ。価値の客観性は、むしろ価値基準の相互主観的承認に依拠している。そうした価値基準には、それに対応する生活形式を参照すれば、十分な根拠が見つかる。相互主観性として理解された価値基準の客観性には特定の共同体への関連索引が含まれている。それでも、ポスト伝統的な正義が問われるようになると、既存の共同体のコンテクストを超える価値基準が浮上してくる。普遍主義的道徳がもつ客観的な妥当性は、「より包括的な」共同体（ジョージ・ハーバード・ミードが言う「より広範なコミュニティ」）への内的関与によって特徴づけられるようになる。この脱コンテクスト性によって道徳的妥当性は——非普遍主義的価値の客観性と同様に、あくまで承認の社会的次元で説明される必要はあるが——構築主義的な意味を獲得する。

「正当である」と言えるのは、普遍的承認に値する道徳的判断であり、これは近似的理想条件のもとで行われる合理的ディスクルスにおいて関係者全員による同意を得られるということを意味する。こうした正当性請求が真理請求と類似しているのは、いずれも合理的な受け入れ可能性を要求する点だ。記述的陳述の真理性もまた可能なかぎり包括的で恒常化された合理的ディスクルスのなかでしか発見されず、証明されない。もちろんふたつの妥当請求のあいだには、たんに類似点があるにすぎない。道徳的正当性という妥当性概念には、正当化を超越する真理性概念に付随する存在論的含意はもはやない。「正当性」は認識的な概念であり、普遍的承認に値するということ以外のいかなるものも意味してはいない。これに対して陳述の真理性がもつ意味は、真理確証のための認識条件をいかに厳格化しようとも、認識条件に尽きてしまうことはない。真理は理想化された正当化を超えたものだ。「真理性」と「道徳的正当性」のこの差異には、理論理性と実践理性との区別が反映している。

全面的な実在論者であるパトナムは、こうした理性の二分化と、それに対応する妥当性次元の（真理妥当性と当為妥当性への）二分化を回避しようとする。ふたつの妥当性次元の不可分性を証明するために、彼は時折「ピーターはもっと勉強していれば、もっと優れた哲学者になっただろうに」という例文を挙げる。〔訳註〕たしかに論理はあらゆる言語表現のあいだに、それがどのような意味論的領域から由来しているかにかかわらず、いろいろな結びつきを作り出す。しかし文要素間の論理的結びつきは、この例文が逆に示しているように、発話内的な種々の様相の落差を均してしまうことはない。なぜなら言語行為全体としては、その都度ひとつの様相が優位に立つからだ。先の例文で言えば、話し手が非現実の条件文を主張というかたちで、すなわち実然的様相で使用すれば、彼はただちにこの文に対する真理請求をテーマとして掲げることになる。そうなれば主文に表現されたピーターの哲学的能力についての価値評価はもっと別の文法形式で、例えば「ハンスはピーターより優れた哲学者だ」といった価値評価的な陳述のかたちでテーマ化されざるを得ないだろう。しかし、この価値判断の正当性は、その判断の基礎となっている基準の受入れ可能性、および基準の正確な適用法に懸かっている。明らかに経験的陳述、価値評価的陳述、道徳的陳述は、それぞれの正当化に適した根拠のカテゴリーによって区別される。そして根拠の種類によって対応する陳述の妥当性の意味が、すなわちその陳述の発話内的意味が枝分かれしていく。

〔訳註〕この文章は、主張の真理としての妥当性、すなわち「もっと勉強すれば、もっと優れた哲学者になるだろう」という事実予測の真偽を問題にしているだけではなく、「ピーターはもっと優れた哲学者になるよう、もう少し勉強すべきだ」という当為としての妥当性や、「もう少し勉強してもっと優れた哲学者になってほしい」という価値評価的期待も含まれている。この例文には、真理妥当性と当為妥当性が分かちがたく結びつきながら、同時に掲げられているというのがパトナムの主張である。

数学的陳述、美的価値評価、解釈学的説明はそれぞれ別の種類の根拠づけを要求する。それを考えれば、理論理性と実践理性という伝統的区分はあまりにも一般的すぎる。経験的判断や数学的判断と同様に道徳的な価値判断もまた、その妥当請求が普遍性を備えており、この点で非道徳的な価値判断とは異なる。道徳的判断は、理にかなうかたちで、普遍的な同意をあてにすることができる。これに対して、誰かが「純潔かどうか」、あるいは「恋人とうまくやっていける性格かどうか」といった非道徳的な価値判断は、そのままのかたちでは普遍的な同意に値するものにはならない。判断の基礎となる価値基準の解釈は、慣習に由来するものであれ、適切な理由によるものであれ、共有する者同士の承認に値するだけだ。この種の価値判断は文化特有の、あるいは生活形式に依存した妥当性領域をもっている。ただし、だからといって、それが認知的内容をもちえないということにはならない。他方、道徳的判断の妥当性に普遍性を与えているのは、あらゆる個人を完全に包摂し、平等にあつかう超コンテクスト的意味だ。この当為妥当性は、承認に値するという社会的妥当性の次元をもつ点で、価値判断の客観性と共通している。ただし、正当なる道徳的判断は、真なる経験的判断とは異なり、普遍的な妥当性を客観世界による裏づけからではなく、あくまで合理的に動機づけられた承認から得ている。ただしこの承認は、文化や生活世界を共有する「われわれのもと」での承認であるだけではなく、言語能力と行為能力とをもつ主体たちすべてが参加するディスクルスの世界で得られた承認でなければならない。当為妥当性の構築的意味からすれば、正当に規制された人間関係からなるこうした包括的世界を構築する義務は全員に課されている。そしてこの当為妥当性の構築的意味はまた（直観主義的に理解された）数学的陳述の妥当性の意味とも接点をもつ。道徳的陳述の正当性と同じように、数学的陳述の分析的真理性もまた、経験的陳述の事実的真理性に見られるような正当化超越的意味を持っていない。ただし数学的陳述は経験的陳述と同様に事態に関係しており、道徳的陳述のように行為に関係しているわけではない。世界のなかの意図された事態は、そうした行為を通じてはじめて実現する。

もちろんパトナムは、価値判断が経験的判断と同一の記述的意味をもつと主張しているわけではない。にもかかわらず彼は価値評価的な陳述に、真なる経験的陳述と同様の実在論的な妥当性の意味を確保しようとしている。これは、われわれが道徳理論でとっている根拠づけ戦略に影響を与えるだけではない。道徳的実在論が直面するその種の困難については、ここではこれ以上触れる必要はないだろう[36]。ここでは、もうひとつ別の帰結のほうが重要だ。それは、真理妥当性と当為妥当性との区別を拒否してしまうと、個別的な価値と普遍的拘束力をもつ道徳的行為規範の間の差異が抹消されてしまうことだ。しかし、こうした義務論的区別の放棄は、まさにパトナム自身が放棄したくないと思っている道徳の普遍主義的理解を脅かすことになる。このことは、パトナムが共鳴しているジョン・デューイのプラグマティズム的倫理学を見ればわかる。

デューイは、共同作業をする共同体が、予期せぬ事態をもたらす環境世界の偶発性に能動的に対処するというモデルから話を始める。こうした共同体は、理論的問題であろうが、実践的問題であろうが、困難な状況に直面すれば同じ態度で、すなわち「知恵を働かせた行動」で対処する。デューイはその行動を、社会的な共同作業、豊かな着想をともなう仮説的思考、実験的な介入といった特徴をもつ問題解決行動として理解している。そして、人間の知恵は分割できないものであるがゆえに、そこでは価値指針もまた経験的な確信と同じように吟味の対象となる。問題はつねに状況のなかで生じ、行為のコンテクストのなかで気づかれ、処理されていく。このグローバルな準拠枠の内部では、経験的確信が諸々の利害関心と、目的合理的な考察と、価値指針と、あるいは包括的な倫理的目標とネットワークを形成し、そのネットワークのなかでその確信が互いを修正しあうことが可能となる。「念頭に置かれた目標に達するための手段としては、ある状況は、その良し悪し、その効率上の優劣、それがもたらす望ましからぬ帰結の大小などで評価される。また視野にある目標としては、ある状況は、それを実現するのに必要な手段の観点から、あるいはそれが将来もたらす結果という観点から評価される。こうした評価はすべて合理的なものである[…]」[37]。

この全体論的な考察法は、価値の発生、その創造的な産出、およびその蓄積を分析するには有効な方法であることがわかる。こうした考察法によって、共同体の習慣的営為のなかで価値がどのように発生し、その有効性がいかに実証され、それがいかに定着していくかが明らかになる[38]。というのも、知恵を働かせた行動とは、その定義からして状況の改善を目指すものであり、状況はつねに「より良くなるか」「より悪くなるか」という観点で評価されるからである。デューイの行為者たちは、自分たちが行うすべてのことにおいて、自らの快適さについての直観的理解に導かれている。彼らは成果の達成に向けた行為が失敗したり、規範に規制された営みが挫折したりすることから学習するほかなく、個々の事実判断や価値判断を修正するために、そうした失敗や挫折から推論を行うしかない。なぜなら共通の生活設計という包括的コンテクストのなかでは、経験と経験的確信が目的、選好、価値と論理的に結びついているからである。一人一人にとって個人的生活設計であるものは、組織された共同体にとっては公共の福祉の理念だ。

デューイは、善き生については集団的に共有された解釈があることを想定しているが、パトナムもまた、実証ずみの価値信念の合理性を、優れてアリストテレス的な意味で集団の倫理的自己理解に依存させている。そこでいまだに重要な役割を果たしているのは意識的に営まれている生という古典的理念だ。共同作業を行う共同体にとっては、まさに所与の状況のもとで一般的な福祉を、あるいは共同体の成員が一般的な福祉と見なすものを促進する価値志向こそが理性にかなったものなのだ。「探求というデューイの構想は社会的である。ここで重要な問題は、個人および共同体がデューイのいう「科学的方法」や「知恵を働かせた方法」に従ったとき何が起こるかということである。[…]われわれが生活している共同体は、その共同体自身が「共通善」として記述しているものに関心をもっている」[39]。価値信念の理にかなった改革が、その時々の共同体の自己理解や、その文化的な生活形式とこうしたかたちで結びついていることは、当然ながら価値の実在論的理解や、普遍主義的理解とは調和しない。

（9）多元論者でもなく、ポリスが唯一権威ある生活形式であることをまだ疑っていなかったアリストテレスでさえ、実践的知識に厳密な認識的意味での客観性を認めることはなかった。それを考えると、われわれ近代の多元論者にはなおのこと、次のような問いが突きつけられている。もし価値の合理的由来が、自らの幸福を求めて共同作業を行う共同体の「われわれ視点」に結びついているのだとすれば、それぞれに「人間の幸福という理想」を掲げて競合する集団間で、規範的関係や紛争はどのように規制しうるのだろうか。平等主義的な普遍主義原則、人権と民主主義、差異を尊重する多元主義の規範的土台、パトナムとプラグマティズムが断固として支持するこれらのものは、そもそもプラグマティズム的な価値倫理と両立しうるのだろうか[40]。

共通の生活形式や日常実践で結びついていない人間同士は、互いに異質な他者として出会う。そうした人々についてもパトナムは、ルールづくりの必要が生じた場合に、互いにディスクルスに参加して了解しあうことを期待する。「われわれの準則がどんなに互いに異なる語彙を用いていたとしても、われわれは共通の語彙や、その使用法についての共通理解をめざして（「コミュニケーション的行為」という規範的意味での）議論に参加することはできる[41]」。合理的な価値信念を賢明に作り上げていくには、それに先立って相互主観的に共有された共同体の幸福観が背景になければならないとすれば、こうした期待をかなえるのは難しいだろう。このような状況に置かれた者は論証という手続き以外の実質に頼ることはできないため、パトナムはここで手続的合理性という概念を持ち出す。「プラグマティストにとっては、合理性および正義（傍点ハーバーマス）についてのわれわれの概念はほとんどが「純粋に手続的な概念」である。たとえその手続きがどんなに不完全であったとしても。［…］手続きから独立した真理や善は、せいぜい規制的な理念にすぎない[42]」。

デューイが仮説に導かれた実験として説明する知恵のある行動は、たしかに手続的合理性の例として理解できるかもしれない。しかし価値の合理性が問題になる場合には、その知恵は特定の背景のもとで、すなわち自分たちの共通の幸福を求める共同体メンバーの視点から利用されねばならない。各人が他者を同一の共同作業集団の成員だと確認するこうした垂直的な「われわれ視点」は脱境界的なディスクルスには存在しえない。異なる集団間の強固な文化的境界を踏み越える実践的ディスクルスで参加者が取る一人称複数の視点は、上から下に向かって成員の一体性を作り出す垂直的な視点ではなく、互いに他者を受け入れあう水平的な視点でなければならない。この視点を取ることによってのみ、実践的ディスクルスの参加者は、共同体の成員であろうが、よそ者であろうが、ひとつの規範がそれに関係するすべての者の均等な利害関心に根ざしているかどうかを吟味できる。この道徳的観点を、もうひとりのプラクマティストであるジョージ・ハーバート・ミードは、構築主義的にこう説明している。道徳的観点は、関係者全員が相互に行う対称的な視点交換を通じて生み出されなければならないと。

ミードによる定言命法の相互主観的解釈が強調しているのは、それぞれの自我中心的、自民族中心的な見方にとらわれた解釈視点を脱中心化する必要性だ。互いに相手の視点を取りあうことで、自分自身の態度の取り方が、他のあらゆる当事者の自己理解と世界理解の多中心的構造に対する配慮に左右されるようになる。そこでは、義務規範の当為妥当性が普遍的な承認に値するものという意味で理解される。とはいえ妥当性次元のこうした分化は、妥当性の二元論を意味するわけではない。なぜなら、包摂的で相互的な視点交換への穏やかな強制は論証実践の語用論的前提に取り入れられており、経験的であれ、数学的であれ、価値評価的であれ、道徳的であれ、あらゆる信念の正当化はその前提に依存しているからだ。とはいえ脱中心化の必要性は正義問題では特に重要な意味をもつ。道徳的ディスクルスにおいては、反論しあうことのできる論証参加者たちは任意の他者という役柄ではなく、個的人格として互いに出会う。代理をすることも、交換することもできない個人としてのみ、彼らは道徳世界に属している。[43]

すべての者に対する平等な尊重と連帯的な責任は、自分たちの幸福をめざす個々の共同体の倫理的視点からは根拠づけえない。それは人権や民主主義的立憲国家についても同様だ。そのふたつをともに認識実在論のもとで説明しようとするパトナムは、民主主義の認識論的な根拠づけを行ったデューイの議論に惹かれている。「民主主義は、機能する社会生活の数ある諸形式のうちの単なる一例というだけではない。それは社会問題を解決する知恵を働かせるための前提条件なのである」[44]。デューイが科学的方法を範にして知恵のある行動を説明したことを思えば、これは両刃の剣となる議論だ。それは、デューイ自身の意図とは逆に、科学のエキスパートによる支配こそ優れた組織形態だという解釈をも許容する。単なる利害の妥協によっても、共同倫理への訴えによっても解決しえない正義問題に関しても、あるいは正義の問題に関してこそ、民主主義のプロセスは十分にディスクルス的な形式で作られてさえいれば、認識的な機能を備えている。ただしこの機能は、アリストテレスとデューイによってよりも、カントとミードによって、より良く説明できる。なぜならば、正義をめぐる紛争は、正当な世界観の多元性という条件下で、対立する当事者たちが互いに相手の視点を取りあい、それによって包摂的な「われわれ視点」をとる準備がある時にのみ解決しうるからだ。

原註

(1) 以下のテクストは「パトナムとプラグマティズムの伝統」と題された会議(二〇〇〇年、六月一四―一八日、ミュンスター)の開会講演をもとにしたものである。

(2) ヒラリー・パトナムは、フランクフルトで行われたわたしの七〇歳の誕生記念式典で「価値と規範」と題する講演を行い、わたしの主張への異論を述べた。(8)―(9)で述べられているこの最後の留保を、わたしはこの異論へのメタ批判的な応答だとも考えている。以下を参照のこと。H. Putnam, Werte und Normen, in: L. Wingert/ K. Günther (Hg.), Die Öffentlichkeit der Vernunft und die Vernunft der Öffentlichkeit. Festschrift für Jürgen Habermas, Frankfurt am Main

2001, 280–313.（引用は英語のオリジナルの草稿による）〔『事実／価値二分法の崩壊』藤田晋吾／中村正利訳、法政大学出版局、二〇〇六年、一四〇―一六九頁参照〕

（3） M. Horkheimer, Zur Kritik der instrumentellen Vernunft, Frankfurt am Main 1967, 66.

（4） 初期批判理論の二正面作戦については、以下を参照。J. Habermas, Theorie des kommunikativen Handelns, Frankfurt am Main 1981, Bd.I, 497–505.

（5） H. Putnam, Why Is a Philosopher?, in: ders., Realism with a Human Face, hg. v. J. Conant, Cambridge (Mass.)1990, 116.

（6） 本邦訳書第五章参照。

（7） H. Putnam, Pragmatism. An Open Question, Oxford 1995, 29.

（8） H. Putnam, Why Reason Can't Be Naturalized, in: ders., Realism and Reason (Philosophical Papers, Vol.3), Cambridge 1983, 230.

（9） H. Putnam, The Question of Realism, in: ders., Words and Life, hg. v. J. Conant, Cambridge (Mass.) 1994, 299.

（10） H. Putnam, Replies and Comments, in: Erkenntnis 34 (Special Issue on Putnam's Philosophy) 1991, 404.

（11） K.-O. Apel, Transformationen der Philosophie, 2. Bde., Frankfurt am Main 1973.

（12） H. Putnam (1995), 46. また次も参照。H. Putnam, Realism without Absolutes, in: ders. (1994), 283.

（13） H. Putnam, Realism without Absolutes, in: ders. (1994), 282.

（14） H. Putman, Rethinking Mathematical Necessity, in: ders. (1994), 256.

（15） H. Putman, The Craving for Objectivity, in: ders. (1990),125f.

（16） ローティとパトナムとの論争については、次を参照。J. Habermas, Die Einheit der Vernunft in der Vielfalt ihrer Stimmen, in: ders., Nachmetaphysisches Denken, Frankfurt am Main 1988, 175ff.

（17） H. Putnam, Why Reason Can't Be Naturalized, in: ders. (1983), 234.

（18） H. Putnam, Pragmatism and Moral Objectivity, in: ders. (1994), 174.

（19） H. Putnam, Beyond the Fact/ Value Dichotomy, in: ders. (1990), 141.

（20） H. Putnam, Pragmatism and Moral Objectivity, in: ders. (1994), 170.

（21） H. Putnam, Pragmatism and Relativism. Universal Values and Traditional Ways of Life, in: ders. (1994), 195.

(22) Vgl. H. Putnam (2001).

(23) I. Murdoch, The Sovereignty of Good, London 1970.

(24) J. McDowell, Virtue and Reason, in: The Monist 62,1979, 331–350.

(25) H. Putnam, Vernunft, Wahrheit und Geschichte, Frankfurt am Main 1982, 174ff.; ders., Pragmatism and Moral Objectivity, in : ders. (1994), 170f.

(26) H. Putnam, Objectivity and the Science/Ethics Distinction, in ders (1990), 171.

(27) 「ニュートンが潮の干満は月と太陽の引力によって引き起こされると言ったとき、彼は正しかった。彼の主張は一般相対性理論の時代に再解釈され、物理学における科学革命が続くかぎり再解釈されるにちがいあるまいが、それでも彼は正しかった」(H. Putnam, The Craving for Objectivity, in: ders. (1990), 131)。

(28) パトナムはウィトゲンシュタインの見解に賛同しながら以下のようなウィトゲンシュタインの言葉を引用している。「宗教はたんなる信仰の表現である以上に、人間が自分自身の人生設計を委ねる図像の役割を果たしている」(H. Putnam, Renewing Philosophy, Cambridge (Mass.), 992, 146.)。

(29) J. Rawls, Political Liberalism, New York 1993, 54–58.

(30) J. Habermas, Vom pragmatischen, ethischen und moralischen Gebrauch der Vernunft, in: ders., Erläuterungen zur Diskursethik, Frankfurt am Main 1991, 100–118.

(31) M・ウォルツァーの以下の論考を参照。M. Walzer, »der moralische Minimalismus« in: ders., Thick and Thin, Notre Dame 1994.

(32) H.Putnam, Pragmatism and Relativism, in: ders. (1994), 191.

(33) 「理想が多元的であることを信じることと、人間の幸福という理想はいずれも善だと信じることとは同じではない。人間の幸福を掲げている理想でも、われわれが誤った、幼児的な、病的な、一面的なものして否定する理想は十分に存在する」(H. Putnam (1982), 200)。

(34) J.Habermas, Gerechtigkeit und Solidarität, in: ders. (1991), 49–76; ders., Eine genealogische Betrachtung zum kognitiven Gehalt der Moral, in: ders., Die Einbeziehung des Anderen, Frankfurt am Main 1996, 11–64.〔『他者の受容――多文化社会の政治理論に関する研究』高野昌行訳、法政大学出版局、二〇〇四年〕

(35) B. Williams, Ethics and the Limits of Philosophy, London 1985 に対するわたしの批判としては、次を参照されたい。J. Habermas (1991), 120–125.

(36) J. Habermas, Eine genealogische Betrachtung zum kognitiven Gehalt der Moral, in: ders. (1996), 11–64.

(37) H. Putnam/ R. A. Putnam, Dewey's Logic. Epistemology as Hypothesis, in: ders. (1994), 205.

(38) H. Joas, Die Kreativität des Handelns, Frankfurt am Main 1992.

(39) H. Putnam/ R. A. Putnam, Dewey's Logic, in: ders. (1994), 214.

(40) 以下を参照。A. Honneth, Zwischen Prozeduralismus und Teleologie, in: Deutsche Zeitschrift f. Philosophie 47, 1999, 59–74.

(41) 以下を参照、H. Putnam (2001); s. Anm. 2.

(42) H.Putnam/ R. A. Putnam, William James' Ideas, in: ders. (1990), 225.

(43) 道徳的な不可侵性には「かけがえのない個人」としての不可侵性と、「同じ権利をもつメンバー」としての不可侵性の二種類がある。これについては以下を参照のこと。L. Wingert, Gemeinsinn und Moral, Frankfurt am Main 1993, 179ff.

(44) H. Putnam (1992), 180.

第七章　「正当性」対「真理」
――道徳的な判断と規範が当為として妥当することの意味について

「自由と真理のあいだには本質的な繋がりがあり、真理についての思い違いは、いかなるものであれ、同時に自由についての思い違いでもある」。

ヘルベルト・マルクーゼ（一九三九年、遺稿）

哲学的観念論は、出発点であるプラトン以来、われわれが善なるものを「認識」できると確信してきた。しかし、その知がどういう種類のものかについては、同じくらい古くから論争がある。プラトン、アリストテレス、カントがこの問いに与えた解答が分かれるのは、善なるもの das Gute と悪しきもの das Schlechte（ないしは邪悪なるもの das Böse）の領域をどのように規定するかという点だ。善は〔プラトンが想定したように〕存在者一般に結びついているのか？　あるいは〔アリストテレスが想定したように〕理性をもった生き物の善き生にのみ関係しているのか？　それとも〔カントが想定したように〕義務の意識をもって行為する人々の善き意志からのみ生じるのか？　善はコスモスのうちに表現されているのか、共同体のエートスのなかに具現しているのか、叡智を備えた自己の道徳的志操のなかに存在しているのか？　その答えは、われわれが何をもって認識や知識と考えるかによっても違ってくる。〔プラトンのように〕経験に基づく基礎づけの歩みは本質的には知的直観を論証する準備にすぎないと考えるなら、善の直観的把握こそは認識の最高形式だということになる。これに対して、〔アリストテレスのように〕あらゆる認識は論証的に構成されていると考えるならば、善き生についての賢明な省察は演繹的に基礎づけられた厳密な認識と比べれば論理的強制力に欠けるものだということになる。あるいはまた、〔カントのように〕理性は反省的自覚から最高度の確実性を引き出す産出能力であると考えるならば、道徳の根拠を理性的な自己立法に求めることができる。

カントは客観的認識を可能にする能力を理論理性にのみ認め、実践理性を理論理性から切り離したという点ではアリストテレスに倣っている。しかしカントは同時に、思弁的理性と純粋実践理性との一体性に固執しており、この点ではプラトンと同様だ。それどころかカントは、欲求能力 Begehrungsvermögen〔カントの定義によれば、自らの表象を通じて、この表象の対象を実現する原因となるような生物の能力〕というアプリオリな原則に従う能力に上位性さえ認めている。すなわち理性は、理論的使用においては悟性認識を導くだけの統制的 regulativ な理念の能力として作用する一方で、実践的使用においては意志を規定する構成的 konstitutiv な理念の能力として作用するという。アリストテレスが理論哲学と実践哲学を区別して以来、道徳的「知」の定義をめぐる争いは、理論理性と実践理性の関係についての論争と結びついてきた。フィヒテは自己を措定する自我の実践理性から理論理性を導き出し、ヘーゲルは自己を取り込む思弁的理性に優位性を付与したが、カントは理性の実践的使用と理論的使用の区別に固執した。ただしカントは、アリストテレスのように、判断能力としての実践理性をより低い認識能力へと格下げすることはなかった。このカントの方針は、わたしには振り払いがたく思われる以下のふたつの直観に合致する。

第一は、道徳的な行動期待は、単にある行為が規則に合致しているか違反しているかの判断のみならず、その規則そのものについて「正しい」か「まちがっている」かの判断を下すことを容認しているという点で、しきたりや慣習といった他の社会的規範とは区別されるという直観だ。「命令」や「禁止」がもつ指令的意味は、それらが「正当化されている」か「正当化されていない」か、という認識的意味と結びついている。個別事例において、行為のこうした認知的判断を可能にしている規範は、自らもまた認知的に有効な意味での妥当性を要求せざるをえない。この理由から道徳規範は通常、なぜそれが承認に値するのかを説明するより包括的な「教義」のなかに埋め込まれてきた。高度文明はすべてこの種の教義、世界宗教の影響を受けてきた。こうした宗教が近代において普遍的規範性や公的信憑性を失った時、新たな根拠づけの必要性が生じてきた。その必要性を満たしうるものは、およそ存在するとすれば「理性」、すなわち、普遍的、あるいは公的に受け入れ可能な根拠以外にはなかった。この系譜学をたどれば、道徳的な知を認識と類似した形式で理解することにも納得がいくだろう(1)。このようなかたちで示唆された類似性はフロネーシスとエピステーメーの類似性よりも緊密でさえある。というのも、アリストテレスは実践的判断力によって得られる賢明な知をたんなる蓋然性と結びつけていたため、この行き方では道徳的義務の強制力を、道徳的判断の定言的妥当性へと翻訳できなかったからだ。義務を課す規範が当為として妥当することを認知主義的に解釈することを可能にするのは、唯一、道徳の認識類似的理解であるように思われる。この解釈こそが「法の尊重」という抗し難い感情を「理性の事実」としてとらえることを可能にする。

第二は、道徳的な「知」は、一見、事実についての知識を意味していないため、そもそも道徳的な知という言い方は適切ではないという直観だ。道徳的な確信と、経験的内実をもつ意見とでは、妥当性の意味が明白に異なっており、両者を類比的に見ることには抵抗がある。主張とは「事態がどうであるか」について語ることであり、命令や禁止とは「事態がどうあるべきか、あるべきではないのか」について語ることだ。事物が「事実として」いかに関連しあっているかを知ることと、なされるべき何かを要求し、正しい、あるいは公正な共同生活が可能になるためにわれわれの行為がいかに調整され「ねばならないか」を知ることとは違うことだ。道徳的な知は行為と関連しているという点だけからしてもすでに経験的な知とは異なっている。道徳的な知は人間がいかに振る舞うべきかを語るのであり、事物がどうなっているのかを語るのではない。記述的命題の「真理性」は陳述された事態が「存在している」ことを意味しているが、規範的命題の「正しさ」は命じられた（あるいは禁止された）行為様式が「人々を縛る力をもっている verbindlich」ことを表現している。カントは認識能力と欲求能力という観点から理性の理論的使用と実践的使用を区別することによって、認識的な知と実践的な知の違いを明らかにしようとした。理論理性も超越論的意味においては産出的であるに違いないが、実践理性はそれとは違う意味で、ロールズ流に言えば構築的な意味で「立法的な」力をもっている。任意に産出される可能な経験対象の世界には一体性が前提とされており、それが経験的認識の多様性のなかに連関を作り出す。他方、実践理性によって構想される「目的の王国」は、いかにして行為する主体が、自らの意志を賢明に抑制することを通じて、秩序ある人間関係の世界を、すなわち「徳の法則に従う普遍的共和国」を生み出し、構築すべきかを告げる。

ここではこれ以上詳しく立ち入ることはできないが[2]、理論理性と実践理性の関係についてのカントの定義は、超越論的観念論の建築術全体を支えている形而上学的な背景的前提に強く依存している。したがってこの定義がそのままの形で現代の道徳理論の議論に説得力のある繋がりをもつことはない。一八〇〇年前後における理論哲学と実践哲学の不安定な関係は、カントからフィヒテを経てシェリングとヘーゲルにいたる思考の運動を開始させたが、この関係は今日ではもうほとんど取り上げられることはない。言語哲学は規範的語彙や基本概念については実践哲学から借りて来ざるをえないが、その場合でもなお理論哲学から継承した問題群から離れられないでいる[3]。それを補うかのように実践的な諸学の方は理論哲学に対して腰が引けている。認識論的ないし存在論的想定に依存しない「自由な」正義構想なるものは進展する専門分化の結果であるばかりか、その綱領だとさえ言える[4]。それでもなお、道徳的規範の正当化Rechtfertigungや妥当性Geltungが、記述的陳述の根拠づけBegründungや有効性Gültigkeitと、どのように関係しあっているのかという問いがいったん明確なかたちで浮上すると、多かれ少なかれドグマ的な態度決定によって答えが与えられる。例えばトゥーゲントハットは（何かについての誰かのための）根拠づけの語用論的概念を理性の実践的使用にしか認めない一方で、真偽を問える陳述には根拠づけの意味論的概念の使用を認めている[5]。

これに対してわたしはまず、第一節では、なぜ道徳的な知のステータスと意味が、今なお哲学的な関心に値するのかを示したい。その上で、第二節では、関連する心理学の議論から得られた観点から、古典的な問題設定を再び取り上げてみたい。

第一節

理論理性と実践理性の関係は、一方では道徳一般に認知的内実を認め、同時に他方では実践理性を手段－目的－考量の合理性に還元しないようなアプローチにおいてのみ問題となり得る。よく知られている非認知主義的アプローチは、道徳的判断の内実を、態度決定を行う主体の感情や性向に、あるいは決断に直接還元しようとする[6]。倫理的主観主義のこうしたバージョンは事実判断と価値判断のあいだに明確な一線は引くものの、規範的命題、価値評価的命題がなぜ一人称命題と文法的に異なる性質をもつのかということを「錯誤理論」の助けを借りてしか説明できない。感情表現、選好、決断などには、われわれが（チャールズ・テイラーの言う意味での）「強い」価値評価に――したがって道徳的判断には、なおさらのこと――結びつけている詳細な根拠づけ要求が欠落している。道徳的言語ゲームの非認知主義的記述は修正主義的だといえる。なぜならゲームの参加者自身は、道徳的な行為紛争は相互主観的に承認された規範的行動期待の光のなかで根拠をもって除去できるとおそらく想定しているからだ。紛争の当事者たちが合意をめざして持ち出すこうした根拠は、非認知主義的な描写のもとでは、同じだけ多くの錯誤に転じることになる。

その点、契約主義であれば、そのような恐れはない。契約主義は道徳規範の妥当性を合理的エゴイストたちの取り決めに、すなわち彼らのそのつどの利益の幸運な一致に還元することで、道徳的な争いに認知的内実を確保する。しかし個々人をそれぞれの選好に照らして同意へとうながす合理的動機の総計だけでは、合意された規範に特有な義務づけ的性格――すなわち道徳的共同体の一員としてわれわれが互いに相手から特定の行動を期待しあう義務論的拘束力――をまだ十分には説明できない。「法の尊重」という現象に映しだされている規範妥当性の定言的意味を強調するために、カントは理性による翻訳を提案した。しかし、普遍化の観点に立って正当化しうる格率のこうした絶対的な妥当請求も契約主義の修正主義的記述においては消えうせてしまう。[7]

感情が道徳的対立にとって構成的役割を果たすという事情は、一見すると認知主義的な立場と両立し難いように見える。道徳的言語ゲームは本質的には文法的に関連しあう三つ言明からなっている。第一は、われわれがいかに行動すべきか（ないしは、いかに行動してよいのか、あるいはしてはならないのか）についての判断。第二は、同意あるいは拒否の反応。そしてとりわけ重要な第三は、争いの当事者が同意あるいは拒否の態度を正当化しうるための根拠だ。その際肯定的な態度表明と否定的な態度表明は、ヤヌス的なふたつの顔をもっている。一面では、こうした態度表明は——何らかの真理類似的な意味において——真または偽でありうる陳述に対して、合理的に動機づけられた「イエス」または「ノー」を表現している。しかし他面では、それは同時に、正しい、あるいは間違っていると評価される行動に対する感情的反応の形式を備えている。規範が侵害されたときには、侮辱され、感情を害された者の恨みや、辱めや屈辱を受けた犠牲者の苦痛、また同時に違反者の反抗、恥辱、罪責感情、改悛の情、あるいは「蔑みと罵り」をもって反応する親族の怒りや憤激などが表現される。また逆に、感動的に高潔な行動や勇気ある献身的行為に対しては、われわれは感謝や、賛美や、尊敬の感情で応える。

こうした感情は、この種の行動への道徳的判断と不可分に結びついた命題定立的な内実をもっているため、われわれは——知覚と同様に——こうした感情もまた暗黙の判断であると理解できる。特に否定的な感情は、ちょうど知覚の内実が観察陳述の形式で明示化されうるのと同じように、価値判断の形式で明示化されうる。感情もまた、そのような言語的明示性をもつ形式に置き換えられれば、根拠としての役割を担うことができ、その根拠は実践的ディスクルスのなかに入り込んでいく。それは観察が経験的ディスクルスの中に入り込んでいくのと同じだ。屈辱、罪責、憤激の感情は、ある行為が、想定された道徳的な相互承認秩序を侵害していることを示す明白な証左となる。こうした感情は警告のシグナルとして直観的経験の基礎を形成しており、それに照らしてわれわれはもろもろの行為や規範的に規制された行為様式への反省的な根拠づけを制御している。[8]

こうした道徳理解と対立するのは、道徳的感情とは、ある共同体が既存の規範的合意の維持のために、あるいは現在の文化的生活形式の再生産のために設けたたんなる賞罰にすぎないという考え方だ。こうした解釈は規範の妥当性についての経験主義的理解から発している。この解釈によれば、規範は共同体の成員が互いに何を要求してよいかを、強制力をもつかたちで確定している。すなわち規範に付与された当為としての意味は、その強制力にあるということだ。規範が外的、内的制裁の脅迫の助けを借りて徹底されうるときに、はじめてその規範は「妥当している」ことになる。しかしこのような見解は、道徳的規範の本来的な妥当性にも、また、根拠づけを必要とするその性質にも適合しない。経験主義的な記述をもってしては、暗黙のうちにそのモデルとなっている法規範の複雑な妥当性の様態さえ捉えることはできない。なぜなら「法に対する敬意」によって法が遵守されうるようでなければならないというのは、実定的に措定され、制裁によって守られた近代法の正当性条件のひとつだからだ[9]。

心理学の所見によれば、道徳的認識がわれわれに「正しいことをなす」ように義務づけるのは「単純に、それが正しいことだから[10]」だという。この所見もまた道徳規範が掲げる妥当請求を真理類似的に解釈することを支持している。心理学研究が立証しているところによれば、子供はすでに早い時期から無条件な道徳的禁止を、他の社会規則や単なる慣習から区別することを学ぶという[11]。カントは「自由意志」を、道徳的認識にもとづいて受け入れた規範にしたがって自らの恣意を縛る能力だと理解していた。興味深いことに、動機付け研究では、まさにこの見解が従来の説明モデルに対する新しい対案として注目されている[12]。一方には、真なる判断と、真と見なされているにすぎない判断とを区別する能力がある。他方には、妥当な道徳判断と、事実として妥当しているにすぎない道徳判断とを区別する能力がある。このふたつの能力が互いに照応関係にあることは明白だ。

第二節

このように、正しい道徳的判断を真理類似的に捉えるという行き方は、学習の認識的概念を道徳意識の発達にまで拡大しようとする認知主義的な発達心理学にも同様に見られる。そこには、理論理性と実践理性との関係という、かつてドイツ観念論で大々的に展開された由緒ある問題がデフレ化されたバージョンで再現している。誰かが、今となっては間違いであったと気づいている以前の信念を修正するなかで、過去を振り返りながら新たな認識を正当化できるとき、その人は何かを「学習した」と言える。この学習の現象学が道徳的信念の獲得にもあてはまるとすれば、道徳的判断は真または偽でありうることを——あるいは少なくとも二項対立的にコード化された妥当請求をたずさえて登場してくることを——前提としなければならない。ただしその一方で、道徳的陳述が記述的陳述と同じ仕方で「合致」したり「対応」したりする「事実」なるものがあるかどうかは疑わしい。

ローレンス・コールバークは「論理的」判断形式と「道徳的」判断形式の「同型性」Isomorphismus という言葉で、このことを説明している。彼は認知的操作能力を、道徳的判断の各発達段階の習得に必要不可欠な条件だとみている。ただし、だからといって「道徳的判断が、単に一定レベルの知性の道徳問題への応用にすぎないというわけではない。私見によれば、道徳的発達は独自に発展する連続的過程であり、認知的発達が単に、若干異なる内実をもつ領域に反映しただけのものではない(13)」。このようにコールバークは、一方で認識と道徳的洞察の類似性を保証する理性の統一性は認めつつも、理論理性と実践理性の区別を保持している。しかしその両者がどのように区別されるのかについては相変わらずはっきりしない。

ピアジェがとりわけ強調するのは、真理と規範的内実をとらえるための認知的能力の発達が、同一の学習メカニズムによって説明される場合に目に入ってくるさまざまな共通性だ。一方では悟性と論理的規則のカテゴリーの発達に、他方で道徳と法の基本概念と規範の発達に着目して、ピアジェはそこに一種の「平行性」Parallelismus の存在を認めた。道徳的な学習過程は認知的発達と同様、一般的には、子供が学校や日常生活で受けとる内容には還元されえないことを、ピアジェは発見した。「子供がそれぞれの成長段階において特定の要素を選択し、それを一定の秩序をもって自分の悟性に取り込んでいくとき、子供は「物理的現実」であれ「社会的生活」であれ、その圧力を受動的に甘受しているわけではない。子供はむしろ能動的に、自分に提供されるものと、自分なりの方法で再構成しているものとを切り離している」[14]。このようにピアジェは、社会的世界が道徳意識の発達に果たす役割は、客観的世界が思考操作一般に果たす役割と類似していると見ている。子供は、物理的環境と実践的に関わっていくなかで、反省的な抽象化をつうじて客観世界の把握に適した基本概念と操作を発達させていく。これと同じように子供は社会的環境と交流する中で、行為紛争の適切な道徳的判断のために必要とされる基本概念と視点を身につけていく。

このような方法で発生的認識論は、構築主義的なアプローチをとりながらも、実在論的なコアを保持している。なぜなら成熟した認識形式の普遍性には、われわれが現実克服のための実践的試みを行う際に、自立的存在と想定される客観世界が能動的悟性に課す不変の制約が映し出されているからだ。これと同じように、社会的世界の変わらざる特徴は、道徳的洞察の成熟した形式の中に定着しており、それが道徳的判断の普遍的妥当性を説明している。こうした認識類似的な規範理解には、ひとつには道徳的判断の本来的妥当性を正しく扱えるという利点がある。またもうひとつには道徳規範が承認に値することと、事実的に承認されていることとの区別を説明できるという利点がある。しかし、もし社会的世界が道徳意識の発達のために果たす役割と、客観的世界が認知的発達一般のために果たす役割とが互いに類似しているとすれば、それでもなおわれわれは道徳的実在論——そこには種々の解釈の幅があるが——から逃れうるだろうか、という疑問はわいてこざるをえない(15)。その疑問は直観的には次のように言い換えることもできる。われわれが客観世界と同じように「自立した存在」だとまでは考えていない社会的世界が、客観世界が事実認識に課すのと同程度の制約を、われわれの社会道徳的認知に課すことは可能だろうか？ シンボル的に構造化された相互人格的な関係世界は、ある意味ではやはり、われわれ自身が創りだしたものであるのに、それがどうして道徳的判断の妥当性、非妥当性を決定できるのだろうか？

道徳的知識は経験的知識とは明らかに異なる仕方で社会的世界の歴史や過去の体制から影響を受けている。それがすなわち行為の道徳的正当化が独特の二段階性をもつ理由だ。周知のように、十分に基礎づけられた道徳規範といえども「一応は」妥当しているという以上のことは要求できない。なぜならあらかじめ考慮しうるのは、基礎づけを行った時点で予見しうる典型的ケースがもたらす結果や副次作用だけだからだ。後に生じた紛争によって予期せぬ状況が出現すれば、改めて解釈を行う必要性が生じる。しかもその必要性は、適用のためのディスクルスという新たな視点から満たされねばならない(16)。この適用の過程では、当該ケースのための単なる候補にすぎない数多くの基礎づけられた規範のなかから、そのつど「適切な」規範が選び出される。そこでは、一方では所与の状況特性に照らして適切な規範が具体化され、他方では逆に、関連する規範規定に照らして個別ケースが記述されるという解釈学的洞察の出番となる。いずれにしても道徳的知識は、適用問題の解決に内的に結びついているという点で経験的知識とは区別される。

行為の正当化とできごとの説明の間に存在するこうした顕著な非対称性は、すべての知識についてあてはまる可謬論的な留保によっては説明できない。十分に基礎づけられた道徳的規範といえども、適用のためのディスクルスという補完があってはじめて妥当なものと見なしうるという、この特殊な留保は、有限なる精神が将来のより高度な知識に比べて一般的な認知上の局所性をもっていることから説明されるべきではない。それはむしろ、行為のコンテクストそのものの歴史的可変性に比べて人間がいわば実存上の局所性をもっていることから説明されるべきだ。正当に規制された相互人格的関係と相互行為からなるシンボル的に構造化された世界は、観察可能なできごとと状態からなる客観的世界とは異なる仕方で歴史的に作られている。したがって一般的な規範は、確率的に生じる典型的事態がどの程度予測可能かということに応じてのみ、将来の行為を規定することができる——ということは原理的に不完全にしか規定できないということだ。

他方、道徳的知識と経験的知識のこうした区別は、真理と正当性の類比そのものに疑念を呈する文化主義的解釈にとっては歓迎すべきものだ。例えばネオ・アリストテレス派やポスト・ウィトゲンシュタイン派のアプローチは、真なる文と一致する文法形式と価値判断の認知的アピールを、相互主観的な生活形式と共通の言語ゲームに根ざした背景的合意から説明する。同じ言語共同体のメンバーは、価値評価的な語彙に照らして自分自身についての、そしてまた彼らが一体感を感じる生活形式についての規範的表象を発展させていく。しかし、それだけではない。彼らはまた日常的状況のなかに魅力的な特徴や嫌悪すべき特徴を発見していく。それらは、彼らがそれにどのように反応すべきかを「知ること」なくしては、彼らには理解できないものだ。ひとつの生活形式の共有財産として、時に応じて、残酷だ、親切だ、下品だなどと「知覚される」諸物についての「濃い倫理的記述」〔三四八頁訳註参照〕は、習得された言語ゲームの自然な受容に基づいて客観性を獲得する。ただしこの客観性は、広く受け入れられているという意味での社会環境の「客観精神」から倫理的知識に付与されるものであり、合理的な受け入れ可能性という意味での

真理類似的な妥当性と混同してはならない。(17)

文化人類学と精神科学的歴史主義では、道徳的判断に反映しているのは、ただたんに、相互主観的に共有された世界像の価値基準と解釈、つまり各文化特有の歴史的構築物でしかない、という見解が常に根強かった。かくして第二段階の経験主義の出番となる。この立場は価値評価を感情や物の見方といったメンタルなエピソードにではなく、文化的なコンテクストに還元する。この相対主義的な視点から、例えばR・A・シュウェーダーはコールバーグの道徳的普遍主義を批判している。(18) もちろん、文化構築主義も真理問題を回避することはない。文化構築主義はラディカルな歴史主義に向かう傾向があり、それによれば、さまざまな伝統、生活形式、文化には、さまざまな道徳と価値基準だけではなく、それぞれに固有の合理性規準もまた内在しているとされる。(19) 今日、影響力を持つコンテクスト主義は、正当性請求のみならず真理請求にも、定言的意味を認めようとしない。

こうした議論状況を前にすると、われわれは理性の理論的使用でさえ当然の前提とは見なせなくなる。だとすれば理論理性と実践理性の関係は、認識論的な視点や基礎づけ理論的な視点からではなく、もっと広い視野から取り上げる方がよさそうだ。ピアジェとコールバーグの想定についての議論は、妥当理論的な問いの重要性を示唆している。すなわち、道徳的判断を認知主義的に理解した場合、どの程度「正当性」概念を「真理」概念に同化させる必要が生じるのかという問いだ。ドイツ語では、道徳的判断については「有効性 Gültigkeit」という言葉よりも、むしろ「妥当性 Geltung」という言葉をよく使う。それによって、事実として承認されているという意味での判断の「妥当性」と、真であるがゆえに相互主観的に承認されるに値するという意味での判断の「有効性」との間の明確な区別だてが曖昧になる。こうした言葉の使用法には、当為妥当性と真理妥当性を無条件に同類視することへのある種の慎重さが潜んでいる。比較対象として引き合いに出される真理概念の存在論的な含蓄が弱まれば弱まるほど、道徳的妥当性を真理類似的に理解することは、より説得力をもつようになる。われわれとは無関係に存在する世界という実在論的直観を、文と事実の照応 Korrespondenz という表象に頼ることなく説明しうる構想があれば、真理と正当性が類似しながら、かつ区別されるという諸相を解明する目論見にもかなうだろう[20]。

わたしを導いている直観は、以下のような性質のものだ。一方では、道徳的判断の正当性は、記述的陳述の真理性と同じ経路によって——すなわち議論を通じて証明される。われわれは、根拠というフィルターを通すことなく直接、真理条件を把握することはできず、また道徳的規範が普遍的承認に値するための条件を把握することもできない。いずれのケースでも、陳述の有効性は、使用可能な根拠という媒体のなかを、討議を重ねながらくぐりぬけることによってのみ立証される。しかし他方では、道徳的な妥当請求には真理請求の特徴である世界との関係が欠落している。「真理」とは正当化を超越した概念であり、それは理想的に正当化された主張可能性という概念とも完全に重なり合うことはない[21]。むしろ「真理」概念は、いわば現実そのものによって満たされねばならない真理条件を指し示している。それとは対照的に、「正当性」の意味は、理想的に正当化された受容可能性に尽きる。すなわち、われわれは秩序ある相互人格的関係の世界を構築することによって、道徳的な判断と規範の有効性条件を満たすことに、自ら寄与するのだ。もっとも、この構築はわれわれの思い通りにはならない制約のもとにある。さもなければ道徳的洞察などという言葉も使えないだろう。存在論的含意が欠如しているからといって、普遍的な、あるいは無条件的な妥当請求までが損なわれてはならない。その請求は、すべての参加者に正当なものとして受け入れられるに値する社会的状況と相互承認関係に照らして吟味される。

以下、第三節では「正当化」と「真理」の関係についての議論に続いて、まず真理のディスクルス概念を導入したい。次に第四節では、真理と規範的正当性の差異を明確化し得るためには、こうした認識的な真理概念がプラグマティズム的に解釈される必要があることを示す。この背景のもとで第五節では、「正しい」という述語は、真理の述語とは異なり、「理想的に正当化された受容可能性」という意味に尽きることが説明される。道徳的言明の当為妥当性には、真理妥当性がもつ存在論的含意こそ欠けているが、他方、正当化を超越する客観的世界との関係に代わって、秩序ある相互人格的関係の包摂的な——その意味で普遍的な——世界へと他者同士が互いを組み入れるという規制的理念が存在する。第六節で論じるように、こうしたただひとつの道徳的世界という構想は、合理的ディスクルスのコミュニケーション前提に根ざしている。なぜなら、現代の世界観的多元主義という条件のもとで、正義の理念はディスクルスを通じて目指される合意の非党派性という概念へと洗練されてきたからだ。ディスクルス倫理学の実在論的解釈を批判的に検討するなかでわたしが指摘したいことは、第七節に述べられているように、「正当性」を、正当化に内在する意味とは別に、絶対的妥当性としての「真理」との類比で理解することがなぜ許されるのか、ということだ。このことを説明するための重要な鍵は、実践的ディスクルスの参加者たちに、自己批判的な非党派性という共通の視点を確立することを要求する高度なコミュニケーション条件にある。しかし、第八節で指摘しているように、道徳の認知主義的理解の可能性を証明し得たとしても、世界観的多元主義の条件下で、なぜわれわれが道徳的知識という概念に固執せざるをえないのかを説明するにはまだ十分ではない。真理類似的な理解によって、われわれは善なるものの次元に二元論的な図式化をいわばあてがい、それによってはじめて善なるものから正しいものを区別している。その意味では、道徳的妥当性の定言的意味の中には慣習的な契機が入り込んでいるように見える。しかしこうした「自由への決断」はわれわれの恣意に任されているわけではない。というのも、そのようなことになれば、コミュニケーション的生活形式に書き込まれた道徳的な言語ゲームは決して無傷では存続し得ないからだ。

第三節

真理、知識、理性といった概念と結びついた実在論的かつ普遍主義的な直観に対して、コンテクスト主義の立場から疑念が呈されるに至ったのは言語論的転回の帰結だ。言語論的転回は認識の客観性規準を、体験する主体の私的確信から、コミュニケーション共同体による正当化の公的実践へと移し替えた。[22] 言葉と現実がわれわれにとって分かちがたく浸透しあっていることについては、今日では広く合意が得られている。われわれは、何が事実であるかを、事実陳述を参照することによってのみ説明でき、何が現実であるかを、真なるものを参照することによってのみ説明できる。さらに意見や文の真理性は、他の意見や文の助けを借りてしか基礎づけや反論ができないため、われわれは——反省する者として——言語の呪縛から抜けだすことはできない。こうした状況が、認識についての反基礎づけ主義的 antifundamentalistisch な概念を、そしてまた、根拠づけについての全体論的 holistisch な概念を要請している。そしてこの両方の概念と調和しうるのは真理についての整合性概念 Kohärenzbegriff しかないように見える。そこでまず、真理概念そのものにとって、コンテクストから独立した妥当性意味といったものが考えうるかどうかを明らかにするのが良いだろう。そうしてはじめてわれわれは「真理」と「正当性」の間の適切な区別立ての問題に戻ることができる。[23]

われわれは自分たちの文を、言語がまだ染みこんでいないようなひとつの現実に対置することはできない。それゆえ、「それ自身で」正当化しうるような、したがって単線的な基礎づけの連鎖の始点ないし終点として利用できるような基礎陳述のレベルを取り出すなどということはできない。しかし、もし意味論的‐演繹的な基礎づけ概念が役立たないとすれば、可謬的陳述の有効性は、つねにある公衆にとってのみ基礎づけられた妥当性にすぎないことが判明する。それゆえ「真理」を認識的な、すなわち三価的な妥当性概念として説明しようとする試みが出てくるのも当然だ。そこでは、真理はもはや合理的な受け入れ可能性という姿でしか接近し得ないもののように見える。しかし、そのようにして認識論化された陳述の真理性が、そもそもまだ正当化の時々のコンテクストから自立した「価値」をもちうるだろうかという問いは湧いて来ざるをえない。[24] いずれにしても言語論的パラダイムの内部では、陳述の真理性を「世界の中にある何かとの照応」として理解するわけにはいかない。さもなければ、われわれは言語を用いて言語の外に抜け出せるということになってしまう。それどころか、「最後の」エビデンスと想定されるものに対する言語表現を、解釈を受けていない「裸の」現実――すなわち言語と結びついたわれわれの吟味を免れている指示対象――と比べてみることさえ、われわれにはできない。したがって、ある陳述の真理性は、その陳述と別の陳述の整合性 Kohärenz によってしか保証できないように思われる。

しかし、すでに受け入れられている意見との「整合性」だけでは、真なる意見の条件としては不十分だ。見事に正当化された主張でさえ、いつかはその誤りが判明することもあり得る。それはなぜなのかということは、基礎づけの連鎖を通じてのみ保証される整合性だけでは説明できない。われわれは明らかに「真理」を、陳述の「失われ得ない」特性と見なしている。例えば「真である」という述語の「警告的」使用は、いかに見事な根拠であっても後に得られるエビデンスによって覆されることがあり得るという事情をわれわれに思い出させようとしている。それゆえ、われわれは次のような厄介な問いを回避することはできない。「われわれの信念が互いに矛盾なく共存しているという事実は、仮にそのとおりであったとしても、それらの信念が真であることの目安にはまったくならない。それはいったいなぜだろうか[25]」。ここでわれわれはジレンマに陥ることになる。われわれが真理という述語を使用するときには、あらゆる可能な正当化を超越した絶対的意味をそこに込めている。それにもかかわらず、ある陳述の真理性を確信するためにわれわれが利用できるものといえば、正当化のための根拠以外には何もない。一方では、われわれの正当化実践は、時々に通用している標準に応じて変化する。ところが他方で、「真理」は潜在的に使用可能なあらゆるエビデンスを超えた要求と結びついている。この実在論的な棘が、「真理」を「正当化された主張可能性」に還元する言語観念論にわれわれが陥るのを妨げている。

にもかかわらず、真理と正当化の間には内的関連があるはずだ。真理は成果概念ではないが、〈p〉の正当化がわれわれの規準に照らして成功したとすれば、われわれはそれが〈p〉の真理性を支持していると考える。こうして次の問いが生じてくる。「われわれが世界について何を信じ、われわれの信念がいかに相互に調和しているかということについての知識だけが、われわれに与えられているとしよう。その時われわれは、これらの信念がおそらく真理だろうということを、どのようにして示しうるだろうか[26]」。一見して説得力のある打開策は、理想的正当化条件を仮定することによって、真理を単なる受け入れ可能性から区別することだ。真なるものとはすなわち、理想的な認識的条件のもとで（パトナム）、あるいは理想的なコミュニケーション共同体（アーペル）、ないしは理想的発話状況（ハーバーマス）のなかで、正当なものとして受け入れられるであろうものだというのが、そこでの理解だ。われわれが直観的に真理請求と結びつけている絶対性の契機は、ここでは局地的コンテクストの踏み越えという意味で解釈される。時々のコンテクストの中で正当化された陳述が、あらゆる可能なコンテクストのなかで正当化されうる陳述とは区別されるのと同様に、われわれの規準に従って正当化された陳述は真なる陳述とは区別される。

とはいえ、元をたどればパースにまで行き着くこの提案のバージョン、すなわち仮定された理想状態を利用するバージョンは[27]、難しい問題に直面する。こうした目的論的構成は「真理」の規定を、正当化された主張可能性からあまりにも切り離しすぎるか、あるいは逆に不十分にしか切り離せないために、その目的を達することができない。これに対して、論証の目的ではなく、その形式および手続きの特性を理想化する真理のディスクルス概念は、こうした難点を免れることができる。この解釈によれば、審査機関として導入される論証実践は、その過程のなかで特定の理想的要求を満たさねばならない。コミュニケーションの形式が、すべての関係者の完全な包摂と、同権的で強制のない、了解志向的な参加を保証しなければならない。それによって正しいテーマのために、すべての重要な意見が表明され、最良の論証が決定力を発揮することが可能となる。これに従えば、合理的ディスクルスのための高水準なコミュニケーション条件のもとで、ある陳述がすべての反論に耐えぬいたとき、まさにその瞬間に、その陳述は真となる[28]。

しかし、この提案もまた的を射た反論に出会うことになる。こうして吟味された陳述がディスクルスを耐えぬいたとしても、その生き延び能力を根拠に、あるいはその結果にもとづいて、それを真と見なすというのは、いかにもわれわれの直観にそぐわないのではないかという反論だ。言語論的洞察によれば、われわれは解釈を受けていない真理条件を直接把握する事などできない。とすれば、真理請求同士が衝突した場合には、より良い論拠を選ぶしかない。認識的真理概念もまたこの洞察に沿ったものだ。このように、われわれは（状況にふさわしい種類の根拠に照らしてわれわれが解釈しなくてはならない）真理条件が満たされているかどうかを、正当化という道を通ってしか、すなわち、ディスクルスを通じて、その時々の真理請求を満たしていくという道を通ってしか確定できない。しかし、だからといって、ある陳述の真理性が、その理由から、それ自体も認識に媒介された特性となる、というわけではない。真理と正当化を分かつ裂け目は、実際の正当化過程のための条件を理想化することによっても塞ぐことはできない。時の流れのなかにある現実のディスクルスは未来における学習過程に比べれば局地的なものにとどまる。それゆえ、今日、近似的理想条件のもとでわれわれに正当と思われる言明でさえ、将来の反証の試みに本当に耐えうるかどうかは分からない。にもかかわらずわれわれは、可能なかぎり理想的な条件下での合理的な受け入れ可能性を真理性の十分な証拠とすることで満足しなければならない。つまり真理のディスクルス概念はまったくの誤りというわけではないが、不十分なのだ。したがって、理想的な形で正当化されていると思える言明を真と見なすことをわれわれに認可しているものは何なのかということを、この概念はまだ説明できていない(29)。

認識的な真理理論の一般的弱点は、陳述の真理性を論証という言語ゲームのなかに、つまり疑念をもたれた真理請求が正面切って主題化される場所に探ろうとする点にある。しかし真理請求が論争の仮説的対象として取り上げられるためにはまず、それが日常的な機能連関から抜き出され、その機能を停止させられる必要がある。これに対して、以下でわたしが少なくともその概略を述べたいと思っている真理のプラグマティズム的理解は、真理請求が生活世界の内側でいかに機能しているかを考察する。真理のディスクルス概念はこうした形で補完される必要があり、それによって、言語論的転回以後もなおわれわれが「事実の把握」と結びつけている弱い存在論的含意を考慮に入れることができる。ディスクルスを通じて真理請求を満たすという道を通ってしか近づき得ない真理性についての理解には、それでもなお絶対性の契機が刻み込まれている。プラグマティズム的解釈によって、われわれはまさにこの契機を救い出す。この一歩によって、わたしは真理と正当性を比較するための土台を手にすることになる。プラグマティズム的に解釈された事態の「存続」を下敷きにすることによって、道徳規範の「承認に値する性質」に含まれる義務論的意味を際立たせることができる。

第四節

プラグマティズムが気づかせてくれることは、日常実践は真理を根底から疑うことはないということだ。われわれはそれぞれ慣れ親しんでいる習慣行動のネットワークは多かれ少なかれ暗黙の見解を土台としており、われわれはその見解を、主体間で共有されている確信、あるいは十分に重なり合っている確信という幅広い背景のもとで真と見なしている。日々のルーティンや身についたコミュニケーションは、行為を導く確信を通じて行われている。「行為遂行のために用いられる「知識」には、われわれが「真理」――つまり真理条件が現に満たされている命題――にもとづいて行為しているというプラトン的含意がある。しかし、こうした確信はいったん生活世界の自明性というコルセットを失い、素朴な思い込みから追放されると、たちまち疑わしいものになる。行為からディスクルスへと移行する際には、はじめは素朴に真と見なされていたものが行為確信の様相を失い、代わりに仮説的陳述の形式を取ることになる。そしてその陳述の有効性は、論証による検証結果が出るまで未決のまま据えおかれる。論証の平面を一歩越えた視点からこれを見ると、二つの顔をもつ真理が語用論的役割を果たしており、それが行為確信と正当化された主張可能性とのあいだに、これまで探し求めてきた内的結びつきを作り出していることがわかる。

行為確信が揺さぶられ、たんなる仮説に置き換えられてゆく通路は、同時にまた、合理的に受け入れ可能な主張が行為確信へと逆翻訳される通路にもなりうる。部分的に揺らいだ知識を修復するために、ただ一時的に議論参加者としての反省的立場を取ったにすぎない行為者の視点から見ると、ディスクルスを通じて妥当請求を満たしえたということは、生活世界の素朴さに戻るための許可証の役割を果たす。このことを説明する力を、わたしは視点交替それ自体のなかに見ている。議論参加者たちの内的視点から見ると自己目的であるものが、世界への対処を余儀なくされている行為者の外的視点から見ると、他の目的のためのひとつの手段となる。論証には、知識の疑問視にともなう確信のゆらぎを「収拾する」機能がある。だからこそ議論参加者たち——ただし彼らは行動主体としての役割をけっして完全に停止しているわけではない——は、すべての関連情報を知り、すべての重要な根拠を考慮した上で、〈p〉——ないしは〈p〉を〈q〉に置き換えること——に対する異議申し立てが尽くされたと確信した時点で、それ以上議論を続ける意味はないと考える。議論が引き続き根ざしている生活世界は行為を必要としており、内的視点から見れば「果てることのない対話」を、いわば一時的に中断することを余儀なくさせる。だからこそ、合理的なディスクルスを生活世界の渦に巻き込まれぬよう隔離するためには——また、例えば学問体系のように——仮説的思考が継続されるように合理的ディスクルスを自立化させるためには、高度に人為的な予防措置が必要となる。制度化された科学にしてはじめて、仮説を扱うことに専念し、生活世界の自然なプラトニズムを中和するラディカルな可謬主義を引き受けることが可能となる。

その一方で、生活世界のドグマ的あり方こそが議論参加者たちの可謬主義的意識を支える不可欠な条件をなしているという面もある。というのも、これがあるからこそ議論参加者たちは、意見が十分に基礎づけられているときでさえ、自分たちが間違っていることがありうると考える。というのも、ディスクルスにいわば潜り込んでいる生活世界には、行為を導く確信と結びついた、真理と知識に関する強い構想のプラトニズムが備わっており、それによって生活世界は、コンテクスト非依存的な真理請求をめざすための、正当化を超越した——しかし行為においては常に、必ず前提とされている——基準をディスクルスに提供しているからだ。こうして生み出された差異、すなわち真理と正当化された主張可能性の差異が、ここ、まさにディスクルスの内部で可謬性の意識を保持させ、同時に、議論参加者たちに理想的な正当化条件への自己批判的接近、すなわち時々の正当化の共同体のたえざる脱中心化への接近を強いる。

　生活世界とディスクルスを媒介するヤヌスの相貌をもつ日常的真理観が語用論的な根をもっているということは、同時に、主張の実然的意味が存在論的含意をもっていることの説明にもなっている。真なる文でわれわれが表現しようしているのは、ある事態が「すでにある」、あるいは「実在する」ということだ。そしてこうした事実はさらに、われわれが事実を語る際に対象としているものの総体としての「世界」を指示している。存在論的な語り方は、真理と指示の間に、すなわち言明の真理と語られるものの客観性の間に関連を作り出す。客観世界という概念は、言語能力と行為能力をもつ主体が、いかに介入や発明をしようと「自力では作り出せない」すべてのものを含んでいる。だからこそ彼らは、いかに記述の仕方が異なっていても同一の対象として同定されうる対象を指示することができる。世界が思い通りにはならないという事と、誰にとっても同一のものであるという事は、「対処」Copingという経験から説明しうる「客観性」のふたつの定義だ。行為における確信は、ディスクルスの場合とは異なるものによって、その「有効性が立証される」。

　論証の場では、疑問に付された確信が合理的に受け入れ可能なものと認められるかどうかは、ひとえに論拠がまともであるかどうかにかかっている。その際、議論参加者は正当化を超越した真理請求を手がかりにする。なぜなら、彼らは、議論参加者となった今でも、生活世界の実践における真なる意見は、討議における真なる意見とは違うものだということを忘れてはいないからだ。彼らがまだ行為者であったときには、ある確信が機能しているかどうか、あるいは疑問の渦に巻き込まれているかどうかを決めていたのは、唯一、反省以前のレベルで「世界にうまく対処できているか」どうかだった。言語ゲームと習慣行動は引き続き「機能する」ことで、すなわち活動の成功自体によってその有効性を立証する。それが失敗するならば、世界がもはや期待通りにはゲームに参加していないということだ。世界が行為遂行的にゲーム参加を断るという、この実践的に経験される失策を手がかりに、客観性の概念は作られてゆく。この概念は一方では、われわれの操作に頑強に逆らう、思い通りにはならない世界の抵抗力を表現しており、他方では全員にとって共通な世界の同一性を表現している。行為する主体は協働行為のなかで、全員がそれぞれの視点から同一の世界に関わっていると互いに想定しており、それゆえに世界は単数形でのみ「存在する」。

たしかに、論拠だけがものを言う、行為負担から解放されたディスクルスの平面では、結果確認のためのこうした審級は一時的に停止させられる(あるいは、実験のために用いられることがあっても、その結果は、別の論証と同列にならぶ論証としての意味しかもたない)。また参加者が、客体化する視点を世界から転じ、行為遂行的な態度で論争相手の反論に対処しようとする相互人格的次元では、多くの諸世界と諸解釈がぶつかりあう可能性がある。しかしそうした場合でも、議論の参加者たちはディスクルスを通じて、無条件の真理請求を満たすという目的に、なおも「事実の把握」という含意を結びつけ、こうした間接的な方法で客観的世界を視界に保ち続ける。行為者としての役割を演じている以上、議論参加者たちは、解釈論争が収まった後、生活世界へと戻っていけば即座に自分たちが同一の世界にふたたび関与することになるという事実を忘れてはいない。

陳述の真理と陳述が扱う客観性とのあいだの関連を、こうしたプラグマティズム的な仕方で整理するならば、道徳的妥当性を真理に同化させる方向で理解することに、どのような困難がつきまとうかがいよいよはっきりしてくる。つまりふたつの妥当請求の類似性のみならず、両者の差異もまた浮かび上がってくる。一方では、両者ともに、ディスクルスを通じての妥当請求の充足と、「唯一の正しい答え」という理念に則って参加者が行う正当化の実践を拠り所としている。とはいえ両者ともに、到達できるのはせいぜい陳述の「理想的に正当化された受け入れ可能性」にすぎないことは知っている。しかし他方では、こうした両者の類似性は論証の水準にしか存在しない。その類似性を反省以前になされる見解の「有効性確認」の水準にまで拡げることはできない。すなわち道徳的確信は、すべての参加者によって同一のものと想定される客観的世界の抵抗によって挫折するのではなく、共通の社会的世界における対立者間の規範的不一致の解決不能性によって挫折するからだ。

　たしかに道徳的確信が規範に規制された社会的相互行為を制御する仕方は、経験的確信が目的を掲げて客観世界に介入していく仕方と類似している。しかし、道徳的確信は経験的確信とは実のところ異なる仕方でその有効性を立証していく。そこでの決め手は、独自に進行する過程の操作に成功するかどうかではなく、行為摩擦をコンセンサスにもとづいて解決できるかどうかだ。そしてそれは相互主観的に共有された規範的確信を背景としてのみ成功する。その有効性の立証は、ディスクルスとは異なる実践のなかでなされるのではなく、——たしかに道徳的侵害の結果は、まずは「感じとられる」ものではあるとしても——最初から言語的コミュニケーションを媒体として行われる。行為を導く確信が崩れるのは、思い通りにはいかない事象の偶然性を制御できないからではなく、対立する価値観をもつ社会的他者が反論や抗議の声をあげるからだ。抵抗は、制御されざる客観的現実からやってくるのではなく、他者との規範的一致の欠如からやってくる。他者の「客観性」は思い通りにはならない現実の客観性とは違う素材からできている。「客観精神」の抵抗は道徳的な学習過程によって克服されるのであり、この学習過程は相争う当事者たちに、その時々の自らの社会的世界を拡大し、共同で構築された世界に、互いを包摂しあうように促す。こうして初めて彼らは一致した価値基準に照らして自分たちの紛争を判断し、またコンセンサスを通じてそれを解決することができるようになる。

第五節

道徳的な妥当請求には、真理請求の特徴をなす客観世界との関連が欠けている。それによって道徳的妥当請求からは正当化を超越する準拠点が奪われている。客観世界との連関に取って代わるのは、社会的共同体とその価値コンセンサスの境界線を拡大しようとする指向だ。したがって、正しさと真理の間の差異をより厳密に規定したければ、異質な要求や人々をどこまでも包摂しようとする指向が、はたして欠落している世界関連の代替物になりうるか、なりうるとすればいかにしてなのか、ということを検証せねばならない。

合理的なディスクルスはつねに再帰的に閉じられた論証の循環のなかで動いていく。記述的問題であれ道徳的問題であれ、対立的な妥当性問題に決着をつけるには、陳述の合理的受入れ可能性をもって十分としなければならない。しかし、同じようにディスクルスを通じて得られたコンセンサスであっても、それが陳述の真理性に対してもつ含意と、道徳的な判断や規範の正しさに対してもつ含意とはおのずと異なる。近似的に理想的な条件が与えられたという前提のもとで、参照しうるすべての論証が顧慮され、重要な反論がすべて出尽くした時、ディスクルスを通じて得られた合意は、われわれに、ある陳述を真と見なす権利を与える。しかし陳述の真理性は、客観世界に目を向ければ、同時にひとつの事実——すなわちある事態の存在——を意味している。諸事実 Tatsachen が確たる事実性 Faktizität をもつとされるのは、それが記述とは無関係に存在する（そして、それについてわれわれが事実を陳述するところの）対象の世界に根拠を持つという事情による。この存在論的解釈が暗に意味していることは、いかに見事な論拠に支えられた陳述について、いかに慎重に作り出されたコンセンサスであっても、新しいエビデンスによってあっさりと間違いだと判明する事がありうるということだ。他方、道徳的な妥当請求に関しては、まさにこの真理と、理想的に正当化された主張可能性との間の違いが消し去られる。なぜなら真理妥当性の存在論的解釈に相当する等価物が、道徳的妥当性の側には存在しないからだ。事実問題の次元での学習成果は、あくまで結果として合意をもたらす可能性があるというだけだが、道徳的な学習成果の方は、根拠によって得られるこうしたコンセンサスがはたして全員を包摂しうる性質を持っているか否かに照らして測られる。

当事者になる可能性のある全員が実践的ディスクルスのなかで、規制を必要とする素材に関して、ある行為様式がすべての人々にとって等しく適切だという確信に達したとすれば、彼らはこの実践を遵守すべきものと見なすだろう。ディスクルスによって得られたコンセンサスは、参加者たちとってはある程度、決定的なものを含んでいる。それは事実を確認しているのではなく、規範を「根拠づけて」いるからだ。そして規範が「存立」bestehen する場所は、主体間相互の承認に「値する」verdienen という点以外ではありえない。そして参加者たちは、自分たちがまさにそのことを、近似的に理想的な合理的ディスクルスの条件のもとで確認できるという前提から出発している。われわれは規範的言明の妥当性を、ある事態 Sachverhalt の存立 *Bestehen* という意味で理解するのではなく、われわれの実践の基礎とすべき当該の規範がもつ承認に値する性質 *Anerkennungswürdigkeit* として理解する。承認に値する規範は、「ゲーム参加」を拒む「世界」が否認できるようなものではありえない。もちろん、承認に値する性質が理想的に正当化されている規範であっても、実際の承認が得られないことはありうる。あるいは、異なる習慣行動や世界解釈が定着している社会の側から承認を取り消されることもありうる。しかし、客観的世界との関連についていえば、道徳的な妥当請求には、ディスクルスを超えるような、あるいは参加者の意志の賢明な自己規律を超越するような審査機関は存在していない。

規範や行為について、理想的条件下でディスクルスを通じて得られた同意は単なる権威づけの力以上のものをもっている。それは道徳的判断の正しさを保証している。理想的に正当化された主張可能性とは、われわれが道徳的妥当性という言葉で表現しようとしているものそのものだといえる。それは単に、意見の別れる妥当請求において賛否両論が尽くされたことを意味しているだけではない。むしろ、それ自身が、承認に値するものとしての規範的正しさの意味を尽くしている。規範についての理想的に正当化された主張可能性は——正当化を超越する真理請求の場合のように——ディスクルスの限界を超え、承認に値するかどうかの確認とは無関係に「存立」しうる何かを指し示すことはない。「正しさ」が正当化を内に宿しているということは意味批判的な論証に根ざしている。ある規範の「妥当性」の根拠は、それが理想的な正当化条件のもとでなら受け入れられる、すなわち有効なものとして承認されるだろうという点にある。だからこそ「正しさ」は認識的な概念なのだ。

ただしこの見解は、その時々の最善の道徳的洞察に不可謬性を認めなければならないということを含意しているわけではけっしてない。それどころか、道徳的な基礎づけディスクルスと適用ディスクルスという「二段階」を経て得られた同意は、二重の可謬主義的留保を想定している。われわれは後から振り返ることで、想定していた論証の前提条件を見誤っていたことに気づかされることもあれば、重要な事態をあらかじめ予見していなかったことに気づかされることもある。

合理的ディスクルスにおいてわれわれが試みる正当化条件の理想化は、正当化共同体が達成した時々の脱中心化のレベルに対して、いつでも留保をつけ得るための基準をなしている[30]。というのも正当化共同体は、後に説明するように、道徳的問題に関しては、特別な種類の、すなわち認知的なものには限定されない種類の困難に直面するからだ。当事者が参加を拒まれたり、テーマが封印されたり、重要な発言が閉めだされたり、問題になっている利害が誠実に表明されていなかったり、あるいは説得力をもって定式化されていなかったり、他者がその他者であることにおいて尊重されていなかったりした場合、われわれは合理的に動機づけられた態度決定が行われないこと、それどころかまったく表明すらされないことを考慮しなければならない。こうした可謬性は、合意がわれわれにとっては決定的な性格をもつことと十分に両立する。合意については、われわれはそれが十分に理想的な正当化条件のもとで成立したものだと——その適否は別として——想定している。われわれが誤りを訂正できるのは、根拠をもって「正」「誤」決定をなしうる可能性をわれわれが前提としたうえで、二価値原理を基礎として唯一の正しい「答え」に到達することを目指す場合に限られる。もうひとつ別種の可謬性は、すでに言及してきたように、有効と認められた規範がすべて、その根拠がどれほど十分なものであったとしても、適用のためのディスクルスによって補完されねばならないことから説明される。すなわち予期していなかった事情や革新が、過去に遡って規範の基礎づけ問題を再提起するような修正を強いる。しかし、未来に対するこうした如何ともしがたい局地性を意識したとしても、根拠づけのディスクルスで想定された状況が歴史によって明確に否定されるまでは、われわれの道徳的確信が脅かされていると感じる必要はない。

とはいえ、「正しい」道徳的判断のための正当化超越的な準拠点の欠如を、道徳的な意見形成と意志形成の構築力によって穴埋めできるかどうか、できるとすればどのようにしてか、という問題はまだ明確ではない。カントは道徳的義務の絶対的命令性を道徳判断の定言的な妥当性へと翻訳した。真理概念が存在論的含意から得ている正当化超越的拠点を、もし正しさの概念が失ってしまうなら、正しさへの請求は、こうした絶対性の契機をどのように保持できるのかという問いが湧いてくる。

ある陳述を有効と見なすためには、われわれは普遍的な妥当性を、すなわち局地的コンテクストのみならず、すべてのコンテクストでそれがあてはまるということについての承認を要求する。真理としての資格をもつ陳述〈p〉については、われわれはその文を字句通り、実在論的な意味で理解する。〈p〉が真であるならば、陳述は絶対的に妥当し、すべての人から真であると認められるに値すると見なされる。〈p〉が実際にこうした普遍的承認を得るには、すべての人がこの言明の真なることを確信できなければならず、また〈p〉が成立していることを知っていなければならない。そしてまた、真なる陳述については根拠づけが可能であるゆえに（また可能であるかぎり）、こうした知識もまた〈p〉の真理性を根拠として持ち出すことができる。この考察は真理と知識との周知の関連に基づいたものだ。つまりある人が、(a)〈p〉であることを信じており、(b) そのための十分な根拠を持ち、かつ (c)〈p〉が真である時、その人は〈p〉であることを知っているといえる。ところがわれわれが「正しさ」を認識的な妥当請求として理解するならば、道徳的知識はこうした条件を満たしえない。なぜなら道徳的知識においては第三番目の非認識的な要求 (c) が満たされ得ないからだ。このように有効性の非認識的条件という点に関して道徳的判断の基礎づけができないとすれば、いったいどのようにして規範的な正しさを二価的にコード化された絶対的な妥当請求という意味で理解することができるだろうか[31]？

ここで助けとなるのが、道徳的判断の妥当性は、紛争当事者間で得られる規範的同意がどの程度、包摂的性格をもつかによって測られるというすでに見てきた観察だ。道徳的論争においてもわれわれは「唯一の正しい答え」を目指しており、それによって有効な道徳は、すべての請求と人々を包摂する唯一の社会的世界に及ぶことを想定している。その世界はもちろんカントの「目的の王国」と同様、われわれに与えられているというより、むしろ「課されている」。客観的世界は「われわれによって作り出されたのではなく」、かつ「われわれすべてにとって同一である」というふたつの規定を受けている。客観的世界の概念と、適切な秩序をもつ相互人格的関係からなる完全な包摂的世界というプロジェクトは、このふたつの規定のうちのひとつだけを、すなわち、われわれの自由にはならないという規定ではなく、われわれ全員にとって同一であるという規定だけを共有している。ただし、この同一性は形式的に想定された客観世界の「同一性」をモデルにしたものではない。道徳的世界が「すべての人々にとって同一」でありうるのは、さまざまな観察者視点を――正当化超越的な真理指向にも反映している――同一方向を向いた世界関連を通じて調整した結果ではない。むしろ社会的次元での参加者たちは、相互に相手の視点を取り入れることによってはじめて包摂的な「われわれ視点」を作り出すはずだ。それをG・H・ミードは可逆的な視点交換の漸進的拡大過程として記述した。ピアジェはそれを脱中心化の進展と呼んだ。すなわち相互的な視点交錯過程が完全な包摂の極限値に接近していけばいくほど、その時々の自己自身の視点がより強力に脱中心化されていく。

この構築主義的解釈に従えば(32)、道徳的妥当請求の絶対性は確立されるべき妥当性領域に普遍性があるか否かによって説明される。すなわち、全員の請求を等しく考慮するという包摂的視点のもとで、各当事者が十分な根拠を持って受け入れうる判断と規範だけが有効なのだ。自由で平等な人間による自己立法の宇宙という構想は道徳的陳述の正当化に視点の制限を課す。われわれがこうした普遍主義的視点のもとで道徳的陳述の正しさを検証する限りは、正当に規制された相互人格的関係からなる理想的に構想された社会的世界という準拠点は、道徳的な行為紛争を理性的と思われる方法で解決するにあたって、客観的世界に存在しているが道徳的世界には欠如していたあの制限の等価物となり得る。

もっともそれによって、正当化に内在する妥当請求の絶対性をいかに説明すべきなのかという問いの説明責任は、そもそもなぜ「道徳的妥当性」の概念を普遍主義的綱領に結びつけるのかという問いへと移される。それゆえわたしは、普遍主義的な問題設定が不可避的に生じざるをえない事情を簡単に説明しておきたい。それによって正義の理念が、こうした問題設定の中で、いかにそれが埋め込まれている具体的コンテクストから離れ、包摂的で不偏不党的な判断形成の形式へと引きかえすことになるのか、すなわち手続き的形式を取ることになるのかが示しうる。こうして正義の視点は、合理的ディスクルスへの参加者が一般に取っている視点と重なり合うことになる。その収斂は、すべての人の請求を等しく包摂する道徳的な世界というプロジェクトが決して恣意的に選ばれた準拠点などではないことをわれわれに気づかせてくれるだろう。その準拠点はむしろ論証一般の普遍的なコミュニケーション前提が映じることによって生じたものだ。

第六節

われわれはまず道徳的判断一般におけるキーポイントを明らかにしておかねばならない。道徳の根本問題は、相互人格的な関係がいかにして正当に規制されうるかという点にある。目指されているのは事実を再現することではなく、承認に値する規範に訴えることだ。その規範とは、語りかけられる人々のサークル内で承認に値すると見なされている規範だ。もちろんこうした種類の正当性はそのつどの社会的コンテクストに応じて、正義と見なされるものについての既存の合意に照らして測られる。ある行為様式が「すべてのメンバーにとって同様に善であるか」をそのつど判断するための視点は、「正義」に関する時々の主導的な解釈によって決定される。というのも、それによってはじめてこうした行為は一般的な承認に値するものと見なされ、当事者たちに対する義務づけ的な性質を獲得するからだ。こうした背景的合意に基づいてこそ、争い合う「当事者たち」のあいだの紛争は双方を納得させる根拠によって、すなわち文字通り「不偏不党的に」解決できる。

正当性への信念 Legitimitätsglauben は実質的な正義観念の多様性に応じて変化する。事実、歴史的に見れば、日常行為がすべてのメンバーにとって「同じように善である」という期待は、けっして最初から平等主義的な意味で、いわんや普遍主義的な意味で理解されてきたわけではない。このふたつの合意は、包括的な世界像と生活形式に埋め込まれた具体的な正義観念の中から時間をかけて徐々に発展してきた。増大する社会的複雑性に対処していく過程で初めて、適用問題から基礎づけ問題へと転換された「不偏不党性」に、抽象度を増す正義の理念を説明するという機能が加わっていく。最初のうち、個々の事例についての不偏不党的な判断を可能にするのは具体的な正義観念だ。しかしこうした正義観念は、この過程を経て、不偏不党的な判断の手続き概念へと洗練されていく。そして今度は、その手続き概念の方が正義を定義するようになる。内容と形式の間の当初の関係は、この過程で逆転する。最初は正義の内容的構想が、紛争判断の基礎となる規範の承認資格を決める尺度だった。ところが最後には逆に、何が正義であるかが、不偏不党的な判断形成の条件が満たされているかどうかによって判断されるようになる。これを図式的に説明すれば以下のようになるだろう。

まずは、すでに発展を遂げたある社会類型から出発しよう。その社会はヒエラルヒー構造をなしており、

（現代の基準からみれば）抑圧的で搾取的な性格をもっている。しかし同時に、この社会の成員は、既存の権限・役割分配を彼らにとっては信憑性のあるかたちで正当化している共同体的倫理と世界像を共有しているはずだ。これに関する記述にしたがえば、社会構造を維持するためのものは、すべて「公益」の再定義に貢献するものとして説明される。そしてこの公益とは、その定義からして万人にとって同じように善なるものを表現しているのだから、こうした状況のもとでは、万人が、自らの機能と地位において——たとえ権力、地位、富、活躍の機会が不平等に分配されていたとしても——等しく扱われていると感じるだろう。さてここで、伝統社会から近代社会への移行についてシミュレーションを行なってみよう。物的、人的資源の動員は社会の機能分化を引き起こし、それが生活状況を根底から変化させる。そのひとつの帰結は、最終的には、ますます多くの人がますます頻繁に、それまでとは別の役割、異なる状況下で、ますます親しみのない相手として対面するようになることだろう。人々は互いに見知らぬ者同士として、違う種類の、異なる出自の人間として出会う[33]。この変化はまた次の事態をもたらす。すなわち、集団の生活形式と個人の生活設計の多様性が皆に感じ取られるようになると、それは多かれ少なかれ同質な共同体が全員に強制してきた具体的な倫理の硬直的枠組みと、もはや合わなくなるという事態だ。間主観的に分かち合っていた世界像がばらばらになり、伝統的な生活形式が崩れてゆくと、この両者と織り合わさっていた集合的な善なるものは疑問に付されるようになる。

世界観の多元主義と、解体する共同体倫理というシナリオから思い出されるのは、近代社会の成員はなぜ基本的価値基準についてさえ、理の当然として不一致が生じ得ることを意識するにいたるのか、そして公正な共同生活の規範に共同で同意しようとすれば、なぜ独自の努力をせざるを得ないのかという問題だ。道徳的宇宙は所与としての存在論的仮象を失い、構築されたものであることが見抜かれる。同時に生活形式と生活設計の多元主義は、もともと個別事例に合わせて作られたものではない、より抽象的で一般的な規範への合意を強いる。しかしその前提からして、これらの規範が正当性を要求できるのは、より多様化した生活状態と拡大した選択肢を、全当事者の平等な利益にかなった形で規制する場合に限られる。遅くともこの時点では、正義の平等主義的含意が顕在化してくる。ポスト伝統的な基礎づけの必要性が道徳的判断形成への期待を高め、同時に不偏不党性の基準そのものを変化させる。

共同体倫理が共通の生活形式を反映していたあいだは、独自の道徳判断は単に個別事例のためにのみ必要とされた。そこでは倫理が典型的な行為紛争に関して「正しい」解決のための納得のいく根拠を提供していた。そして紛争当事者たちは、必要ならば「中立的第三者」の助けを借りて、その解決に同意することができた。その際、既存の――かつ事例に即して細分化されている――法を適用する裁判官のディスクルスは不偏不党的な判断の模範と見なされた。しかし、適用されるべき規範自身が基礎づけを必要とするようになると、このモデルから不偏不党性の概念は乖離せざるをえない。これによって規範の基礎づけ段階と規範の適用段階とが互いに分化する。紛争当事者たちに対する裁判官の中立性――正義《ユスティツィア》の女神の目隠し――は、要求される基礎づけ実践のためのモデルとしては今や十分ではない。というのも、この実践にはすべてのメンバーが潜在的な当事者として同等の権利をもって参加していなければならず、したがって特権的第三者とその事例当事者たちのあいだには、もはや役割の分離はないからだ。こうして今や全員が同じように当事者になり、よりよい論証をめぐる競争の中で、相互に相手を説得したいと考える。

もっとも、近代自然法においてもなおしばらくのあいだ、適用の基礎をなすはずの規範さえ、善についての包括的構想の単なる適用のなかから生まれてくるという想念が命脈を保ち得た。実際、民主制をとる国民国家の例が示すように、共通の国民的生活形式とそこに具体化した集合的善は、内部において平等主義的体制をとる社会の平等規範にある程度色づけをする。しかし、抽象的かつ一般的な規範がそのつど埋め込まれている善き生活に関するこうした具体的構想は、どんなに遅くとも、異なる文化的生活形式間の軋轢が——国際的なものであれ、国内的なものであれ——規制を必要とする紛争にまで達した段階でその自明性を失う。そうなれば文化間の論争において、新たな反省化と抽象化への圧力が働き、それによって正義についての普遍主義的含意が顕在化してくる[34]。

先行的に存在する価値合意の実体が雲散霧消していけばいくほど、正義の理念自体が規範の不偏不党的基礎づけ（および適用）という理念とますます融合していく。自然発生的な正義の観念が腐食していくにつれて、「正義」は手続き的な、しかし要求度はけっして低くない概念へと純化されていく。正当性期待——すなわち「万人にとって同じように善である」規範のみが承認に値するという期待——は今やひとつのプロセスの助けを借りてのみ満たすことができる。それは、潜在的当事者全員の包摂という条件のもとで、すべての関連利害を等しく配慮するという意味での不偏不党性を保証するプロセスだ。

合理的ディスクルスのコミュニケーション前提がこうした過程への要求を満たすものであることは、それほど驚くべきことではない。というのも道徳的知識は経験的知識とは異なり、もともと批判と正当化の目的のために用いられるものだからだ。道徳的知識は、生活世界で出現してくる行為紛争を、同意を得ながら解決していくための説得力ある根拠の備蓄からなっている。だからこそ異論の余地ある言明に助言や基礎づけを与えるためのコミュニケーションの場の整備は、ポスト伝統的に純化した正義の理念に合致する。包括的な世界像と倫理が解体した後では、この正義の理念は、包摂的な正当化共同体の意見形成と意思形成の不偏不党性として、もはや形式的にしか表現できない。実践的ディスクルスにおいては、批判可能な妥当請求を、ディスクルスを通じて満たしていくという意味での「不偏不党性」が、ポスト伝統的な正義の理念という意味での「不偏不党性」と一体化していく。

すでに述べたように、道徳的な学習過程のきっかけとなるのは、予測を裏切る事態の偶発性ではなく、異なる価値指向をもつ社会的相手からの異議だ。この学習パターンを思い起こせば、具体的正義観念を平等主義的普遍主義へと受け渡すために、合理的ディスクルスというコミュニケーション形式が果たしている特殊な貢献をよりよく理解することができる。規範が万人にとって同じように善であることを確認するための決め手は、互いに他人同士である人間（場合によっては他人同士であり続けたいと思う人間）の相互包摂であり、また彼らの利害への同等の配慮だ。[35] それが要求しているのはまさに、論証参加者が陳述の合理的受け入れ可能性を近似的に理想的な条件のもとで検証したいと思えば、否が応にも取らざるをえない認識のための視座にほかならない。

論証ゲームを通じて構成されるのは、コールバーグが道徳問題に関して「社会に優越する視点」prior-to-society perspective として記述したものだ。それが意味しているのは、具体的共同体への時々の帰属性が持つ社会的、歴史的境界を越えていく視点であり、その共同体に組み込まれた「社会の一員としての視点」member-of-society perspective を越えていくような視点だ。[36] 避けることのできない論証前提がもつ柔らかな強制力は、議論参加者たちにすべての他者の視点を自分のものとし、すべての他者の利害を均等に配慮することを要求する。良く秩序化された相互人格的関係の世界が備えている普遍性——論証がめざす道徳的宇宙の構想——を説明する鍵は、平等主義的な普遍主義がそこに反映しているかどうかだ。論証参加者たちは、自らの企てに認識的意味を持たせたいと思うならば、こうした普遍主義を目指さざるをえない。

第七節

以上、ポスト形而上学的な正当化が必要とされるに至った系譜を概観してきた。そこで判明したことは、ポスト伝統的な正義という観点は、合理的ディスクルスというコミュニケーション形式に組み込まれた視点と、ぴったり重なり合うということだ。この理想的準拠点によって、道徳的妥当請求は、コンテクストに依存しない普遍性を獲得する。その真理請求が普遍性をもちうるのは、正当化に先行する事柄に存在論的な含意があるからだ。この点から見れば、道徳的世界を構想することと、客観的世界を想定することは機能的な等価物をなす。ただし、だからといって道徳的世界を客観的世界に同化して考えるという誤りを犯してはならない。このようにしてC・ラフォンは、ディスクルス倫理に含まれる認知論的要求を根拠づけようとしている。実践的ディスクルスにおいても、われわれは、経験的ディスクルスや理論的ディスクルスの場合と似たような存在想定をおこなっているというのが、彼女の言い分だ。そこで簡単に、この興味深い提案を検討してみたい。それによって、実践的ディスクルスがもつ独特の構築的性格と特別な認識的役割がはっきりするだろう。

「唯一の正しい答え」を探すという場合、われわれが前提にしているのは真偽の二価原理だ。そして「真」「偽」の二者択一については、二価原理を存在論的に解釈し、ある陳述の真理は、そこに表現された事象が存在するかどうかによって決まると考える。ここでC・ラフォンは、道徳的陳述の正しさや誤りを判断する際にも、われわれはこれと同じ原理を似たような方法で適用していると主張する。すなわちある規範の正しさは、その規範が等しく万人の利益にかなっているかどうかによって判断されているはずだという。そしてそこでは、万人が同じように分かち持っている一般的利害関心という領域の「存在」が前提となっている。この存在想定はちょうど、実在する事象からなる客観世界を存在論的に想定するのと似た役割を果たしているはずだ。「客観世界の中に事象が存在するという想定が、発言の真理性について意味ある議論ができるための条件となっているように、一般化可能な利益という領域が存在するという想定は、規範の道徳的正しさについて意味ある議論ができるための条件をなしている。こうした存在想定が実践的ディスクルスにとって不可避であるのは、なにもすべての人間のあいだに、必然的にこうした領域が存在するからという理由によるのではなく、むしろ、この存在想定が立てられなければ（これは明らかに、まだ答えの知られていない経験的な問いだ）、社会的規範の道徳的正しさについての議論そのものが無意味になるだろうという理由による」[37]。この提案に対しては、いろいろな疑問が湧いてくる。

まずわたしがよくわからないのは、人間——すなわち、彼女に言わせれば、客観世界でわれわれが関与する何か——についてのある事実が、いかにして、客観世界の存在想定と同じ射程とはいわないまでも、同じ機能をもつ準拠システムを提供することができるのか、ということだ。しかも、客観世界の存在想定がなければ、「一般化可能な利益という領域」という言い方もできないと彼女は言う。しかし、こうした「領域」が、客観世界との類比物であり、同時に客観世界の一部でもある、などということはあり得ない。事実という概念が「真理」の妥当性の意味を存在論的に解釈するのに役立つからといって、共有する利益の存在という特定の事実が「正しさ」の妥当性の意味の説明に同じように役立つわけではない。

事象が「存在する」ことの存在論的意味に、義務論的側面で対応するのは、規範がもつ「承認に値する性質」だ。これまで述べてきたポスト伝統的な条件のもとでは、承認に値する性質の意味は、もはや一般的利益が「存在する」ことによって実体的に根拠づけることはできず、不偏不党的な判断形成の手続きの助けを借りて説明するほかない。こうして説明順序の入れ替えが生じる。[38]「すべての個人の利益を等しく考慮すること」として正義を説明することは、出発点にではなく、到達点に置かれる。「承認に値する性質」のもつ手続き的意味は、まずディスクルス原則によって説明される。それによれば、すべての当事者が議論参加者の役割のなかで同意に達しうるような規範だけが、妥当性を請求できる。そして次に、この考えをどのように手順化していくかという段に至ってはじめて、普遍化原則とともに、一般化可能な利益という、C・ラフォンが最初から客観世界とならぶ対象領域の構成ために要求する理念が登場する。

ラフォンのさらに重大な誤りは一般化可能な利益の存在論化だ。要求される利益の一般化は、あくまで参加者視点からなされねばならない。しかし、存在論化は、その参加者視点を、対象化された観察者視点に同化させる行き方だ。正当に秩序化された間主観的関係の世界は、遂行的な態度をとる人の視点からのみ切り開かれる。それは、通用している規範が二人称の相手にのみ、その「違反」行為を認識させるのと同じことだ。規範的な意図のなかで主題化された利益は、ひとりひとりが特権的アクセスによって認識上の権威を要求できるような所与ではない。欲求の解釈は、私的所有物ではない公共的言語の表現を通じてなされねばならない。欲求の解釈は、（考えうる帰結や副作用を考慮してランク付けされる）競合する利益の評価と同じように、ディスクルスを通じた交渉の共同課題だ。共通の利益や、一致する利益は、それらが具体化されうる実践や規範の光のなかで、はじめて姿を表す。一般化可能な利益の存在論化は、承認に値する規範の世界の創出という契機を捉え損なっている。洞察と構築はディスクルスによる利益の一般化の中に絡みあっている。なぜなら、規範が承認に値するということは客観的に確定される利益の一致に根ざすものではなく、参加者が一人称複数形の視点から行う利益の解釈と評価に依存しているからだ。共通の利益が体現されている規範を、参加者たちは「われわれ視点」からしか作り出すことができない。この「われわれ視点」は、すべての当事者の視点の入れ替え可能な交換から作り上げていかねばならない[39]。

これは、(身体の安全や健康、移動の自由、詐欺や中傷や孤独からの保護といった) 人間学的なあり方に深く根ざす欲求を想定することと矛盾しない[40]。あらゆる文化に共通して見られる道徳的自明性の中核は、どんな当事者であれ、容易に自分にとっての利益でもあるとわかるこうした種類の利益に遡るということも確かだ。しかしどんな利益にせよ、疑問に付された場合、それが道徳的に「問題ない」とされるためには、あくまで実践的ディスクルスに参加している当事者の視点から、説得的に解釈され、根拠づけられ、筋の通った要求へと翻訳されねばならない。その後に初めて、その利益は、ディスクルスの公共性のなかで一般的利益として考慮されうる。

道徳的世界を客観的世界に存在論的に同化させていくことの問題点はもうひとつある。それは合理的ディスクルスが、実践的な問題に直面したときに、追加的に引き受けなければならない機能——すなわち、その時々の他者の世界理解と自己理解に対して互いに感受性を研ぎすますよう討議参加者に促す機能——を見えにくくしてしまうことだ。論証の前提条件として必要不可欠なのは、当事者全員の包摂、論証の権利と義務の均等配分、強制なきコミュニケーション状況の確保、参加者の了解志向的態度だ。つまり、こうしたハードルの高いコミュニケーション条件を設定することによって、当該の問題を選択し、分類し、解決するために有効なすべての入手可能な提案、情報、根拠、事実、異議が提出され、それによって最良の論証が可能となり、その都度、よりよい論理が優位に立つ。こうした認識的機能は、論題となりうるテーマを整理し、重要発言を引き出す作業に関係している。他方、参加者から期待されるのは、誠実かつ先入見にとらわれない発言の検証のみだ。

最後にあげた条件、すなわち論証行為に参加する人々が何かについて互いに相手を説得するには、誠実で、偏見にとらわれていないことが必要だという条件は、事実問題を扱っているかぎりはそれほど大きな問題にならない。しかし、それが実践的問題についての争いとなると、そこに自分と他者の利害がからんでくる。したがってこうした争いでは、それぞれの参加者が、自分自身に対しても誠実でなければならず、また他者の自己解釈や状況解釈に対しても偏見をもたないことが必要となる。実践的なディスクルスにおいては、参加者は同時に当事者でもある。それゆえ、誠実かつ偏見にとらわれずに論証を検討するという比較的穏当な前提条件が、自分自身に対して誠実であり、かつ相互に偏見をもたないこと、という一段厳しい要求へと変化する。すべての人が、いわば自分自身が巻き込まれている素材を前にして「誠実」であろうとすれば、自分自身から距離を取る覚悟が必要であり、自己欺瞞に対する批判能力をもつ必要がある。またそうした問題の実存的意義を考えれば、論証に対して偏見をもたないということは、高い水準の不偏不党性を保たねばならないことを意味する。すなわち、全員が他のすべての人々の状況に身を置いて、彼らの自己理解や世界理解を自分自身の自己理解や世界理解と同じように真摯に受け止める必要があるということだ。

したがって、道徳的問題に関しては、たんにすべての重要な見解が表明され、正しい論証経路に流し込まれているという認識的意味を保証するだけでは、コミュニケーション条件が十分に満たされているとはもはやいえない。そこでは、参加者自身に関係するコミュニケーション条件が――間接的にはもちろん認識的な意味をもってはいるが――直接的に実践的な機能を果たしている。合理的ディスクルスの構造は、一般に、公開性、平等な参加、強制の不在、透明性を保証し、議論への貢献という側面では、より良い論証を助ける役割をはたすが、ここではそれが、論証参加者たちに自己批判的態度と解釈視点の共感的交換を要求する。(41) この点で、実践的ディスクルスのコミュニケーション形式は解放をもたらす取り決めとして理解しうる。それは、自己知覚と他者知覚とを脱中心化し、議論参加者が、発言者からは独立した論拠によって、すなわち他者の合理的動機によって動かされることを可能にする。理想化を行うこうした先取りによって、種々の洞察を呼び覚ます重要な論拠や情報の自由な漂流のための遊びの余地が生み出されるだけではない。それは同時に、他律的な諸規定の意志を、たとえ一時的であったとしても拭い去るための自由の余地をも生み出す。たしかに道徳的洞察は、カントが意志の賢明な自己抑制と呼んだ自律性を可能にする。しかし同時に、実践的ディスクルスのなかで期待される、他律性の一時的克服は、道徳的洞察を獲得するための必要不可欠な条件でもある。「自由と真理の間には本質的な繋がりがある」。

これによって、ディスクルス状況のなかで想定される不偏不党性が、なぜ動機的側面と同時に、認知的側面をもっているのかも理解できるようになる。論証参加者たちは、「自由の王国」のなかで行為する主体として実際に求められる協調的な自己立法を、思考のなかで先取りするように促されている。さらにまた、参加者たちに構造的に要求されているこうした先取り行為は、われわれがなぜ、理想的な形で正当化された受け入れ可能性に帰着する「正しさ」を——正当化を超越した真理性との類比で——無条件の妥当性とみなしてよいのかも説明してくれる。というのは、ディスクルスは、規範的内実をそなえたコミュニケーション条件を満たしているがゆえに、道徳的宇宙を構想する際に正当化実践に課される制限を、自らの内側から生み出していくことができるからだ。道徳的命令の定言的な強制力を確信するために、われわれは何も、自分たちの正当化の地平の彼岸にある世界と接触する必要はなく、ディスクルスという「世界なき」空間のなかを歩きまわるだけで十分なのだ。なぜならわれわれは、うまく整序された間主観的関係の包摂的な共同体の準拠点に依拠して、自分の位置を確認するからだ。そしてその準拠点はいったん論証を開始した途端にもはや自分の思い通りにはならなくなる。

第八節

われわれの思い通りにはならないもの、それは、われわれが言語能力と行為能力をもつ主体として「もともと」その中に住んでいるコミュニケーション的な生活形式だ。この生活形式は、道徳的な問題については、互いに論拠をあげながら論争するようにと、われわれに要求している。道徳をめぐる言語ゲームは、日常生活の段階でもすでに、論拠を掲げての論争にわれわれを巻きこんでいく。ただし、通常そこで問題になるのは、ある紛争が、人々に共有されている規範的な基本信念の光に照らしてどのように判断されるべきか、ということに限られる。ところがいったん議論が、この共通の背景そのものに、すなわち規範自体が承認に値するかどうかにまで広げられ、それによって、共通の利害関心をいかに作りあげていくかが議論されるようになると、とたんにわれわれは、論証実践の継続によって、すべての関係者の要求を等しく包摂するという条件をも同時に受け入れることになる。合理的ディスクルスに導き入れられたこの準拠点は、われわれの思い通りにはならない。ただし、それにはひとつの条件がある。それは、仮に共通の倫理的な基本信念を提供する生活世界の資源が尽きたとしても、道徳的問題を、なおも認識的問題として理解しなければならないという条件だ。

この条件のもとでのみ、われわれは、道徳的な根本問題について論争が紛糾した場合でもなお、ディスクルスを通じた合意を作り出すための信頼に足る試みをなすことができる。これがはたして可能かどうかを、ここでは根拠づけ理論の視点からではなく、(42) 真理理論の視点から考察してきた。以上の考察が明らかにしようとしてきたのは、道徳的陳述の妥当性は——道徳的命令の承認可能性を存在論化したり、それによって「正当性」を「真理」に同化させたりしなくとも――十分、真理類似的に理解できるということだった。しかし、真理類似的に理解しなければならない、とまで言えるだろうか。道徳的な妥当請求を真理請求と類似的に考えるということを、われわれに強いているものがあるだろうか。ラディカルな価値多元主義というポスト伝統的条件のもとに生きるわれわれが、今後も引き続き、道徳的知識という言い方をする必要があるだろうか。道徳的な言語ゲームが、今日においても真理との類似性を彷彿とさせることは確かだが、こうした文法的事実の背後に、いったいどの程度、単なる習慣が隠れているのだろうか。

われわれは道徳的秩序をある意味では自ら構築しており、それゆえ、実践的ディスクルスは意見形成の場であると同時に、意志形成の場でもある。われわれは、この構築と洞察との交錯状態を追いかけながら、最後はディスクルスを通じた利害の一般化にまでいたった。しかし、この交錯状態は、道徳的妥当性の定言的な意味の中に、習慣の痕跡を残す必要はないのだろうか。カントの場合でも、実践理性の概念と自由意志の概念は相互に解釈しあう関係にあった。ただしそれは叡智界でのことであり、現実のディスクルスが行われる時空の限界内でのことではない。この世の中では、道徳的妥当性の無条件性は未来に対する実存的な局地性と調和させられなければならない。そうした局地性は、例えば適用的ディスクルスが備えている修正的な力に現れてくる。実践的ディスクルスは、経験的ディスクルスとも、道徳理論を含む理論的ディスクルスとも異なる仕方で、生活世界のコンテクストに組み込まれている。道徳的態度と道徳的感情を調整しているのは、日常生活の中の相互行為摩擦だ。たしかに道徳的態度や道徳的感情は、内的には、論拠やディスクルス的応酬と結びついている。しかし、こうしたディスクルスは日常実践を中断させることはなく、あくまで日常実践の一部をなしている。これこそ、一方では道徳的判断が直接的な社会的効用をもつ理由だ。しかし他方では、これによって道徳的判断がコンテクストから自立しているかどうかも厳しくチェックされる。このような形で道徳問題が日常実践のなかに埋め込まれていることを考えるならば、あらゆる道徳的問題が今ここで、根本的に「唯一の正しい答え」を見つけうると想定することには、少なくともリスクがある。道徳を認知主義的に理解することが可能だということは、自分たちの共同生活を正当な方法で規制する仕方を、われわれが知ることができる、ということを意味するにすぎない。ただし、その前提となるのは、もはや同意をあてにできなくなったさまざまな善の構想のなかから、真理問題と類似的に二価コードで処理できるような明確な輪郭をもつ正義問題を取り出す決意を、われわれが持っていることだ。

真理問題の二価コード化は、すでに述べたように、われわれが行為者として「うまく対処する」必要がある客観世界の存在論的想定に促されている。しかし社会的世界には、価値の次元で同じようなコード化の根拠になりうるような動かしがたいものなどは、存在しない。二価の図式化は、正当化に内在する「正しさ」の意味とさえ、そのままの形では調和しない。妥当性条件を満たすための、正当化に先行する準拠点が存在しないとすれば、実践的なディスクルスにおいては、理念から言っても、論拠こそが最後の砦となる。ただし、より優れた論拠や、より劣った論拠はつねに存在しえても、「唯一の正しい」論拠というものはない。正当化のプロセスは、唯一、論拠によって制御されている。それゆえ程度の差こそあれ、「良い」結果は期待できるが、だからといってそれは一義的なものではない。「正」と「誤」の間の選択肢はつねに曖昧化するおそれがある。それは、われわれが、ある事態が存在しているといった正当化に先立つ準拠点に立脚して、論証の「良さ」の程度を見極めるわけではないからだ。「正当性」は最後のところ「合理的な受け入れ可能性」に解消するという前提に立てば、二価的決定に要求される一義性は、ある種の決定としての性格をもつことになる。「善なるもの」――わたしにとって、あるいはわれわれにとって善いこと――は明らかに価値の連続体であり、その本来的性質からして、道徳的な「正」と「誤」の二者択一にはなじまない。しかし、そうだとすれば、われわれは価値評価問題に、二価的図式をあたかも上からかぶせなければならなくなる。

この連関で浮かび上がってくるのが、「正義」を「善」から区別することを可能にするのは、「決意」だということを支持する現象だ。その決意とはすなわち、道徳的妥当性を真理類似的に理解することによって、強い伝統が崩れた後も、なおそれをこえて道徳的規範のもつ義務化の力を救い出すという決意にほかならない。特定の行為をわれわれは超義務的 *supererogatorisch* と呼ぶ。それは、そうするのが「正しい」という意味での「善い」行為が、卓越した行為によって超えられるということがありうるからだ。その一例はコールバークが挙げている救命ボートのジレンマだ。難破船にのっている三人は、そのうちのふたりしか助からないことをともに知っている。しかし、三人のいずれに対しても、自ら犠牲になるよう、道徳的に要求することはできない。啓蒙主義の道徳は生贄としての自己犠牲を撤廃した。それでもなお、超義務的な行為は、義務的な行為と同じ次元で「善き」行為、いや「特別に善き」行為として位置づけられる。この行為は、そうするのが「正しい」と見なされる行為の例にはなりえない。なぜなら、それが誰にでも要求できることではないからだ。こうした行為は、その高い道徳的価値にもかかわらず、通用している規範にもとづいて要求することのできない行為だ。超義務的行為はすべての人格に対して等しく要求できるものではないがゆえに、誰であれ、そのように行為することを義務づけられてはいない。さもなければ、ポスト伝統的正義がもつ平等主義的な意味――不平等な扱いの禁止――が傷つけられることになるだろう。

このように、超義務的なるものの現象は、正しい行為が、より多く善であったり、より少なく善であったりすることがありうる、という印象を呼び起こす。これに対して「正当性」は、あくまで妥当性概念として自らを主張しなければならない。妥当性概念は価値概念のようにつりあげることはできない。このことは、道徳的に要求される行為と超義務的な行為との区別の根底に、正当性を真理類似的な妥当性概念として二価的にコード化するという一種の「決定」があるという仮定を後押ししている。たしかに、多元主義という事実（ロールズ）は、われわれの共同生活をどのようにすれば正当に規制できるのかという根拠づけに先立って、道徳的言語ゲームを保持し、公正な諸関係を作り上げる決断を迫っているように見える。慣れ親しんだ日常実践には、たしかにそうした暗示的な力がそなわっている。しかし、いったん倫理的な根本確信と規範そのものが争点になると、「唯一の正しい答え」を目標に定め、二価コードの助けを借りてわれわれの社会的相互行為に一定の秩序を課すべきだということを、日常実践の暗示力だけで、ラディカルな懐疑論者に納得させることはできない。

こうした考察はしかし、慣習主義や決断主義や実存主義へと後戻りすることはない。現代の世界観的多元主義のもとでもなお、実践的問題が真理を問い得る性質をもつという想定にとどまろうとする「決意」は、もちろんプラグマティックな、あるいは倫理的な動機とも分かちがたく結びついている。例えば容易に解決しない行為紛争に直面したとき、われわれが暴力や脅し、賄賂やごまかしといった選択肢よりも、むしろ強制なしに作り出される合理的動機に支えられた合意をめざそうとすることには十分な理由がある。(43)それでもなお「決意」や「決定」という表現は、誤った方向を指し示している。根拠づけられた道徳的な期待、断罪、自己非難の言語ゲームから降りるという懐疑的な選択肢は哲学的反省にのみ存在し、実践のうちには存在しない。そのような選択肢は、コミュニケーション的に行為する主体の自己理解を破壊することになるからだ。協同で行為する主体が、事実に関する知識に頼って、現実と渡り合っていくように、社会化された諸個人は、価値に関して素朴に有効と見なされている「知識」に頼って、他者と日々渡り合っている。それゆえ彼らは、有効性を失った伝統知識の道徳的核心を自分自身の力と洞察によって再構成せざるをえない。しかし、世界観的な援護なしに、普遍的な拘束力をもつ規則体系、すなわち内発的根拠による拘束性をもち、かつ制裁を背景とした押し付けを必要としないような規則体系を際立たせようとすれば、ディスクルスを通じて達成される合意への道しか残されていない。ディスクルス的手段によってコミュニケーション行為を継続することは、われわれが他に選択肢のない形で組み入れられているコミュニケーション的生活形態の一部をなす。

われわれの実際の相互行為において時空的な中心をなすのは、生活世界が備えている遠近法的構造だ。この遠近法的構造は、ある意味では道徳実在主義という超越論的外見さえ生み出している。[44]すなわち、われわれが規範的に問題のない言語ゲームと日常実践に参加しているかぎりは、道徳的確信は、その構造から言えば、他の価値志向と区別されない。区別されるとすれば、道徳的な価値志向に優先権を与える「重み付け」によるほかない。われわれが論証参加者として反省的な立場で論争するのは、仮説的な原則や規範についてだ。こうした原則や規範はいわばディスクルスから生活世界へともう一度、翻訳し戻されることによって、価値の束縛へと、すなわち行為を導く価値信念へと再変容をとげる。そして、これらの価値信念がそれぞれに特殊な生活形式の価値判定的語彙に定着する。この語彙に照らして、人格や行為や状況のそのつど重要な性格が「良い」性質、「悪い」性質として知覚され、叙述文の文法形式の中で表現される。[45]

この観察は、一種の日常現象学に属し、今日に至るまで、原理志向の義務倫理学に対する留保を生み出してきた。たしかにポスト慣習的な基礎づけディスクルスに集められた原理についての知識は、その間に生活世界にきわめて深く浸透しており、具体的な価値信念のネットワークがこの抽象化の力から完全に免れ続けることはできなかった。それでも、この連関のなかで、道徳的日常に関するアリストテレスの記述は、コミュニケーション的にできあがったあらゆる生活世界に書き込まれている道徳的言語ゲームの不可欠性への重要な指摘を含んでいる。われわれが道徳的判断を二価的にコード化し、正当性を真理類似的な妥当請求として理解しようとするかどうかは、けっしてわれわれの恣意に任されていることではない。なぜなら、こうした理解がなければ、道徳的な言語ゲームは、ポスト形而上学的な思考という条件のもとで、無傷に生き延びることはできないからだ。

原註

（1） J. Habermas, Eine genealogische Betrachtung zum kognitiven Gehalt der Moral, in: ders., Die Einbeziehung des Anderen, Frankfurt am Main 1996, 11–64.〔『他者の受容——多文化社会の政治理論に関する研究』高野昌行訳、法政大学出版局、二〇〇四年〕

（2） これについては現在でもなお以下の文献が参考になる。D. Henrich, Der Begriff der sittlichen Einsicht und Kants Lehre vom Faktum der Vernunft, in: FS. Gadamer, Tübingen 1960, 77–115, wiederabgedruckt in: G. Prauss(Hg.), Kant, Köln 1973, 221–254.

（3） R. B. Brandom, Making It Explicit, Cambridge, Mass., 1994. 特に第一章と第四章を参照のこと。

（4） J. Rawls, Political Liberalism, New York 1993, §2.

（5） E. Tugenthat, Problem der Ethik, Stuttgart 1983, 83ff.

（6） H. Keuth, Erkenntnis oder Entscheidung, Tübingen 1993.

（7） より複雑に構成されたトゥーゲントハットの理論も、この現象を的確に説明することに失敗している。Vgl. E. Tugendhat, Vorlesungen über Ethik, Frankfurt am Main 1993. この新契約主義的アプローチはふたつの根拠づけのレベルを区別する。規範の体系は、第一に、その体系が適用される可能性のある人々に対して、彼らのうちの誰しもが、このように構成される共通の実践に対して等しい利害をもちうることを証明することによって根拠づけられる。この操作は普遍化原理の適用としても理解できる。「ここでは規範が、すべての人に規範を要求することはすべての人の利益に等しくかなうことだ、ということを示すことによって根拠づけられる」（E. Tugendhat, Dialog in Leticia, Frankfurt am Main 1997, 54）。ひとつの道徳的共同体に属する人々に対する根拠づけの内的視点から見れば、重要なのは行為者から独立した根拠だけだ。もちろんその根拠は任意の個人の時々の利害に関係してはいるが、全員がそれを認識上の根拠として納得できなければならない。「そうなれば、それはもはや動機という意味での根拠ではなく、陳述にとっての根拠となる」（Ebd., 48）。しかし、このレベルでいわばカント的に根拠づけられた規範体系は、第二の、しかも先行的に挿入されたレベルで、その認知主義的な意味を再び失ってしまう。すなわち、この基礎的レベルでは、行為（そして規範的に規制された行為様式）は、最終的に行為主体の第一人称視点からのみ根拠づけることができるという契約主義的基本想定が表に出てくる。内的視点からは的確に根拠づけられた共通実践のパッケージについても、最終的には、すべての個人が、独自の選好にしたがって、自分がそのような道徳的共同体に加わる合理的動機を持っているかどうか――その動機が「彼にとって良い」ものであるかどうか――を決定する。しかし、すべての人がいかなるときも自己中心的な視点から、そもそも道徳を受け入れることが自分の得になるかどうかを決めるのであれば、道徳的な言語ゲームのなかで可能となる特性が定言的な強制力を失ってしまう。道具的考察の結果との相対的比較によってのみ妥当性を要求できるとなれば、道徳的な判断と規範はそれによって発話内的意味を変化させることになる。以下のわたしによる批判を参照のこと。Vgl. Eine genealogische Betrachtung zum kognitiven Gehalt der Moral, in: J. Habermas, Die Einbeziehung des Anderen, Frankfurt am Main 1996, 33–38. また以下も参照のこと。L. Wingert, Gott naturalisieren? Anscombes Problem und Tugendhats Lösung, Dtsch. Z. Phil. (45) 4, 1997, 501–528.

（8） L. Wingert, Gemeinsinn und Moral, Frankfurt am Main 1993, 72 ff.

（9） J. Habermas, Faktizität und Geltung, Frankfurt am Main 1992, 45ff.〔『事実性と妥当性――法と民主的法治国家の討議理論にかんする研究』（上・下）河上倫逸／耳野健二訳、未來社、二〇〇二―二〇〇三年〕

（10） G. Nunner, Zur moralischen Sozialisation, Kölner Z. f. Soz. u. Soz.psych.(44), 1992, 252–272, hier 266.

（11） E. Turiel, The Development of social Knowledge. Morality and Convention, Cambridge, Mass., 1983.

(12) G・ヌンナー（1992, 266）はここから「自己制御モデル」を展開している。このモデルは「形式的な動機構造と内容的な判断形成の分離を許容することによって」、「道徳の特性を理論的に明らかにしようとしたもので、それによれば個人は自らの道徳的行動を決して条件反応のパターンとしてではなく、おそらく、根拠づけと正当化が可能な道徳的判断の意識的実現として理解しているとされる」。

(13) L. Kohlberg, From ›Is‹ to ›Ought‹, in: ders., Essays in Moral development, Vol. 1, San Francisco, 1981, 137f.

(14) J. Piaget, Die Entwicklung des Erkennens, Bd. III, stuttgart 1973, 179.

(15) この点については、C・ラフォンが提案している討議倫理学の実在論的解釈を批判的に検討した本章七節を参照。

(16) K. Günther, Der Sinn für Angemessenheit, Frankfurt am Main 1988, 23–100; dazu J. Habermas, Erläuterungen zur Diskursethik, Frankfurt am Main 1991, 137–142.

(17) Vgl. den Beitrag von B. Williams in: B. Hooker (Hg.), Truth in Ethics, Cambridge 1996, 19–34.

(18) R. A. Shweder, 'Thinking through Cultures, Cambridge, Mass., 1991.

(19) A. MacIntyre, Whose Justice? Whose Rationality?, Notre Dame, Ind., 1988.

(20) わたしはそうしたものとして、C・ライトの議論戦略も理解している。Truth in Ethics, in: Hooker(1996), 1–18.

(21) ここにわたしとクリスピン・ライトとの違いがある。彼は認識的な真理概念だけで満足しており、所与のコンテクストにおいて正当であると主張しうるひとつの陳述が、将来もたらされる情報と反論とは無関係に主張可能であり続ける場合は、それを「超主張可能性」superassertibility」という言葉で表現している。Vgl. C. Wright, Truth and Objectivity, Cambridge, Mass. 1992.

(22) R. Rorty, Philosophy and the Mirror of Nature, Princeton 1979.〔『哲学と自然の鏡』野矢啓一監訳、産業図書、一九九三年〕

(23) 以下においてわたしはR・ローティとH・パトナムの間の議論を参照している。その詳細についてはここでは触れないが、本邦訳書第五章「真理と正当化」を参照のこと。

(24) 次の著作を参照。R. Rorty, Sind Aussagen universelle Geltungsansprüche?, in: Dtsch. Z. Philo., Heft 6, 1994.

(25) M. Williams, Unnatural Doubts, Prinston, 1996, 232.

(26) M. Williams(1996), 249.

(27) K-O. Apel, Der Denkweg von Charles S. Perce, Frankfurt am Main 1975.

(28) これに相当しているのがC・ライトの「超主張可能性」概念である。上記注(21)参照。

(29) ちなみにピアジェも同様にデュルケームにならって真理の社会的構想に到達している。「外的あるいは内的な絶対者との関連づけを拒否するなら、残るはただ（実験的または形式的な）真理基準としての人々の合意のみである」(Piaget, 1973, III, 237)。ピアジェもまた、認識の客観性請求をどうすれば真理の認識的概念と調和させることができるかという問題に直面していた。「真なるものは人々の合意の上に成り立っているということを論拠に——まるで過去あるいは現在の歴史が集団的誤謬で満ち満ちていることを無視するかのように——人々の合意はすべて真理を生み出すという推論がなされてきた」。それゆえピアジェは、自らの発生論的認識論に照らして、合理的受け入れ可能性と真理の内的連関を——ちなみにパースも彼の総合的推論説で似た方法を取っているが——社会的に媒介された現実との交流に根ざす形式的操作の助けを借りて説明する。「したがって、真理を基礎づける人々の合意とは、共通意見といった静的調和ではない。それは思考の共通の道具を使用することから生まれる動的収斂である」。ここでピアジェは、あらゆる認識的進歩は「思考の社会化における進歩」、すなわち認識主体の視点の脱中心化の進展に結びついているというプラグマティズム的想定に立っている。「理性の各発達段階は、論理的操作と、一定の共同作業形式の形成との密接な相関関係を指し示している」（同上、二三七頁以下）。

(30) 手続きの理想化に依拠して可謬性を検証するならば、ニーノが以下の著作でわたしに対して提出している別案は必要なくなる。C. S. Nino, The Constitution of Deliberative Democracy, Yale U.P., New Haven, 1996, 113. われわれは合理的ディスクルスを道徳的洞察にいたる——たんに「成功する見込みの一番大きい」、あるいは「信頼性のある」経路としてのみならず——「唯一の」経路として特徴づけることができる。ただし、だからといってその時々に事実として得られている合意を道徳的判断の真理性ないし正しさの判定基準に高める必要はない。間主体主義的に解釈された「合理的な受け入れ可能性」は、理想的手続きに依拠するものとされる限り、間主体的に実現した受諾とは一致しない。

(31) C・ラフォンは認識的な真理概念への——説得力のある——批判から、道徳の認知主義的理解は道徳実在論の意味においてのみ可能であるという結論を引き出している。

(32) この意味でロールズもまた「道徳理論におけるカント的構築主義」という表現を用いている。"Kantian Constructivism in Moral Theory", The Journal of Philosophy, Vol. LXXVII, 1980, 515ff.; vgl. ders., Political Liberalism, Columbia U.P., New

York, Lecture III, 89ff.

（33）　社会の複雑性の圧力にさらされるようになった相互行為の現象学については以下を参照のこと。vgl. C. Offe, Moderne ›Barbarei‹: Der Naturzustand im Kleinformat, in: M. Miller, H. G. Soeffner (Hg.), Modernität und Barbarei, Frankfurt am Main 1996, 258–289.

（34）　J. Habermas, Inklusion-Einbeziehen oder Einschließen?, in: Habermas(1996), 154–184.

（35）　J. Habermas(1996), 56ff.

（36）　「社会道徳的視座」の構想については以下を参照のこと。Kohlberg (1984), 170–180.

（37）　C. Lafont, Pluralism and Universalism in Discourse Ethics, in: A. Nascimento (Hg.), A Matter of Discourse. Community and Communication, Hampshire, Averbury, 1997.

（38）　以下のわたしの説明を参照のこと。J. Habermas(1966), 56–64.

（39）　存在論化の欠点は、トゥーゲントハットの構想にも当てはまる。彼の構想によれば、「われわれ」は——中立的な観察者ないし哲学者として——既存の規範システムがすべての参加者の利益に等しくかなっているかどうかを確定できる。それが実現するのは、すべての人が、そのように構成された行為様式をとる合理的動機をもっている場合である。E. Tugendhat (1997), 42f.

（40）　M. C. Nussbaum, Human Functioning and Social Justice, Pol. Theory (20), 1992, 202–246.

（41）　このようにしてわたしは、C. S. Nino (1996, 112f.) が引いている以下の「存在論的テーゼ」を根拠づけておきたい。「道徳的真理は、協調の実現と紛争の回避をめざすディスクルス的実践の形式的、ないし手続き的前提条件を満たすことによって構成される。」

（42）　これについては以下を参照。J. Habermas, Moralbewußtsein und kommunikatives Handeln, Frankfurt am Main 1983; ders., Erläuterungen zur Diskursethik, Frankfurt am Main 1991.〔『討議倫理』清水多吉／朝倉輝一訳、二〇〇五年〕

（43）　これについては以下も参照。E. Tugendhat (1997), 85f.

（44）　この点については、アクセル・ホネットが批判的な指摘をしてくれたことに感謝している。その指摘は続く議論のなかに活かされている。

（45）　J. McDowell, Virtue and Reason, Monist, 62, 1979.

第四部　哲学の限界

第八章　再び、理論と実践の関係について

哲学の意味と存在理由に対する懐疑は、哲学そのものの一部となっている。こうした懐疑は、固定されることも型にはまることもない思考の媒体を成しているのである。哲学は実践的となりうるかという問いは、哲学そのものと同じくらい古い。哲学は、公共圏と政治、あるいは教育と文化といった文脈のなかで、どのような役割を果たせるのだろうか。（1）これに対して、古典的な伝統は――今日ではもはや十分に説得力のあるものではないが――ふたつの答えを用意しており、わたしはまずそれに注意を喚起してみたい。（2）その後、ポスト形而上学の思考の諸条件のもとで、理性法と歴史哲学は理論と実践の関係についての別の理解に行き着くことになった。（3）この第三の答えに込められていた政治的期待が失望のうちに終わると、ふたつの相対立するリアクションが起こった。すなわち、一方では、哲学ができることを宗教という手本をモデルにして理解するという、他方では、複雑な社会の分業構造のなかで頭を冷やした哲学が自分自身を相対化するという、ふたつの新たな方向が現れたのである。（4）より控えめなこうした自己理解と不可分なのは、科学化した文化の枠組や機能分化した社会のなかで、そして個人化の圧力にさらされている個々人に対して哲学が引き受けられる役割を特定することである。（5）最後に、人権の解釈についてのアクチュアルな論争を例として、現代社会の文化的・政治的公共圏のなかで哲学的啓蒙が引き受ける役割、つまり知識人としてのより影響力のある役割について説明することにする。

（1）哲学の実践的な効用への問いに対するプラトンの答えは、理論そのもの以上に実践的なものはない、というものである。プラトンにとって、世界《コスモス》の観察へと観想的に沈潜することは、最終的には、科学的な意味ではなく、宗教的な意味をもっている。理論は、認識の道と救済の道が一体化するような教養形成過程を約束する。理論は、心情の改心、快癒に向かう精神的回心に至るようなカタルシスをもたらすのである。すなわち、理念《イデア》への上昇のなかで、魂は下級の関心や情念から浄化される。理念の理性的な noetisch 把握へ飛躍することで、魂は物質から解き放たれ、肉体の牢獄から自由になるのである。同様に、アリストテレスの伝統においても、ストア派の伝統においても、理論的な生活形式は、活動的生活 vita activa に対して優位に立つとされている。

それゆえ、古代ヘレニズム時代には、自らの生活を観想に捧げる賢人が模範として尊敬されることになる。しかし、のちの説教者・隠者・修道士といった人物たちとは異なり、賢者が示しているのは、排他的な、それゆえ少数の教養人のみが歩むことのできる救済の道である。このエリート的なあり方だけでもう、哲学は大衆的な影響力がある救済宗教に後れをとってしまった。古代後期以来、ギリシア哲学は教会キリスト教との密接な共生関係に巻き込まれ、神学の学問機関となって、それ独自の救済的意味を失う。「哲学の慰めについて De consolatione philosophiae」といった表題を冠する書物が少なくなっていく一方で、宗教は、慰めや道徳教育といった使命を哲学から奪い去っていく。教会は、人生の苦悩、貧困、病気、死を克服するときに手を差し伸べ、敬虔な生のなかで宗教的教示を与えるのである。その間に、哲学は世俗的な理性の代理人として、ますます認識という使命へと引き下がっていき、ほとんどアリストテレス並みに、理論を救済への道ではなく、認識への道として理解するようになる。

哲学の実践的な効用への問いは、すでにアリストテレスにおいて、もうひとつの別の答えに行き着いていた。つまり、理論はもはや実践哲学という姿でしか実践的意味を獲得しないということである。厳密な意味での理論から切り離されたこの哲学部門は、賢明な生き方という問いへ特化される。それは三つの古典的な要求を放棄するのである。つまり、第一に、宗教的な救済の約束は、善き生への世俗的な指針によって取って代わられる。しかし第二に、こうした生の指導は、理論的知識がもつ確実性を断念せざるをえない。第三に、この人倫的な洞察は、教養形成過程がもつ動機形成的な力をも失ってしまう。それは、その受け手がうまく性格形成ができていることをすでに前提せざるをえないのである。

近代におけるポスト形而上学の思考の諸条件のもとでは、哲学的倫理学はやはり、その実体的な内容をも断念することになる。つまり、いまや正当とされるに至った世界観的な多元主義を前にすれば、哲学的倫理学はもはや、意義のある人生についての特定のモデルを明示したり、それを模倣するよう勧めたりすることはできないのである。リベラルな社会においては、すべての人が善き生もしくは失敗のない生に関する自分自身の考え方を展開して追い求める権利をもつのだとすれば、倫理学は形式的な観点に限定されざるを得ない。倫理学は実存哲学としては、もはやただ意識的もしくは真正な生き方の諸条件と諸様態を説明するだけである。倫理学は解釈学としては、伝統の学習を通じてなされる自己了解を究明する。そして、倫理学はディスクルス理論としては、自分自身のアイデンティティを明確にするために必要不可欠な論証過程をたどっていく。カントとキルケゴール以来、近代倫理学は、もはや万人が認める模範的な生のモデルを明らかにするのではなく、私的な個人に対して、真正な生き方という目的のために一定の形式の反省に取り掛かるよう助言を与えるのである。

(2) 倫理学のアリストテレス的伝統とは異なるのが、実践哲学の真に近代的な形態、すなわち、カントにおけるような理性法と義務論的な道徳理論である。これは、全体として見たときにわたしにとって善いものとは何かという実存的な問いを、万人にとって等しく善いような公正な共同生活の規則についての道徳－政治的な問いによって置き換える。公正なものとして妥当するのは、各人の均等な利害関心に根ざしており、それゆえ諸々の理性的な主体の普遍的同意を当てにできるような諸規範なのである。

その際、自然や世界史に体現される客観的な理性という概念は、行為者の主観的能力へと変化することになった。本来的に平等な行為者たちは、自分たちの共同生活を自律的に統御することを意志する。カントとルソーは、自律を、万人にとって等しい善を洞察したすべての人に受容されうる法則に自分自身の意志を結びつける能力として理解している。この平等主義的な普遍主義によって、哲学は「ただ理性のみから」、巨大な爆発力を持った諸理念を生み出すのである。すでにヘーゲルが考えていたように、フランス革命は「哲学を出発点としていた」。フランス革命は理性法によって、「人間はさかさまに auf den Kopf すなわち思想で立ち、現実を思想に従って建設する」[1]という、それまで存在しなかったような要求を掲げたというのである。自然法と革命とのこうした内的連関は[2]、われわれの出発点となった問いに対する第三の答えを可能にする。すなわち、哲学が思想のうちで先取りする公正な社会は、「変革的な」実践という政治的な方途によって実現される、という答えである。しかし、理論と実践のこうした関係も、時とともに問題含みのものとなってしまったのである。

理性法的な規範主義は、まずは一八世紀に成立した歴史哲学的な思考の助けを必要とした。公正な政治的公共体もしくは正しく設立された社会という、理性によって根拠づけられた理念の批判的機能は、たしかに過小評価されてはならない。こうした理念の光に照らすことで、既存の不正が告発され、より公正な状態が政治的に要求されるのである。しかしながら、どうあるべきかを根拠づける規範理論は、あるべきものが実践的にどのようにしてもたらされうるかについては何も語らない。ヘーゲルは嘲笑的に「当為の無力」という言い方をしている。それゆえ、すでに歴史意識の変化によって新たな重要性をもつようになっていた歴史という領域のなかに、いわば自然発生的に規範的理念へ向かう運動が探し求められたのは当然の成り行きであった。歴史における理性の実現というこのテーマはカントによって取り上げられたものであり、ヘーゲルは最終的に、カントにおいてはなお歴史の彼岸で働いていた理性の活動を、自然と歴史を通じて貫徹していく理性の発生という過程概念へ翻案することになった。

カントの場合、理性的な規範と非理性的な現実との懸隔は、歴史哲学的な思慮によってたんに鼓舞されるだけの個人の道徳的な実践に委ねられたままであったが、ヘーゲルはその懸隔を弁証法的な歴史哲学によって架橋する。そしてもちろん、青年ヘーゲル派は、前もって論理的に定められているそのような歴史の宿命論から再び離脱し、歴史的に行為する主体そのものが責任を負えるような実践の余地を作り出さねばならなかった。自分たちの教師の哲学体系に魅惑されると同時に反発することで、フォイエルバッハとマルクスは観念論的な哲学形式を批判したが、その理性的内容は保持しようとした。ヘーゲルは宥和をもたらす哲学思想を媒介にして、宥和のないまま進行していく社会的現実を美化したにすぎなかったので、いまや「行動の党派」が、哲学を実現するために哲学を止揚しようとするのである。それとともに、理論と実践との古典的な関係は、その反対物へと転化する。理論はいまや二重の姿で、つまり、一方では虚偽意識として、他方では批判として現れてくる。しかし、どちらの場合も、理論は社会的な生活連関の実践に埋め込まれ、それに依存し続けるのである。もちろん理論は、批判としては、自らを自立していると思っている理論が無意識のうちにとらわれている文脈へのそうした依存を見抜いている。自らの社会的な根底を認識する批判的となった理論は、二重の仕方で反省的となる。すなわち、自分自身が歴史的に成立した文脈を鏡とすることで、理論は同時に、解放的な実践への批判的洞察によって駆り立てられる担い手を

発見するのである。(3)

こうしてマルクスはヘーゲルの理論を翻案し、社会的基盤の実践的な変革をもたらすはずの経済学批判に変貌させた。マルクスはこの実践を、哲学の止揚であると同時にその実現であると理解している。この大げさな思想は、破壊的なソヴィエト・ロシアの実験の途方もない失敗によってはじめて否定されたわけではない。こうしたやり方で哲学を実践的にすることは、すでに西欧マルクス主義の伝統そのもののなかで批判されていた。これについては、以下の三つの点を挙げておく。

第一に批判されるのは、背景にある歴史哲学的な想定である。歴史哲学は決して形而上学の全体性思想と決別していたわけではなく、目的論的な思考図式を自然から世界史の全体へ移し替えただけだった。しかし、哲学には次第に科学の可謬主義的な意識が入り込み、その歴史的思考を形而上学の残滓から浄化することになった。もはや歴史の匿名的な運命と構造変化のなかに隠された意図が明らかになることはないのである。これに関連して、第二に、批判は、世界史のスクリーンに身の丈以上の行為者を投影することに対して向けられる。「社会階級」・「文化」・「民族」・「民族精神」といった秩序概念は、まるで大文字の主体であるかのように見える。しかし、個々の諸主体のさまざまな意図は、せいぜいのところ意見や意志の間主観的な形成過程のなかで、批判的な社会発展への意識的な介入へとまとめ上げられるだけなのである。最後に、社会的な変革というプロジェクトには、批判する理性そのものの思い上がりに批判の懐疑を向けさせるようなひとつの前提があることがわかる。つまり、はっきりしているのは、抑圧された苦悩の歴史がいつまでも繰り返されることから解放されたいというそれなりに理解できる衝動に代わって、意のままにできない偶然的な社会史を支配しようという関心が出てきてしまったということである。社会史を支配するというこの考えは、人間精神の有限な構造を無視するものであり、コミュニケーション的に行為する諸主体の「イエス」と「ノー」によって支えられている実践の多元主義的なあり方を見誤っている。それは、社会化された諸個人による間主観的に根を下ろした実践を、集合的に自己主張するひとつの主体の技術的な介入と取り違えているのである。

（3）アドルノもまた、理論の実践化というポスト・ヘーゲル的な欲求のうちに、道具的でしかなくなった理性の全体主義的な核心を発見した。とするると、哲学は一体どのようにして実践的となりうるかという問いを立てるのは誤りなのだろうか。わたしはこうした結論を下すのは性急だと考える。もうただの学問でしかなくなって、公共的な方向付けへの要求に耳を貸さなくなった哲学を目にするとき、われわれはここには本質的な契機が欠けているという苛立たしい感情を抱く。アカデミックな専門領域へ退行した哲学はもはやまったく哲学ではないという感覚を追い払うのは難しい。全体化する思考や全体としての存在者についての思弁が欠けているということについては、われわれはさほどそれを欠陥であるとは感じない。理性を出発点として行われるべき形而上学的な意味付与は、近代においては、特に二〇世紀に起こった破局を考えれば、二度と取り戻せないほど失われてしまったように思える。専門領域のうちに埋没する哲学のアカデミックな委縮形態に欠けているのは、もっと別のものである。つまりそこには、生のなかで方向を定める力を哲学のメッセージに与えるような視点が欠けているのである。

理論の誤った実践化が失敗した後で、今日では、講壇哲学と世俗哲学というカントによって強調された古い対立が新たな姿で現れてきている。禁欲的な専門分野から区別される公衆向けの exoterisch 思考路線は、ただ単に学問的な議論そのものから生じるような、自己定義に基づいた問題にのみ答えるわけではないという利点をもっている。それは、個人や社会の生活から哲学のほうに近づいてくる諸問題にも立ち向かうのである。そのような試みは、自分自身の力で規範的な自己理解を形成するという、手本なき近代の要求に応えるものである。近代の哲学的ディスクルスには、その擁護者であるハンス・ブルーメンベルクやカール＝オットー・アーペルも、ポストモダン的な批判者であるミシェル・フーコー、ジャック・デリダ、あるいはリチャード・ローティも、同じように参加している。誰が理性の自己批判を正しい仕方で遂行しているかというこの論争の内容には、ここで立ち入ることはできない。しかし、今日なお哲学ができると自負しうるものは何かを考えるとき、この論争のなかで哲学の終末論的な自己理解とプラグマティックな自己理解とのあいだに出現した緊張関係は、わたしには興味深く思える。

ハイデガーはニーチェを受け継いで、西洋の文化と社会の歴史をプラトン主義とギリシア化されたキリスト教の歴史として理解している。彼は近代の人間主義的な自己理解の克服を目的として、形而上学の歴史を脱構築する。自己絶対化する主観性に代わって、沈着した態度 Gelassenheit を取るべきだというのである。同時に彼は、この形而上学批判的な企てに対して、観想の根源的に宗教的な意味を思い起こさせるような意義づけをしている。ただし、存在の哲学的な「追想」は、個人の救済よりは、時代の epochal 災厄の「克服 Verwindung」に役立つとされる。後期のハイデガーは、真理のできごと Ereignis に特権的に近づく資格のある選ばれた思想家の身振りを自分のものとする。彼は、神秘的に脚色された思考には、来たるべき西洋の救済を早めるような、追い立てるような魔術的力があるかのように考えているのである。いずれにせよハイデガーは、「思想家」が神に見捨てられた近代の運命に対して知性によって影響を及ぼすことができると信じている。弁証法哲学は、革命的実践を媒介にすることで、世界史との繋がりを確保しようとした。ハイデガーは、哲学そのものの思考力を疑似宗教的に引き上げることで、似たような運命的な繋がりを哲学に保持させるのである。

この黙示録的な解釈においても、哲学は依然として、まさに近代を適切に概念化することで、世界の歴史的運命を双肩に担っている。ここにも引き継がれているプラトン的な伝統は、近世における平等主義的な普遍主義への転換とは両立不可能である。組織された学問的経営体に片脚をとどめ置き、また、諸科学の可謬主義的な意識から逃れられない哲学は、真理の番人という態度を断念せねばならず、もっと大袈裟ではないやり方で生活世界の方向づけをしなければならない。こうした側面から見れば、哲学は、近代世界の分化した諸秩序に自らを自己関係的に組み入れることで、より控えめでより現実主義的な自己理解を手にすることになる。哲学は、近代世界の全体に対する傲岸な権力という態度を取る代わりに、プラグマティックなものとなる。つまり哲学は、世界を解釈すると同時に世界の内部に自らを位置づけることで、さまざまな機能分化した役割を引き受け、諸々の特殊な貢献を行おうとするのである。

（4） 以下で素描するつもりの哲学の公衆向けの役割は、別の場所で説明したような、近代社会についての一定の理解から生じるものである。[4] それによれば、生活世界は、コミュニケーション的に行為する主体同士が日常的な諸問題を共同で処理しようとする了解の実践のための地平を形成するのである。近代の生活世界は、文化・社会・人格といった諸領域へ差異分化している。文化は、真理の問題、正義の問題、および趣味の問題という妥当性の諸相に従って、科学と技術、法と道徳、芸術と芸術批評という分野に分けられる。社会の（家族・教会・法秩序のような）基礎的な諸制度からは、（近代経済や国家行政のように）それ自身のコミュニケーション・メディア（貨幣と行政権力）を通じてある種の独自の生を展開するような機能システムが形成された。最後に、人格性の構造は社会化過程から生じてくるのであり、この社会化過程はそのような複雑な世界のなかで自立的な方向づけを行う能力を次の世代に与えるのである。

文化・社会・人格は、生活世界の私的領域や公的領域と同じように、哲学が同時代の社会のなかで果たしうる機能のための関連枠である。もちろん、外部から行われる社会科学的な役割付与と、役割を演じる者の哲学的な内部視座に基づく知覚とのあいだには、緊張関係が存在する。全体性との関係は、たとえ漠とした生活世界的な背景の全体との関係であるにせよ、哲学的思考に内在しているが、そうした関係はいかなる種類の機能的特殊化にも抵抗するものである。哲学は、その諸々の役割のうちのどれにも完全に埋没することはありえない。哲学がある特定の役割を果たすことができるのは、同時にその役割を超越することによってのみである。はっきりと輪郭づけられた分業的な操作のイメージに完全に合致するような哲学などというものは、その最良の遺産を放棄してしまうことだろう。すなわち、固定されることのない思考というアナーキズム的な遺産を。

法・道徳・芸術からの科学の分化は、文化の全体のなかにおける哲学の位置を変えることになった。知の専門化は、中世末期までは、基礎科学としての哲学の枠内での分化として行われていた。方法論的なやり方をする近世物理学に対してさえも、哲学はまだ、あらゆる知の基礎づけの権限を主張していた。しかし、ヘーゲル以降は、究極的基礎づけを行う認識理論でさえも、事後的な理由づけをする科学理論に諦めて道を譲るのであり、哲学はただもう、自律的となった諸科学の独自の発展に反応することしかできなくなる。にもかかわらず、哲学がその制度上の位置を大学のなかに、したがって諸科学の傍らに保ち続けたのは、単に慣習からだけではなく、体系的な理由からでもある。哲学は、プラトンの時代以来、想起的なanamnetisch概念分析の手続きのうちで鍛錬されてきた。だから、哲学は今日でもまだ、前理論的な慣習知の再構築を通じて、認識・言語・行為の合理的基礎を解明しようと努力している。その際哲学は、原理主義的な要求なしに、そして可謬主義的な意識によって、他の諸科学との共同作業に入っていく。哲学は往々にして、強い普遍主義的な問題意識をもった経験的理論のための代理人でしかない(5)。哲学は、諸科学と同じように、依然として真理問題に向かっている。しかし、諸科学とは異なり、哲学は法・道徳・芸術との内的な繋がりを保持している。哲学は規範的問題や評価的問題を、自分自身のパースペクティヴから追究する。哲学は、正義の問題や趣味の問題の論理、道徳感情や美的経験の固有の意味に関わりあうことによって、ある言説から他の言説へ移行したり、ある特殊な言語を他の特殊な言語に翻訳したりする独自の能力を保ち続けるのである。

ここでわれわれが出会うのは多言語性のもつ独特の特徴であり、それは、妥当性の差異を一様に均すことなしに、互いにばらばらとなる理性の諸契機のうちで統一を保つことを哲学に可能にするものである。多元化された理性のこうした形式的な統一を哲学が保持しているのは、決して存在者の全体や普遍的な善についての内容的に満たされた概念のおかげではなく、言語やディスクルスの限界を踏み越えつつも、同時に全体論的《ホーリズム》な背景文脈に対する感受性を持ち続けるという哲学の解釈学的な能力のおかげなのである[6]。他方で、科学との共同作業を取りやめたり、哲学的信念、「生」、実存的な自由、神話、生起する「存在」といった、科学の彼岸の領域へ固執したりすることは、決して哲学のためにはならない。科学との接触や、専門の内部で生み出される諸問題への取り組みがなければ、哲学は、公衆向けの役割を果たしうるために自らが必要とする固有の洞察力を失ってしまうのである。

公共的な知識人の興味深い役割に立ち入る前に、(a)科学的専門家の役割と、(b)治癒的な意味仲介者の役割について議論させていただきたい。もちろん哲学的な知は、これらの役割のいずれにも、独占的に近づける資格をもっているわけではない。哲学的な知は至るところで、別のところに由来する知と競合しているのである。

(a)社会における諸々の機能システムは、専門化された知に依拠しているのであり、システムはそうした知をとりわけ専門家から調達する。専門家は自らの職業的な知を用いて、利用者の視点から自分たちの前に示される諸問題に答えを与えるべきなのである。そのような「技術的な」問題に対しては、何よりもまず、当該の自然科学や社会科学が担うような、適用に関わる知がうってつけである。この文脈では、一般に精神科学の歴史解釈学的な知と同じように、哲学的な知が活躍することは稀である。それでも哲学者は、境界問題について、方法や科学批判に関わる問題について、とりわけ、エコロジーや遺伝子技術の規範的問題、一般に新しいテクノロジーの投入によるリスクや帰結といった問題について意見を聴取される。稀なケースでは、政治的・倫理的な自己了解の問題も問われてくる。例えば、克服された過去の体制による政治犯罪を議会で清算するケースなどである。とはいえ、例えば医学の境界領域における決めがたい諸問題に関連して、いまや広く普及するに至った倫理委員会の例を考えると、若干の苛立たしさを抑えることはできない。何ものにも縛られぬ哲学的思考法と、そのような専門家としての役割を制度化する圧力とのあいだには、明らかに認識上の齟齬がある。哲学者が専門家の役割に自重する必要がないとしたら、それは、彼が自らの知の道具化に対抗して、いかなる専門的見解にも限界があるという意識を持ち続ける場合だけであろう。

（b）それに対して、哲学は、個々の――そしてますます個々ばらばらにされていく――人々の私的な意味探求という欲求に応えるためには、十分な手持ちの道具があるように見える。しかし、哲学はこうした期待も無条件に叶えることはできない。正当な世界観的多元主義の内部では、普遍的に承認された形而上学の後ろ盾のない哲学者は、もはや個々の人生設計の中身に賛成したり反対したりといった態度を取ることはできない。ポスト形而上学の思考の諸条件のもとでは、哲学者は、失われてしまった宗教的な信仰確信や宇宙論的な位置確認を世界観的に代替するものを持ってきたところで、方向づけを必要としている近代の子供たちを満足させることはできない。哲学者は、実存的な限界状況のなかで慰めを与えることを神学者に任せなければならない。哲学は神学的な救済知も臨床的な専門知も拠りどころとすることはできず、それゆえ、宗教や心理学のように「人生の助け」を行うことはできない。哲学は倫理学としては、自分が誰であるか、誰でありたいかというアイデンティティの問題において、理性的な自己了解へと指導することはできる。しかし今日では、哲学的倫理学の「治癒的な」役割は、意識された生き方へと鼓舞することに尽きる。個人の生の意味に対する反省を当事者自身に委ねるような哲学的「助言」の態度は、「意味の仲介」ということを顧慮するなら、禁欲的である。

(5) 哲学者が、もっと幅広く、もっと厳密に画定され、歴史的にもっと適切な裏づけのある影響力発揮のチャンスをもつのは、専門家や意味仲介者の役割においてではなく、近代社会の自己了解の公共的な過程に参加する知識人の役割においてである。ここには、空間的に分化し、事柄ごとに特殊化した多くの公共性が重なり合っており、これらの公共性は、国民的なレベルでは、マスメディアによって媒介された文化的・政治的公共圏のうちに収斂する。国民的な公共圏は同時に、世界的に広がるコミュニケーションの流れによって横切られ、補われる。こうした公共空間は、自己言及的に閉じた機能システムのパースペクティヴからではもはや気づかないような社会全体に関わる問題にとっての共鳴板になっている。したがって、市民社会に zivilgesellschaftlich 繋ぎ止められた公共圏の漠としたネットワークは、高度に複雑な社会がなお自らについての意識を作り上げることができ、また、その社会が自らに政治的な影響を及ぼさざるを得なくなるような諸問題を処理することのできる場なのである。多くの行為者たちがさまざまなテーマと貢献に気を配っているのは確かである。われわれの関心を引くのは、委託を受けたのではなく、尋ねられたわけでもないのに、普遍的なテーマに対して根拠ある意見表明をするために自らの特殊な職業的権限を使用し、それによって際立った地位を占めるような行為者のグループである。こうした知識人が依拠することのできる権威とは、せいぜいのところ、すべての重要な観点をそのつど不偏不党に、そしてあらゆる利害関心を均等に顧慮するという野心的な要求を多かれ少なかれ実行することで得られるような権威だけである。

哲学者はいくつかの問題に対しては、作家、職業専門家、学者といった他の知識人以上にうまく対処する用意ができている。第一に、哲学は現代社会の時代診断的な自己理解に対していくぶん特殊な貢献をすることができる。というのも、近代のディスクルスは、一八世紀後半以来、主に理性の自己批判という哲学的な形式で遂行されてきたからである。第二に、哲学は、自らと全体性との関係や、一定の解釈を行うための自らの多言語性を豊かなものにすることができる。哲学は、科学に対しても常識に対しても等しく親密な関係を維持し、専門家文化の特殊言語も実践に根ざした日常言語も同じくらい良く理解するのだから、例えば、科学と技術、市場と資本、法と官僚制の干渉によって空洞化される生活世界の植民地化を批判することができる。第三に、哲学は本来的に、規範的な共同生活、特に公正な政治的共同生活という根本問題を扱う権限を持っている。哲学と民主主義は、単に歴史的に同一の成立文脈に基づいているだけではなく、構造的にも相互に依存し合っている。哲学的思考が公共的な影響力をもつには、思想やコミュニケーションの自由が制度的に保証されていることが特に必要であるが、他方で反対に、つねに危険にさらされている民主主義的なディスクルスは、こうした合理性の公共的な番人による警戒と介入を頼りにしているのである。

近代ヨーロッパの歴史においては、ルソーからヘーゲルやマルクスを経てジョン・ステュアート・ミルやデューイに至る政治哲学が著しい公共的な影響力を発揮してきた。政治は哲学による解明が必要であるということのアクチュアルな例を差し出しているのが、論争が続いている人権についての解釈である。

一体となりつつある国際社会は、今日ではもはや単に国際的な交渉の規則が強いられるだけではない。それを超えて、個人が国内の交渉においても拠りどころにでき、さらに場合によっては自分の政府に対する告訴もできるような世界市民法へと国際法を変容させる必要性が明らかとなってきているのである。そのために、さまざまな宣言のうちに法典化された人権が与えられている。一九八九年以来活発となっている国連の人権政治を背景として、また、非政府機関が世界的に主導権を握ったという印象のもと、人権の正しい解釈をめぐる論争が激しくなっていった。確かにソヴィエトの崩壊以来、ふたつの社会システムのあいだの考え方の違いは後方に退いた。しかしそれに代わって、文化間の対立が、特に、一方では世俗化した西洋とイスラムの原理主義的な潮流とのあいだで、他方では個人主義的な西洋とアジア的な伝統とのあいだで、姿を現すことになった(7)。

ここではこの議論にも、より詳しく立ち入ることはできない(8)。しかし、この例が示しているのは、哲学がいかに直接に政治的な影響を及ぼしうるかということである。最後に、わたしが哲学による解明を望ましいとも可能であるとも考える三つの本質的な観点を述べさせていただきたい。

——まずわたしは、さまざまな文化的出自を持つ参加者たちのあいだで行われる人権についてのディスクルスの解釈学的な出発点となっている状況について反省することを提案したい。それによってわれわれは、了解を目指しているあらゆるディスクルスの暗黙の前提にすでに含まれている規範的内容に気がつくだろう。すなわち、文化的な背景からは独立して、すべての当事者は直観的に、もしコミュニケーション参加者のあいだに対称的な関係が存在しなかったら確信に基づく合意は可能ではないということを十分よくわかっているのである。対称的な関係とはつまり、相互承認の関係、互いにパースペクティヴを引き受けあうような関係、自分自身の伝統を他者の眼差しによっても眺め、互いに学習しあう用意があることを皆が共同で想定しているような関係、などである。

――次にわたしは、人権という考え方のうちで用いられている主観的権利の概念について反省することが有益であると考えたい。この方法を取ることで、個人主義者と集団主義者との論争は、ふたつの誤解を明るみに出すことができるだろう。つまり、西洋起源の所有個人主義は、前もって、しかも間主観的に承認された法共同体の諸規範からしか主観的権利が演繹できないということを見誤っている。確かに主観的権利は、個々の法人格の一部として備え付けられている。だが、主観的権利の担い手としての法人格という地位は、相互承認に基づく共同体の文脈のなかでしか構築されえないのである。しかしながら、あらゆる共同化 Vergemeinschaftung に先立って存在し、生得の権利を持っている個人という誤った命題とともに、法共同体の要求は個人の権利要求よりも優先するという反対命題もまた消滅する。これらふたつの理論戦略のあいだの二者択一は、個人化過程と社会化 Vergesellschaftlichung 過程との逆向きの統一を間主観的なアプローチの根本概念へ取り入れるならば、空疎なものとなる。つまり、人格は一般に、社会化という道を経ることでのみ個人化されるのである。

――最後に、当為文と価値命題、規範的表現と評価的表現との異なる文法的役割を解明することが重要であろう。というのも、権利と義務についての義務論的な考察は、価値選好についての価値論的な考察に同化されてはならないからである。自らのアイデンティティを異なる生活形式と伝統のなかで形成した諸党派のあいだの合意は、それが実現されるべきなのが、国際的なレベルであるか、異なる文化のあいだであるか、同じ国家の内部であるか、異なるサブカルチャー的な生活形式や集団のあいだであるかに関わらず、実存的に両立不可能な生活指向をもっている場合にはつねに困難である。それだけにいっそう、（相互的な権利と義務のための）義務づけを行う諸規範への合意は、文化的な事績や生活様式を互いに価値評価することにではなく、すべての人格は人格として平等の価値をもっているという想定にこそかかっているという洞察が助けになるのである。

原註

（1） Hegel, Werke (Suhrkamp), Bd.12, 529.〔『歴史哲学講義』（上・下）長谷川宏訳、岩波文庫、一九九四年〕

（2） J. Habermas, Theorie und Praxis, Frankfurt am Main 1971, Kapitel 2, 3 und 4.〔『理論と実践——社会哲学論集』細谷貞雄訳、未來社、一九九九年〕

（3） Vgl. die Einleitung zu: J. Habermas (1971), 9–47.

（4） J. Habermas, Theorie der kommunikativen Handelns, Frankfurt am Main 1981.〔『コミュニケイション的行為の理論』（上・中・下）河上倫逸／M・フーブリヒト／平井俊彦訳、未來社、一九八五—一九八七年〕

（5） J. Habermas, Die Philosophie als Platzhalter und Interpret, in: ders., Moralbewußtsein und kommunikatives Handeln, Frankfurt am Main 1983, 9–28.〔『道徳意識とコミュニケーション行為』三島憲一／中野敏男／木前利秋訳、岩波書店、一九九一年〕

（6） J. Habermas, Edmund Husserl über Lebenswelt, Philosophie und Wissenschaft, in: ders., Texte und Kontexte, Frankfurt am Main 1991, 34–48.〔『テクストとコンテクスト』佐藤嘉一／井上純一／赤井正二／出口剛司／斎藤真緒訳、晃洋書房、二〇〇六年〕

（7） Vgl. J. Habermas, Vom Kampf der Glaubensmächte, in: ders., Vom sinnlichen Eindruck zum symbolischen Ausdruck, Frankfurt am Main 1997, 41–58.

（8） J. Habermas, Zur Legitimation durch Menschenrechte, in: ders., Die postnationale Konstellation, Frankfurt am Main 1998, 170–192.

訳者解説

三島憲一

「理性は、［…］全体化的な認識のどんなに隠れた形態をも放棄する」（本書一五九頁。以下頁数はすべて本邦訳による）。

哲学や思想の世界ではもう長いことふたつの流れが——特に日本でだが——無関係に併存している。ひとつは、言語の分析を重視する立場であり、もうひとつは、伝統的なテクストを精密に解釈し続ける流れである。

いわゆる分析系と言われる前者の立場は、「ここにコップがある」という文章の意味を、あるいは、「明けの明星は宵の明星である」という命題を厳密に分析しようとする。あるいはラッセルやウィトゲンシュタインの初期の哲学から出発して、神や精神についての、意味や価値についての「形而上学的な」議論をバカにする。その奥には、現象学を通じて「厳密学としての哲学」を志向したフッサールの姿も揺曳している。

言語を扱う以上、当然のことながら、情報と情報の伝達にも興味を示す。情報関係のプログラムから人工知能（ＡＩ）や脳に関する認知科学にまで関心が広がる。数学的思考が中心で、デジタル文化にも嬉々として耽る。精密言語による生活の革新の夢の実現は近い。人間の自由などは幻想である。

反対に伝統的なテクストに読み耽る人々は、プラトンやスコラ哲学、あるいは、カントやヘーゲルを丁寧に解釈すれば、そしてその解釈に大多数の人々の賛成が得られれば、世の中の愚劣と退廃はほぼ収まるのではないかと、それが非現実的な考えであることをどこかで承知しながらも、思っている。もはやドイツ観念論的な、概念による体系の建設は不可能であることは理解しながらも、ヨーロッパ文化の核のひとつである哲学的語彙の意味の変容とその解釈、それの現代への自分なりの適用が哲学の、少なくともアカデミックな哲学の営為だと思っている。あるいは、そうした伝統の語彙の解体と脱構築によって文化を根源的にひっくり返せると思っているおめでたい人々もいる。現代のさまざまな現象とも渡り合うことで部数的には大成功を収めている哲学者も少なくはない。ある種のエリート意識があるためか、メディアの狂騒とデジタル文化は軽視し、消費文化からも距離を取っている人も多い。そうした学者たちの日常の価値観は意外とコンベンショナルだ。自分たちの聖典の解釈を通じて現代資本主義に挑戦しているマルクシズムの孤独な残党も、その古い日常道徳とともに、同じカテゴリーに属していよう。

悪く言えば、挫折した数学者のオプティミズムと、行き場を失った原書講読主義者の文化批判、古い思想用語で言えば、英米系の分析哲学と、大陸系の政治哲学や社会哲学——知的自慰のこうした無関係なふたつの流れが、自慰でもなんでもなく、また無関係であるどころか、見事に架橋可能であることを、そしてその限界において思想史的に記述可能であることを明快に示したのが本書『真理と正当化』である。本書では、真理概念も正当化概念も、脱構築されるのではなく、書き換えられて行く。古典的な解釈学の徒のように立ち止まって後ろを振り返ったまま硬直することもなく、脱構築のシャボン玉飛ばしのように泡を追いかけて先を急ぎすぎることもない。脱構築はまだ「理性」を解体しようとしたが、ハーバーマスから見れば、理性などという実体的なものが存在するわけではなく、あるのは、理性的な行動、理性的な発言、理性的な論拠などにすぎない。あるいは「これこれは理性的である」と、普遍化された議論参加者のパースペクティヴからなら受け入れ可能であると見ることでしかない。さらに受け入れ可能性から普遍的妥当性にいたるディスクルス（討議）の手続きでしかない。議論の対象となるのは、ローティ、ブランダム、パトナム、シュネーデルバッハ、歴史的にはフンボルトやヘーゲル、そしてカントである。

著者ハーバーマスは、一昨年に新聞のインタビューで、自分たちの世代の功績は、ドイツ観念論を分析哲学の用語で書き換えたことにあるといった趣旨をこう述べている。「わたしの世代がアメリカ、フランス、時にはイギリスの哲学者たちの興味を引き起こし、そして彼らに認められるようになったのは、ただひとえに、われわれが自分たちの伝統の強いところを分析哲学の手段で解き明かし、体系的な諸問題を取り扱うにあたってカントからヘーゲルを経てマルクスにいたる水源から汲み続けたがゆえです」（『フランクフルター・ルントシャウ』紙、二〇一四年六月一三日、傍点筆者）。これを、本書の表現で言えば「言語論的カント主義の流れをくむプラグマティズム的認識実在論」（八頁）ということである。

「言語論的カント主義の流れをくむプラグマティズム的認識実在論」などと言われても、大方の読者はチンプンカンプンだろう。二〇〇九年、ハーバーマスの八〇歳の記念にケルンの新聞に、かつて学生の頃に彼のゼミに出ていた文化記者が書いている。学生の彼がゼミの最中に、なんだかいい加減な質問をしたら「あなたは、カントをプラグマティズムの立場から読み直してアドルノに対抗しているわけですね。それは面白い」とお褒めにあずかった、というのだ。ところが本人は、何を言われているのか、まったくわからず、きょとんとするだけだった。ゼミ終了後、図書室に駆け込んで、哲学事典で「プラグマティズム」の項を引いてみたそうである。現場にいたそれなりの学生でこれだから、われわれがピンとこないのも無理はない。

その意味合いを少し探ってみよう。まずはカントである。カントは人間一般が対象を認識する際の主観の認識の可能性の超越論的条件を問題にした。もともとは例えば「神」といった超越的存在の認識の可能性の条件を問うたのだが、今ではそのことは大した問題ではない。認識一般の可能性の条件と考えてよいだろう。だが、そうしたいわゆるメンタリズム（精神もしくはmindから認識問題を考えるモデル）は、「表象する主体がその対象に正しい仕方で関わるならば、それによって認識の客観性は保証される」（二九三頁）とするものである。同時に、そういう主体は自分自身をもっともよく対象化できる。つまり、自分の条件を確実に認識できるとするものである。「わたしは、客体についての自分の表象をもう一度さらなる表象の対象にすることによって、「主観性」と呼ばれる内面性を切り開いていくのである」（二三〇頁）。

だが、こうした主体と対象（あるいは客体）という、幾世代もの哲学者にとって認識論の当然とされてきた前提は、パースに始まりローティにいたるプラグマティズムのなかで解体された。「言語論的な捉え方によれば、意見の主観性は、もはや世界との直接的な対決を通じて検証されるのではない。検証は、コミュニケーション共同体において達成される公的な一致によってなされることになる」（二九三頁）。たしかに、孤独な自我が、なにかを真理であると思っても、それは思い込み（ドクサ）かもしれない。真理は相互の公的な検証を経て真理として妥当するにはちがいない。

これによって経験の客観性は、了解の間主観性に取って代わられる。「言語と世界の関係は、話し手と聞き手のコミュニケーションに依存するものとなる。何かの表象、何かについての陳述という垂直的な世界関係は、コミュニケーション参加者の相互的関係という水平性へといわば曲げ戻される」（二九三頁）。つまり、主体が自分では孤独な自己による普遍化可能な手続きを経た客観的な認識と思っていたものも、実は良く考えてみれば、同じように認識を求める人間同士の相互コミュニケーションが土台になっているというのだ。他の人がいるから、あるいは彼らの同意に依拠しているから、自分も認識に挑んでいるのだ。孤独な自己の内観というのは幻想である。「そもそもの生い立ちから他者と結ばれているがゆえに、われわれは独りになることもできるのだ[1]」とは、京都賞受賞の際の記念講演の核心的文章である。

幾世代もの、哲学の初学生が、カントの超越論的思考のあまりの抽象性に驚き、哲学から訣別したのには、それなりの実質的な理由があったわけである。カントの概念構築には、真理の対話性を無視したところがあったのだ。ハーバーマスも高校時代に『純粋理性批判』を手に取ってみたけれども「「超越論的感性論」から先にはほとんど進まなかった」と母校の生徒新聞に寄せた文章に書いているそうだ[2]。つまり、冒頭部分で挫折した「凡人」であった。「自分のような凡人の頭では無理だ」とか「もっと生きた現実に触れたい」といった、カント読者の一見素朴な失望は、この超越論的思考が、われわれの日常のコミュニケーションとそれを支える生活世界を無視していたことにあったのだ。プラグマティズム的な真理論と現象学の生活世界論を待たねば、「凡人」のコンプレックスは克服できなかったわけである。

だが、カントがその空疎さを理由に単純に放棄されるわけではない。プラグマティズムを通じて認識論の自我中心主義が克服されるが、それでもカントの名前にハーバーマスが固執するのは、普遍性への志向からである。というのも、ウィトゲンシュタインの言語ゲーム論でも、ローティのプラグマティズム的思考でも、それを彼らがしたようにナイーブに突き詰めると、認識相対主義、あるいはコンテクスト主義に傾きやすい。他者との公的議論と言っても、経験的には一定の枠のなかでしかないからである。コミュニケーション共同体は、文化共同体という形で無数に存在するからである。公的対話を深く軽蔑するハイデガーも、歴史性の思考において同じであった。知はそれぞれの時代に贈り与えられた（ハイデガー）、あるいは、それぞれの文化共同体において構築された（ローティ）ものとなる。それに対してハーバーマスは、あくまで認識と規範の次元での普遍主義を主張する。カントの超越論的分析を生活世界の分析へと切り下げ（「デフレ化」）ながらも、「超越論的分析は、社会文化的生活形式がもつ歴史的な多様性のなかにくりかえし出現する恒常的特徴の探求へと向かう。それに見合って探求の視野もまた、超越論的問題設定をあくまで堅持しながらも拡大していく」（一五頁）。それは、分析哲学がそこにとどまりがちであった命題文の分析によってではなく、対話しあうコミュニケーション参加者の発話の形式の分析によることになる。さらには、まさにプラグマティズム的に、実際にやってみることによって、命題が本当にその通りであるかどうかがわかる、行動との結びつきによってわかることが重視される。「プラグマティズムの観点から見れば認識過程とは、問題を解決し、学習過程を可能にし、誤りを訂正し、反対意見を無力化していく機敏な行動と見なしうる」（三三頁）。

言語論的転回、正確にはスピーチアクト論に依拠した語用論的転回にともなってコミュニケーション参加者の視点というプラグマティズムを採用した場合には、言語が、かつての世界構築的な精神ないし理性の位置を占めかねない。それによって先に述べたような、言語ゲームごとの対象とその認識というコンテクスト主義が成立しかねない。規範や道徳の次元では文化ごとにそれらが違うことこそ正当であるという文化相対主義、反ヘゲモニー的な判官贔屓の心情とも結びつきやすい異文化理解論に傾斜しかねない。本当は賛成できない風俗習慣でも、西側のメインストリームが批判するから、それに「カチンと来て」なんとなく弁護する。第三世界のどこかの文化の日常が西欧の人権思想に反していても、特権的地位からとやかく言うべきでない、ということにもなる。あるいは、「日本には日本の価値観がある」ということになる。しかし、それではまわりの社会的習慣でしかないものに距離を取り、場合によっては「ノー」と言い、他の可能性を探究するという、それこそ近代性の基本的性格が無視され、人類学者の趣味的異文化に埋没することになる。「多数存在する言語ゲームの文法へという転回――は、言語の脱超越論化ではあるが、そうした歓迎すべき側面とは別の面もある。事実として習慣化している言語使用に記述的なアプローチをすることで、ウィトゲンシュタインは同時に、認識に関わる言語の次元を慣習的な側面と同じものとして平板化してしまった。主張文を正しく使用しうるために知らなければならない真理条件が、ただ習慣化しているだけの言語実践からしか読み取れないとするならば、妥当性と社会的通用との差異はたちどころに消滅してしまう。つまり、それを言うべき正当性がわれわれにあるものが、単に慣れ親しんでいるだけのものへと変わらないとされてしまったのである」(九五頁)。例えば「男性」と「女性」で呼びかけが異なったり、「目上」と「目下」で言語表現が異なったりすることに、抑圧や歪みを見て「ノー」を言う可能性も正当化できなくなる。

もちろんのこと、言語と対象は、そして言語と社会的規範や制度も、区別不能なまでに相互に絡み合っていること、われわれが客観的に向き合っていると思い込んでいても、その対象はすでに先行的に言語による解釈に徹頭徹尾浸透されていることは、そしてそれが「文化」によって異なるかもしれないことは、認めなければならない(解釈学的構築主義)。その上で、プラグマティズム的な思考、つまり、実際の行動によってわれわれは世界に、そして規範にかかわっていることを思い起こせば、そこには認識対象についてのある程度の客観的な実在、つまり自然史的には「弱い自然主義」もしくは認識論的には、「弱い実在論」という考え方が可能となる。解釈学的に理解される文化であれ、分析的に観察される自然であれ、プラグマティズム的に見れば、われわれの想定に対して強力な抵抗力を発揮し、われわれの想定を覆していくことによってわれわれの学習過程を修正していくという意味で、ある種の「客観性」の想定を要求しているわけである。それはもちろん、素朴実在論ではない。つまり、「科学の営為において「成功」もしくは「知の増大」とされることも説明できることを示しうるならば、真理概念を認識論上の実在論によって重々しく膨らませなくとも、われわれの記述から独立した世界の存在という想定を弱い実在論によって救出することができるだろう」（三〇六頁）。さらに、客観世界と規範や価値に関わる間主観的世界ももちろん、混同してはならない（その混同が例えば、本書におけるパトナムへの批判の理由ともなる）。「「生活世界」と「客観世界」というこの構成は、理解と観察という方法的な二元論と手を携えている。この二元論のなかには超越論的認識と経験的認識の区別がある程度反映している。意識哲学は全体としては一人称の視点と三人称の視点――すなわち一方では自分自身の表象を対象とする人間の自己観察と、他方では客観化をめざして対象自体に向かう人間の観察――の方法的差異に支配されていた。この古典的な差異に代わって登場するのが、二人称の視点と三人称の視点――「コミュニケーション参加者の解釈行為」と「観察者の対象知覚」――の間の二元論だ」（二一一―二一二頁）。このあらたな二元論こそが、「弱い実在論」に見合うのである。

その際に重要なのは、生活世界的な確実性（「背景的確実性」）である。どんなに対象が相対的に構築された所産であると論じても、絶対的な構築主義に立つことは不可能である。日常の生活世界的確実性と知的構築との差異を無視して絶対的相対主義に立つならば、「われわれは、橋に足を踏み入れることもできなければ、車を使うことも不可能だし、手術に身を任せることもならず、おいしく調理された料理を楽しむことも無理となろう」（三〇八頁）。構築主義についての国際会議にすら行かれない。規範についても同じことが言える。二人称の持つ独特の構造が論じられる。「なるほど、自分の体験や想念を表現する第一人称の表現的態度を取るか、あるいは、第三人称の客観化の態度、つまり環境世界を知覚し記述する第三人称の態度を取るか、それは誰もが自分で決めることができる。ところが、第二人称の人格に対して話し手が発言を向けるときの態度は、当該の他者がそれに応じた態度を取るという強制不可能な事態がなければ成り立たない。話しかけられた相手は、話しかけて来る第一人称の人格に語りかける立場という役割を認めることで、第二人称として話しかけられることになる」（八一頁）。卑近な例を言えば、どんなに相対性を論じる男性の論者でも、そしてその中にいるかもしれない女性蔑視論者でも、一旦女性に恋をしたら、男女の対等性の洞察に立つであろう。緊急時に常識が（二人称が必要だし、存在するという「背景的確実性」）が主導的になるであろう。

　ここで、先の新聞インタビューにあるような、意識哲学、あるいはドイツ観念論哲学の自我や主体の分析哲学的な書きかえの例として、古典的な自我の自己反省の次のような書き換えを挙げておきたい。「言語論的転回以降は、G・H・ミードの提案にしたがって、認識主体、発話主体、行為主体の自己自身との関係、つまり自己還帰性（主体の自己反省）は実は、わたしを見る二人称の人格のパースペクティヴを引き受けることなのだ、というように説明した方がいいと考える十分な理由がある」（一二一頁）。自我の自己反省は、自己自身の視線や思考に目を向けるが、その際には、本当は自我を対象化しているのではなく（これがデカルトからカントの錯覚である）、自我に対しては他の人格（例えば自分にとって重要な人格を考えればいいだろう）と同じ態度をしているのだ。ミードの有名なパースペクティヴの変換、他者の役割の引き受けは、二人称同士の転換なのだ。古典的用語を使えば、自我を見る自分の目は二人称の視線を引き受けることがあっても（もちろん、それは実際の二人称の視線と一致するわけではないが）、道具的理性の入り込む場ではない。対話モデルは、近代的主観主義の克服につながる。この克服は「存在の歴史」や「脱構築」によってはなされ得ない。なぜならそこには依然として哲学的反省という視点の特権性が働いているからだ。

以上が、「言語論的カント主義の流れをくむプラグマティズム的認識実在論」のおおよその意味合いである。詳しくは本書における言語行為の分析を、さらには、発話行為、発話内行為などについての分析を読んでいただきたい。特に、発話内行為と発話遂行的行為の錯綜した関係の分析は、実は本当の目的を隠しながら猫なで声で人にやさしくするといった、どこにでもあるシーンを文学の用語でなく、哲学の用語で巧みに分析できることを示している。いわゆる「日本的な」コミュニケーション、ほのめかし、阿吽の呼吸などを強調することの欺瞞性も暴露される。こうしたコミュニケーションがインチキとはかぎらないが、これを強調することがインチキなのである。

いずれにしても、聖書のロゴス＝言語論であれ、アリストテレスの言語論であれ、名詞ないし形容詞中心の論じ方であった。唯一アリストテレスの『弁論術』が、公的な場での論議の形式について論じるものだった。(3) それに対して、発話の形式を、つまりさまざまな文の使い方を論じた言語論は、著者もいうように、西欧の思想史においてきわめて斬新なものである。もちろん、ハーバーマス自身他方で、例えばフンボルトのうちにこうした発話行為論の萌芽形式を見ているが、それはあくまで、ハーバーマスが自らの考えを読み込むことによる新たな解釈を通じての発見である。

本書の論文は、一部を除いてそのつどの論争相手に向けられたものであるが、それでも全体としては、古典的な批判理論（ホルクハイマー、アドルノらのいわゆるフランクフルト学派およびマルクーゼなど）に欠如していると言われていた規範的側面に向けられている。古い哲学用語で言えば、カントの実践理性批判の継続である。「実践理性は、認識的合理性と目的論的合理性がコミュニケーション的合理性と、社会的相互行為の枠内で絡みあっている事態なのである」(一四三頁)。これもドイツ観念論の用語の分析哲学と社会学の言葉への翻訳である。

しかも、カントでも払拭しきれていない実質道徳から距離を取り、複雑化した社会、それぞれの人生設計が、そして価値観が、きわめて多様化した社会にあって規範をめぐる公的な議論が可能となる条件を考えるものである。哲学は、具体的な人生論的指針は放棄する。(4) 人生の教師の立場を放棄するという啓蒙以来の撤退作戦——それはまた、哲学のこれまでとは異なった重要性の獲得でもあるのだが——の継続である。

その関連で重要なのが、プラグマティズムおよびパースやポッパーからハーバーマスが学んだ可謬主義(Fallibilismus)である。どれほど経験的に広く認められた知であろうと、やがてそれが、実は間違いであったということが明らかになることがありうる、というものである。そして真理と称する命題は、それが偽りであることが証明されるのはどういう場合であるかが少なくとも含みとして表現されていなければならない、ということも含む(反証主義)。例えば、「キリストは復活した」という命題は、どういうことが明らかになれば、この命題は間違った命題であることが明らかになるかがわからないように表現されているなにしろ二千年も前のことだ。キリストの骨が見つかれば、「死にっぱなし」ということで、反証可能だが、その骨がキリストのものであることを証明することは誰にもできない。これではだめだ、というのだ。それに対して、温暖化に関する命題ならば、たとえ、これが一〇〇パーセント信用されていなくとも、どういうことが明らかになれば、この命題が間違っているかは、誰でもすぐに思いつくであろう。例えば、これから百年間毎年平均気温が下がり続けたとしたら、この命題は、少なくともこれからの一世紀に関しては間違いであったことが明らかになる。論じるに値する命題ということになる。

一般的に自然科学者の共同体においては、議論の結果として間違いを認めるのはごく普通であろう。間違いは誰にでもある。沽券にかかわることではない。しかし、社会科学や人文科学になると、間違いの証明が困難であるだけに、ほとんど面子や人格に関わる意地の張り合いか、利害の明白な論争に終始しがちである。間違いを認める替わりに権威や権力が力をもちやすい。福島県の児童における甲状腺ガン発生の因果関係をめぐる議論などがそうだ。公共の重要なテーマに関する議論ではもっとその点が目立つ。一国の過去の犯罪を認めるか認めないかの議論、経済運営や外交に関する議論では、大失敗が明白で選挙で負けでもしないかぎり、当事者は間違いを認めないのが普通である。その場合でも「不徳のいたり」という逃げ口上が用意されている。しかし、いま挙げたどの分野でも、間違いの性質はもちろん自然科学的認識とは異なるとはいえ、間違いは同じに起きる。間違うのは、株価の予想ばかりだけではない。その際、観念論や世界観に依拠したテーゼはなかなか撤回されない。実際には、公共の問題に関する議論ほど可謬主義的態度が重要な分野はないのに。

戦後ドイツの議論では、この可謬主義が徐々に浸透してきた。一九六〇年代の学生反乱は、一方では意固地な断固たる態度、絶対に譲らない反抗的姿勢を強めた部分があるが、他方では、そのときの論争の成果として相互の学習の結果、可謬主義的態度が広がってきたとも言える——もちろん、プラグマティズムやパースを皆が読んだわけではなく、あくまで無数の媒介を経てそのような態度が広がってきたのだが。例えば、二〇一三年七月二〇日、新兵入営式にあたって、連邦大統領ガウク氏は、アフガニスタンなどへの派兵を念頭に置きながら、「国家の戦略といえども失敗するときがある。失敗にもとづく撤退は兵士にとって〔無意味な戦いだったことになり〕辛いだろう。しかし、失敗を認めるのが民主主義だ」と演説した。こうした演説を日本の首相が、防衛大臣が、自衛隊の新規入営者にはたしてできるだろうか。可謬主義の政治的実現である。この方が意地の張り合いよりも、議論参加者全員にとっても、さらには国家の決定によってひどい目にあった当事者にとっても、「わかりやすい」し「承認しやすい」のだが。

そうした本書の主たるもくろみである実践理性批判の側面を越えて、本書が現代思想に持つ含みをここで三つほどあげておきたい。第一は、近代論の見直し、ないし精密化であり、第二は、いわゆるマイクロ・マクロ・リンケージであり、第三は、哲学史の見直しである。

第一の近代論の精密化ないし見直しは、一九八〇年の講演「近代――未完のプロジェクト」以降、『コミュニケーション的行為の理論』(一九八一年)、『近代の哲学的ディスクルス』(一九八五年)などで一貫して行われてきたことの分析哲学バージョンである。相手は、文化批判的な全面的近代批判である。ハーバーマスから見るとその代表であるハイデガーは、プラトンにはじまる二〇〇〇年以上の西欧の形而上学の歴史の解体を企てる。形而上学こそは、その対象化思考によって近代の技術の跳梁を生み、人間が存在の声を忘却するようになった元凶であるというのだ。科学、芸術、社会思想、およそ近代の生み出したすべては、認識として、体験として、社会計画として、プラトン以前の太古の自然からの退落だとされる。こうした見解はまたフーコーなどの広義のポストモダン思想でも展開された。近代とは規律・訓練の強化の、目に見えにくいプロセスであるとされる。やれ、表象の現前、やれ存在忘却、やれ脱構築とかまびすしい。ひとむかし前なら「疎外」や「物象化」や「商品化」であった。翻って見れば、ハーバーマスが多くを負っているアドルノも、『啓蒙の弁証法』がそうであるように、西欧の理性の管理技術への転換を論じ、「物象化の連関」から脱出するために非同一化的思考を模索した。どれも一枚の切り札だ。

それに対してハーバーマスは、ヴェーバーの近代分析を継承しながら、近代を理性の分化に伴う複雑なプロセスと見て、文化的近代と社会的近代を区別し、システムと生活世界の分離を論じた。いかなる抑圧があろうと、そして資本主義的強奪があろうと、近代がポテンシャルとして潜めている自律、自由、そしてデモクラシーの理念は、少なくともプロジェクトとして放棄できない、と論じ、八〇年代には、ペシミズム左翼のなかで物議を醸した。「話せばわかる」と論じるおいぼれじいさんと憫笑を浴びせる向きもあった。少なくとも規範の普遍化は、世界宗教におけるそれなりのバイアスのかかった普遍化を除けば、近代がはじめて生み出したことは間違いないのだが。しかも、世界宗教の場合は、潜在的に規範化の可能な「価値」にすぎない、と言った方が正確だろう(5)。

そして第一人称のパースペクティヴから見れば、例えば、女性の生活設計の可能性に関する自己理解が大きく変わったのは近代においてである。ハーバーマスから見れば、社会生活には発話媒介的言語行為ももちろん不可欠だが、公共圏の議論の規範的基盤となる発話内的行為こそが、伝統的な識別装置が崩壊したあとの近代にあって社会統合を可能とするものである。それゆえに近代の全面的批判は、大向こうをうならせるかもしれないが、空疎かつ非現実的となる。おどろおどろしい存在史(ハイデガー)の構想は、「世界開示的な言語使用」と世界内の事物についての「コミュニケーション的言語使用」の区別を知らず、その両者の交流についても関知していない。「コミュニケーション的行為の理論が、唯物論的な社会理論に接続しうるのは、こうした理由からである。唯物論的な社会理論は、世界内の学習過程がもつ、それ自身として独立的な社会的進化のプロセスを顧慮するものでなければならない。それによってこうした社会理論は、文化的および社会的な近代化をより丁寧に評価することを可能とし、理性を全体として批判するような近代への相体的な否定的評価の誘惑に抵抗できるものとなる」(二一〇頁)。

ふたつ目は、マイクロ・マクロ・リンケージである。ミクロ社会学と「社会全体を問題とする立場」

（ホルクハイマー）、つまりマクロ社会学との媒介と言ってもいい。本書では、叙述文を通じて結ばれる表象する主体と表象される客体に、その文を可能ともし、公的承認の対象ともするコミュニケーション共同体という三価の関係が論じられ、また約束分や命令文といった相互行為の場面でのさまざまな言語使用が分類され、相互に関係させられる。これらはいわばミクロの発話社会学的視点に依拠していると言ってもいい。だが、そのミクロ次元にとどまらない。『事実性と妥当性』を思い起こさせるマクロ次元での公共圏論も展開される。あるいはかつての社会主義革命論のアポリアである「道徳的目的が道徳的に疑問のある手段を神聖化することになりかねない」事態（六一頁）についての議論も展開される。さらには古典的な国際法から世界市民法への移行、そして現実にひとりひとりの市民が自分の責任ではない社会的初期条件の格差に直面する事態、実際の公論の場で働くさまざまな力学（「道徳的な問題処理の必要性がディスクルスを通じて満たされるようにするための審議が包摂的で、強制のない、合理的な形態をとることは、現代社会にあってもほとんど期待できない」）まで、つまり「明日は九時に駅前で待っています」という約束の発言から議論にあたってのさまざまな格差（ジェンダー格差、経験格差、社会的格差など）、そして富と貧困の格差拡大までが、言語行為の規範的理論を出発点として取り扱うことが可能であることが示されている。「疑念の余地ない民主主義国家でさえ憲法原則の実現を目指す絶えざるプロセスのなかにあるということが言えるのであれば、人権に対して明らかに口先の敬意しか表していない政治体制には、いまだ正当性が付与されることはない」（六三頁）。「生活条件と人生のチャンスの分配は（ひとつの国民の内部でも、またそのなかの世代間でも）、ほとんどの場合、個人の責任に帰すことはできない社会の構造変化の結果として変動していく」（六二頁）。毎日のニュースに接してペシミズムの甘い誘惑を感じない人はよほどおめでたいだろう。しかし、本書の理論そのものは、こうした、ある意味では誰でも知っている事態を批判し得る、その意味では新自由主義の喧伝する「自己責任」原則を暴き得る根拠を示している。しかもそこに意図せざるコンテクスト主義的な傾斜の危険がないという点ではロールズを少なくとも越えようとしている。[6] 先に触れた可謬主義的態度がこうした議論を支えている。いくつかの章の終わりが、発話行為の分析や言語哲学的議論で始まったとは思えない「時代批判」で終っていることが注目される。

ところでこうしたマイクロ・マクロ・リンケージを、ポスト形而上学のもとで、つまり何らかの実体倫理的な観点、ましてや義憤や希望なしに批判の可能性を担保しながら遂行しようという試みは、ハーバーマスの若いときからのプログラムであった。いささか古典的な精神科学の用語、その意味ではまだ形而上学の語彙を用いてではあるが、すでに一九六三年に彼はこう書いている。

「もちろんのこと、歴史というのは、合理化の進展を取り込むことが出来る程度に応じて、その偶発性を喪失して行くであろう。合理化の進展を取り込むには、物象化された自然と社会に対する技術的操作力が盲目的に増大している事態に対抗して、自分たちの運命の実践的支配に関する人間たちの理性的なコミュニケーションを通じた自己批判による以外にない[7]」。

長い文章だが、目的は「歴史がその偶発性を喪失する」ことである。昔の言葉で言えば、市民が歴史の「主体」になることである——もちろん「主体」哲学の傾斜は除かねばならないが、権力者の恣意や経済的な景気循環という「偶発性」に翻弄されないことを意味していよう。自然と社会に対する技術的操作も、そうした恣意の産物であると同時に、恣意を可能とする。だが、そうした盲目的成長に、「人間たち」が「理性的なコミュニケーション」による自己批判によって対抗し、それを合理性のうちに取り込み、恣意的な歴史を封じることが可能である、という意味であろう。

ここには、人間（あるいは労働者階級）が歴史の主体になるというマルクスのモチーフがまだある。盲目的な経済成長を真の合理化へと向けて行くオプティミズムと進歩信仰もある。それによって歴史の偶発性を極小化する、つまり政治によって歴史をコントロールする、という歴史観もある。その意味ではまだ形而上学的思考であろう。しかし、理性的コミュニケーションを通じて、すなわちミクロな公共空間を次第に拡大することによって、マクロな歴史の動きに影響を及ぼすという希望がある。このプログラムを、次第に精密化し、同時に、理性による全体化傾向を撤廃化したのが、ここでいうマイクロ・マクロ・リンケージの含みである。実際にわれわれはこの数十年の歴史の動きを見れば、いかなる意味でも全体化的な予言や分析はすべてが蹉跌していることを知っている。ユーロ・コミュニズムも、世界システム論も、七〇年代の社民的改革による経済の制御も、第三世界への希望も、歴史の終焉も、ネオリベラリズムの極楽論も、思った通りには行かない。その現実に哲学は身を曝すべきであろう。

だが、それは身を曝したあと哲学を放棄して、「世の中こんなものさ」とシニシズムにとっぷりつかることではない。かつて、アドルノは『ミニマ・モラリア』の最後の断片で、メシアの到来の光の束で現世を見ることについて述べた。ハーバーマスもユートピアからの逆照射というこの発想をなんどか引いている。(8) しかし、そこには依然として実体論的かつ全体化的思考が潜んでいる。これですべて見えて来るという尊大さが潜んでいる。さらには特定の宗教的伝統への寄りかかりも明らかである。この光を、平等な個人のあいだの対等な関係における発話内行為に依拠した合意へと分析的読み替えをすることによって、理性の尊大さを停止させるとともに、マイクロ・マクロ・リンケージを可能としたのだ。この解説の冒頭においたモットーをいまいちど引いておこう。「理性は、[…]全体化的な認識のどんなに隠れた形態をも放棄する」がゆえに、このリンケージが可能となったのだ。

三つ目は、哲学史の新たな見方ないし書き換えである。ハイデガーもそれなりに哲学史の優れた書き換えを行った。それは存在の歴史という観点から、存在者の全体が存在の光のなかでどのように見えてくるのかをめぐったものだった。アリストテレスの質料と形式の概念からデカルトの自我表象、近代哲学の主体概念、カントの超越論的問いまでを、あるいはヘーゲルの経験概念を、さまざまな論考で読み替えて行った。

同じように、本書ではいろいろな個所で、これまでの哲学史上の諸問題に、新たに光が当てられている。だが、それは存在の歴史によるのではなく、批判的社会理論を語用論によって根拠づける試みを通じてである。あるいは言い方を変えれば、認識と規範についての間主観的な合意と真理の関連をめぐる語用論上の議論を通じてである。そして時にはこれまでの哲学で喧々諤々と論じられてきた諸問題が実は問題として成立していないことが明らかにされる。そのやり方は存在史による「破壊 Destruktion」とも「脱構築 Dekonstruktion」とも異なる。

例えばデカルト以来の心身問題である。主観・客観の二元論を主体内部の二元論に転化することで、代々の哲学者を悩ましてきたのが心身問題である。精神が優越するのか、客観化されてもやはりそれがなければ精神が機能しない身体が優越するのか、いやなによりも、両者の関係はどのようになっているのか、という問題である。だが、デカルトの松果体以来のこの問題は、認識論における主観・客観の二元論図式に、論議参加者の言語的了解という第三項を入れることによっていわば無意味問題となる。論議のなかで精神と身体が構築されてきただけである。同時に、言語に先行する自然的な客観存在を認める「弱い認識実在論」が採用される。それによってわれわれは、自然史的な進化のなかで、言語交流という行為を身につけた存在であり、さらにはそれによって、精神という実在論的な錯視を生み出したのだ、ということになる。「超越論的プラグマティズムは、ひとたび弱い自然主義と結びつくと、文化よりも自然の方に発生上の先行性を認めることからしても、認識実在論的な考え方をとらざるをえなくなる。一方には、言語的に分節化され、われわれが飛び越えることのできない生活世界の地平がもつ認識上の優位性があり、他方には、言語とは無関係に存在し、われわれの行動に制限を課している現実の存在論的な優位性がある。このふたつを互いに調和させることができるのは、間主観的な仕方で接近可能な客観的世界という認識実在論的な前提だけである」。これによって主観の自発性と知覚の受動性、概念のカテゴリーと客観の多様性、観念論と実在論といった古典的な対立が新たな光のもとで書き換えられることになる。精神も身体もディスクールの相関物でしかない。日常の性的行動を第一人称の観点から見れば、誰もがとっくにわかっていることなのだが。

また、かつてホルクハイマーは、哲学者になるためには、子供の頃に自分に見えている世界と、他人に見えている世界は違うのではないか、と思った経験がなければならないといったことを述べているが、上層市民の夢見る子供のこの主体性経験、ショーペンハウアーが変奏したこの経験は、実は主観性の時代の市民的経験であることがわかる。プラグマティズム的に読み替えれば消えてしまうものでありながら、一時代の文学や芸術の豊かな源泉ともなったこの経験は、現在では文化多元論に寄与している。そしてときとして、価値と規範の区別を無視して、規範的に擁護できない文化や社会の風俗習慣を、応援団的に擁護することにもなっている――そうした現在の枠組みにも反省を迫るものである。

それ以外にも、精神科学と自然科学というヘーゲル以降のドイツの講壇学問を悩ましてきた区別についても、あるいは、アリストテレス政治学の実体的な政治共同体主義についても、そしてハイデガーにおける言語の世界開示的能力の過度な重視についても、あらたな視覚からの書き換えがなされている。「言語の世界開示的な力は合理的でもなければ、非合理的でもない。合理的行動を可能にする条件ではあるが、この力そのものは没－合理的なのだ。世界開示的な力が没－合理的であるというこの性格は、哲学の歴史において幾度も間違って見られてきた。プラトンからカントを経てハイデガーにいたる哲学的観念論は、言語的内容が世界を解釈することにともなう全体化の力のうちにロゴスが働いていると見誤ってきたのだ」（二五九頁）。

またほんの挿入句であるとはいえ、ヘーゲルがセラーズによって、ピアジェによって、またローティによって書き換えられることで、ヘーゲルのカント批判が、他者の存在による理性の成立を説く脱超越論化として読めることが説明される。またそれと同時に、当のヘーゲルの絶対精神がどうにもならず肥大していることが暗示される。本書は、そうした哲学史の読み替えとしても実に面白い。特に第四章は、カントからヘーゲルへの講壇哲学的な哲学史の退屈な叙述を越えて、現代のわれわれの問題から、脱超越論化とコンテクスト化という「カントからヘーゲルへ」というドイツ観念論の重要な一章を、にもかかわらずカントの普遍主義に固執するかたちで読み替えたものである。現代のわれわれの問題とは、認識におけるパラダイム論であり、文化相対主義と規範の普遍性をめぐる議論であり、西欧の独善的な自己物語であり、にもかかわらずわれわれが依拠している立憲民主主義国家とグローバル化の問題であり、そうした基本的合意の脆弱さをめぐる問題である。こうした問題と「退屈な」哲学史の知識を繋げることがなかなかできないがゆえに、哲学が、少なくとも日本では公的な場では、老人や障害者の話をよく「聴く」ことや、世間と何とか折り合いをつけるために自分に言い聞かせる言葉を選択する営為に矮小化しがちである。

さらにこうして見ると、この解説の冒頭に記した分析系と大陸系の区別も怪しくなってきたことがわかる。むしろ、ハーバーマス自身が『エスプリ』誌とのインタビューで言うとおり、「今日はむしろ分析哲学自身のなかに深い亀裂が走っている」と見るべきであろう。認知科学的還元主義に帰着した部分と、語

用論的分析によってドイツ観念論的な社会思想を別のかたちで継続する部分である。(9)

もっとも、本書にある諸論文の基礎となっている『コミュニケーション的行為の理論』以来のハーバーマスの語用論上の成果が、あるいは語用論と社会理論を結びつける試みが、必ずしも大方の承認を受けているものでないことも付記しておく必要がある。著者は「批判的社会理論を語用論によって直接根拠づけるという試みを進めていくうちに、それを認識論の立場から正当化するという宿題は次第に無用なものとなり、以来これらのテーマもまた色あせていく」（八頁）と自己の知的歴史を振り返っている。つまり、本書ではどちらかというと規範的側面よりも、『認識と関心』で一部取り上げた客観的認識をめぐる議論を再び取り上げたというのだ。しかし、どちらの場合も、つまり規範をめぐるディスクールにあっても、認識共同体をめぐるディスクールにあっても、語用論が基礎にある。

だが、まさにマイクロ・マクロ・リンケージの要であるこの語用論的アプローチにはさまざまな批判がある。例えば、ハーバーマスの高弟のひとりだが、社会理論よりは比較文明論に移行したヨハン・アーナソンは、「わたしはこの言語論的アプローチに一度として納得したことはない」と述べている。(10)現象学の世界形成論、あるいはフロイトの精神分析論、そしてカストリアディスらのイマジナリー論の視覚から見れば、日常の発話行為の了解志向を、ハーバーマスのよく使う表現で言えば「直観 Intuition」に依拠して論じることに問題があることは明らかであろう。そういえば、当のハーバーマス本人も六〇年代後半から七〇年代初頭におけるいわゆる「解釈学論争」のなかでは、資本と権力によって「体系的に歪んだコミュニケーション」という言い方をして、いっさいの理解の言語性というガダマーの仕事に嚙みついていた。本書にもそうした表現は出て来る（例えば一一二頁）。現実の言語使用の多様性や意外性（もちろん、語用論では表現の多様性はあまり意味をもたないが）にも相応していない面がある。文化的コンフリクトはともかくとして、現実のコンフリクトはほとんどが物質的な利害をめぐるものであり、その実態分析を抜きにした社会理論や公共圏の記述にはおのずから限界のあることはたしかだ。コンフレクトが表面化し、露骨な暴力や抑圧にならない方途を模索することぐらいしか正当化理論にはできないかもしれない。

ただ、いかなる歴史上の、そして現在の悲惨にもかかわらず、公的議論における理性の痕跡がいくらかでも事態の改善につながるのではないかという希望に依拠した「ラジカルな改良主義（改革主義）radikaler Reformismus」、「幻想なき理想主義、順応なき現実主義 Idealismus ohne Illusion, Realismus ohne Anpassung」の枠組みでは、こうした知的方法が数少ない理論的功績のひとつであることもたしかである。特にラジカルな社会的分化と多元主義的な日常生活のなかでは、なおさらである。[11] 日本の知的左翼では、こうした分化と多元主義を認めることは、「ブルジョア的」裏切りであった。実際はそうした現実を生きていながら、つまり内心は認めていながらであったから、問題の根はもっと深い。本書の語用論的議論が、ポストモダンはなやかなりし頃に戦後民主主義をバカにしていた人々も、戦後民主主義の自己満足を修正しながら「一市民として」デモに参加するようになった現在、心情的なだけのリベラルレフトを越えた議論に寄与することを念じてやまない。[12]「現在という十字架における薔薇は色あせてきたとはいえ、まだ枯れたわけではないのである」（二七三頁）。

註

（1） Öffentlicher Raum und politische Öffentlichkeit: Lebensgeschichtliche Wurzeln von zwei Gedankenmotiven. In: ders. Zwischen

Naturalismus und Religion, Frankfurt 2005, S. 19.

(2) Müller-Dohm, Stefan, Jürgen Habermas. Eine Biographie. Berlin (Suhrkamp) 2014, S. 51.

(3) もっとも、アリストテレスも発話行為の分析ではなく、論議の形式、例えば、弁論術的推論（エンテューメーマ）などが中心テーマである。「ピンと来る論議（蓋然性 Wahrcheinlichkeit）である。「ディオニュシオスは護衛兵を要求するから、僭主制を企んでいる、何故ならペイシストラトスも以前にそれらを企んだ時に護衛兵を要求して、それを受けとると僭主になったし、またテアゲネスもメガラ人の間でもそうであった」という推論を、アリストテレスは例として上げている（『弁論術』『アリストテレス全集』第一六巻、岩波書店、一九六八年、一八ページ）。これはもちろん、約束、命令、期待などの表明としてのスピーチアクトの分析とはまったく異なる。

(4) 日本ではまだまだ哲学と人生論が、「人生の意味」論が結びついている．例えば、コゼレックが論じているように一八世紀半ばまでは歴史の物語が人生の教師（magistra vitae）だった。Koselleck, Reinhard, Historia Magistra Vitae. Über die Auflösung des Topos im Horizont neuzeitlich bewegter Geschichte. In: Natur und Geschichte. Karl Löwith zum 70. Geburtstag, Stuttgart Berlin Köln Mainz 1967, S. 196–219, 特に S. 203.

(5) 「規範」と「価値」の区別については本書第六論文および、この区別そのもののディスクール的側面については以下の拙稿参照。三島憲一「規範と価値――その区別はどの程度にコンテクスト依存的であるのか？」（東北社会学研究会編『社会学研究』七八号、二〇〇五年一〇月一―二五ページ）。

(6) ハーバーマスはロールズの正義論に非常にシンパシーを示しながらも、「無知のベール」から生み出される原則が実は「無知のベール」という構築のなかに前提されてしまっているのではないか、また善と正義がコンテクスト主義的に合体されるのを防ぎきれていないのではないか、世界像や宗教的世界観が普遍的に受け入れ可能な真理である可能性をひそかに前提しているのではないか、という疑念を提示している。広義でのコンテクスト主義がひそんでいる、ということである。Vgl. Habermas, Jürgen, Versöhnung durch öffentlichen Vernunftgebrauch–Bemerkungen zu John Rawls' politischem Realismus. In: Philosophische Gesellschaft Bad Homburg/Wilfrid Hinsch (Hg.): Zur Idee des politischen Liberalismus. Frankfurt am Main 1996, 169–195.

(7) Habermas, Jürgen, Löwiths stoischer Rückzug vom historischen Bewußtsein. In: ders. Theorie und Praxis, Neuwied und Berlin 3. Aufl. 1969, S. 366.

（8） Habermas, Jürgen, Der deutsche Idealismus der jüdischen Philosophen. In: ders. Philosophisch-politische Profile. Erweiterte Ausgabe, Frankfurt 1981, S. 64.（ユルゲン・ハーバーマス「ユダヤ人哲学者たちのドイツ観念論」（三島憲一訳、『現代思想』一九九二年一二月号）、最近は先に触れた『フランクフルター・ルントシャウ』紙のインタビュー。

（9） Foessel, Michael, Habermas, Jürgen, Kritik und kommunikatives Handeln. Ein Gespräch mit Jürgen Habermas. In: Eurozine, S. 8. なおこのインタビューは以下でも見ることができる。http://www.eurozine.com/articles/2015-09-23-habermas-de.html

（10） Interview by Suizi Adams with Johann P. Arnason. In: Social Imaginaries, Vol. 2. No. 1 (May), 2016 (Forthcoming).

（11） 初期の社会主義者、マルクス主義者が、社会的分化を無視した経済主義が、例えば女性解放運動に対する曖昧な態度に見られるように、そしてそれ以外でも「社会的自由」の解釈に関して悲惨な理論的また政治的帰結をもたらしたことについては、以下を参照。Honneth, Axel, Die Idee des Sozialismus, Berlin (Suhrkamp) 2015. 特に第四章「革新の道。民主的な生活形式の理念」冒頭の二〇ページほど。

（12） 思想史における薔薇と十字架のモチーフ、ルター、ヘーゲルらの議論を受けた表現。これについては、以下を参照。カール・レーヴィット『ヘーゲルからニーチェへ（上）』（岩波文庫）の「薔薇と十字架」と題された序章第二節（五〇―八四ページ）を参照のこと。

訳者あとがき

本書は、Habermas, Jürgen, Wahrheit und Rechtfertigung. Philosophische Aufsätze, Erweiterte Ausgabe, Suhrkamp Verlag, Frankfurt am Main 2004 の翻訳である。

内容に関しては「解説」で書いたので、翻訳の経過について手短かに記しておきたい。原書の出版からそれほど時をおかずに翻訳に取りかかった時のメンバーは五人だった。五十音順に記すと、大竹弘二、木前利秋、鈴木直、三島憲一、宮本真也である。しかし、仕事を始めて数年後に、もともとの呼びかけ人であった宮本真也氏がサバティカルその他の事情でチームを離れざるを得なくなった。氏の担当部分はそれほど進捗していなかったので、他のメンバーが引き受けた。また木前利秋氏は、二〇一〇年頃から病を得て、積極的に参加できなくなった。そして、完成までに若干のページ数を残したまま、二〇一三年一二月に、多くの同僚や学生に惜しまれながら他界された。氏の担当部分は、鈴木直が引き受けた。作業中に貴重な意見を多く提示された氏に感謝するとともに、冥福を祈りたい。

翻訳作業に関しては研究会方式をとった。つまり、各自が作成した訳文を全員で原文と照らし合わせながら、語学的および内容的問題点を詳しく検討し、また日本語としての表現の仕方や文体についてもそれぞれが注文をつけた。その議論を踏まえて担当者が次回までに改良版を作成する方式である。その意味では、各自の担当はあるというものの、全員協力による訳文である。このような大著の場合、複数の訳者がいわば「勝手に」訳し、テクニカル・タームだけを調整し、合体させたものが多いが、本書の翻訳に関しては、その方式をとることは差し控えざるを得なかった。一回の研究会で数ページしか進まない場合もあり、全体としては膨大な時間がかかった。結果として原書出版から一〇年以上が経過してしまったのは、忸怩たるものがあるが、それぞれの教育・研究のかたわらの仕事である以上、仕方なかった。

またテクニカル・タームに関しても、必ずしも「業界日本語」にしたがわなかったものもあるが、すべて議論を経てのことである。もちろん、だからといって、われわれの訳語の方が良いという保証はない。訳文作りに際しては、何よりも複雑な思考や論理の糸を読者が見失うことのないように、原書講読的な忠実さよりも議論の流れがわかるように文脈の伝達に重点をおいた。

なお、以下にそれでも最終的には個人の責任に帰する各訳者の担当を記しておく。

序　章　鈴木直
第一章　三島憲一
第二章　三島憲一
第三章　大竹弘二（第一節～第三節）、三島憲一（第四節～第六節）
第四章　大竹弘二
第五章　三島憲一
第六章　鈴木直（木前利秋）
第七章　鈴木直
第八章　大竹弘二

最後に、忍耐強く完成を待ってくださった法政大学出版局の方々、最後に引き継がれた前田晃一氏に深く感謝したい。

二〇一六年春　東京にて

大竹弘二
鈴木　直
三島憲一

人名索引

ア行

アーペル Apel, K.-O. —— 7, 13, 47, 59, 60, 61, 64, 65, 66, 68, 69, 70, 73. 74, 96, 97, 99, 102, 103, 104, 105, 113, 116, 117, 118, 222, 224, 225, 292, 329, 362, 382, 417, 427
アドラー Adler, M. —— 280
アドルノ Adorno, Th. W. —— 73, 103, 284, 325, 426
アリストテレス Aristoteles —— 111, 241, 246, 280, 292, 293, 333, 358, 361, 365, 366, 367, 414, 421
アレクシィ Alexy, R. —— 62
イェーツ Yeats, W. B. —— 280
ヴァイスゲルバー Weisgerber, L. ——113
ヴィーコ Vico, G. —— 116
ウィトゲンシュタイン Wittgenstein, L. —— 2, 4, 6, 14, 18, 24, 30, 38, 67, 72, 73, 87, 88, 89, 90, 94, 95, 96, 98, 99, 110, 115, 116, 118, 131, 160, 170, 180, 182, 191, 192, 193, 201, 202, 213, 226, 281, 283, 287, 297, 326, 339, 346, 349, 363
ウィリアムズ Williams, B. —— 353, 364, 416
ウィリアムズ Williams, M. —— 223, 300, 319, 325, 327, 328, 329, 416
ヴィンゲルト Wingert, L. —— 53, 69, 275, 329, 330, 361, 364, 415
ウィンチ Winch, P. —— 67
ヴェーバー Weber, M. —— 111, 120, 144, 155
ヴェルマー Wellmer, A. —— 48, 67, 315, 329
ウォルツァー Walzer, M. —— 363
ウリクト Wright, G. H. v. —— 4, 64, 117, 164, 224
オースティン Austin, J. L. —— 3, 105
オット Ott, K. —— 275
オッフェ Offe, C. —— 418

カ行

ガダマー Gadamer, H.-G. —— 7, 73, 74, 99, 100, 101, 102, 103, 104, 108, 116, 276, 331
カッシーラー Cassire, E. —— 164, 225, 226
カルナップ Carnap, R. —— 30, 89, 96, 332, 335
カント Kant, I. —— 2, 10, 11, 12, 13, 18, 23, 24, 28, 29, 30, 38, 57, 65, 72, 78, 89, 96, 97, 104, 125, 159, 168, 179, 200, 203, 213, 214, 216, 218, 219, 221, 226, 227, 229, 232, 233, 234, 235, 268, 270, 274, 288, 291, 332, 333, 334, 336, 337, 338, 340, 344, 346, 347, 361, 365, 366, 368, 370, 372, 394, 395, 407, 409, 422, 423, 424, 426
カンバーテル Kambartel, F. —— 221, 327
ギュンター Günther, K. —— 69, 277, 361, 416,
キルケゴール Kierkegaard, S. —— 111, 204, 422
クーン Kuhn, Th. —— 11
クネル Knell, S. —— 68, 69
クラーゲス Klages, L. —— 213
クライスト Kleist, H. v. —— 24

グリム Grimm, J. —— 237
グリム Grimm, W. —— 237
クワイン Quine, W. V. O. —— 4, 29, 30, 31, 96, 200, 287, 340
ゲーレン Gehlen, A. —— 16, 27, 66, 120
ゲッティア Gettier, E. —— 53
コイト Keuth, H. —— 414
コールバーク Kohlberg, L. —— 373, 411, 416, 418
コゼレック Koselleck, R. —— 275
コリングウッド Collingwood, R. G. —— 99
コンディアック Condillac, E. de —— 75

サ行

サール Searle, J. —— 5, 64, 66, 105, 118, 225,
サックス Sacks, M. —— 24, 66
サヴィニー Savigny, C. v. —— 237
サヴィニー Savigny, E. v. —— 65, 115
サルトル Sartre, J.-P. —— 229, 274
ジェイムズ James, W. —— 364
シェーラー Scheler, M. —— 67, 346
シェリング Schelling, F. W. J. —— 72, 368
シュウェーダー Shweder, R. A. —— 377, 416
シュトラウス Strauss, L. —— 280
シュネーデルバッハ Schnädelbach, H. —— 117, 119, 120, 121, 154, 164, 326,
シュピナー Spinner, H. F. —— 164
シュミット Schmidt, A. —— 67
シュライアーマッハー Schleimacher, F. E. D. —— 85, 237
シュレーゲル Schlegel, F. —— 237
シュレーゲル Schlegel, W. —— 237
ストローソン Strawson, P. F. —— 68
ゼール Seel, M. —— 165
セラーズ Sellars, W. —— 4, 9, 66, 169, 175, 255, 281, 287

タ行

ダーウィン Darwin, Ch. —— 12, 29
ダメット Dummett, M. —— 4, 5, 6, 64, 65, 96, 97, 98, 99, 105, 106, 115, 116, 118, 174, 291, 328, 339
タルスキー Tarski, A. —— 328
ダンテ Dante Alighieri —— 116
チザム Chisholm, R —— 229
ディヴィッドソン Davidson, D. —— 4, 69, 96, 116, 200, 209, 223, 287, 327, 328, 331
ディルタイ Dilthey, W. —— 7, 72, 73, 83, 85, 90, 91, 200, 204, 226
テイラー Taylor, Ch. —— 113, 267, 276, 277, 370
デカルト Descartes, R. —— 229, 284, 293
デューイ Dewey, J. —— 12, 26, 201, 213, 280, 281, 283, 284, 286, 356, 357, 358, 359, 361, 433
デューズ Dews, P. —— 67
デュルケーム Durkheim, E. —— 417
デリダ Derrida, J. —— 193, 321, 427
トイニッセン Theunissen, M. —— 274
トゥーゲントハット Tugendhat, E. —— 68, 164, 223, 274, 292, 298, 327, 328, 369, 414, 415, 418
トゥーリエル Turiel, E. —— 415
トマス・アクイナス Thomas von Aquin —— 280
ドロイゼン Droysen, G. —— 72, 85
トロツキー Trotzki, L. —— 280, 285

ナ行

ニーチェ Nietzsche, F. —— 100, 111, 427
ニーノ Nino, C. S. —— 417, 418
ニケ Niquet, M. —— 117
ヌスバウム Nussbaum, M. C. —— 418
ヌンナー Nunner, G. —— 415, 416
ネーフェス Neves, M. —— 277

ハ行

パース Peirce, Ch. S. —— 3, 16, 20, 39, 47, 67, 69, 104, 105, 158, 198, 201, 204, 213, 226, 297, 309, 383, 417,
ハーバーマス Habermas, J. —— 64, 65, 66, 67, 68, 69, 70, 113, 115, 116, 117, 118, 119, 120, 164, 165, 222, 224, 225, 274, 275, 277, 327, 328, 329, 331, 335, 359, 362, 363, 364, 382, 414, 415, 416, 418, 436
ハーマン Hamann, J. G. —— 72, 78, 114, 237
ハイデガー Heidegger, M. —— 6, 7, 29, 31, 32, 72, 73, 74, 83, 84, 86, 87, 90, 91, 92, 93, 94, 95, 96, 99, 100, 111, 112, 113, 114, 115, 156, 159, 180, 181, 182, 192, 193, 200, 201, 213, 226, 260, 281, 283, 284, 285, 286, 287, 321, 427
パトナム Putnam, H. —— 10, 42, 43, 44, 45, 47, 65, 66, 68, 96, 184, 185, 190, 224, 290, 309, 310, 311, 326, 328, 329, 332, 333, 334, 335, 336, 337, 338, 339, 340, 341, 342, 343, 344, 345, 346, 347, 348, 349, 350, 352, 353, 354, 355, 356, 358, 359, 361, 362, 363, 364, 382, 416
ハルトマン Hartmann, N. —— 224, 346
パルメニデス Parmenides —— 284
ピアジェ Piaget, J. —— 27, 201, 222, 233, 374, 377, 395, 416, 417
ピピン Pippin, R. B. —— 274
ヒューム Hume, D. —— 2, 29, 96, 284, 288, 290
ピンカード Pinkard, T. —— 252, 276
ファイン Fine, A. —— 328
ファルトナー Fultner, B. —— 328
フィヒテ Fichte, J. G. —— 72, 227, 229, 232, 264, 366, 368
フーコー Foucault, M. —— 427
フォイエルバッハ Feuerbach, L. —— 204, 424
フッサール Husserl, E. —— 14, 73, 89, 90, 91, 115, 202, 229, 250, 301
ブラウン Brown, H. I. —— 164
ブラッドリー Bradley, F. H. —— 284
プラトン Plato —— 75, 159, 280, 284, 365, 366, 421, 429
フランク Frank, M. —— 274
ブランダム Brandom, R. —— 4, 9, 116, 118, 168, 169, 170, 171, 172, 173, 174, 175, 176, 177, 178, 179, 180, 181, 182, 183, 184, 185, 186, 187, 189, 190, 191, 193, 194, 195, 196, 197, 198, 199, 201, 202, 203, 204, 205, 206, 207, 208, 209, 211, 213, 214, 215, 216, 217, 218, 219, 220, 221, 222, 223, 224, 225, 260, 274, 414
フリース Fries, J. H. —— 270
ブルーメンベルク Blumenberg, H. —— 427
フレーゲ Frege, G. —— 2, 4, 7, 8, 30, 41, 72, 85, 86, 87, 88, 89, 90, 115, 160, 164, 187, 189, 204, 293, 340
プレスナー Plessner, H. —— 27
フロイト Freud. S. —— 120, 155, 233
フントシュヌア Hundschnur, F. —— 165
フンボルト Humboldt, W. v. —— 72, 73, 74, 75, 76, 78, 79, 80, 81, 82, 83, 84, 85, 86, 87, 91, 92, 96, 97, 100, 112, 113, 114, 115, 118, 226, 237
ヘーゲル Hegel, G. W. F. —— 9, 56, 61, 63, 72, 110, 168, 200, 204, 226, 227, 228, 231, 234, 235, 236, 237, 238, 240, 241, 242, 243, 244, 245, 246, 247, 248, 249, 251, 254, 255, 256, 257, 258, 259, 260, 261, 263, 264, 265, 266, 267, 268, 269, 270, 271, 272, 273, 275, 276, 277, 281, 283, 286, 366, 368, 423, 424, 425, 433, 436
ベック Beck, U. —— 277
ペレルマン Perelman, Ch. —— 48
ヘルダー Herder, J. G. —— 72, 237

ヘンリッヒ Henrich, D. —— 229, 274, 276, 414
ポッパー Popper, R. —— 16, 73, 103, 120, 328
ホッブズ Hobbes, Th. —— 251
ホネット Honneth, A. —— 66, 113, 274, 276, 364, 418
ホルウィッチ Horwich, P. —— 328
ホルクハイマー Horkheimer, M. —— 334, 335, 362
ホワイトヘッド Whitehead, A. N. —— 284

マ行

マウアースベルク Mauersberg, B. —— 274
マクギネス McGuinness, B. —— 113
マッカーシー McCarthy, Th. A. —— 67, 223, 325, 330
マッキー Mackie, J. L. —— 346
マッキオン McKeon, I. —— 280
マッキンタイア McIntyre, A. —— 193
マックドゥエル McDowell, J. —— 68, 224, 202, 224, 363, 418
マルクーゼ Marcuse, H. —— 365
マルクス Marx, K. —— 27, 28, 204, 267, 424, 425, 433
マルテンス Martens, E. —— 117, 326
マタール Matar, A. —— 65, 116
ミード Mead, G. H. —— 12, 26, 121, 201, 353, 360, 361, 395
ミュラー Mueller, A. —— 68
ミル Mill, J. St. —— 433
ムーア Moore, G. E. —— 346
メーザー Möser, J. —— 237

ヤ行

ヨアス Joas, H. —— 66, 113, 364

ラ行

ライト Wright, C. —— 329, 416, 417
ライプニッツ Leibniz, G. W. —— 232, 239
ライヘンバッハ Reichenbach, H. —— 332
ラッセル Russell, B. —— 4, 7, 89, 96, 110, 293
ラフォン Lafont, C. —— 48, 114, 402, 404, 416, 417
ランケ Ranke, L. —— 237
ルーマン Luhmann, N. —— 14
ルカーチ Lukács, G. —— 111
ルソー Rousseau, J.-J. —— 179, 423, 433
レーヴィット Löwith, K. —— 274
レヴィ Levi, I —— 224
レンク Lenk, H. —— 164
ローゼン Rosen, G. —— 222
ロータッカー Rothacker, E. —— 275
ローティ Rorty, R. —— 9, 11, 51, 65, 66, 68, 116, 184, 185, 193, 200, 223, 274, 280, 281, 282, 283, 284, 285, 286, 287, 288, 289, 290, 291, 292, 293, 294, 295, 299, 303, 310, 311, 316, 319, 320, 321, 322, 323, 324, 325, 326, 327, 328, 329, 330, 331, 336, 362, 416, 427
ローマン Lohmann, J. —— 113
ロールズ Rawls, J. —— 62, 168, 350, 363, 412, 414, 417
ローレンツェン Lorenzen, P. —— 66
ロック Locke, J. —— 75, 290, 293
ロベスピエール Robespierre, M. —— 56, 270

ワ行

ワイスマン Waismann, F. —— 283

著者

ユルゲン・ハーバーマス（Jürgen Habermas）
1929年ドイツのデュッセルドルフ生まれ．ゲッティンゲン，チューリヒ，ボンの各大学でドイツ文学，心理学，社会学，哲学を修め，56年フランクフルト社会研究所のアドルノの助手となり，フランクフルト学派第二世代としての歩みを始める．61年『公共性の構造転換』で教授資格を取得し，ハイデルベルク大学教授となる．64年フランクフルト大学教授，71年マックス・プランク研究所所長を歴任，82年以降はフランクフルト大学に戻り，ホルクハイマー記念講座教授を務め，94年退官．60年代末のガダマーらとの解釈学論争，ルーマンとの社会システム論争，さらに『コミュニケーション的行為の理論』(81) をはじめとする精力的な仕事，86年の歴史家論争以降の多方面にわたる社会的・政治的発言を通じて，ドイツ思想界をリードし，国際的にも大きな影響を与えてきた．2004年11月には「京都賞」を受賞．主な著書に，『近代の哲学的ディスクルス』(85)，『遅ればせの革命』(90)，『討議倫理*』(91)，『事実性と妥当性』(92)，『他者の受容*』(96)，『人間の将来とバイオエシックス*』(01)，『引き裂かれた西洋*』(04)，『自然主義と宗教の間*』(05)，『ああ，ヨーロッパ』(08) などがある（*は小局刊）．

《叢書・ウニベルシタス　1044》
真理と正当化
哲学論文集

2016年6月30日　初版第1刷発行

ユルゲン・ハーバーマス
三島憲一／大竹弘二／木前利秋／鈴木 直 訳
発行所　一般財団法人 法政大学出版局
〒102-0073 東京都千代田区富士見2-17-1
電話03(5214)5540／振替00160-6-95814
製版，印刷　平文社／製本　誠製本

ISBN978-4-588-01044-6

訳 者

三島憲一（みしま　けんいち）

1942年生まれ．大阪大学名誉教授．専攻：社会哲学・ドイツ思想史．著書：『ベンヤミン――破壊・収集・記憶』（講談社学術文庫），『歴史意識の断層――理性批判と批判的理性のあいだ』『ニーチェ以後――思想史の呪縛を越えて』（以上，岩波書店），訳書：ハーバーマス『人間の将来とバイオエシックス』（法政大学出版局），レーヴィット『ヘーゲルからニーチェへ――十九世紀思想における革命的断絶（上下）』（岩波文庫）など．

大竹弘二（おおたけ　こうじ）

1974年生まれ．南山大学外国語学部ドイツ学科准教授．専攻：現代ドイツ政治理論・政治思想史．著書：『正戦と内戦――カール・シュミットの国際秩序思想』（以文社），『統治新論――民主主義のマネジメント』（共著，太田出版），訳書：デュットマン『思惟の記憶――ハイデガーとアドルノについての試論』（月曜社）同『友愛と敵対――絶対的なものの政治学』（共訳，月曜社）など．

木前利秋（きまえ　としあき）

1951年生まれ．大阪大学大学院人間科学研究科教授．専攻：社会思想・現代社会論・フランクフルト学派・批判理論．著書：『理性の行方――ハーバーマスと批判理論』『メタ構想力――ヴィーコ・マルクス・アーレント』（以上，未來社）．『ハーバーマスと現代』（共編，新評論）『葛藤するシティズンシップ――権利と政治』『変容するシティズンシップ――境界をめぐる政治』（以上，共編，白澤社）など．2013年12月逝去．

鈴木　直（すずき　ただし）

1949年生まれ．東京経済大学経済学部教授．専攻：ドイツ思想史．著書：『マルクス思想の核心――21世紀の社会理論のために』（NHK出版），『輸入学問の功罪――この翻訳わかりますか？』（ちくま新書），訳書：ハーバーマス『ああ，ヨーロッパ』（共訳，岩波書店），同『引き裂かれた西洋』（共訳，法政大学出版局），シュトレーク『時間かせぎの資本主義――いつまで危機を先送りできるか』（みすず書房）など．